악의
미래

김성원 지음

도서 출판 **물가에심은나무**

발행일 · 2021년 10월 30일

지은이 · 김성원
발행인 · 김은엽
발행처 · 도서출판 물가에심은나무

주소 · 서울시 양천구 목동중앙북로 57(목동)
전화 · 02-2643-6488   **팩스** · 02-2653-3223
홈페이지 · www.na.or.kr, www.knph.co.kr

등록번호 · 제 2002-38호

ISBN 978-89-91461-24-6

머리말

악의 종말은 인류의 염원이다. 인류는 악을 극복하기 위해서 가능한 모든 수단을 동원해서 부단히 노력했다. 그 노력의 부산물로 등장한 것이 문명의 발달이다. 인류는 원래 문명에 대해서 알지 못했고, 문명의 발전을 계획한 적도 없다. 생명의 위협과 두려움, 질병과 고통, 그리고 제한성의 문제를 넘어서기 위해서 집을 짓고, 성을 쌓았으며, 연구하고, 교육하였으며, 치료법을 터득하였다. 이 과정에서 협동이 이루어지면서 문명의 발달이 기하급수적으로 발전하게 된 것이다. 문명의 발달과 함께 악의 조절에 대한 인류의 염원은 상당부분 성취된 것으로 볼 수 있다.

이 책은 과학기술문명과 학문이 고도로 발달한 오늘날에는 악의 종말을 향한 인류의 노력의 성과는 어디까지 진전 되었을까 라는 질문에 대한 대답을 시도하는 것이다. 질문에 대한 답을 공유하면서, 도덕에 대한 일보 진전된 이해를 통해서 우리에게 필요한 협력공생의 사이언스에 대한 책임의식을 강화하기 위한 것이 이 책의 목적이다. 책의 제목은 모든 사람이 궁금해 하고 관심을 가질 수 있는 『악의 미래』로 정했다.

미래 과학기술문명의 발달로 첨단 과학기기를 장착한 사이보그(cyborg) 인간은 여전히 악에 시달리고 고통과 두려움을 느낄까. 슈퍼 인공지능은 악에 대한 대응을 어떻게 할까. 유전자 편집과 디자인을 하면서 영구적으로 살게 될지도 모르는 호모-데우스(Homo Deus, 인간-신)는 악에 의한 고통에서 완전히 벗어날 수 있게 될지 관심의 대상이다.

과학이 악에 대한 주제를 전문적으로 다룬 것을 찾는 일은 아직은 쉽지 않다. 인문학적 주제를 과학이 다룬다는 것은 한계가 있다고 판단한 것으로 보인다. 그러나 인문학과 과학의 경계가 약화되고 있으며, 교차학문 혹은 융합학문 차원에서 악의 존재에 대한 해석이 가능해지고 있다. 이 책은 악에 대한 메타사이언스와 윤리학적 해석을 융합해서 디지털문명 시대의 윤리학적 지평을 열어보고자 했다.

이 책의 구성은 앞부분에서는 도덕의 근본적인 원리와 악의 문제를 다루었으며, 중간 부분에서는 돈의 횡포의 경제악과 정치권력의 악의 주제를 사이언스와 연계해서 다루었다. 그리고 후반부에서는 우주의식과 미세조정에 연계된 도덕적 주제들을 다루었다. 우주패턴의 조화와 부조화의 문제를 첨단과학기술 문명의 맥락에서 악의 주제와 연동하여 다루었다.[1] 악의 정체성과 악의 축소에 대한 논의를 하면서, 윤리에 대한 진전된 신계몽주의(new enlightenment) 덕의 지평을 열어 가고자 노력했다. 다양한 윤리 주제들에 대하여 흥미 있게 논의하려고 시도 했으며, 일부 예민한 주제는 논쟁을 일으킬 수 있는 것들이 포함되어 있다.

이 책의 논의의 도덕철학적 입장은 계몽주의 덕의 상실에 대한 대안으로서 신계몽주의 덕의 확산에 무게를 두고 전개 하였다. 모더니티의 계몽주의는 인간중심주의 차원에서 인간악에 관심을 갖고 권력의 횡포와 경제사회의 악을 막기 위해 인권과 정의 그리고 평등사상을 외쳤다. 경제의 불균형의 악을 해소하기 위해서 분배정의를 선포하면서 사회정의를 계몽했다. 화이트헤드는 계몽주의의 도덕개선 작업을 도덕을 세척하는(moral cleansing) 목욕기능이라고 언급했다. 많은 사람들이 계몽주의 운동에 찬사를 보냈고, 적극적으로 동참했다. 적지 않은 사람들이 피를 흘리면서까지 인권, 자유, 평등, 정의 등을 위해서 싸웠다.

그러나 정의, 평등, 인권, 자유 등의 가치를 세우려는 계몽주의의 노력은 실현되었다고 보기 어렵다. 일부 소수의 선진국에서나 모더니티의 방법과 가치관이 최소한으로 작동할 정도이다. 빈부의 격차는 더욱 벌어졌고, 권좌에 앉아있는 통치자들의 횡포는 끊이질 않았다. 문명이 발달하면서 수렵시대에는 없었던 대형 학살과 같은 권력의 범죄는 컸다. 천문학적인 돈을 가진 부자와 가난한 자의 격차는 계산하기 어려울 정도로 벌어졌다.

하지만 첨단 과학기술문명이 발달하고 있는 최근의 문명적 흐름에는 빈부의 격차의 소멸이 일어날 조짐을 보이고 있다. 서열 시스템이 매우 약해지는 수평적 사회가 도래하고 있다. 권력의 악과 돈의 횡포 그리고 죽음의 악이 종말을 향해 가고 있는 것처럼 보인다. 인쇄술과 종이의 발달이 계몽주의 사상의 확산에 적지 않은 기여를 한 것처럼, 디지털기기의 소통의 사이언스 발달이 신계몽주의 새로운 가치관으로서 배려와 겸양, 기능적 평등, 인권과 자유의 수평적 세상을 향하고 있다. 이러한 사실을 구체적으로 서술하면서, 디지털문명 사회를 위한 일보 진전된 협력 공생과 배려 그리고 겸양의 덕의 확산에 기여하려고 노력했다.

악에 대한 논의의 사상적 기반은 화이트헤드(Alfred N. Whitehead)의 유기체 철학의 합생원리와 과학철학을 활용했다. 화이트헤드의 유기체철학은 상대성원리, 양자역학, 로고스이론, 전자기학 등을 활용한 과학철학 내용을 담고 있기 때문에, 상당한 타당성과 논리성을 갖고 있다. 2020년도에 노벨물리학상을 받은 옥스퍼드대학교의 로저 펜로즈(Roger Penrose)의 우주의식에 대한 과학철학 아이디어는 윤리의 당위성 논증에 혁신적인 도움이 될 수 있다. 이 책에서 이들의 생각을 활용한 이유는 여기서 논의되는 내용들의 타당성을 높이기 위한 것이다.

악에 대한 논의의 전개 방법은 가능한 많은 사람들이 공감할 수 있는 차원에서 논리적 연속성과 부합성 그리고 일반적인 경험적 적용성과 타당성을 염두에 두고 전개하려고 노력했다. 이러한 전개 방식은 화이트헤드의 유기체철학의 방법에서 온 것이다. 사유철학과 과학철학의 연결을 위한 것이며, 윤리적 논의의 타당성 증진을 위한 것이다. 적지 않은 학술적인 내용을 포함하고 있지만 논술보다는 스토리텔링으로 전개하려고 노력했다. 악에 대한 핵심적인 내용들을 융합적으로 살피면서 진전된 지평을 열려고 했다. 악의 시달림에서 조금이나마 벗어날 수 있는 새로운 희망의 창구를 열어보고자 했다.

오랜 기간 동안 한 달에 한 번씩 모여서 과학사상에 관한 책들을 읽고 토론하면서 도움을 주신 과학사상연구회 교수님들께 감사드린다. 특별히 권오대, 김성구, 홍석인, 김숙희, 김덕련, 채수일, 신재식, 현우식, 안기석, 정강길, 박은정 교수님께 감사한 마음이다. 출판이 이루어지도록 수고해주신 출판사 관계자 여러분께 진심으로 감사드린다.

마지막으로 이 책을 읽는 독자들이 악의 혁신적인 조절사회가 도래하기 전에 일어날 임박한 미래사회의 위기를 절감하고, 시급하게 요청되는 협력공생 사이언스의 윤리에 조금이라도 참여하게 된다면 더 없는 보람을 느끼게 될 것이다.

지은이

목차

제 1 장

악의 진화

1
사피엔스의 악

호모사피엔스는 시대에 따라 악의 경험에 대한 해석을 다양하게 했다. 원시사회서부터 농경사회 그리고 계몽주의 시대와 포스트모던 시대에 이르기까지 악에 대한 해석은 어린아이가 성인되는 과정처럼 전개되었다. 악에 대한 이해의 흐름이 원시사회부터 포스트모던 시대에 이르기까지의 진화는 이제 종말을 향해 달리고 있다. 악의 진화가 종말을 향해 달리게 하는 것은 정치나 경제의 발전이나 혹은 교육의 성과가 아니라, 사이언스가 먼저 실효적으로 그 역할을 하고 있다.

수렵인 들이 경험한 자연악, 봉건사회 이후에 등장한 인간악, 모더니티의 정치경제의 악, 포스트모던의 허무주의 악, 그리고 물리학적 제한성과 엔트로피의 복잡성 등에 대해서 핵심 포인트 중심으로 다루고자 한다. 악에 대한 다양한 이해와 도덕적 실천에 대한 진전된 모티브를 탐색하기 위한 것이다.[2]

원시공동체인 수렵사회인들은 천둥 번개와 벼락에 대해서 큰 공포감을 갖고 있었다. 이유 없이 갑자기 강력하게 불어 닥치는 태풍이나 천지를 진동하는 굉음의 천둥소리와 벼락을 매우 두려워했다. 천둥번개와 폭풍우의 두려움을 피해서 동굴 속에 숨었다. 동굴 속에서 극도의 무서움을 주는 것은 초자연적인 괴물의 진노로 생각했고, 그 상상의 괴물을 두려워했다. 상상력이 뛰어난 인간은 두려움을 주는 악을 신의 진노나 괴물의 횡포로 연상해서 생각했다. 상상의 괴물을 머릿속에만 두지 않고, 그림이나 조각으로 표현해서 여러 사람에게 알리고 서로 그 괴물을 믿었다.

상상의 괴물은 꿈속에도 나타났다. 꿈을 꿀 때마다 꿈에 대한 신비로운 생각을 했으며, 꿈에 대한 해석을 하고 초월적인 세계를 상상하기도 했다. 잠잘 때 꾸는 꿈을 신적인 신비로운 계시로 생각하기도 했다. 이런 현상은 현대과학이 발달할 때까지 지속되었다.

인간은 두려움과 공포의 악한 세력의 종식을 찾아 노력했지만, 무자비한 폭풍우와 천둥번개 그리고 질병과 죽음은 계속되었다. 사피엔스는 자연악에 대한 자신의 무기력함과 한계를 깊이 인식했다. 악한 현상은 악마가 일으키는 경우로 상상했고, 신이 진노해서 일으키는 것으로 생각하기도 했다. 진화론자들이나 종교역사 학자들은 종교는 두려운 현상을 일으키는 신의 진노를 달래기 위하여 종교적 경배행위가 생성되어 진화했다고 보고 있다.

인간 삶의 현장에서 불리한 길조가 들어설 때마다 신의 진노를 달래기 위한 종교의식이 점점 성행했다. 전염병이나 기근 혹은 천재지변이 있을 때마다 지구의 거의 모든 영역에서 악의 퇴치를 위한 종교적인 퇴마의식(rites of exorcism)을 거행했다. 살아있는 인간을 신에게 드리는 인신공양과 같은 터무니없는 일들도 서슴지 않고 했다. 고대문명의 발상지인 메소포타미아에서 바알 신에게 인신공양을 하였으며, 마야(Maya) 문명에서는 살아있는 어여쁜 소녀를 산꼭대기에서 신에게 바쳤다.

심지어는 로마인들도 흔한 일은 아니었지만 전투의 패배를 종교사회적으로 극복하기 위해서 인신공양을 한 것으로 알려져 있다. 고조선 시대에 장례 때에 산 사람을 함께 묻는 순장제도가 있었다. 말도 안 되는 일들이지만, 악을 퇴치하기 위해서 상상의 세계를 사실로 믿고 끔찍한 일까지 서슴지 않고 자행했다. 이런 현상은 어느 특정지역에만 국한된 것이 아니라, 지구촌의 거의 모든 지역에서 일어난 것으로 나타나고 있다.

악의 퇴치를 위해 상상의 세계에서 전개된 터무니없는 아이디어와 실천은 도덕과 어떤 연관이 있을까. 도덕적 민담의 생성은 어떻게 일어났을까. 도덕적 민담의 기원은 상상의 아이디어에서 유래한 것으로 보는 견해가 적지 않다. 대부분의 원시적인 윤리 시스템은 도덕적 민담에서 찾아볼 수 있기 때문이다. 도덕적 민담은 선한 사람은 하늘이 보호하고, 악한 사람은 징벌할 것이라는 권선징악이 대표적인 것이다. 이런 도덕적 민담은 상상의 아이디어와 종교적인 차원이 있는 것이 사실이며, 거의 모든 문화권에서 공통으로 나타나는 현상이다.

그러나 도덕의 원형인 권선징악의 기원은 원래부터 종교적인 것이 아니었다. 도덕은 악의 퇴치를 위해서 상상의 세계에서 만들어진 것이 아니다. 도덕이 만들어진 원인에 대한 학문적 탐구는 아직도 명료하게 정리되지 않았다. 도덕의 기원에 대한 현재까지의 도덕철학의 해석은 사회적 관습에서 발전된 것으로 보는 견해가 우세하다. 하지만 도덕을 사회문화적 관습이 규범화되어 형성된 것으로 보는 것은 충분한 해석으로 보기 어렵다. 왜냐하면 도덕은 관습보다 더 근본적인 차원에서 기인한 요소들이 있기 때문이다.

문명사회의 초기 도덕의 시작인 권선징악은 협력공생(public symbiosis)을 위한 집단이성에서 발현한 것이다. 생존의 효율성을 위한 집단지성

(collective intelligence)이 도덕적 규범과 가치를 세운 것이다. 집단지성은 생존을 위한 공동체의 포괄적 적합성을 찾아 형성되는 공적인 의식작용이다. 도덕적 민담은 사피엔스의 제한성 극복의 프로세스에서 협동적 안녕을 위해 형성된 도덕 스토리로 보아야 할 것이다.

수렵사회와 농경사회의 악에 대한 퇴치방법은 상상의 세계에서 종교심리적인 자위행위로 전개되었다. 상상의 허구존재에게 경배하고 소원을 빌며 말도 안 되는 인신공양까지 하면서 스스로 위안을 얻었다. 악의 축소에는 실효성이 전혀 없는 것이었으며, 이런 현상은 근대까지 계속되었다.[3]

우주존재론적인 윤리적 당위성을 담은 권선징악의 도덕적 민담은 농경사회로 접어들면서 심도 있게 전개되었다. 자연철학적인 도(道) 혹은 로고스와 같은 것이 메타-패턴(meta-patterns)으로 깊이 있게 전개되었다. 권선징악에 종교적인 요소가 융합되어 종교윤리적인 차원으로 발달하면서 윤리적 당위성은 깊어졌다. 종교윤리는 모더니티 시대까지 크게 영향을 준 것이 사실이다.

여기서 패턴이란 용어를 사용한 이유는 도와 로고스 같은 개념을 최근의 과학적 원리로 해석할 수 있는 여지를 두기 위한 것이다. 패턴의 개념은 물리학에서 자연의 법칙과 에너지의 정보보존 흐름이 패턴으로 해석된 것이며, 보편적으로 받아들여지고 있는 개념이다. 뉴턴의 물리법칙과 아인슈타인의 상대성이론 그리고 양자역학의 행렬역학은 물리현상에서 나온 것이다.

이 법칙들과 패턴은 현대문명에서 유용하게 활용되고 있다. 이들은 기적같은 과학기술문명의 발달에 결정적인 역할을 하고 있으며, 미학과 도덕에까지 활용될 수 있다. 물리적 조화와 균형에서 아름다움의 미학이

나온다. 거대한 쇠의 물리적인 조화와 균형으로 만든 파리의 에펠탑은 미학의 상징이다. 쇠 덩어리로 만든 뉴욕의 자유의 여신상은 세계적인 예술적 작품이다. 균형과 조화의 상징인 비너스 조각상과 데이비드 조각상의 아름다움은 경이롭다. 색의 조화와 기하학적 발현은 인류의 아름다운 패션을 이끌었다. 소리의 조화와 균형에서 쇼팽의 감동적인 음악이 발현됐다. 세상은 변하지만 물리의 법칙과 미학의 원리는 시간 속에서 변하지 않는 특성을 갖고 있으며, 언제든지 인간에게 발현될 수 있다.

최근에 전개되고 있는 신경미학(neuro-aesthetics)에서는 아름다움의 경험은 뇌의 전두엽 중앙에 있는 미학담당 신경을 자극해서 즐거움을 주는 보상현상을 탐구하고 있다. 뇌신경과 아름다움의 상관관계를 설명하고 있는 것이다. 조각, 그림, 음악, 자연의 아름다움 모두가 뇌의 미학신경과 상호작용을 하면서 연계되어 있으며, 생활의 스타일과 삶의 질에 영향을 주고 있다.

물리법칙과 미학만이 아니라, 도덕도 우주물리현상에서 나온다. 구체적으로 보면 로켓과 비행기는 물리법칙을 따르지 않으면 추락하게 되어 있다. 수학적이고 기하학적 균형이 무너지고, 광자가 만드는 색의 조화가 깨지면 감동적인 미학의 세계는 사라진다. 질서, 조화, 균형의 원리에 입각한 협력공생의 패턴을 따르지 않으면 인간계의 질서가 무너지고 생존의 위협이 올 수 있다.

협력공생의 원리를 따르지 않으면, 사자와 침팬지를 이기지 못할 것이다. 움막집을 벗어나지 못할 것이며, 식량과 의복은 원시적인 차원을 벗어나지 못할 것이다. 인간은 위험한 동물이나 독이 있는 식물에게 매우 허약하게 무너질 수 있다. 인간은 7만 년 전에 지구상에서 아무런 능력을 발휘하지 못했던 미물의 존재로 회귀하게 될 것이다. 신계몽주의

덕으로 등장하고 있는 협동과 배려, 관용과 겸양, 그리고 공생의 덕은 물리적 법칙과 생물학적 원리와 연계되어 있다.

패턴은 뉴턴에게 영향을 받은 수학자 피에르-시몽 라플라스(Pierre-Simon Laplace)가 처음으로 언급한 것이며, 라플라스는 수학적 확률을 철학적으로 해석하면서 패턴으로 언급한 것이다. MIT(메사츄세츠 공과대학)의 세스 로이드(Seth Lloyd)는 디지털 컴퓨팅은 미래를 정확하게 예측할 수 없으며, 미래에 대한 정확한 선택도 불가능한 것으로 주장하고 있다. 수학적으로 계산해서 미래를 해석하는 것은 패턴에 한한다는 것이다.

도덕의 메타-패턴은 흥부놀부 내러티브와 같은 민속 스토리에서 어렵지 않게 이해할 수 있다. 흥부놀부는 서민들의 민담으로 백성들이 즐기는 내러티브이지만, 스토리 속에 담겨있는 권선징악은 공생을 위한 메타내러티브로서 대중적 지혜 혹은 집단의식으로 발현된 것이다. 이러한 권선징악의 내러티브는 한국에만 있는 것이 아니라, 지구촌 모든 문명에 보편적으로 있는 것이다. 도덕의 보편성은 우주적 패턴에서 공동체 의식으로 발현한 것으로 보게 하고 있다. 원초적인 우주 패턴과 공적인 도덕률은 별개의 것이 아니라, 서로 연속성이 있는 것으로 보인다는 사실이다.

천둥과 벼락의 악에 대한 공포는 현대 과학문명이 발달하면서 줄어들었다. 꿈의 실체를 알게 되면서 꿈에 대한 해석이 달라졌으며, 질병과 죽음의 원인에 대해서도 상당부분 알게 되었다. 피뢰침으로 벼락을 정복하면서 천둥번개에 대한 두려움과 공포가 사라졌다. 대부분의 질병의 원인은 바이러스와 염증 혹은 세포의 노화에 의한 것이며, 그에 대한 면역체계와 치료법이 개발되면서 질병에 대한 두려움이 축소되었다. 인류의 긴 역사를 보면 공포와 두려움을 준 천둥번개의 정체와 질병과 죽음에 대한 사실적 이해는 아주 최근의 일이다. 인류는 아주 오랜 기간 동안 우주현상에 대한 터무니없는 생각을 하면서 두려움에 떨었던 것이다.

사피엔스는 농사를 짓고 가축을 키우며 집단생활을 하면서 예기치 못한 악을 직면하게 되었다. 농경사회 혹은 봉건사회 사람들은 천둥번개와 태풍 같은 자연악보다 인간 사이에서 일어나는 인간악에 더 시달림을 당했다. 영주들은 일하는 일꾼들에게 하루에 1달러 정도를 주고 일을 시켰으며, 산업사회가 일어날 때까지 계속해서 그런 횡포를 저질렀다. 국왕은 백성의 현실과 너무 거리가 먼 통치의 세계에 살았으며, 영토를 지키는 일과 필요에 따라 전쟁을 하는 정도였다.

이들의 통치에는 불평등과 폭력이 끊이질 않았으며, 노예계급까지 조작해서 시행했다. 노예나 서민들은 그것을 숙명적인 것으로 받아들이게 만들었다. 영주 밑에서 충성하는 가신들의 가혹한 몽둥이와 철퇴는 공포 그 자체였다. 브라이언 이니스(Brian Innes)의 『고문의 역사』(The History of Torture)를 보면 인간의 잔인한 고문은 상상을 초월한다.[4] 그리스 로마시대 그리고 중국과 인도 등 거의 모든 곳에서 비인간적인 고문이 성행했다. 고문의 이유는 대부분 억압의 수단이었다. 봉건사회의 통치자들이 범죄의 자백이나 중요한 정보를 얻어내기 위해서 했다. 그리고 범죄에 대한 형벌로서 자행한 경우들이다. 인간의 잔인함과 광기의 극단적 사례들이다.

곤장은 물론이고, 소가죽 끈에 납을 달린 채찍으로 때리면 살점이 묻어나는 형벌이 있었으며, 무거운 돌이나 쇠를 몸 위에 올려놓고 서서히 죽게 하는 압살형이 있었다. 목을 매달아 죽게 했다. 사지를 잡아당겨 찢어져 죽게 만드는가 하면, 잔소리를 많이 하면서 반항하는 여인에게 입을 틀어막는 험악한 철제 입마개를 사용했다. 날카로운 쇠꼬챙이들로 만들어진 철관에 사람을 꽉 조이게 넣어 쇠꼬챙이들에 찔려서 서서히 죽게 했다.

살점을 발라내는 능지가 있었다. 코를 뚫어 잡아당기기, 굶주린 쥐가 몸을 파먹게 만드는 고문, 벌레로 성기 괴롭히기 등 이루 말할 수 없는 잔인한 형벌이 있었다. 사실 형벌이 아니라 악이었다. 고문과 형벌의 명분은 있었지만, 대부분은 너무 지나친 악행이었다. 침팬지나 개코원숭이의 유인원 집단에서는 찾아볼 수 없는 참혹한 악행이다. 침팬지도 동종을 살해하지만 인간처럼 그렇게 잔인하지는 않다. 침팬지와 유전자가 1.6퍼센트 정도밖에 차이가 나지 않는 인간의 독특한 악한 본성은 어디에서 기인한 것인지 궁금하게 만드는 부분이다.

봉건사회에서는 자연악보다 권력을 가진 인간의 악한 행동에 대한 두려움이 너무 컸다. 작은 실수를 하고 일생동안 숨죽이고 살아야 하거나, 들키면 고통 속에서 살아야 하는 운명이 되었다. 이러한 잔인함은 인권을 중요하게 여겼던 계몽주의 시대와 그 이후까지 계속되었다.

농경사회가 깊숙이 발전되면서 천둥과 벼락 그리고 먹이와 추위의 공포는 수렵사회인들이 느꼈던 것보다는 많이 축소되었다. 관계수로의 개선으로 농업의 생산성이 진전되면서 굶주림의 악을 어느 정도 관리할 수 있게 되었다. 집을 짓고 살면서 폭풍우를 피할 수 있었다. 식량수급의 방법 개선과 식량저축이 가능한 농경문화는 인간에게 어느 정도 자신감을 키워주었다. 이러한 인류의 자신감은 모더니티(modernity)의 사상과 현대문명의 발달을 일으키는 데에 결정적인 역할을 했다. 악을 일으키는 신의 진노를 달래기 위해 선한 행동을 하지 않아도 되는 자유로운 존재가 될 수 있다는 생각까지 하게 되었다.

평등과 자유 그리고 정의와 인권이 인간의 정신문명에 뿌리를 내린 것은 바로 악에 대한 관리 능력의 향상에 의한 것이다. 악의 조절에 어느 정도 자신감이 생성된 사피엔스는 악에 대한 상상의 세계에서 벗어나서 자신의 제한성을 스스로 해결하려는 인간중심주의로 흐르게 된 것이다. 계몽주의의 인간중심적 도덕은 봉건사회의 통치자들의 악행과 농경사회의 지배층이나 지주들의 횡포와 불평등의 인간악을 조절하기 위해 나타난 도덕적 진화현상이다.

모더니티 이전에도 악을 조절하기 위해서 사회계약에 의한 법과 통치시스템을 만들어서 폭력과 사회적 고통의 문제를 해결하려고 노력은 했다. 그러나 영주들과 통치자들이 시도했던 사회계약은 투박하고 형식적인 것이었다. 실제로는 도덕과 법이라고 할 수 없을 만큼 거친 것이었으며, 왜곡된 독재 지배리더십이 대부분이었다. 권력을 많이 가진 사람은 권력을 감추려고 하며, 권력이 적은 사람은 많이 가진 것처럼 허세를 부리는 것이 일반적인 통치자들의 모습이다. 기분장애를 가진 통치자들이나 권좌유지에 불안을 느끼는 그릇이 되지 않는 통치자들의 횡포는 비극적인 허세의 괴물 지배와 군림 자체였다.

계몽주의는 봉건사회와 농경문화의 괴물권좌의 악과 불평등의 악을 해결하기 위해서 피를 흘리면서 평등과 정의 실현을 위해 노력했다. 계몽주의는 가진 자의 횡포, 노예제도의 모순 등을 악으로 규명하고, 이를 해결하기 위해서 모더니티 방법을 고안해서 새로운 사회를 모색했다. 모더니티 방법은 인간중심주의(anthropocentrism)와 이성중심주의(logocentrism)이었다. 데카르트(Rene Descartes)의 합리주의에 영향을 받는 계몽주의는 생각하는 주체와 합리적인 이성을 내세우면서 인간의 가치를 강조했던 것이다. 오늘날의 대부분의 가치관과 도덕률은 모더니티의 계몽주의에 의해서 만들어진 것이다.

계몽주의가 제시한 평등과 자유는 노예들에게 숙명적으로 겪었던 억압의 악에서 해방되는 꿈같은 것이었다. 분배정의와 사회정의는 서민에게 너무나도 솔깃한 것이었다. 노예와 서민들에게 희망 시스템을 제공한 유럽의 계몽주의는 급물결을 타고 세계적으로 번져나갔으며, 300년 이상 세상에 영향을 주었다. 불평등과 폭력의 악에 대한 계몽주의의 조절 영향은 성공적인 것으로 평가되었다.

하지만 자유와 인권과 평등사상은 개인을 세상의 중심으로 서게 만들었다. 계몽주의 사회계약에 의한 대규모 집단의 사회시스템은 아이러니하게도 공동체적인 면보다 개인주의로 흐르는 결과를 초래했다. 계몽주의는 인간이 세상의 중심이라는 생각을 하면서 공동체주의와 이타적 행위를 강조하는 종교를 뒷전으로 밀어내기 시작했고, 인간중심 사상과 개인주의로 흘렀다.

개인주의는 오히려 평등과 정의를 무너뜨리는 데에 일등공신으로 작용했다. 개인주의는 공동체주의를 무시하고 일부 개인의 이기적 영달과 힘을 추구하는 계층사회 시스템으로 변질되게 하였다. 개인주의는 개인들의 역량 차이를 노골적으로 드러내면서 계급의 확대와 경쟁의 심화를 초래했다. 최근에 하버드대학교의 마이클 센델(Michael Sandel)은 능력주의의 횡포(The Tyranny of Merit)를 주장하면서 능력주의(meritocracy)가 불평등을 심화하며, 민주주의를 훼손하고 있다고 주장하고 있다.[5]

삶을 시달리게 만드는 차가운 사다리타기와 위험한 줄타기가 과잉경쟁 사회를 만든 것이다. 정부에는 이기적인 괴수들이 등극하고 사회계약은 개인들의 이익을 위한 집단이기주의로 흘렀다. 모더니티 사회는 계몽주의의 기대와 서민들의 꿈과는 다르게 정치 몬스터와 이기주의적 경쟁에 의한 구조적 악이라는 새로운 악을 형성했다.

모더니티 사회에서는 겉모양은 협동과 평등의 공동체이지만, 내용에서는 야만적인 정치권력의 괴수들의 교활한 횡포작용이 심화되었다. 개인의 성과와 생산성을 기축으로 하는 역량중심주의가 만든 계급과 경쟁의 심화는 서민의 고통을 증폭시켰다.

악에 대한 이해의 수준이 어린아이와 같았던 수렵사회 사람들은 자연악과 상상의 괴물을 두려워했지만, 봉건사회에서는 땅과 권력을 가진 인간의 횡포가 두려움의 대상이었다. 모더니티 사회는 과잉경쟁과 권력횡포의 사회시스템으로 인한 구조적인 악에 시달렸다. 계몽주의 실천의 역기능은 평등과 정의를 기대했던 백성들에게 실망감을 크게 안겨주었으며, 소외감과 박탈감으로 오히려 더 아픔을 느끼게 만들었다.

모더니티의 이성중심주의는 인간의 감정을 뒷전에 두고, 모든 것을 이성적이고 합리적인 것으로 해석했다. 개인의 인권을 강조하는 정의와 법을 강조하면서 차가운 인간관계를 형성했고, 감정으로 느끼는 따뜻한 세상을 소홀히 여겼다. 공감과 배려능력이 퇴화되고, 이타적인 협동에는 인색한 존재가 되었다. 알래스데어 매킨타이어(Alasdair MacIntyre)도 『덕의 상실』(After Virtue)에서 계몽주의 도덕론의 실패를 자세하게 언급하고 있다.[6]

개인주의는 협동을 저해할 뿐만 아니라, 군중 속에서 고독하고 외로운 실존의 아픔을 안겨주기 시작했다. 실존적인 고뇌는 오늘날 수많은 사람들이 겪는 일이다. 이것은 겉으로 나타나지 않은 아픔이다. 외롭고 고독해서 우울증에 걸려서 삶을 내려놓고 싶어 하는 사람들이 점점 늘어가고 있다. 우울증은 조만간 인류의 최고의 질병으로 올라설 것이라고 사회심리학자들은 예측하고 있다.

모더니티의 이성적이고 합리적인 방법은 데이트나 결혼생활에서는 역기능적 현상이 더 크다. 지성적이고 준수한 남성이 사랑하는 여인과 데이트 할 때에 명철한 이성과 분명한 합리적 방법으로 데이트를 하면, 그 데이트는 하루도 못가서 깨질 것이다. 여인은 남성에게 사랑을 전혀 모르는 멍청이로 취급을 할 것이다. 로맨스의 스킬은 합리적인 것이 아니기 때문이다.

명석한 논리적 사고를 갖고 철두철미하게 합리적으로 결혼생활에 임하면 한 달이 못가서 이혼하게 될 것이다. 사랑과 결혼생활은 합리적이거나 이성적으로 이루어가는 것이 아니다. 결혼생활은 상호 공감적 감성과 유연한 사랑의 아름다움의 예술적 관계로 이루어가는 것이다.

포스트모던 해체주의는 이러한 문제를 안고 있는 모더니티의 이성주의와 합리주의의 해체를 시도했다. 세상은 합리적이고 이성적인 방법으로 대부분의 것을 해석할 수 있는 것이 아니라는 사실을 발견했기 때문이다. 포스트모던 사상은 모더니티의 합리주의와 인간중심주의 오류를 발견하고, 이들의 역기능적 요소들의 해체를 주장했다.

포스트모던 해체주의자 자크 데리다(Jacques Derrida)와 질 들뢰즈(Gilles Deleuze)는 이성중심주의에 대해서 반기를 들면서 이성과 합리성의 한계를 지적했다. 언어나 표현은 합리적이지 않으며, 사랑과 인생이 이성적이거나 합리적으로 맞아떨어지는 것이 아니라는 주장이다. 데리다는 언어의 횡포와 문법의 오류를 지적하면서 소통과 정체성 해석의 유연성을 강조했다. 들뢰즈는 "감각의 논리"와 추상기계가 가능하다는 입장이며, 융합해석을 주장했다.

언어로 소통할 때에 말을 오해하고 곡해하는 일들이 수없이 일어나고 있다. 말을 아무리 잘하고 표현을 잘해도 언어는 사건이나 사실을 명확하게 묘사하지 못한다. 마음이나 감정을 표현하는 데에 한계가 있다. 언어는 소통의 놀라운 수단이지만, 언어의 한계는 오해와 분란을 지속적으로 일으키고 있으며, 이것이 바로 언어의 횡포이며 데리다 이전에 니체가 먼저 목소리 높여 주장한 것이다.

니체는 인간은 말을 하기만 하면, 그 말은 바로 거짓말이 된다고 했다. 말과 사실 혹은 말과 상황이 맞지 않는 것이 너무 많기 때문이다. 모두가 거짓말쟁이고, 거짓말쟁이들끼리 모여서 터무니없는 소통을 하고 있다는 것이다. 대부분 자기 좋을 대로 알아듣고 해석하고, 소통을 했다고 착각하고 산다는 것이다. 그렇기 때문에 인간은 끊임없이 오해하고 다투고 싸우는 악을 행하는 것이다. 실제로 대화를 자세히 분석하고 살펴보면 니체의 날카로운 지적은 간단히 넘기기가 쉽지 않은 것이다.

니체의 사상을 탐구한 자크 데리다는 언어의 횡포를 문법의 횡포로 대체해서 심층 분석하면서 비평하고 있다.[7] 문법이나 이성과 합리성을 지나치게 신뢰하는 것은 위험한 것이라고 경종을 울렸다. 글의 표현이 아무리 문법적으로 맞아도 내용을 명확하게 소통하는 데에는 한계가 있기 때문이다. 포스트모던 사상이 모더니티의 문법과 언어의 한계를 지적하고 언어적 횡포의 악을 조절하고 수정 보완하는 데에 기여를 한 것으로 볼 수 있다.

언어는 문화와 시대에 따라 다르게 발달하면서 사람들의 사고 구조도 바꾸고 뇌 세포의 구조를 변화시키는 일을 했다. 독일에서는 태양은 여성이고 달은 남성이다. 스페인에서는 태양이 남성이고 달이 여성이다. 태양을 보고 강렬하다고 하는 것은 스페인의 사고구조이며, 태양을 아름답다고 하는 것은 독일의 사고구조이다. 같은 현상을 두고 언어는 인간의 생각과 의미를 다르게 하고 있다. 아름다움과 강렬함에 대한 개념과 생각이 뇌신경 구조의 변화에 영향을 주었기 때문에, 같은 것을 보고도 느낌을 다르게 갖게 되는 것이다. 언어의 의미와 용도는 인간의 상황과 맥락에 따라서 생각과 뇌에 영향을 미치고 있다. 언어의 맥락적 유연성 때문에 언어적 소통은 사실상 매우 복잡하고 난이도가 높은 것이다.

포스트모던 해체주의는 인간중심주의를 해체했다. 인간은 세상의 중심이 아니라, 유기체적인 생태시스템의 한 부분이라는 것을 강조했다. 개인은 고정된 하나가 아니라, 우주 속에서 여러 가지와 연계되어 있는 복합적이고 다원적인 존재로 해석한 것이다. 포스트모던 사상은 하나의 고정된 자아의 정체성은 없는 것으로 보면서, 자아의 사라짐을 주장했다. 자아의 사라짐은 삶의 의미까지 해체하는 허무주의라는 새로운 악으로 발전했다.

데리다는 개체의 정체성은 개체가 갖고 있는 것이 아니라, 다른 것들 사이에서 서로 차이에 의해서 규명되는 것으로 해석했다. 자아의 정체성은 자아가 갖고 있는 것이 아니라, 다른 것들과 관계의 차이성에 의해서 규명되는 것으로 본 것이다. 소위 차연성(differance)에 의해서 자아가 매순간 규명되는 것으로 해석했다. 자아는 고정된 것이 아니라, 끊임없이 변화하는 상황에서 자아도 변화하는 것이다. 그동안 모더니티 방법으로 생각했던 고정된 자아의 정체성은 사실상 사라진 것이다.

사피엔스가 경험하는 포스트모던 악은 모더니티의 인간악과 다르게 생각 속에 있는 악이다. 포스트모던의 자아의 사라짐은 허무주의를 부추기는 차원과 자신의 존재의 망가짐을 두려워하게 만들고 있다. 자아가 없는 행위자는 비존재의 위협을 느끼는 무의미와 불안을 증폭시키는 것이다. 자아의 망가짐에 대한 해결을 모색하고 있지만, 자아의 해체에 의한 허무주의는 사실상 답이 없는 도전이다. 중광스님이 자신의 묘비에 "괜히 왔다 간다."는 말을 남긴 것에 공감하는 사람들이 많아진다면, 인류존재의 현실에 대한 해석은 난관에 처하게 될 것이다.

많은 현대인들이 목숨을 걸고 있는 돈에서 발생하는 경제악에 대한 모더니티의 해석문제도 난이도가 매우 높다. 경제악은 다양한 요소들이 섞여 있는 융복합적인 악이라고 할 수 있다. 계몽주의 영향으로 자유 시장경제의 자본주의와 권력 편재성의 민주주의가 만들어졌다. 그러나 이들은 겉으로는 설득력이 있지만, 내면에서는 아픔이 있는 모순된 것들이 있다. 오히려 빈부의 격차는 심해졌고, 민주주의에 의해서 선출된 권력자는 괴물로 변하는 경우가 허다했다.

서민들은 평등사상에 대해서 희망을 가졌지만 신종노예가 나타나고 있다. 연봉이 몇 십억이 되는 사람이 있는가 하면, 몇 푼 안 되는 최저임금마저도 제대로 못 받는 사람들이 적지 않다. 사회의 구조악은 개선의 조짐을 보이지 않고 있으며, 모더니티 백성들의 심리적 압박감은 수렵사회 사람들이 느꼈던 공포나 두려움보다 몇 배나 심각해졌다. 사회경제적인 구조악에서 헤어 나오지 못하고, 제한성의 한계에서 자살하는 사람들이 늘어나고 있다.

프랑스의 경제학자 토마스 피케티(Thomas Piketty)는『21세기 자본론』(Capital in the Twenty-First Century)에서 미국이 빈부의 격차가 가장 심한 국가이며, 선진국일수록 그런 현상이 심하다고 주장하고 있다.[8] 피케티는 부의 불평등의 진화는 조절할 수 있었지만, 탐욕적인 정치경제는 지난 이백년간 오히려 갈등을 키워왔으며, 미래에는 더욱 심할 것으로 보고 있다. 소수의 재벌들의 세습자본주의(patrimonial capitalism)가 더욱 심화될 것으로 내다보고 있다. 이미 세습자본주의는 정치경제 세계로 깊숙이 들어와서 권력으로 작용하고 있으며, 민주주의를 훼손하는 방향으로 전개되고 있다고 역설하고 있다.

피케티의『자본과 이념』(Capital and Ideology)에 따르면 현대경제의 흐름을 그대로 두면 마르크스가 언급한 것처럼 소수의 자본가의 부와 권력의 세상이 된다는 것이다. 피케티는 경제흐름에 대한 무관심과 외골수의 이념 정치 그리고 지성의 지나친 세분화가 부의 불평등을 키워온 것으로 보고 있다. 피케티는 해결책으로서 참여 사회주의(participatory socialism) 를 주장하고 있다. 부자증세를 통한 부의 분배를 주장하면서, 평등의 이념 실천을 재천명하고 있다.

피케티의 세습자본주의에 대한 비판은 설득력은 있지만, 실효성에 있어서는 의문이 적지 않다. 미래사회 역사는 산업사회처럼 자본의 흐름으로만 되어가는 것이 아니라, 악의 조절을 향한 사이언스의 기능에 의해 경제시스템이 변할 수 있기 때문이다. 특히 첨단기술문명의 미래역사는 수요와 공급의 경제 원리를 넘어서 초-경제사회로 흐를 가능성이 있기 때문이다.

AI, 빅-데이터, 3D프린터, 유전자 편집과 디자인, 나노기술 등은 단순한 자본시장을 넘어서 새로운 가치 시스템을 형성할 것이다. 미래사회는 농경사회 이전에 수렵사회의 가치관 모형이 재현되는 될 가능성이 높다. 대부분 필요한 것을 첨단과학기술로 자급자족하는 사회로 진입하게 될 것이기 때문이다. 수요공급에 의한 자본경제 시스템은 개별주의와 보편화된 분업경제 국면에 접어들 것으로 보인다.

지금 우리에게 필요한 것은 세습자본주의 폐단을 정리하기 위한 참여 사회주의 실천보다는 공동체를 위한 협력공생의 사이언스 윤리의 실천이 시급한 것으로 보인다. 경제문제 개선의 진화보다 과학기술문명의 진화가 더욱 빠르게 기하급수적으로 변할 것이기 때문이다.

경제 진화가 상당부분 이루어졌음에도 불구하고 경제악의 조절은 뒷걸음치고 있다. 근대 노예는 최근에 와서 생활하기 힘든 최저임금이나 그 이하를 받는 신종노예로 대체되었으며, 자본가는 잉여임금을 착취해서 더욱 부자가 되어가고 있다. 지구촌의 정치경제 괴물들의 횡포가 끊이질 않고 있다.

경제악 만이 아니라, 다른 다양한 악이 사라지지 않고 역사 속에서 지속적으로 인간을 괴롭히는 것을 보면, 우주의 질량 불변의 법칙이나 에너지 불변의 법칙과 같이 "악의 정량 불변의 법칙"이 있는 것처럼 보인다.

항구적으로 존재하는 악의 정체는 무엇일까. 사피엔스의 악의 정체성은 근본적인 차원에서 인간의 제한성과 이기적 유전자에서 나오는 이기성이라고 본다. 제한성과 이기성에 대한 도덕적 논의는 생물철학과 이론물리학을 타고 전개되어야 악의 문제를 심도 있게 해석할 수 있을 것이다. 과학철학적 접근은 첨단 과학기술문명 시대의 도덕철학에 대한 해석 방법으로서 불가피한 것으로 여겨진다.

사피엔스의 악은 이기성과 제한성에 의한 실존적인 아픔, 심리적인 고뇌, 존재론적인 고통 등으로 여전히 나타나고 있다. 사람들이 일반적으로 경험하는 걱정과 불안의 실존적인 문제를 먼저 생각해보지 않을 수 없다. 철학의 역사를 살펴보면 실존주의 시대는 지났지만, 인간은 포스트모던 시대, 생태 유기체적 환경, 첨단 과학기술문명에서도 여전히 실존적 인간으로 살아가고 있다. 실존적인 악은 자아의 제한성, 경제적 아픔, 노화와 죽음 등의 다양한 아픔과 불안을 포함하고 있다.

실존주의 철학의 시조인 키르케고르(Søren Kierkegaard)는 인간을 불안과 갈등, 두려움과 우울, 그리고 절망과 죽음의 문제를 안고 홀로 살아가는 존재로 보았다. 걱정은 『이것이냐 저것이냐』의 선택의 갈등에서 시작되는 것이며, 궁극적으로는 미래의 불안과 죽음에 대한 절망적인 생각에서 생성된다. 키르케고르는 절망을 『죽음에 이르는 병』으로 보았다.

불확실한 현재 상황에서의 미래의 다양한 경우의 수를 시뮬레이션하면서 위험한 일을 미리 생각하는 것이 인간실존이다. 5년 전 일을 후회하고 10년 뒤의 일을 걱정하는 것은 자의식을 갖고 있는 인간만의 독특한 특성이다. 인지과학에서 인간의 자의식은 침팬지에게서는 찾아볼 수 없는 것으로 보고 있다. 불안과 두려움 그리고 죽음에 대한 생각을 하면서 사는 것이 인간의 실존이다.

마르틴 하이데거(Martin Heidegger)는 인간은 세상에 던져진 현존재의 상태(Dasein)에서 자아와 유기체 우주와 관계에서 실존적으로 사는 존재라고 했다. 인간실존은 홀로 세상과 더불어 관계를 가지면서 내면의 염려와 걱정과 자아 존재의 죽음을 향한 고뇌를 갖고 사는 존재라는 것이다.[9]

걱정이나 불안 혹은 갈등이나 고통이란 것은 원래 화학물질인 DNA에는 존재하지 않는다. DNA는 화학물질들이 화학적 작용을 하는 곳이며, 그 안에 공포나 두려움이 존재한다고 보는 과학자는 없다. 실존적 갈등은 DNA를 갖고 있는 세포들의 집단성질에서 창발 되는 현상이다. 유전자와 분자 그리고 세포들의 집단성질에서 마음이 생성되고 아픈 마음은 유기체적 관계 속에서 생성되는 것이다.

마음은 의식의 세계와 공명을 하고, 개인적인 의식의 작용이 모여서 집단의식을 만들며, 여러 가지 집단의식은 우주조화의 오케스트레이션을 이루는 슈퍼의식과 연속성을 갖고 있다. 여기서 오케스트레이션이란 개념은 우주 존재론적인 차원에서 생태조화, 수리물리학적 원리, 기하학적 체계 등을 함축하고 있다. 신비로운 양자역학의 패턴, 경이로운 분자생물학의 현상, 상대성이론, 우주의 오케스트레이션 등을 종합적으로 지칭하는 것이다. 이런 현상은 윤리론적 차원의 질서와 균형에 연속성을 갖고 있는 의미로 사용하고 있다.

실존적인 마음은 세상과의 관계가 만들어내는 뇌 신경회로의 연결에 의해 개인화된 주관적 현상이다. 두려움도 다른 감정들과 마찬가지로 뇌 신경회로의 연결망의 세팅에 의해서 발생하는 것이다. 그렇기 때문에 마음의 고통의 조절은 "몸과 마음과 관계성"에서 갈등의 원인을 밝히고, 생존 효율성을 향해 접근하는 것이 순서이다. 실존적인 악은 생존메커니즘의 체계에서 호불호의 가치가 만들어지는 과정에서 악으로 판단되는 것을 걱정하고 절망하는 것이다.

분석심리학자 칼 융(Carl Jung)은 두려움은 집단무의식의 세계에 있는 것으로 보았다. 어두움을 두려워하고 뱀을 무서워하는 것은 인류가 오랜 기간 동안 어두움과 뱀을 두려워했기 때문에, 그 두려움이 모든 인간에게 집단무의식으로 남아있는 것으로 해석한 것이다. 그러나 어두운 밤의 두려움은 전기로 극복할 수 있으며, 뱀에 대한 두려움은 건축양식의 발달로 어렵지 않게 퇴치할 수 있게 되었다.

밤을 두려워하거나 뱀에 대한 두려움은 이제 줄어들었다. 물론 칼 융도 피뢰침을 알았고, 뱀 퇴치법도 알고 있었겠지만, 인간은 집단무의식에서 여전히 두려움을 느끼는 존재라고 해석했다. 집단무의식은 악의 축소와 상관없다는 뜻으로 보이며, 밤과 뱀에 대한 두려움이 아직도 남아있기 때문인 것으로 보인다.

자아의 무의식을 실존적 자아라고 해석하는 것은 논란의 여지가 있다. 하지만 자아 무의식이 두려움과 연계되어 작용한다면 실존적 자아와 전혀 무관하다고 볼 수 없다. 융의 원초적 자아와 키르케고르의 실존적 자아는 같은 자아를 설명하는 것이며, 겹치는 부분이 있다. 키르케고르의 걱정과 불안 그리고 융의 원초적 두려움은 같은 인간실존에 대한 해석이다.

악의 미래 대응은 여전히 실존적 아픔을 줄이는 방향으로 전개될 것이다. 자아의 한계를 극복하는 데에 어려운 고통이 동반되며, 생각과 예측의 오류에서 불안과 고통이 있기 때문이다. 실존적인 제한성에 의해 생성되는 악은 서열경쟁, 영역다툼, 과잉경쟁시스템 등이며, 이런 다양한 사회적 요인들이 인간실존을 괴롭히고 있다.

세상과 관계에서 형성된 뇌 신경회로의 세팅은 마음으로 나타나고, 마음은 이기적 본능과 현실적인 삶 사이를 조절하는 작용을 한다. 여기서 선악의 갈림길의 선택이 수없이 전개되는데, 양심의 나침반과 같은 초자아의 도덕적 영역이 복잡하게 작용한다. 초자아란 이기적 성향을 조절하고, 공익과 이타적인 가치를 따를 수 있는 심리적 영역이다.

프로이트(Sigmund Freud)의 정신분석의 특이한 점은 자아는 이기적인 마음의 조절기능이 있지만, 근본적으로는 본능중심으로 행동하는 것으로 보았다. 프로이트는 본능(ID)과 이기적 자아(Ego) 그리고 초자아(Superego)의 세 영역에서 정신작용이 일어나는 것으로 해석했다. 본능을 가장 중요한 심리적 영역으로 보았지만, 논란의 여지가 있다.

프로이트는 초자아보다 본능이 더 중요한 역할을 한다고 생각하고 정신작용에 대해서 분석을 했다. 프로이트의 아버지는 아주 젊은 여인과 재혼을 했다. 프로이트와 몇 살 차이나지 않은 어머니는 자신과 연애의 대상으로 생각할 수 있었기 때문에, 오이디푸스 콤플렉스 이론을 생각한 것으로 보이며, 본능중심의 정신분석학을 전개한 것으로 보인다. 새어머니를 애정의 대상으로 생각하는 부조화가 본능에 의해서 일어난 것이다. 본능을 향한 이기적이고 탐욕적인 자아의 지평이 아버지와 사랑경쟁을 하는 부조화의 심리적 갈등을 주는 악으로 작동한 것이다.

그러나 프로이트 마음에는 경쟁심리만 있었던 것이지 실제로 아버지와 결투를 하거나 새어머니를 차지하는 일은 일어나지 않았다. 그 이유는 초자아가 본능과 이기적 심리영역을 조절하였기 때문이다. 본능이 중요하기는 하지만, 결국 윤리적 조절은 초자아에서 일어난 것이다. 본능에 따라 행동하는 이기적 심리는 수렵사회에서는 아주 약한 악이었다. 이기적 탐욕은 문명의 발달이 진행되면서 사회문화적으로 진화된 것이며, 지속적으로 실존적인 고뇌의 뿌리가 되고 있다.

리처드 도킨스(Richard Dawkins)와 같은 진화생물학자들은 인간을 이기적 유전자 기계(selfish gene machine)로 보았다. 이기적 유전자 기계인 인간은 수단과 방법을 가리지 않고 자기생존을 모색한다.[10] 유전자가 생존을 위해서 눈과 팔 다리를 만든 것처럼, 문화와 종교 그리고 신도 만들었다는 주장이다. 이기성의 근원은 유전자 보존을 위한 내재적 프로그램에 의한 것으로 본 것이다. 이것은 프로이트의 본능이론보다 더 원초적인 생존 프로그램에 대한 해석이다.

이기적 유전자론은 토마스 홉스(Thomas Hobbes)가 주장한 사피엔스의 악한 본성과 친구가 될 수 있으며, 순자(荀子)의 기질지성 중심의 성악설과는 사촌이 될 수 있다. 이기적 유전자론은 기독교의 원죄와 매우 가까운 이웃이 될 수도 있다. 그러나 장 자크 루소(Jean-Jacques Rousseau)나 존 로크(John Locke)가 이해한 자연 상태에서의 인간의 선한 본성과는 충돌하는 면이 있다. 최근에 인간은 악한 성품보다는 천사의 본성을 조금 더 갖고 있다고 주장하고 있는 하버드대학교의 스티븐 핑커의 낙관론과도 대치되는 면이 있다. 그러나 여기서는 이기적 유전자론에 비중으로 두고 전개할 것이다. 그 이유는 인류의 역사 속에서 악의 조절은 근본적인 차원에서 줄어들었다고 보기 어렵기 때문이다.

도킨스와는 다르게 유전자가 이기적으로 된 원인은 미생물의 최적화의 결과라고 다이앤 애커먼(Diane Ackerman)은 『휴먼에이지』(The Human Age)에서 다르게 주장하고 있다.[11] 유전자의 풀에서 물장구질 하고 비밀스러운 문지기 역할을 하는 미생물의 영향이 유전자를 이기적으로 만들었다는 생각이다. 이기적 성향이 유전자의 생존프로그램인지 아니면 미생물의 최적화 영향인지 논란은 있지만, 현재까지는 진화생물학의 이기적 유전자 해석이 더 영향력을 주고 있다.

이기적 유전자의 운반기계인 인간은 생존과 항구적 자기보존 전략을 세우는 존재가 되었다.[12] 유전자의 생존프로그램은 무자비한 경쟁의 소용돌이를 만들고 거품자아도 만든다. 탁월한 지능과 자의식을 가진 뇌는 달성하기 어려운 초과목표를 설정하는 능력이 있으며, 독특한 경쟁을 하는 역량이 있다. 주어진 제한된 조건의 현실에서 원하는 만큼 가질 수 없음에도 불구하고, 끊임없이 초과소유 욕구에 매달리면서 스스로 자신을 괴롭히고 있다. 터무니없는 목표를 만들고, 거품자아의 착각 속에서 스스로 기만당하고, 견디기 어려운 아픔을 겪는 것이 실존적 고뇌이다.

초과탐심은 자신의 제한성 인식을 증폭시키면서 과도한 열등의식을 형성하고, 공정한 플레이를 저버리게 만들며, 서열경쟁에 편법적으로 혹은 무모하게 뛰어들게 만든다. 인간사회는 침팬지 사회보다 더 불공정한 서열경쟁이 많다. 불공정한 서열경쟁의 원인은 인간의 독특한 뇌의 사기 능력에서 유래한 것이다. 인간의 생각과 예측 속에서 시뮬레이션을 많이 하는 뇌는 터무니없는 탐심을 가질 수 있는 능력이 있기 때문이다.

침팬지와 다르게 먼 미래를 생각하는 자의식은 자신의 후대를 생각하며 권력과 자본을 물려주는 계획을 만든다. 이기적인 목적을 달성하기 위해 뇌물이나 새치기와 같은 공정하지 않은 더러운 플레이도 서슴지 않는다. 침팬지에게도 뇌물이 있고 상납도 있지만, 침팬지의 추한 행위는

인간처럼 교활한 플레이 수준에는 어림도 없다. [13]

반대로 이기적 탐욕이 경제적으로 좋은 기능을 하는 면도 있다. 과학 이론과 경제의 연계성을 탐구한 마크 뷰케넌(Mark Buchanan)[14]은 주식시장에서 저평가된 주식은 지속적으로 욕심을 갖고 이익을 내려는 투자자들에 의해서 가치가 회복된다는 것이다. 시장이 불균형에서 균형을 찾고 주식이 제 가치를 찾게 만드는 것이 욕심의 기능에 의한 것이라고 언급했다.

"이기적 성향"이 경제 발전에 중요한 요소로 작동한다고 아담 스미스(Adam Smith)는 『국부론』(The Wealth of Nation)에서 주장하고 있다. 생산성을 높이기 위해서 분업화가 일어나고, 상업행위가 일어나야 한다. 물건을 사고파는 행위는 이기적 속성에 근거한 것이며, 분업화도 편리함과 생산성을 추구하는 이기적 성향에 근거해서 작동한다는 것이다. 대규모 생산이 가능한 것은 분업화된 것들이 모여서 이루어지는 것이며, 대규모 상품을 사고파는 상업행위에 의해서 경제가 부요하게 되는 것이다. 그리고 아담 스미스는 이런 경제시스템은 자유시장경제로 흘러야 부가 역동적으로 형성되는 것으로 보았다. [15]

이기적 유전자에 의해서 시장이 요동치고 걷잡을 수 없는 거대한 회오리바람이 불기도 한다. 주식시장의 매도 매수 프로그램은 주식의 가치와 상관없이 주가를 곤두박질치게 만들거나 고공행진을 하게 만든다. 매수나 매도에서 폭발적인 변동이 일어나는 것은 탐욕이 섞인 주식거래 프로그램 속에서 일어나는 것이다. 일반 서민들이 이해하기 어렵고 골탕 먹기 쉬운 위험한 시장경제 시스템이다. 욕심은 긍정적인 기능도 있지만, 인간에게 치명적인 아픔을 주는 경우가 대부분이다.

이기적 유전자보다 더 근본적인 실존적 악은 자아의 제한성이다. 자아의 제한성이 욕구경쟁을 불러오며 갈등과 투쟁을 일으키는 것이다. 자아의 제한성에 의한 서열경쟁, 영역다툼, 소유경쟁 등이 진화해서 과잉경쟁을 만들고 능력전쟁(battle of meritocracy)을 하면서 인간다움을 초토화시킨다.

하버드대학교의 사회생물학자 에드워드 윌슨(Edward Wilson)은 의식은 "생존을 위한 투쟁설계"에서 시작된 것이지 자기점검을 위해서 있는 것이 아니었다고 했다.[16] 인간의 마음은 생존을 위해서 경쟁하고 투쟁하는 것이라는 입장이다. 마음작용은 자아의 제한성 극복에서 오는 것이며 욕구경쟁과 투쟁하게 되어 있는 것이다.[17]

침팬지처럼 인간 공동체도 자세히 들여다보면 결국 서열경쟁과 영역다툼의 사회현상이다. 군대, 공직사회, 회사, 감방에서도 서열이 정해지고 경쟁을 한다. 국토를 넓히기 위해서 전쟁을 하고, 땅을 한 평이라고 더 가지려고 애쓴다. 서열경쟁에서 침팬지와 인간의 다른 점은 인간은 침팬지보다 더욱 더러운 서열경쟁을 한다는 사실이다.

과잉경쟁시스템에서 능력전쟁은 동료와의 의리를 무너뜨리고 차가운 갈등 사회를 만든다. 반칙 자들이 부지기수로 생겨나게 하고, 야만적 괴물들이 걷잡을 수 없이 설치게 만든다. 경쟁과 투쟁의 악이 지속되는 이유는 제한성의 원리가 교란을 일으키기 때문이다.

자신에 대해서 스스로 평가할 수 있는 자의식을 갖고 있는 인간은 경쟁에서 침팬지가 겪은 갈등보다 훨씬 깊고 심각한 실존적 아픔을 겪고 있다. 뒤처지거나 낙오된 상황에서 돌이킬 수 없는 자신의 실수와 과오에 대해서 깊이 평가하고 너무 아파한다. 다양한 요인들을 너무 많이 분석비평하면서 심하게 자책하는 위험한 일을 한다. 인간은 침팬지에게는 없는 과잉경쟁 시스템에 시달리고, 고등 도덕적 갈등을 겪고 있다.

그러나 세상은 이기적인 마음들의 반칙과 편법의 흐름만 있는 것은 아니라, 초자아의 이기적 탐욕조절이 있다. 양심의 나침판에 따라 우주적 순리를 따르는 탈–이기적인 도덕적 차원이 전개되는 것들을 볼 수 있다. 일등기업은 비용이 많이 들어도 최고의 상품을 최고의 효용성과 정직성을 기반으로 만들고 있다. 그렇지 않으면 지구촌 시장에서 밀리기 때문이다. 우주의 보편적인 도덕적 기준이 경쟁시스템에서 발현하여 작동하고 있는 것이다.

현실적인 차원에서 뇌 용량과 기능의 제한성에서 겪는 실존적 아픔은 간단하지 않다. 인간은 탁월한 뇌를 가진 영장류이지만, 스스로 만든 빠르게 변화하는 복잡한 사회를 이해하는 데에는 멍청한 수준이다. 사회 환경의 급격한 변화 속에서 수없는 오판과 실수를 하면서 내적 갈등을 겪고 있다. 하지만 사람들은 여전히 스스로 대단히 명석한 것으로 착각하고 있으며, 불확실한 일을 무모하게 시도하다가 넘어지고 다친다.

일상적인 일들 즉 금융, 건축, 부동산, 보험, 의료, 교육 등에 관련된 법 혹은 정관이나 조례 혹은 약관과 같은 것들이 끊임없이 늘어나고 있다. 조화와 균형을 위한 규범들이며, 악의 축소에 일정부분 기여를 하고 있다. 하지만 특정분야의 전문성을 가진 사람 외에는 폭증하는 규범이나 약관을 알고 사는 사람은 거의 없다. 이제는 교육수준보다 정보 활용 능력이 더 중요한 시대가 된다는 것이 현실로 되어가고 있다. 빅 데이터 마이닝(big data mining)에서 주요 생존전략을 터득하는 세상이 되고 있는 것이다.

폭발적으로 늘어나는 규범들은 정보 숙지의 제한성 개선 속도를 많이 추월하고 있다. 복잡한 법규들을 온전하게 알고 살아가는 일은 인간의 뇌의 용량으로는 거의 불가능하다. 그럼에도 불구하고 규범은 계속 증가하고 있으며, 서민들의 정보 이해의 제한성을 증폭시키고 있다. 한 쪽에서는 질서와 균형을 도모하지만, 다른 한 쪽에서는 제한성의 확대현상이 일어나고 있는 것이다. 진화한 문명세계를 이해하는 지적능력은 멍청한 수준으로 역행하고 있다.[18]

정보들이 천문학적으로 늘어나고 있음에도 불구하고 솔깃한 조각정보를 갖고 그것이 최고의 아이디어인양 착각하는 단견은 실패의 아픔을 만드는 위험한 것이다. 단견을 갖고 독선을 부리는 골통 상사 때문에 회사를 그만두고 싶은 사람들이 얼마나 많은가. 어디서 조각 정보를 듣고 와서 부하 직원들에게 우쭐대며 졸렬한 방법으로 굴욕감을 주는 상사가 있다. 뇌 용량의 한계와 문명세계의 지적능력의 역주행 현상을 이해하지 못한 부끄러운 모습이다.

사피엔스의 실존적인 악은 유전자 농간의 심리적인 아픔이나 자아의 사라짐보다 더 근본적인 것은 존재론적 제한성이다. 바이러스에 의한 질병의 문제는 인류가 안고 있는 영원한 숙제처럼 보인다. 세포의 노화와 바이러스 변이에 의한 질병과 죽음은 인류가 영원히 해결 하지 못할 수도 있는 것처럼 보인다. 네팔 수도 카트만두의 지진이나, 후쿠시마의 쓰나미와 같은 천재지변으로 인한 죽음과 고통은 사실 어쩔 수 없는 것이다. 막연하게 미래의 슈퍼 인공지능과 빅데이터의 과학기술의 발달에 기대하는 수밖에 없는 실정이다.[19]

악은 우주 시스템의 오케스트레이션의 부조화에서 오는 것이며, 부조화는 근본적인 차원에서 제한성의 현상이다. 개체의 시공간적 제한성이 부조화의 원인이 되며 다양한 악의 현상을 유발시킨다. 악이란 우주의 복잡계에서 일어나는 불확정성과 패턴 사이에서 일어나는 제한성의 문제들이다. 복잡계의 부분적인 현상이 인간계의 범주에서 악으로 해석되는 것이다.

　제한성만이 아니라, 우주의 창조성이 인간에게 지속적으로 괴로움을 주고 있다. 창조성 때문에 정확한 예측이 불가능하며, 예측하기 어려운 변수들이 인간을 힘들게 하고 있다. 하지만 일반적으로 창조성과 제한성을 악으로 간주하지는 않는다. 창조성은 새로운 진전을 위한 궁극적 범주이며, 제한성은 사물의 시공간적 한계와 엔트로피(entropy)의 불가역성에 해당되는 것이다.[20]

　엔트로피의 법칙은 보편적으로 열역학 제2법칙으로 알려져 있다. 한 고립된 계에서 열은 온도가 높은 곳에서 낮은 곳으로 흐르는 법칙이다. 열이 온도가 낮은 곳으로 흐르면서 열을 구성하고 있는 요소들이 더욱 복잡한 형태로 변한다. 이것은 뜨거운 것이 식는 현상이며, 식은 것이 자연의 상태에서는 다시 뜨거워지지 않는 불가역적 현상이다.

　원자론을 주창한 루트비히 볼츠만(Ludwig E. Boltzmann)은 불가역성의 열 현상을 수학의 통계학적인 차원에서 엔트로피 법칙이라고 불렀다. 엔트로피란 물리현상의 무질서한 정도를 일컫는 것이다. 이것은 세상을 구성하고 있는 분자가 무질서한 방향으로 흐르는 속성의 패턴이다. 자연의 고립된 물리계에서는 물 분자들은 복잡성을 높이는 방향으로 끊임없이 흐르는 속성이다.

　맑은 물이 담겨있는 컵에 파란색 물방울을 떨어뜨리면, 파란색 물방울이 번지기 시작해서 맑은 물의 전체를 옅은 파란색으로 변화시킨다. 시간이 지나도 다시 파란색 물방울이 처음에 떨어졌을 때의 상태로 되돌아가지 않는다. 파란색 물방울의 분자는 한 곳에 모여 있기보다는 퍼져 나가려는 속성이 있으며, 그런 속성에 의해서 파란색이 물 전체에 번지는 것이다. 파란색 물방울 분자가 넓게 퍼지려는 속성이 바로 엔트로피를 증가시키는 현상이며, 자연의 상태에서는 다시 되돌아가지 않는다.

조건이나 상황이 변하면 엔트로피도 변한다. 엔트로피가 증가하는 것을 막고 엔트로피 현상을 줄이기 위해서는 추가적인 에너지가 필요하다. 얼음이 녹는 이유는 물 분자가 따뜻한 곳에서 더 활발하게 움직일 수 있기 때문이며, 물 분자의 엔트로피 증가가 얼음보다 물에서 더 일어나기 때문이다. 그런데 인위적인 냉동기술로 얼음을 만들면 물 분자의 엔트로피는 줄어들 수 있다.

그러나 냉동과정에는 냉동작용을 일으키는 에너지가 필요하다. 이 에너지 작용은 추가적인 엔트로피의 복잡현상이다. 엔트로피가 한 쪽에서는 줄어들 수 있지만, 다른 한 쪽에서는 늘어나는 것이며, 전체적으로 보면 엔트로피는 증가한다는 사실이다. 세상의 모든 물 분자들은 다양한 맥락에서 서로 다른 온도를 접하면서 엔트로피를 더해가고 있다. 문명이 시도하고 있는 악의 상대적 축소는 인간중심적 해석이며, 다른 차원에서는 악의 축소 현상이 아닐 수 있다. 엔트로피 법칙에서 그런 현상을 쉽게 찾아볼 수 있다.

우주는 계속해서 엔트로피가 증가하고 있으며, 우주의 종말이 올 때에는 엔트로피의 증가가 끝나는 시점이 된다는 것이다. 종교철학자 떼이야르 드 샤르뎅(Teilhard de Chardin)은 엔트로피의 증가가 끝나는 오메가 포인트를 세상의 종말로 보는 과학적인 종말론을 종교철학적으로 전개했다. 캘리포니아 공과대학(California Institutes of Technology)의 션 캐럴(Sean Carroll)은 우주의 엔트로피가 끝나면 텅 빈 것과 같은 가상적 공간상태가 된다고 보았으며, 대부분의 물리학자들은 그렇게 생각하고 있는 것으로 보인다.

고립된 물리계에 따라서 엔트로피의 증가와 감소는 상대적인 것이며,

고-엔트로피와 저-엔트로피의 상대적인 현상이 있다. 농사짓는 일을 엔트로피의 원리로 해석하면, 소와 쟁기로 농사짓는 것은 트랙터로 농사를 짓는 것에 비해서 저-엔트로피 현상이다. 트랙터는 기계가 만들어지는 과정과 연료를 태워서 에너지를 만드는 과정은 상당한 고-엔트로피의 현상을 일으킨다.[21]

한 물리계에서는 악이지만, 다른 고립된 물리계에서는 악이 아닐 수 있다. 얼음이 몸에 밀착되어 있으면, 혈액순환에 장애를 일으킨다. 면역력을 감소시키고, 감기 바이러스가 활동하기 좋은 환경을 만들어준다. 뜨거운 물은 감기에 걸리게 하는 일은 없지만, 화상을 불러오는 위험이 있다. 한 곳에서는 제한성이지만, 다른 곳에서는 제한성이 아닐 수 있다.

엔트로피의 상대적 작용은 악의 상대성 원리와 겹치는 부분이 있지만, 같은 것은 아니다. 우주 엔트로피의 총량이 늘어나는 것처럼, 제한성의 총량도 늘어나는 것이며, 악의 총량도 우주적인 차원에서는 늘어나는 것으로 해석할 수 있다. 악의 증가의 멈춤은 우주의 오메가 포인트에서 일어날 것으로 볼 수밖에 없다.

그러나 오메가 포인트가 오면 모든 인류는 존재할 수 없을 것이며, 세상의 모든 현상도 끝장이 날 것이다. 그렇기 때문에 오메가 포인트를 기대하는 것은 허구를 기다리는 것과 같은 것이 된다. 오메가 포인트는 악의 종말을 가져오겠지만, 공허의 세계로 안내할 것이다.

엔트로피가 역으로 흐르면 생명은 어떻게 될까. 생명이 거꾸로 흐르면서 젊음을 되찾을 수 있는 것이 아닐까. 고도의 에너지를 활용해서 특정부분에서 조화를 향한 엔트로피의 가역적 현상을 시도하면 생명을 거꾸로 돌리는 일을 할 수 있을지 모른다. 그러나 세포분열이 회귀하고, 혈액이 거꾸로 돌고, 경험을 거꾸로 하는 괴현상이 일어나게 된다면 생명에 대한 이해의 어려운 난제가 생긴다. 엔트로피가 거꾸로 가면 생명이 거꾸로 가야 되는데, 거꾸로 경험과 거꾸로 삶은 아직은 상상에서나 가능할 것으로 보인다.

악의 축소 논의가 가능한 것은 인간 중심의 고립된 물리계에서 엔트로피를 상대적으로 조절하고 제한성을 관리하는 데에서 일어날 수 있다. 악은 인간 중심의 견해에서 나타나는 상대적인 것이기 때문에 악의 상대적 축소는 가능할 수 있다. 폭력의 감소, 경쟁의 조절, 빈부의 소멸, 수평적 세상 등은 인간 중심의 고립된 물리계에서 일어나는 제한성과 엔트로피의 증감에 의한 상대적인 해석이다. 악의 비율은 제한성의 비율과 연속성이 있다. 제한성이 존재하는 한 악은 사라지지 않을 것으로 보인다.

인간계의 악의 상대적인 축소는 상당부분 진척되었다. 천둥번개에 대한 두려움은 피뢰침으로 넘어섰으며, 아픔과 질병의 원인인 바이러스와 염증을 발견하면서 백신과 소독제와 비누를 개발하고 다양한 치료법을 통해서 고통이 줄어들었다. 이기적 유전자의 농간에 의해 나타나는 사회경제적인 악은 모더니티의 계몽주의가 평등과 정의를 내세워 조절을 시도했다. 빅 픽쳐로 보면 계몽주의 도덕은 인류에게 적지 않은 기여를 한 것을 부인하기 어렵다.

아쉽게도 모더니티의 개인주의와 자유주의 그리고 민주주의는 왜곡된 서열경쟁과 초과소유경쟁의 폐단을 해결하지 못했으며, 오히려 심화시켰다. 실존적 고뇌와 심리적 시달림은 증폭되었다. 포스트모던 사상이 모더니티 방법의 이성주의와 인간중심주의를 해체하면서 다원주의와 맥락주의를 제시하였다. 그러나 포스트모던 사상의 대안은 다원주의와 자아의 사라짐의 허무주의로 흐르면서, 답이 없는 세상으로 흐르게 만들고 있다.

하지만 사피엔스의 악의 조절에 대한 암울한 상황에서 새로운 여명이 트기 시작하고 있다. 포스트모던 신계몽주의의 입체적 기능의 평등 시스템이 작동하기 시작하고 있으며, 불공정한 서열경쟁이 통하지 않는 시대가 고개를 들기 시작하고 있다. 권력자와 가진 자의 횡포를 줄이고, 경제정글과 피나는 노동시장에서 겪는 실존적 아픔이 현격하게 축소되는 현상이 일어나고 있다. 새치기나 갑질을 용납하지 않고, 그런 행동의 인간들을 창피하게 넘어지게 하는 세상이 오고 있다. 자본의 횡포가 줄어들고 서열체계가 납작해지는 세상이 오고 있다는 사실이다.[22]

2
선악의 **난제**

현대문명의 발달은 악의 조절에 상당한 진전을 이룬 것처럼 보인다. 그러나 아직까지 악의 정복은 충분히 이루지 못했으며, 해결하기 어려운 여러 가지 난제들이 남아있다. 난제로 남아있는 것들 중에서 가장 관심을 끄는 것은 선악의 중첩 문제이다. 선과 악은 맥락과 상황에 따라서 다르게 해석되는 "악의 상대성 원리"를 갖고 있으며, 한 물체나 한 사건에 선악이 중첩되어 있다. 선악의 상대성 원리는 해석학적 차원에서 나타나는 현상이며, 선악의 중첩은 존재론적인 차원에서 항상 있는 현상이다.

선악의 중첩에 대한 진전된 해석을 위해서 먼저 물리학에서 논의하고 있는 상대성원리와 중첩이론에 대한 것을 살피고자 한다. 아인슈타인의 상대성이론에 따르면 시간은 경험하는 위치에 따라 다르게 흐른다. 시간은 중력이 큰 곳에서는 천천히 흐르고, 중력이 낮은 곳에서는 빠르게 흐른다는 사실을 발견했다. 이런 발견은 시간의 흐름은 일정하다고 생각한 갈릴레오와 뉴턴의 시간이론을 뒤집은 것이다. 중력이 극도로 높은 블랙홀에서는 시간이 거의 흐르지 않는다.

악을 어떤 상황에서 해석하느냐에 따라서 악의 정도가 커질 수도 있고 작아질 수도 있으며, 상황에 따라서는 악이 선이 될 수도 있고 무의미한 것이 될 수도 있다. 이러한 해석의 가능성은 물리적인 세계와 가치의 세계가 별개의 것이 아니라, 융합되어 있다는 사실에서 기인한 것이다. 인간이 생각하는 가치의 세계는 물리의 세계와 별개로 독립적인 차원에서 존재할 수 없다.

중첩이라는 개념은 원자세계에서 일어나는 양자의 중첩(superposition)에서 온 것이다. 중첩개념은 선악의 중첩에 대한 논리 전개에 설득력을 보탤 수 있다고 본다. 전자는 입자와 파동이 중첩되어 있다. 이중슬릿 실험에서 나타난 간섭무늬의 결과에서 전자의 흐름은 입자와 파동이 중첩된 것으로 나타나고 있으며, 한 사건에 두 현상이 존재론적으로 중첩되어 있는 것을 의미한다.

양자의 중첩과 함께 논의되고 있는 양자의 얽힘(entanglement)은 양자가 시공간을 넘어서 여러 곳에 입체적으로 동시에 존재하면서 서로 얽혀 있는 것을 의미한다. 양자는 하나라고 할 수 없을 정도로 입체적으로 퍼져 있으며, 다양한 변화에 동시다발적으로 관여하고 있다. 에르빈 슈뢰딩거(Erwin Schrodinger)는 고양이 생사실험에서 고양이는 양자의 중첩과 얽힘에 의해서 생과 사가 중첩되어 있다는 주장을 했다. 이 중첩현상은 미시세계만이 아니라, 거시세계에서도 같이 일어나는 것으로 보고 있다. 터무니없는 이론 같지만 현대 물리학계에서는 거의 수용되고 있다.

션 캐럴(Sean Carroll)은 고양이의 생사의 중첩이론을 인간과 고양이와 환경의 상태에 적용해서 해석하고 있다. 양자의 미세한 움직임이 다른 세계를 만들고 있으며, 그것은 양자의 중첩과 얽힘 현상으로 인해서 동시에 다른 세상이 가능한 것으로 보고 있다. 고양이가 잠자는 세상과 고양이가 깨어있는 세상이 중첩되어 있다는 것이며, 그것은 양자의 중첩과 얽힘 현상으로 가능하다는 것이다. 션 캐럴은 고양이의 생사로 예를 들지 않고 잠자는 고양이와 깨어있는 고양이로 비유해서 동물 친화적인 설명을 했다.

션 캐럴이 다중우주론을 믿는 배경은 양자의 중첩 혹은 양자의 얽힘 이론에 근거한 것이다. 리처드 파인만(Richard Feynman)은 양자역학을 이해하는 것은 매우 어려운 일이라고 했지만, 파인만의 연구실에서 연구하고 있는 션 캐럴은 대중이 어느 정도는 이해할 수 있게 양자역학을 설명하고 있다.

세상은 양자의 중첩과 얽힘으로 인해서 한 가지 사건이 선형적으로 일어나는 것이 아니라, 입체적인 차원에서 다중적으로 전개된다. 입체적 다중현상을 다중우주론으로 해석한 것이다. 삶과 죽음이 중첩되어 있다는 사실은 경이로운 발견이 아닐 수 없다. 삶과 죽음만이 아니라, 선과 악 그리고 의와 불의도 중첩되어 있다.

스트링이론(string theory)으로 다양성과 다중우주론을 주장한 사람이 있다. MIT의 알랜 구스(Alan Guth)는 스트링이론에 근거해서 다중우주론을 주장하고 있다. 스트링은 천문학적인 다양성을 갖고 있기 때문에 다양한 스트링으로 되어 있는 우주는 다중우주가 가능하다는 입장이다.

스트링이론은 초끈이론이라고도 불리고 있으며, 이 이론은 세상을 구성하고 있는 가장 근본적인 것은 입자나 파동이 아니라, 스트링이라는 것이다. 전자기력과 양자세계의 강력과 약력을 해석하는 방정식과 일반적인 중력을 해석하는 방정식이 서로 맞지 않고 있다. 통일된 방정식을 찾고 있지만, 아직 물리학에서는 찾지 못하고 있다.

스트링이론이 양자세계 해석과 중력을 다룬 상대성이론을 융합할 수 있는 이론으로 제시된 것이다. 그러나 아직은 증명된 것이 아니다. 수학적 해석이 어려우며, 스트링 변화의 미래를 예측하기 어렵고, 실험으로 증명하기 어렵기 때문이다. 그렇기 때문에 스트링이론은 최첨단 과학적 이론이지만, 정통 물리학적 이론으로는 인정받지 못하고 있는 상황이다.

스텐포드대학교의 이론물리학자 레오나드 서스킨드(Leonard Susskind)는 다중이론 대신에 메가 우주론(mega-universe)을 주장하고 있다. 메가 우주는 모든 가능성과 다양성을 포함할 수 있기 때문이다. 알랜 구스와 서스킨드는 서로 같은 다양성을 언급하면서도 상반되는 접근방법으로 다중 우주를 설명하고 있다. 알랜 구스와 레오나드 서스킨드의 차이는 미시세계의 다양성과 거시세계의 다양성의 차이라고 할 수 있다. 이들의 우주는 괴이할 정도로 매우 다양하며, 중첩되어 있고 얽혀있다.

옥스퍼드대학교의 수리물리학자이며 2020년도 노벨물리학상을 받은 로저 펜로즈(Roger Penrose)는 시리얼 우주(serial universe)를 주장하고 있다. 우주의 시작은 여러 개의 우주가 시리즈로 전개되었으며, 현재도 시리즈로 흐르고 있다는 입장이다.

하나의 사건에 있는 악은 고정된 것이 아니라, 다양한 차원에서 선과 악이 중첩되어 있는 것이다. 양자정보(quantum information)를 연구하는 세스 로이드(Seth Lloyd)는 세상을 구성하고 있는 양자들은 각자가 하나의 기능을 하는 것이 아니라, 수많은 다양한 기능을 한꺼번에 하는 것이라고 했다. 세상은 정보로 구성되어 있으며, 정보는 다양한 변화의 가능성(potentiality)과 실제성(reality)을 갖고 있다. 하나의 물질은 하나의 기능적 특성만 갖고 있는 것이 아니라, 수많은 기능을 함께 갖고 있다. 괴이한 양자의 현상은 복합적인 가능성들로 실제현상을 일으키는 것이다.[23]

그렇기 때문에 관찰자 혹은 행위자가 경험하는 선은 다른 상황이나 다른 우주에서는 악일 수 있다. 질료와 가치는 중첩되어 있는 것이기 때문에 선악의 중첩이 있는 것이다. 선악의 상대성원리와 선악의 중첩을 실제 생활에서 경험하는 내용들을 살펴보면 어렵지 않게 이해할 수 있다.

독은 항상 나쁜 것이고 약은 항상 좋은 것일까. 부조화는 항상 나쁜 것이고 조화는 항상 좋은 것일까. 세상을 구성하고 있는 것들은 선한 것과 악한 것이 명료하게 구별되어 있지 않다. 독이 유용할 때가 있으며, 부조화가 필요한 경우가 적지 않다. 살모사의 독은 인간에게 치명적인 위험을 줄 수 있음과 동시에 항암제의 원료로 사용되고 있다.

일상적인 삶에 나타나는 인체의 생화학적 현상에도 선악이 중첩되어 있는 것이 대부분이다. 생화학적 현상은 분자와 원자 그리고 양자들의 움직임의 현상을 일컫는 것이다. 카페인이나 니코틴은 인체에 적절한 자극을 주면서 즐거움을 주지만, 과하게 섭취하면 신경시스템을 해치며 몸을 망가지게 하는 독의 성분을 갖고 있다.

소량의 아편은 천년이상 고통을 축소시키는 좋은 기능을 했지만, 아편의 오남용은 몸과 삶을 망가지게 한다. 사람들은 술을 좋아하지만, 과하게 섭취하면 독이 되며, 그 이유는 알코올이 신장과 간을 손상시키기 때문이다. 맛을 내는 소금은 과다하게 섭취하면 신경시스템을 망가지게 한다. 코카인은 쾌감을 주지만, 다른 한 편에서는 심장기능을 약화시키는 악한 역할을 한다.

아픈 환자가 많이 몰려올수록 병원을 세운 이사장은 속마음에서 콧노래가 나온다. 몰핀(morphine)의 알칼로이드(Alkaloid)는 진통제의 선한 기능이 있음과 동시에 오남용으로 인한 중독과 건강을 망가뜨리는 단점이 있다. 에디슨이 발명한 전기불은 어두움을 밝히는 경이로움이 있지만, 밤을 빼앗고 근로시간을 확장해서 인간을 초과노동에 시달리게 만들었다.

지구의 생물은 적당한 햇빛과 비가 필요하지만, 항상 알맞은 햇빛과 비가 내리지는 않는다. 지나친 햇빛으로 인해 가뭄을 경험하고, 지나친 비로 인해 홍수도 경험한다. 비가 많이 오는 것은 우산장사가 바라는 바이며, 한 여름에 햇빛이 많은 날은 아이스크림 장사가 바라는 바다. 선과 악의 불규칙한 중첩 현상은 사회적 갈등, 경제적 불균형, 도덕적 아픔을 경험하게 한다.

경제적 난제도 선악의 중첩으로 일어나는 현상이다. 피케티는 세습자본주의 폐단을 개선하기 위해서 부자증세와 부의 분배를 주장하고 있다. 그러나 부자증세나 상속세에 대한 논란은 적지 않다. 삼성그룹의 경영권 혹은 소유권의 증여 혹은 세습을 원하면 증여세나 상속세를 내야 한다. 상속세는 상속재산의 50%를 내야한다면 적은 것이 아니다.

경영자는 회사를 운영하는 동안 국가에 법인세를 냈다. 그리고 상속하기 위해서 추가로 50%의 세금을 내야 한다는 것은 합리적이지 않다고 생각할 수 있다. 상속세의 취지는 세습자본주의 폐단을 바로잡기 위한 것이지만, 세계적인 추세로 볼 때에 지나친 징세로 여겨지고 있다. 상속세는 한국이 가장 높은 나라들 중에 하나이기 때문이다.

상속세의 문제는 세금의 크기만의 문제가 아니다. 삼성은 경영권을 상속받기 위해서 상속세를 내야 하지만, 현금이 없으면 주식을 처분해야 한다. 주식을 매각하게 되면 그 주식을 미국이나 중국의 큰 자본가들이 먼저 사들일 것으로 보인다. 그러면 삼성의 경영권이나 소유권은 외국으로 넘어갈 수도 있다. 삼성의 경제는 한국 GDP의 15%를 차지하며, 관련 계열사까지 하면 25%정도가 된다. 한국의 부는 삼성에 달려있다고 해도 과언은 아닐 것이다.

상속세를 폐지할 수도 없고, 부의 분배를 포기할 수도 없는 노릇이다. 자본주의의 현실적인 장점과 분배정의 실현의 충돌은 간단한 문제가 아닌 것이다. 정치적으로 좌파와 우파가 양립하는 원리는 바로 이러한 도덕의 중첩성에서 오는 것이다.

경제윤리에 탁월한 통찰력이 있는 아담 스미스는 삼성의 딜레마를 어떻게 해결할 수 있을까. 당시 스코틀랜드에서 부자에 대한 좌파들의 입장은 과세를 더해야 한다는 것이었다. 기독교에서는 부자에게 죄책감을 느끼게 하여 교회헌금과 사회적 환원을 유도해야 한다고 했다. 아담 스미스는 좌파나 기독교의 입장에 대해서 모두 반대했다.

아담 스미스는 부자과세는 부자들을 다른 나라로 이주하게 만든다는 단점을 지적했다. 기독교 철학에서처럼 부자에게 죄책감을 느끼게 하는 것이 아니라, 오히려 명예를 갖게 해주어야 한다는 것이다. 부자는 단순히 돈만이 아니라, 명예를 갖고 있기 때문이다. 정부가 강제로 세금을 받아서 복지시설을 돕는 것 대신에, 부자들이 명예롭게 스스로 기부하게 하는 것이다.

삼성의 경우도 마찬가지다. 복지시설이나 교육기관에 보다 많은 금액을 명예롭게 기여하도록 해야 한다. 국민의 세금이 들어가야 되는 곳에 상쇄하는 효과가 있을 수 있다. 상속세에 사회기부금을 포함한다면, 아담 스미스의 해결책과 유사한 것이 될 수 있다. 회사의 경제적 부담을 최소화하기 위해서 과세와 기여의 기간을 충분히 연장해야 할 수 있다. 이러한 특수상황에서 지나친 좌파정책이나 피케티의 부자증세 이론의 한쪽 논리로만 접근하는 것은 매우 위험한 일이 될 수 있다.

세계적인 최고의 상품을 만들기 위해서는 큰 자본이 필요하다. 기업의 큰 자본이 없으면, 국제경쟁의 대규모 연구개발(R&D) 사업이 한계에 직면할 것이며, 세계경쟁에서 뒤로 밀리게 될 것이다. 세계시장은 누가 더 큰 자본으로 연구개발을 해서 시장을 선점하느냐의 경쟁을 하는 하이퍼 자본주의의 현실이다.

세계시장은 부의 분배나 참여사회주의 같은 고상한 사회윤리는 작동하지 않는다. 오직 경제정글의 법칙에 따라 자본 중심으로 전개되고 있을 뿐이다. 그렇다고 빈부의 지나친 격차와 세습자본주의 폐단을 방치하고, 사회정의와 부의 분배를 포기할 수는 없는 것이다.

신경심리학적인 현상에도 선악의 중첩현상이 있다. 고통과 두려움은 항상 나쁜 것일까. 고통과 두려움은 위험한 상태에서 생명을 보호하기 위한 전조현상의 좋은 역할을 한다. 고통과 두려움이 올 때에는 자신과 주위에 위험이 있다는 신호이기 때문에 신중하게 대비해야 한다. 고통과 두려움은 싫지만 생존에 필요한 매우 중요한 필수요소이다.

고통과 두려움은 건축과 교육과 의료 기술을 발전시키는 데에 결정적인 기여를 했다. 불규칙하게 나타나는 포식자의 위협이나 폭풍우 혹은 강추위와 같은 자연의 위험으로부터 몸을 보호하기 위해서 은둔처와 집을 만들면서 건축기술이 발달했다. 고통스러운 육체적 질병을 치유하기 위해서 의료기술과 병원이 발전하였고, 불확실성의 두려움에 대비하는 훈련과 생존효율성 추구를 위해 교육이 발달했다. 고통과 두려움의 악에 대한 해결 과정이 인류문명의 발달에 결정적으로 작용한 것이다.

물론 문명의 발달을 언어에 의한 것으로 보는 견해가 설득력이 있는 것도 사실이다. 인간의 언어는 생존을 위한 정보를 축적할 수 있게 만들었다. 축적된 정보는 다양한 사람들이 협동해서 집단학습(collective learning)이 이루어질 수 있도록 했다. 집단학습의 결과는 개인이 할 수 없는 대규모 협동적 결과를 이루어낼 수 있었으며, 인류문명의 발달에 결정적인 역할을 했다.

서울이 움직이고 있는 모든 현상은 정보에 의한 것이다. 교통수단들이 움직이고, 인터넷이 작동하고, 건물이 올라가고, 국회가 열리고, 백성들이 아우성을 치는 모든 현상은 정보에 의해서 일어나는 것이다. 언어에 의한 정보의 축적이 없었다면, 오늘 서울의 움직임은 불가능한 것이다. 언어가 담고 있는 정보내용과 학습의 콘텐츠는 구체적으로 살펴보면 결국 생존가치와 악을 관리하기 위한 방법에서 기인한 것들이다. 그렇기 때문에 문명의 발달은 언어보다 더 근본적인 악의 조절에 관한 노력에 의해서 전개되었다고 보는 것이다.[24]

끊임없는 시행착오를 겪으면서 악에 대응하고 조절했지만, 선악의 불확정성과 중첩현상에 대한 해석은 아직도 갈 길이 멀어 보인다. 선악이 무작위 현상이기 때문에 대비하기 어려운 부분이 많으며, 인간을 지속적으로 괴롭히고 있다. 선악은 인간이 이해하기 어려운 동시다발적이고 불규칙한 중첩 상황이기도 하며, 예고 없이 나타나고 있는 것이 많다. 그러나 악의 조절은 진화하고 있으며, 점진적으로 조절 속도는 빨라지고 있다. 우주에 대한 과학적 해석이 기하급수적으로 진화하고 있기 때문이다.

생명공학이 발달하면서 유전자 개조를 통해서 생명연장과 두려움을 인체에서 제거할 수 있는 단계에까지 왔다. 하버드대학교의 의과학자 데이비드 싱클레어(David Sinclair)는 『노화의 종말』(Lifespan)에서 앞으로 차세대 인간은 현재수명의 두 배 이상 살게 될 것으로 보고 있다.[25] 첨단 유전자 연구와 노화현상 연구의 성과에 의한 것이다. 그렇게 되면 지구촌의 경제 갈등과 인구조절 문제가 매우 심각한 도전으로 등장할 것을 걱정하는 사람들이 많다. 그러나 싱클레어는 노령화 사회는 그렇게 위기의 사회가 아니라 오히려 긍정적인 사회가 될 것으로 보고 있다. 그 이유는 노인의 삶의 질의 개선과 의료비의 절감이라고 보는 것이다.

싱클레어는 노화는 질병이며, 노화질병을 치료하면 수명을 상당하게 연장할 수 있다는 주장이다. 노화의 원인은 유전자의 정보체계가 둔화되어서 후성유전체가 불안전해지기 때문에 일어나는 현상이라는 것이다. 둔화된 유전자 정보체계는 피부가 되어야 세포를 신장세포로 가게하고, 간이 되어야 할 세포를 폐로 가게 하는 오류를 범한다. 이러한 오류가 심해지면, 노화가 심화되고 죽게 되는 것이다. 그러나 유전자 정보체계의 작동을 정상화하면 항노화(anti-aging)만이 아니라, 회춘도 가능하다는 것이다.

장수 유전자 서투인(sirtuin)이 정보체계의 정상화 작용을 하고 있으며, 서투인이 활성화 될 수 있도록 지원하는 것이 NMN(nicotinamide mono-nucleotide)이나 레스버라트롤(Resveratrol)이라는 것이다. 불노 신약 NMN은 아직 모든 임상실험을 거친 것은 아니지만, 이미 대중화된 것이다. 2년 된 쥐가 6개월 된 쥐로 변했으며, 노화되어 실명한 쥐의 눈이 회복되었다는 것이다. NMN은 노화를 억제할 뿐만 아니라, 손상된 장기를 회복시키는 기능도 한다는 이론이다.

개인생체감지기를 활용할 수 있는 시대가 되었으며, 세포를 다시 프로그래밍하고 생체표지 추적을 하며 라이프 스타일까지 개선할 수 있을 것으로 기대하고 있다. 미래의 포스트휴먼(post-human)은 손상된 장기 수리만이 아니라, 불확실성의 두려움과 도덕적 갈등을 주는 신경시스템을 수리해서 고통과 갈등을 전혀 모르고 살게 될 수도 있다. 악을 대비할 필요도 없이 아주 오랜 기간을 무병장수 하게 될 것이다. 그것이 가능해진다면, 지구의 인구가 두 배 혹은 세 배로 늘어나게 될 것이며, 경제사회적인 문제는 간단하지 않게 된다. 싱클레어의 낙관론과는 다르게 장밋

빛 희망 뒤에 숨어있는 선악의 중첩 현상이다.

인체와 기계의 하이브리드 포스트휴먼의 고통이나 두려움은 인간과 다를 것이며, 로봇의 눈물이나 로봇의 애정 데이트는 생물학적 인간과는 다를 것이다. 다이앤 애커먼은 『휴먼 에이지』에서 로봇의 감정에 대해서 언급했지만, 로봇의 감정이나 공감의 문제가 해결된 것으로 보이지는 않는다.[26] 과학자들은 감정의 정체와 공감의 기능에 대해서 아직 분명하게 이해하지 못하고 있기 때문에, 로봇의 인간화에는 적지 않은 한계가 있을 것이다.

문명에도 선악이 중첩되어 있다. 문명의 혜택은 고통과 두려움을 극복하는 것이지만, 탈선한 문명의 수레바퀴 속에서 겪는 사회적 굴레와 구조악의 실존적인 아픔은 만만치 않다. 문명의 이면에는 힘든 도전으로 다가오는 아픔이 있다.[27] 새롭게 나타나는 고뇌를 다시 줄이기 위해서 문명의 진화가 지속적으로 이루어지고 있으며, 신생하는 악의 축소에 기여를 하고 있다.[28]

질서와 무질서, 정의와 불의, 쭉정이와 알곡, 양심과 비양심이 공존한다. 세상에는 잘 생긴 사람과 못생긴 사람이 공존하고, 키 큰 사람이 존재하고 키 작은 사람이 존재하며, 조화와 부조화가 공존한다. 아이스크림 장사와 우산장사가 공존한다. 희망엔진 작동이 잘 안되고 어렵게 여겨지는 이유는 선악의 중첩을 잘 이해하지 못한 데서 오는 경우가 많다.

세상에 일어나는 일들을 선과 악으로 나누는 것은 이원론적 시각이라는 비판이 제기되고 있다. 포스트모던 사상가들은 이런 이원론이 문제가 있는 것으로 보고 선악의 이원론에 대한 해체와 다원주의를 주장하고 있다. 포스트모던 유기체 철학의 안경으로 선과 악을 자세히 들여다보면, 선과 악이 두 가지가 아니라, 중첩되어 있는 사실을 발견할 수 있다.

선악의 이원론으로 질서와 무질서를 두부 자르듯이 명료하게 분리할 수 없는 것이 도덕의 난제이다. 화학반응이 잘 일어나기 위해서는 분자들의 무질서의 수위가 높아야 한다. 화학분자들의 무질서 농도가 높을수록 화학반응은 더욱 강하게 일어나는 경우가 많다. 무질서가 질서의 조건적 요소가 되며 순기능 혹은 선을 이루는 경우이다.

칼로리가 높고 영양분이 많은 피자는 허기진 야윈 학생에게는 매우 좋은 음식이지만, 고혈압과 당뇨 수치가 높은 사람에게는 고칼로리 피자는 좋은 것이 아니다. 피자가 오히려 악이 되는 경우이다. 선과 악은 동전의 앞면과 뒷면처럼 한 존재의 두 측면과 같은 것이며, 한 유기체 시스템에서 양면성을 갖고 있는 것이다.

비가 오는 날과 햇빛 나는 날의 양면을 보고, 우산도 팔고 아이스크림도 팔 수 있다면, 입체적 시각을 가진 결과이다. 넓게 그리고 입체적으로 생각하면 함께 갈 수 있는 길을 볼 수 있다. 이원론을 넘어서 세상을 입체적으로 보면 선악의 갈림길에서 겪는 고뇌를 줄일 수 있다. 선과 악의 중첩에서 나타나는 모순으로부터 흔들리는 마음을 조절할 수 있다.

햇빛과 비의 만남에는 무지개가 있다. 커다란 무지개를 보는 순간은 신비스러움의 세계에 들어가게 된다. 우산을 좀 덜 팔아도 무지개를 보고 싶은 경우가 있다. 장사하는 것을 넘어서 신비스럽고 깊은 심연의 세계를 동경하는 초-시장가치의 영역이 있는 것이다. 실제로 초월적인 깊은 놀이 속에서 현실적인 아픔은 현격하게 줄어들 수 있다.

입체적 안목을 키울수록 긍정적이고 낙천적인 사람이 될 가능성이 높으며, 다면적인 안목을 가지면 작은 부조화에 대해서 마음이 요동하지 않을 수 있다. 복합적이고 입체적인 시각을 갖는 것은 옳고 그름 혹은 좋고 나쁨의 이원론적 틀의 오류를 넘어서는 것이다. 세상을 유기체적인

시스템으로 보는 것에 익숙해지면, 악의 축소를 경험하면서 긍정적인 생명놀이를 할 수 있다.[29]

식량난의 원인은 세상에 음식이 썩는 제한성의 악에 의한 것이다. 쌀과 밀 그리고 자연에서 나오는 과일들이 썩지 않으면 세상의 식량난은 해결 될 것이다. 하지만 "썩는 악"이 없어서는 안 될 "선"이기도 하다. 세상에 모든 생물들이 죽으면 반드시 썩어야 한다. 인간이 죽은 뒤에 썩지 않으면, 세상은 시체들로 넘치게 될 것이다.

불멸의 헬라(HeLa)세포라는 것은 원래 생체 몸의 몇백 배 이상으로 커졌다. 헬라세포란 1951년에 죽어가는 흑인 여성의 암세포를 배양해서 연구용으로 사용한 세포를 말하는 것이다. 주인의 이름을 따서 헬라세포라고 했다. 현재 세계 각지에서 과학자들이 배양하고 있는 이 헬라세포는 엄청난 양으로 성장했다. 모든 사람이 헬라세포와 같은 것을 정상적인 몸에 갖고 활동할 수 있다면 지구는 인류로 덮일 것이다.

정상세포의 경우 일정 회 수 이상 생성하면 죽게 되어 있다. 세포의 생물학적 시간은 정해져 있으며, 그 시간이 다하면 세포는 죽게 되어있다. 데이비드 싱클레어의 노화의 종말에 대한 주장은 노화를 늦추는 작업이지 영생을 할 수 있다는 것은 아니다. 유발 하라리가 언급하고 있는 호모-데우스도 유전자 편집과 디자인을 통한 생명 연장 프로그램이지 영생을 언급하는 것은 아니다.

노화와 부패 혹은 썩는다는 것은 제한성의 악이지만, 노화나 썩는 것이 선이 되기도 한다. 악으로 인해서 아픔을 겪는다면, 그 이면에 있는 선의 차원이 존재한다는 사실이다. 세상을 입체적으로 보는 통찰력을 갖는다면, 한 단계 높은 고등생존능력을 갖는 것이며, 자기실현과 생존강화 작용에 효율성을 더 할 수 있다.

사회적인 평등사상에도 선악의 중첩이 있다. 평등과 불평등은 함께 존재하는 것이다. 세상의 모든 사람이 천편일률적으로 같다면 인간의 존재가치와 의미가 사라질 것이다. 불평등에 의해서 각자의 가치와 의미가 결정되는 것이다.

교통사고를 당하고 직장에서 해고되는 일에는 좋은 면을 찾아보기 어렵다. 교통사고나 직장해고가 언제나 악은 아닐 수 있다. 고등학교 때에 교통사고를 당해서 다리를 다치면, 군대에 가지 않아도 되는 면이 있다. 직장에서 해고되었는데, 다음 해에 회사가 부도가 나서 회사에 다니던 사람들이 퇴직금도 못 받는 일이 생길 수도 있다. 극히 예외적인 일이지만 현실로 일어나는 경우들이다. 선악의 중첩에 대한 다면적 수읽기는 예기치 못한 난관에 어느 정도 대비할 수 있게 한다.[30]

엔트로피의 현상도 인간을 죽게 만드는 제한성의 악과 생명이 존재하게 하는 긍정적인 면이 중첩되어 있다. 인간의 죽음은 엔트로피의 불가역성 때문에 오는 것이며, 또한 인간의 생명은 엔트로피 현상을 줄이는 부분에서 생명이 가능한 것이다.

선은 개체목적에도 존재하고 거시목적에도 존재하지만, 개체목적과 거시목적의 선이 항상 연속성이 있는 것은 아니다. 개체의 선이 거시적인 부조화를 일으킬 수 있으며, 개체의 악이 거시적인 선을 이룰 수도 있다. 그러나 큰 틀에서는 모든 것이 생태 유기체 시스템의 관계 작용에 실효적 기능을 한다는 사실이다.

개체의 선으로서 비와 햇빛의 좋은 면이 있고, 아편과 코카인의 긍정적인 면이 있으며, 생화학의 부조화나 실존적인 아픔도 거시적인 선의 측면이 있다. 실존적인 아픔이 상대적인 교훈이 되며, 생화학의 부조화가 큰 조화를 이루는 선한 면이 있다. 개체의 선과 거시적 선 혹은 개체의식과 우주의식의 연속성을 볼 수 있다면, 선악의 중첩의 난제는 어느 정도는 줄어들 수 있다.

플라톤은 개체에서 이데아를 볼 수 있다는 사실에 대해서 자세히 설명하였으며, 이데아를 볼 수 있는 길은 순수이성을 가지면 가능하다고 했다. 우리가 먹는 아이스크림을 통해서 아이스크림의 근본적인 이데아를 순수이성으로 알 수 있다. 아이스크림이 만들어지는 원초적인 아이디어가 아이스크림에 내재되어 있기 때문이다. 개체와 이데아는 크게 보면 연속성이 있다.

스티븐 호킹(Steven Hawking)과 함께 우주를 연구한 로저 펜로즈는 개체에 대한 수학적 해석은 천체를 해석하는 수학과 연속성이 있으며, 개별의식은 우주의식과 연속성이 있는 것을 주장했다. 개별의식은 진화의 생물학적 적응과정에서 생성되는 것이며, 이 의식은 우주의 질적인 것으로서 우주에 항상 존재하는 것으로 믿고 있다. 의식의 기반적 전구체(precursors)는 항상 우주에 있어왔으며, 생물학적인 뇌가 우주의식을 실제의 의식으로 변환하여 개인의식으로 활용하는 것으로 해석하고 있다.[31] 로저 펜로즈는 원초적 의식(proto-consciousness)의 집합체인 우주의식 혹은 슈퍼의식을 믿고 있다.

우리가 의식의 세계에서 추구하는 개체의 선은 거시의 선과 연속성이 있다. 션 캐럴이 양자의 중첩과 얽힘 현상이 미시의 세계와 거시세계에 연속성을 언급한 것도 같은 맥락에서 해석할 수 있다. 그러나 션 캐럴은 의식은 질료의 작용에서 창발한 것으로서 의식의 실재는 인정하지만, 우주 오케스트레이션을 이루는 우주미학의 의식과 같은 것이 근본적으로 존재한다는 언급은 하지 않고 있다.

인간은 여전히 인간계의 개체의 선을 추구하는 상대적 존재로서 사는 것이다. 상황과 맥락에 따라 선과 악을 상대적으로 경험하고 해석하면서 입체적인 미학적 삶을 사는 존재이다. 미학적 삶이란 조화 지향성을 우선하는 의식의 흐름을 따라 사는 것을 의미한다. 션 캐럴은 시적 자연주의(poetic naturalism)를 주장하면서 목적을 향한 인간의 도덕적 행동은 무작위가 아니라 주관적이고 시적인 것이라고 언급하고 있다.[32] 시적 자연주의는 미학적 삶과 겹치는 부분이 있다.

선악의 중첩으로 인해서 가치판단이 어려울 경우에 선례나 집단이성을 참조하게 된다. 가치판단이 모호한 상황에서 거시적 패턴에 미학적 튜닝을 모색하는 것은 자연스러운 흐름이다. 미학적 튜닝은 근본적인 우주 오케스트레이션에 순응하는 것이다. 이런 현상은 윤리의식의 기반이 되는 것이다. 윤리의식과 관련된 거시적 패턴과 튜닝에 관한 내용은 뒤에서 상세히 언급할 것이다.

3
악의 미래

악의 미래는 어떻게 될까. 첨단과학기술문명이 놀랍게 진전될 미래 사이언스는 악을 완전히 정복할 수 있을까. 사이언스를 활용한 융복합 인문학은 악에 대한 해석을 어떻게 전개할까. 악의 미래를 이해하기 위해서 먼저 그동안 있었던 악의 본질에 대한 명석한 사람들의 해석들을 생각해볼 필요가 있다.

서양윤리학의 시조라고 할 수 있는 아리스토텔레스는 악이란 조화의 결핍(lack of harmony)이라고 했다. 조화와 균형을 이루지 못하는 것이 악이라고 주장했다. 고통과 어려움은 조화의 결핍에서 온다고 본 것이며, 조화와 균형이 선과 아름다움을 만드는 핵심요소로 믿었다.

중세 초기 신학자 어거스틴은 악이란 선의 부재(absence of goodness)라고 보았다. 좋은 것이 없는 것을 악이라고 해석한 것이다. 치아가 튼튼하고 건강하면 좋은 것이지만, 치아가 썩거나 부러지면 좋은 것이 부재한 상태가 되기 때문에 불편을 겪게 된다. 어거스틴은 선의 부재를 악이라고 본 것이다. 거룩한 신이 창조한 세상에는 원래 악이라는 것은 존재하지 않으며, 선이 부재한 상황이 악으로 해석된다는 것이다.

동양철학에서 아리스토텔레스와 비슷한 시기에 비슷한 주장들이 있었다. 노자의 도덕경이나 공자의 논어에서 악은 부조화라고 언급했다. 자연의 이치에 부조화를 이루는 것이 악이라고 생각한 것이다. 한국의 성리학에서 퇴계는 이(理)가 기(氣)에 의해서 가려진 것을 악이라고 주장했다. 악에 대한 기와 이의 원리에 의한 해석은 우주론적인 원리와 인간 윤리가 연계되어 있다는 의미이다.

기는 칠정으로서 일곱 가지 감성적인 요소들이며, 이는 인의예지(仁義禮智) 즉 사단(四端)이다. 성리학에서 언급하는 악이란 일곱 가지 감성적인 요소들이 이치에 맞지 않게 일어나는 것을 의미한다. 기분 나빠서 성질을 부리면 인간이 지켜야 할 도리를 지키지 못하게 된다. 나쁜 기가 품위와 질서의 이를 가리면 악의 현상이 나타나는 것이다.

어린 아이가 다치면 가엾은 측은한 감정이 먼저 들며, 그 상황을 해석하는 이성이 그 뒤를 따르는 것이다. 전동차 안에서 누가 내 발을 밟았다면, 아픔을 먼저 느낀다. 아픔이 먼저이고 왜 밟았는지 따지는 것이 그 다음이다. 반대의 경우도 있다. 이성적으로 생각해서 감정을 조절하고 예를 갖추는 경우가 있다. 그래서 퇴계는 이기호발설(理氣互發說)을 주장한 것이다. 상황에 따라 이가 발하고 기가 따르거나 기가 발하고 이가 올라타는 현상이 일어나면서 우주의 흐름과 삶이 진행된다고 보았다.

호발설은 스피노자가 주장한 만물은 질료로 되어 있다는 일원론이나 율곡이 생각한 기의 일원론에서는 작동하지 않는다. 그러나 화이트헤드의 형이상학에서 사실적 실제(actual entity)가 갖고 있는 물리주(physical pole)와 개념주(conceptual pole)의 이원적인 해석이나, 아인슈타인이 생각한 우주의 원리와 물리의 세계, 로저 팬로즈가 생각한 의식과 질료의 세계 등은 이원적(bifurcation) 성향을 갖고 있다. 이들의 생각이 설득력이 있다고 본다. 데카르트의 몸과 마음 혹은 질료와 이성의 이원론으로 회귀하는 것이 아니라, 최근의 진전된 이원적 해석이 설득력이 있다고 보는 것이다.

뇌의 생물학적 일원론을 믿는 과학자들도 있다. 뇌신경 회로의 흐름에서 이성과 감성은 별개로 작동하는 것이 아니라, 서로 중첩되어 있으면서 상황과 맥락에 따라 행위자가 경험하는 것이 다르게 해석된다는 것이다. 뇌의 부위에 따라 감성과 이성의 기능이 다르게 나타나는 면이 있다. 하지만 최근의 인지과학에 따르면 체화된 마음(embodied mind) 이론이 대세이다. 체화된 인지론에서 인지는 뇌의 부분적 현상이 아니라, 온 몸으로 인지하고 반응한다는 것이다. 그러나 체화된 인지론을 중요하게 여긴다고 해서 세상에는 질료만 존재한다는 일원론을 추종하는 것은 제한된 생각이다.

최근에 악과 도덕의 문제에 대한 논의를 문화와 통계로 해석하는 경우도 있다. 통계는 주로 경제와 사회분석에 활용되는 방법이지만, 도덕에 대한 거대 통계적 방법으로 해석하는 것은 새로운 접근이다.

도덕에 대한 통계적 해석은 빅-데이터가 할 것이며, 집단의식의 도덕성 해석에 도움이 된다고 본다. 그러나 통계적 접근은 도덕적 주관성과 질적 공리주의에 대한 해석의 문제가 있다. 문화적인 도덕성 편집은 문화인류학적인 해석으로서 근본적인 논의의 대상에서 벗어난 것으로 보인다. 문화에 따라 도덕성의 편집이 달라진다는 문화인류학과 신경과학의 해석은 흥미 있는 해석이다.

도덕성의 발달은 인지모듈의 진화라는 해석도 의미 있어 보인다. 살인, 도덕, 음행을 금기하는 뇌의 흔적을 추적하고 도덕적 기준을 찾는 것도 관심의 대상이다. 인지과학과 뇌신경회로의 현상으로 마음과 도덕을 해석하는 것은 근본적인 것으로서 관심의 대상이다. 악의 미래에 대한 새로운 해석의 분야로 등장하고 있다.

악이란 "선이 잘못 놓아진 것"(misplacement of goodness)이라고 화이트헤드는 언급했다.[33] 남편을 두고 저녁에 부인이 다른 남자와 호텔에 있으면, 선이 잘못 놓아진 것이다. 사랑스런 아내는 선이 아니라, 남편의 가슴을 요동치게 만드는 악이다.

악은 뿔 달린 괴물과 같은 것이 아니라, 제한성에 의한 조화의 결핍이다. 한 세포가 다른 세포들과 조화를 제대로 이루지 못하고 틀어지면, 그 틀어진 세포들이 암세포로 발전한다. 조직사회에서 적응하지 못하고 틀어진 사람들이 부조화의 원인이며 암세포와 같은 것이다. 세포와 세포 사이가 조화를 이루지 못하고 틀어진 이유에는 다양한 원인이 있다.

일반적으로 현대 의학에서는 다이옥신(Dioxine)과 같은 화학적 요소를 원인이라고 보고 있으며, 과도한 스트레스가 원인이 되기도 한다. 자외선에 과도하게 노출되면서 암세포가 나타나기도 하며, 유전적 요인에 기인한다는 주장도 있다. 분명한 것은 세포간의 부조화가 암이라는 사실이며, 부조화가 악이라는 이론의 예라고 할 수 있다.

악의 정체성에 대한 해석은 여러 가지가 있지만, 가장 근본적인 악에 대한 해석은 다시 언급하지만 제한성(finitude)이다. 제한성이란 개체나 질료가 같은 시간에 두 장소에 있을 수 없고, 한 장소에서 두 시대에 존재할 수 없는 것이다.[34]

악의 미래는 미래과학이 제한성과 엔트로피를 어디까지 극복할 수 있을지에 달려있다고 보며, 그에 근거해서 도덕성에 대한 해석이 어디까지 전개되느냐에 달려있다고 본다. 불가역적 제한성을 극복하는 순간 인간은 신적인 존재처럼 살게 될 것이다. 시간의 제한성을 넘어서 미래를 정확하게 예측하고, 일어나게 될 문제를 대비하면 공포나 두려움은 사라질 것이다. 시공간의 제한성을 극복하면 교통사고를 예방할 수 있으며, 위기의 순간을 피할 수 있다. 제한성을 극복하면 인간은 더 이상 악의 고통에서 시달리지 않게 될 것은 분명하다.[35]

시간의 흐름에 의한 노화의 현상에서 오는 죽음은 어쩔 수 없는 운명으로 여겨졌다. 하지만 시간이 흐르는 것이 아니라면, 노화를 조절할 수 있는 가능성이 열릴 것이다. 시간은 사실상 존재하는 것이 아니라고 한다면, 노화와 죽음의 문제는 시간에 의한 제한성 문제가 아니라, 다른 것에 의한 것이라는 사실이 된다. 시공간이 실제로 존재하는지에 대한 궁금증을 덜기 위해서 시간에 대한 최근의 물리학적 이해를 살펴보고자 한다.

최근에 이탈리아의 물리학자 카를로 로벨리(Carlo Rovelli)의 양자중력이론에 따르면 시간은 흐르지 않는다. 세상은 공변 양자장(covariant quantum fields)으로 이루어져 있다. 공변 양자장이란 세상이 공간과 시간의 배경 없이 스스로 존재하고 생성하는 장(field)들로 구성되어 있는 것을 의미한다.[36]

로벨리는 시간의 종말을 선언하면서 세상은 물리적 사건들만 존재하는 것을 주장하고 있다. 시간이 빠르거나 느려지는 이론은 아인슈타인의 상대성이론이다. 질량과 중력에 따라 시간이 변화하는 것을 발견한 것이다. 아인슈타인은 시간과 공간이 분리되어 있는 것이 아니라, 하나라고 주장했다. 시간과 공간이 하나가 되면서 뉴턴이 생각했던 물리법칙에 존재했던 시간은 더 이상 독립적이거나 근본적인 것이 아닌 것이 되었다. 아인슈타인은 시공간과 장은 함께 존재하는 것으로 보면서 공변장(covariant fields)을 설파했다.

양자역학에서는 시공간과 양자장이 세상을 구성하고 있는 것으로 보고 있다. 그리고 양자중력 이론에서는 시간은 없는 것이고, 오직 공변 양자장만 존재하는 것으로 믿고 있다. 아인슈타인 이후에 전개되고 있는 양자중력이론은 시간의 부재론으로 흐르고 있으며, 이것은 시간의 종말로 논의되고 있다. 로벨리는 시간은 사물의 변화를 전제한 것이기 때문에 시간은 변화를 해석하는 도구이지, 실제가 아니라는 주장을 하고 있다.

시간이 실제로 존재하지 않는다면 노화와 죽음의 원인은 시간에 의한 제한성이 아니라는 것이 된다. 시간이 없으면 노화는 시간이 아니라, 다른 것이 원인이다. 되돌릴 수 없는 노화의 원인은 엔트로피의 불가역성이라는 사실이 타당성을 높이고 있다. 인간 몸의 엔트로피의 불가역성의 문제를 해결한다면 노화와 죽음의 악의 종말을 맞이할 것이다.

로버트 란자(Robert Lanza)는 시간을 거품으로 해석하면서 시간의 실재성에 대해서 회의적인 입장을 취했다. 란자는 생명중심주의(bio-centrism)를 주장하면서 의식에 의한 세상의 변화와 창조를 주장했지만, 시간에 대해서는 시간의 거품론의 입장에 서있다.[37] 시간은 실재하는 것처럼 보이지만, 물리적 사건을 환원적으로 분석해보면, 거품과 같은 것이고, 정말로 있는 것은 생명이라고 주장하고 있다.

유사한 맥락에서 MIT의 맥스 테그마크(Max Tegmark)도 시간은 존재한다고 보기 어렵다고 주장하고 있다. 세상을 측정하는 순간은 멈춰있는 것이며, 그 순간은 시간이 아니라는 것이다. 시간을 측정하는 단위로 보는 것이기 때문에, 변화가 멈춘 상태에서는 시간의 존재를 발견할 수 없다는 주장이다. 맥스 테그마크의 주장은 변화가 멈춘 상태를 가정한 것이고, 이 가정은 시간의 부재로 귀결된 것이다. 그래서 무시간적 변화를 믿는 것이다.

시간의 종말 혹은 시간의 부재는 사실일까. 과연 시간은 인간의 상상 속에만 존재하는 것일까. 시간의 부재론에 대해서 반기를 들고 시간의 실재론을 주장하는 이론물리학자는 리 스몰린(Lee Smolin)이다. 리 스몰린 은 시간이 근본적인 것이라고 믿고 있다. 스몰린은 양자중력장에 대해서 시간이 근본적인 것으로 있어야 새로운 것들이 생성된다는 것이다. 시간 이 근본적인 것이고 미래는 열려있는 것이며, 새로운 현상들이 경이롭게 전개된다고 주장하고 있다. 스몰린은 무시간적 자연주의와 시간적 자연 주의를 나누면서, 자신은 시간적 자연주의 입장을 취하고 있다.

새로움(novelty)이란 과거에 존재하지 않는 새로운 것이 시간의 흐름 속 에 전개되는 것을 의미한다. 물리법칙과 시간의 관계에서 스몰린은 물리 법칙이 시간을 만드는 것이 아니라, 시간이 물리법칙을 만드는 것으로 믿고 있다. 물리법칙이 시간을 만드는 것은 불가능하다고 보기 때문이다. 시간의 근본성을 강조한 스몰린의 이론은 시간의 부재를 주장한 로벨리 의 이론과 정면으로 대치되고 있는 것처럼 보인다.

스몰린은 긴 과거는 더 이상 실제는 아니라고 언급하고 있다. 과거는 실재했던 것으로 존재한다. 왜냐하면 우리는 과거의 실재했던 증거를 현 재의 과정에서 발견할 수 있으며, 과거를 분석하고 해석할 수 있기 때문 이다. 스몰린에 따르면 미래는 아직 존재하지 않기 때문에 열려있다. 미 래를 예견할 수는 있지만, 완벽하게 예측할 수는 없다. 미래는 진정으로 새로운 현상을 생성하고 있으며, 어떤 지식도 미래에 새롭게 전개되는 것을 정확하게 예측할 수 없다.[38] 이런 생각을 하면서 물리이론을 전개 하는 스몰린은 『시간의 재탄생』(Time Reborn)을 주장하고 있다.[39]

시간이 재탄생한다는 의미는 시간의 부재를 주장한 과학자들의 견해를 뒤집는 차원에서 부쳐진 이름이다. 스몰린은 시간을 초월할 수 있는 것은 아무것도 없다고 믿고 있으며, 물리법칙도 시간을 초월할 수 없다는 것이다. 법칙은 무시간적이지 않으며, 현재의 모든 것이 시간 위에서 진화하는 것으로 보고 있다.[40] 순간적으로 일어나는 모든 사건들은 순간적인 시간의 기반위에서 일어나는 현상이다. 시공간 이론을 깨고 시간을 독립적으로 본 것이다.

화이트헤드는 시간을 근본적인 것으로 보고 있다. 세상의 궁극적 실제는 미세한 개체가 아니라, 변화의 과정(process)이라고 보았다. 세상 현상의 기본이 되는 사실적 실재(actual entity)가 생성되고 소멸되는 과정에는 시간이 존재해야 한다. 사실적 실재가 생성되고 소멸되는 것은 순간적이지만, 그 사건은 두께 있는 시간의 과정 위에서 일어나는 것이다. 그리고 현재의 사실적 실재가 생성되자마자 생성기반이 되었던 시간은 영구적으로 소멸된다. 순간적인 시간들이 사건들과 함께 생성되고 영구적으로 소멸되는 것이다.

나의 스승인 보스턴대학교의 종교철학자 로버트 네빌(Robert C. Neville)은 시간론에서 과거의 실재론을 주장하고 있다.[41] 사실화된 과거는 현재의 본질적 존재를 위해서 조건적 요소로 존재한다는 것이다. 로버트 네빌은 사실적 실재를 만든 시간은 영구적으로 소멸되는 것이 아니라, 사실화된 과거가 존재하면서 새로운 사실적 실재의 생성에 조건적 요소로 작용하는 것으로 믿고 있다.[42] 과거는 소멸되는 것이 아니라, 현재의 본질적 사건생성을 위해 조건적 요소로 존재한다. 리 스몰린의 입장과 유비적으로 생각할 수 있다.

네빌의 조건적 요소와 본질적 요소의 관계론은 네빌의 스승이었던 폴 와이즈(Paul Weiss)의 형이상학에서 온 것이다. 조건적 요소와 본질적 요소는 인과적인 것이 아니라, 유기체적 관계이다. 인과적이지 않은 이유는 본질적으로 나타나는 새로운 사건은 과거에 없었던 창조적 현상이기 때문이다. 네빌은 창조성을 강조했으며, 과거 현상과 지금 일어나는 현상은 서로 비대칭이기 때문이다. 네빌의 시간론에는 인간의 책임을 물을 수 있는 것이 담겨있으며, 악의 조절에 일정부분 기여할 수 있는 것이다.

아인슈타인에게 있어서 시간이 상대적이라고 해서 시간이 없는 것이라고 단정하는 것은 섣부른 결정이다. 시공간은 인식의 조건에 따라 상대적인 것이지 시간이 없는 것은 아니다. 양자세계를 제외한 거시세계에서는 아인슈타인의 상대성원리가 작동하고 있으며, 시공간은 상대적인 것이 사실이다. 20세기 초반에 아인슈타인은 인과론 없이 물리해석은 불가능하다는 입장이었다. 닐스 보어(Niels Bohr)는 시간은 허수인가에 대해서 논의하면서 인과론을 잊자고 주장했다. 그 당시에는 닐스 보어의 주장이 승리로 이어졌다.

중세 초기사상가 어거스틴은 시간의 근본은 영원한 현재만 존재한다고 믿었다. 영원한 현재는 신적인 시간이다. 세상의 시간은 신의 피조물이며, 신은 시간을 초월한 존재이다. 시간은 피조물의 세계에만 있는 것이며, 신의 시간은 영원한 지금만 존재하는 것이다. 나머지 과거 현재 미래는 피조물의 세계에서 사물과 함께 존재하는 상대적인 시간이다.

카를로 로벨리가 양자중력 이론에서 주장하고 있는 시간은 실제로 존재하는 것이 아니며, 영원한 무시간적 현재만 있다. 로벨리는 세상이 변화 현상에서 시간이 있다는 증거가 없다고 판단한 것이다. 물리현상에 시간이 꼭 필요한 것도 아니라는 입장에 견고히 서있다. 시간은 세상에 필요하지도 않고 실제로 있는 것이 아니라는 입장이다.

아인슈타인의 상대성 이론에 따르면 중력과 질량의 조건에 따라 "하루가 천년 같고 천년이 하루 같은" 시간의 상대성이 실재한다. 시간에 대한 인식은 주어진 조건과 상황에 따라 다르게 상대적으로 해석될 수 있기 때문이다. 성서에서 베드로가 언급하고 있는 신적인 시간이 천년이 하루 같고 하루가 천년 같다는 것은 세상의 시간과 신적인 시간이 근본적으로 다르다는 것을 피력한 것이다. 상대적인 시간 세계를 넘어서 절대적인 시간의 세계는 전혀 다른 차원의 세계라는 의미이다.

과거나 미래는 실재하는 것이 아니고 현재만 존재한다고 보는 견해가 설득력을 얻고 있다. 현재는 계속적으로 창발된 순간현상으로 보는 것이다. 캘리포니아 대학교(UC Berkeley)의 이론물리학자 리처드 뮬러(Richard Muller)도 『나우』(Now)라는 책에서 시간의 현재성을 주장하고 있다.[43] 모든 물리학적 현상과 시간은 지금 일어나는 현상과 순간의 시간이 전부라는 입장이다. 어거스틴이 언급한 신의 시간 즉 영원한 지금과 같은 맥락에서 생각할 수 있는 것이다.

20세기 대표 신학자로 불리는 칼 바르트(Karl Barth)는 세상의 시간은 순간의 승계의 연속이라고 보았으며, 순간의 승계 현상이 끝나는 세상의 종말에는 오메가 순간(omega moment)이 되는 것으로 보았다. 이것은 세상의 모든 시간이 신의 기억 속에서 영원한 현재로 남게 되는 것을 의미한다.

바르트가 믿은 세상의 시간은 상대적인 시간으로서 순간의 승계현상으로 보았고, 궁극적인 시간은 영원한 현재의 신적인 시간만 존재하는 것으로 믿었다. 바르트의 오메가 순간의 신적 시간은 어거스틴이 신의 시간을 영원한 현재로 주장한 것과 유사하다.[44]

바르트가 이해한 세상의 시간은 근본적인 것이 아니라, 상대적인 것이며, 순간적 사건들의 승계현상은 화이트헤드의 유기체철학과 아인슈타인의 공변장 이론과 유사한 면을 보이고 있다.

개혁교회(The Reformed Church) 전통의 신학자인 바르트가 세상의 시간을 일반적인 시간으로 보지 않았다는 사실은 특이한 것이다. 바르트가 그의 저서들을 쓸 당시 상대성이론이 나온 시기였기 때문에, 바르트는 아인슈타인의 물리학과 코펜하겐 해석에 대해서 어느 정도는 섭렵했던 것이 아닌지 추측할 수 있는 부분이다. 화이트헤드의『과정과 실제』(Process and Reality)를 읽지 않았을까 하는 추측도 가능하다.

희망의 신학자 몰트만(Jurgen Moltmann)은 바르트의 시간론과 종말론에 대해서 절망적이라고 비판하면서 바르트의 시간이해에 따른 종말론은 희망이 없는 위험한 것이라고 비판하고 있다.[45] 몰트만은 시간의 지속적 흐름을 주장하면서 시간의 근본적인 기반론을 주장하고 있다. 최근의 물리학적 해석과는 차이가 있어 보인다.

리 스몰린과 네빌이 사실화된 과거(actualized past)는 새로운 사건에 조건적 요소로 남아 있다는 주장이 긍정적으로 보인다. 네빌의 사실화된 과거는 화이트헤드처럼 과거가 영구적으로 소멸되는 것이 아니며, 오메가 모멘트에서 영원한 현재로 머무는 것도 아니다. 조건과 본질의 승계 흐름에서 시간은 승계사건을 사실화하는 기반이다. 리 스몰린이 물리세계와 양자세계에 시간의 실제성을 주장한 것과 유사한 면이 있다.

공변양자장에 실재하는 시간은 변화의 기반이다. 사실화된 과거는 본질적 현상이 일어나도록 조건적 요소로 있기 때문에 미래의 개선이 가능한 것이다. 현상 혹은 행동의 결과를 정리하고, 분석하고, 평가하고, 개선을 향한 악의 조절이 가능한 것은 사실화된 과거가 실재하기 때문이다. 현재를 결정되는 것은 화이트헤드가 언급한 것처럼 임박한 미래가 영향을 주는 것이지만, 사실화된 과거가 조건적으로 작용하는 면도 작용한다.

그렇기 때문에 시간은 근본적이라고 보는 것이 타당하다.

전통적인 어거스틴의 신적 시간 즉 영원한 지금에 동의할 수 있다. 스몰린의 시간의 실제론과 네빌의 사실화된 과거론에 공감이 간다. 로벨리의 일반 시간론의 부정은 논란의 여지가 있으며, 시간이 없이 사건만 존재한다는 사실은 아인슈타인과 그 후예들에게는 불가능한 것이다.

과거는 긴 흐름으로 남아있는 것이 아니라, 새로운 현재를 만들어가는 조건적 요소의 기반에 중첩되어 있는 것이다. 과거는 현재의 본질적 창발현상을 위해서 조건적 요소로서 있는 것이다. 미래도 긴 미래가 기다리고 있는 것이 아니라, 임박한 미래가 현재를 결정하는 순간을 위해 열려 있는 것이다. 인간이 경험하는 실제의 시간은 현재의 순간이며, 과거는 조건으로 있는 것이고, 미래는 가능성의 현상으로 열려있는 것이다.

임박한 미래가 현재를 결정한다는 사실은 화이트헤드의 유기체철학에서 중요한 요소이다. 과거는 새로운 현재가 탄생하도록 감지 대상의 데이터가 된다. 새롭게 창발하는 현재의 사건 즉 사실적 실재는 순간적인 과거의 데이터를 감지하면서 생성되는 것이고, 과거는 사실적 실재의 감지 대상이 되자마자 영구적으로 소멸되며, 앞으로 진전되는 현상이 일어난다.

앞으로 날아가는 "시간의 화살" 이론은 션 캐럴이 주장한 것이다.[46] 시간은 한 방향으로 흐르고 있고, 돌이킬 수 없는 특징을 갖고 있다.[47] 세월은 한번 흘러가면 결코 다시 돌아오지 않는다. 수많은 사람들이 안타까운 마음으로 세월을 되돌리려고 노력하였지만, 가능한 일이 아니었다.

과거로 돌아갈 수 없는 것은 분자 복잡계의 엔트로피가 높아지면서 회귀가 불가능하기 때문이다.[48] 시간은 돌이킬 수 없는 불가역적 특성을 갖고 있다. 로벨리가 시간은 흐르지 않는다고 주장한 것과 차이가 있지만, 엔트로피의 물리학적 현상에 대한 해석에는 공통점이 있다.

엔트로피가 무질서로 흐르는 것은 개체의 제한성을 숙명적이며 비극적인 현상으로 만든다. 그러나 엔트로피의 현상이 없으면 생명의 존재도 불가능한 것이다. 과거로 되돌리는 것은 생명의 흐름을 거꾸로 돌리는 것이며, 생명이 거꾸로 흐르는 것은 생명이라고 할 수 없다. 엔트로피의 흐름에서 생명이 존재하며, 인간이 경험하는 아름다움과 놀라운 세상의 변화가 일어나는 것이다. 엔트로피가 거꾸로 흐르면 세상의 경이로움은 소멸되고 괴현상들이 일어날 것이다.

엔트로피가 일정기간 흐르면 그것을 멈추고 그 진행된 과정을 되돌릴 수 있다면 일정기간의 삶을 살고 다시 되돌리고 살았다가 또 되돌리면, 영생하게 될 것으로 상상할 수 있다. 그러나 거꾸로 흘러가는 과정을 생명이라고 볼 수 없기 때문에, 고도의 에너지를 활용해서 엔트로피의 회귀를 통한 생명의 거꾸로 흐름은 의미 없는 것으로 해석될 수밖에 없다. 현재까지의 물리학으로는 엔트로피의 가역성에 의한 생명의 되돌림 현상은 불가능한 것으로 보고 있다.[49]

죽음의 악에 대한 해석에 기반이 되는 시간론을 정리하면 최근에 물리학에서는 시간이 흐르지 않는다는 주장이 우세하다. 로벨리는 시간은 흐르지 않는다는 입장이며, 세상에는 물리적 사건들만 존재한다는 것이다. 엔트로피의 증가현상만 있는 것이고, 시간은 인간이 사물의 변화를 측정하는 측정단위에 불과하다는 입장이다. 리차드 뮬러는 시간은 새롭게 생성되는 현재만 존재하는 것이고, 과거와 미래는 없는 것이라고 주장하고 있다.

인간이 물리적으로 느끼는 시간의 흐름의 현실은 보편적인 차원에서 해석한 것이다. 로벨리는『시간은 흐르지 않는다』의 마지막 부분에서 인간이 경험하는 시간을 실존적으로 묘사했다. 션 캐럴은 시적 자연주의를 주장하면서, 일상적 현실은 목적론적 사실이라는 것을 언급하고 있다. 첨단 물리학자들이 시간을 매우 철학적인 실존적 시간과 시적 자연주의로 언급한 것은 의미하는 바가 크다. 과학과 철학의 시간론이 중첩되어 있는 것으로 볼 수 있는 부분이다.

시공간이 존재한다는 근거가 불확실하기 때문에 션 캐럴은 시공간의 실재에 대해서 회의적인 입장을 취하고 있다. 하지만 션 캐럴은 시적 자연주의 입장이 세상을 가장 효과적으로 설명할 수 있는 화법으로 제시하고 있다.[50] 물리학적으로 볼 때에 세상은 기계적이지 않으며, 그렇다고 무작위로 흐르는 것도 아니다. 세상은 시적이고 예술적이며 주관적으로 흐르는 것이다. 물리적 흐름에는 창조성과 미학적 현상이 전개되는 것을 포함하고 있기 때문이다. 화이트헤드는 세상은 심미적 가치가 내재되어 흐른다고 했다.[51]

로벨리는 물리학적 시간은 존재하지 않지만, 인간이 경험하는 실존적 시간은 있는 것으로 보고 있다. 로벨리는 인간은 결국 시간의 흐름을 인지하고 사는 것이 인생이라고 본 것이다. 시간은 인간계의 범주에서 인지되는 현상이며, 제한성도 마찬가지로 인간계의 범주에서 의식으로 인지되는 운명적 현실이다.

시간이 일정하게 흐르는 것이 아니라는 아인슈타인의 상대성이론은 모든 물리학자들이 믿고 있다. 아직은 시간이 빠르게 흐르거나 느리게 흐르도록 조절할 수 있는 물리학적 환경을 만들 수 있는 과학의 수준은 아니다. 순간의 승계현상이 불가역적으로 일어나서 생기는 노화와 죽음은 시간 흐름의 운명적인 문제로 보인다.[52]

존재론적 제한성 문제와 엔트로피의 불가역성의 문제를 극복할 수 있는 실마리는 양자세계와 일반세계의 상관관계에서 찾아볼 수 있다. 양자의 세계에는 양자의 중첩(superposition)현상이 있으며 양자 터널링(tunneling)과 얽힘(entanglement) 현상이다.

양자의 터널링이란 양자가 한 곳에 갇혀있는 것이 아니라, 에너지의 변화에 따라 양자가 양자를 가둔 힘의 벽(potential wall)을 투과하는 것을 의미한다. 앞에서 언급했지만 양자 얽힘이란 양자가 한 곳에 있지 않고 여러 곳에 동시에 얽혀 있는 것을 의미한다. 양자의 중첩이란 입자와 파동이 겹쳐있는 것을 의미한다.

양자는 같은 시간에 두 장소에 존재하며, 시공간을 넘나드는 차원에서 활동한다. 로벨리는 양자 중력의 공변양자장에서 시간이 없이 사건만 존재하는 것으로 본 이유가 여기에 있다. 시공간을 넘나드는 것이 있다는 것은 시간이 존재하지 않는다는 것이다. 로벨리는 질량이 많은 곳에서는 시간이 느리게 흐르고 질량이 적은 곳에서는 시간이 빠르게 흐른다는 것을 예로 들면서 시간의 부재를 설명 했다.

아파트의 1층에 사는 사람은 20층에 사는 사람보다 덜 늙는다. 빨리 달리는 사람이 적게 움직이는 사람보다 오래 살게 된다. 이 둘의 시간차이는 미세하지만 실제로 그렇다는 사실은 아인슈타인의 상대성이론에서 나온 것이다. 그러나 로벨리는 실제의 시간은 없는 것이기 때문에 늘어나고 줄어드는 것이 아니라는 입장이다.

시간을 초월한 양자의 세계는 인간에게 얼마나 적용될 수 있을까. 양자들의 활동은 아인슈타인의 상대성이론으로 해석할 수 없는 현상이다. 아인슈타인은 그 당시의 양자의 세계에 대한 이론들에 대해서 그다지 신중하게 생각하지 않았다. 양자역학과 상대성이론이 융복합 되어서 세상을 해석할 수 있는 새로운 것이 나타나서, 인간에게 활용할 수 있다면, 제한성의 극복은 상당부분 진척될 것이다.

생물학에 양자역학이 접목된 연구가 최근에 양자생물학(quantum biology)으로 등장하고 있다. 생명과 양자역학의 관계에 관한 연구는 악의 축소에 결정적인 역할을 할 것으로 보인다. 양자생물학은 동물들이 양자의 세계를 활용해서 생존에 유용하게 사용하고 있는 것을 밝히고 있다.

양자생물학의 선구자인 짐 알칼릴리(Jim Ahlkalili)는 『생명, 경계에 서다』에서 스웨덴과 지중해를 오가는 울새(Robin)에 대한 연구를 하면서 양자생물학의 새로운 전기를 열어가고 있다.[53] 이 연구는 부분적인 것이지만 인류의 염원인 악의 종말에 상당부분 기여할 수 있는 관문을 열기 시작한 것이다. 울새는 지구의 자기흐름을 눈에 있는 단백질 나침판을 활용해서 위치와 방향을 설정하고 계산해서 철 따라 지중해와 스웨덴의 먼 거리를 오간다.

울새처럼 양자의 세계를 인간이 활용한 부분이 있다. 원시적이기는 하지만 나침판이다. 지구의 자기장을 활용한 나침판으로 배가 바다 한가운데서 방향을 잡고 항해를 한다. 나침판이 없으면 항해사가 겪는 불확실성의 두려움과 공포는 매우 크다. 항로를 헤매거나 암초에 충돌의 위험을 생각하면서 배 운항에 매우 소극적일 것이다. 나침판이 두려움과 불확실성의 농도를 현격하게 낮추면서 항해는 적극적인 양상으로 변했다.

양자의 활용이 악을 축소시키는 일은 다양한 차원에서 일어날 것이다. 인공위성통신과 지구촌 네트워크는 전자 활동을 활용한 것이며, 원격소통을 신속하고 원활하게 하면서 궁금증을 축소시키고 위험한 상태에서 구조를 신속하게 할 수 있게 되었다.

아직은 양자 활동의 실생활 적용은 매우 제한적인 것으로 보인다. 인간의 실제적인 생명과 의지에 의한 직접적인 활용에는 아직 갈 길이 멀다. 전기차 회사 테슬러(TESLA) 회장인 엘론 머스크(Elon Musk)는 자기장이용 교통수단은 지상에서 비행기보다 빠르게 이동할 수 있으며, 서울 부산의 거리를 15분 정도에 이동할 수 있을 것으로 보고 있다. 미래에 언젠가는 인간의 의지에 의한 양자 활용이 가능할 것이며, 시공간을 넘어서는 날이 올 가능성도 있어 보인다.

제한성의 축소는 우주에 제한성의 정량이 줄어드는 것이 아니며, 우주의 질량이나 에너지가 변하는 것도 아니다. 제한성의 정량은 우주의 모든 작용과 연속성이 있다. 악의 축소란 상대적인 맥락에 따라 제한성의 양이 축소된 것을 경험하는 것뿐이다. 여기서 이 현상을 "악의 상대성 원리"라고 부르는 것이다. 선악은 중첩되어 있기 때문에 한 가지 잣대로 완전한 가치와 의미를 결정할 수 없다. 악의 미래는 지속적으로 전개되고 있는 과학기술문명의 발달로 인해서 상대적인 제한성의 축소현상이 결국에는 악의 종말로 이어질 것으로 기대해도 논리적으로 문제될 것이 없다.

몸의 제한성만이 아니라, 마음의 제한성을 극복할 수 있는 길은 없을까. 사기당하기 쉬운 마음의 제한성을 넘어서 상대의 마음을 알고 골탕 먹는 일을 대비할 수 있는 길은 없을까. 뉴욕시립대학교의 물리학자 미치오 카쿠(Michio Kaku)는『마음의 미래』에서 뇌의 의식을 스캔하고 복제가 가능할 것으로 보고 있다. 엘론 머스크는 돼지 뇌의 정보를 스캔하고 이식하는 데에 성공단계에 있다고 주장하고 있다. 인간에게 적용하는 단계만 남은 것으로 발표하면서, 인간에게 적용되면 매우 불행한 사회가 될 것을 걱정하고 있다.

마음의 스캔이 가능하다면 도덕성의 증진이나 마음의 해킹도 가능할 것이다. 순수한 도덕성을 갖고 있는 사람이 나쁜 생각과 행동을 할 수 있는 사람으로 변하게 하는 도덕성의 변질이나 해킹도 가능할 것이다. 뇌신경과학에서는 도덕성 간섭이나 해킹은 가능한 일로 보고 있다. 난폭한 소를 온순하게 만들기 위해서 난폭성을 유발시키는 뇌신경구조를 편집하고 즐거움이나 만족감을 주는 약물을 투여하면 난폭한 소가 온순해지는 실험은 이미 성공했다.

인간의 악한 마음과 심술보를 조절할 수 있는 시대가 도래 한 것이다. 마음의 스캔이 가능해지면, 적을 구별하고, 사악한 음모와 범죄성향을 파악하는 데에 상당한 효과를 낼 것이다. 그러나 개인의 정체성과 사적인 전략이 노출되면, 개인과 공동체의 경계선이 무너질 것이다. 다른 사람의 배우자에 대한 사랑의 상상이 들통나면 질투와 결투의 대 혼란이 올 수도 있다.

바이오 해킹이 현실적으로 가능해지는 것은 사실이며, 사회 윤리적으로 매우 위험한 일이 되고 있다. 유전자 편집과 디자인이 이루어지기 위해서는 유전자 정보를 알아야 한다. 고도로 진화한 컴퓨팅 역량(computing power)은 유전자 정보에 대한 바이오 해킹과 실제로 유전자 편집을 할 수 있다.

유전자 편집은 크리스퍼 기술(CRISPR technology)에 의해서 이루어진다. 문제가 있거나 오작동하는 유전자를 잘라내고, 거기에 맞는 유전자를 끼워 넣는 기술이다. 질병의 원인이 되는 유전자나 기형을 일으키는 유전자를 찾아서 수리하면, 원하는 존재가 될 수 있다. 모든 질병을 고칠 수 있으며, 어쩌면 영생할 수도 있는 놀라운 기술이다. 크리스퍼 기술은 이미 실행단계에 있다.

부모는 유전자 편집과 디자인으로 원하는 아이를 설계해서 가질 수 있다. 정자와 난자가 만난 배아세포가 두 개로 분할하기 전에, 단 세포 상태 안에 있는 유전자를 편집해서 원하는 아이를 가질 수 있다. 명석하고 매력적이며 건강한 자녀를 가질 수 있다. 이렇게 형성된 자녀는 당대에 끝나는 것이 아니라, 후대에도 편집된 유전자가 계속해서 유전된다는 사실이다.

그러나 75여개 국가에서 이미 유전자 편집을 금하고 있다. 그 이유는 아직 검증되지 않은 여러 가지 문제들이 있기 때문이다. 상상의 괴물이 아니라, 실제로 헐크와 같은 괴물을 만들어낼 수도 있다. 인간보다 IQ가 10배나 명석하고 역량이 있는 초–인간적인 다른 종이 만들어질 수도 있다. 침팬지와 인간의 유전자의 차이가 1.6퍼센트 정도인 것을 감안하면, 인간의 유전자와 2퍼센트만 다르게 편집해도 매우 다른 종을 만들어 낼 수 있다.

중국의 생명물리학자 허찌안귀(賀建奎)는 2018년에 에이즈 병에 걸린 부모에게서 아이를 보호하기 위해 크리스퍼 기술로 유전자 편집을 했다. 이 일로 인해서 3년 징역형을 받았으며, 유전자 연구를 종신토록 금하는 형벌을 받았다. 수술은 성공적으로 이루어졌고, 아이는 쌍둥이로 태어나서 중국 어디에선가 살고 있다는 것이다. 지금 은밀한 곳에서 누군가가 헐크와 같은 존재를 만드는 위험한 일을 진행하고 있는지도 모른다.

히브리대학교의 역사철학자 유발 하라리(Yuval Harari)는 고성능 컴퓨팅 기기에 의한 바이오 해킹은 매우 위험한 세상을 만들 것이라고 염려하고 있다. 자신보다 탁월한 컴퓨팅 역량을 가진 슈퍼 AI가 자신에 대해서 더 자세히 알게 되는 세상이 온다는 것이다. 바이오 해킹과 크리스퍼 작업을 통한 유전자 편집은 은밀하게 얼마든지 일어날 수 있다. 반면에 바이오 해킹의 범죄나 크리스터 작업에 의한 범죄를 탐지할 수 있는 슈퍼 양자컴퓨터 프로그램도 개발될 것으로 보인다.

심술보를 개조하고 난폭한 성격을 바꾸는 작업이 가능하며, 그런 일들은 신경과학이나 생명예술에서 이미 전개되고 있다. 생명예술은 영어의 bio-art에서 번역된 것으로서 최근에 나타난 개념이다. 원래 이 단어는 생명공학기술로 생체를 조작하여 원하는 이미지나 기능을 인위적으로 만든다는 차원에서 시작된 말이다. 아직 이 개념은 보편화된 것은 아닌 것으로 보인다.

하지만 바이오아트는 현실적으로 가능한 것이고, 생명과학이 발달하면서 실제로 적지 않게 진전되고 있다. 특히 고통을 완화하고 괴로움을 줄이는 차원에서는 많은 진전이 예상된다. 악의 축소의 미래는 범죄학이나 정치학 혹은 도덕철학의 발전보다는 윤리적인 바이오-사이언스의 발전이 기여할 것이다.

노화와 질병과 죽음의 악에 대한 해석은 시간의 부재론에 의해서 엔트로피의 주제로 넘어가고 있다. 엔트로피와 관련된 인간계 도덕의 상대적인 조절은 양자물리학과 양자생물학이 새롭게 해석할 것이다. 양자역학을 활용한 생명과학의 발달은 영생의 존재가 될지도 모르는 호모-데우스나 노화의 종말을 향해 진화하고 있다.[54]

악의 조절의 미래는 지속적으로 발전하고 있는 첨단과학기술과 나노기술이 상당부분 기여할 것으로 보인다. 나노기술은 수술 없이 뼈대를 강화하고, 인체장기 보강과 제조 그리고 교체에 이르기까지 기여할 것이다. 신체에 필요한 에너지를 나노크기의 로봇인 나노봇으로 공급할 수 있다는 것이다. 의료용 나노봇은 노화를 방지하고 수명을 연장하는 기능을 기대하고 있다.

면역력을 강화하고 효율적인 혈구를 나노봇으로 대체하고 호흡조정을 하면서 생명연장에 기여할 것으로 보인다. 물론 나노봇이 현실화되지 못하고 공상의 세계에 머무르게 될 가능성도 있다. 냉동 쥐의 부활 연구가 성공에 임박했으며, 냉동인간의 부활도 가능할 것을 예측하고 있다. 악의 미래는 첨단사이언스가 깊숙한 단계에 접어들면, 인류의 염원인 악의 종말을 기대할 수 있는 것처럼 보인다.

THE
FUTURE
OF
EVIL

제 2 장

도덕의 착각

1
도덕의 **족쇄**

도덕을 고상한 것으로 여기는 것이 일반적인 사람들의 생각이다. 그러나 그것은 착각이다. 대부분의 도덕은 경직되어 있거나 족쇄로 변질되어 있다. 이러한 도덕은 고상하기는커녕 오히려 횡포를 일으키는 경우가 허다하다. 전통적인 선윤리, 의무윤리, 공리주의, 평등주의 등 거의 모든 윤리 분야에서 경직된 도덕의 역기능 요소가 있기 때문이다. 이 장에서는 도덕의 착각을 깨고, 도덕을 넘어선 세계를 생각하고자 한다.

원시사회부터 포스트모던 사회까지 인류가 경험한 악은 시대마다 다른 것처럼 보이지만, 모든 악은 인간과 세상의 역동적 관계에서 나타는 하나의 유기체적인 현상이다. 사피엔스가 경험하는 악은 유기체적인 시스템에서 한 단면을 경험하고 해석한 것이다. 그렇기 때문에 왜곡되거나 경직된 도덕이 적지 않게 존재한다.

앞에서 살펴본 것처럼 세상의 모든 것에는 선과 악이 중첩되어 있다. 도덕 자체에도 악의 축소의 순기능만 하고 있는 것이 아니라, 악을 확대하는 역기능이 중첩되어 있다. 도덕은 좋은 것이지만, 변수가 많은 세상에서 도덕을 실천하는 데에는 불편한 점이 많이 있다. 도덕의 족쇄와 같은 것이 있기 때문이다.

도덕의 족쇄란 경직된 도덕주의가 인간을 도덕의 노예로 만드는 것이다. "인간은 도덕적이어야 한다."는 도덕적 명제가 의무론적으로 작용하면서 경직된 도덕적 행동을 야기 시키고 있다. 그 결과는 오히려 비도덕적으로 나타난다. 도덕에 관한 논의는 다양한 차원에서 접근 할 수 있지만, 흥미 있는 도덕의 족쇄에 대한 논의를 통해서 도덕의 착각세계를 들여다보고자 한다. 그동안 도덕철학이 다루어 왔던 범주는 규범이나 명제의 선형적인 인과적 도덕이었지만, 여기서는 메타-인문학적인 시각에서 입체적인 도덕을 살필 것이다.

도덕의 족쇄는 어떻게 만들어지는 것일까. 경직된 도덕주의가 생기는 원인은 인간의 뇌신경 회로에서 작동하는 가용적 편향성에 의해서 뇌신경 회로가 세팅되었기 때문이다. 관습이나 도덕이 일상생활에서 유용하면, 그 유용성에 대한 편향성이 생성된다. 도덕에 대한 가용적 편향성에 따라 도덕률을 만들고, 그렇게 뇌신경회로가 세팅된 것이 굳어지면 경직된 도덕주의로 흐르는 것이다. 도덕의 족쇄는 개인의식에서만이 아니라, 집단의식에서도 만들어질 수 있다. 집단 이기주의의 편향성의 집단적 세팅이나 경직된 이념에서 비롯되는 것이다.

노자의 도덕경, 공자의 논어, 아리스토텔레스의 윤리론, 스토아 도덕철학은 인류역사에 큰 순기능적 역할을 했다. 이들은 인간은 도덕과 질서를 존중해야 고상한 존재가 되는 것을 가르쳤으며, 그 결과 인간의 삶의 질은 긍정적으로 발전 했다. 노자는 자연이치를 따르는 도를 가르쳤고, 공자는 자신을 다스리는 수신을 가르쳤다.

아리스토텔레스는 선을 추구하는 것을 가르쳤고, 스토아 철학은 절제를 가르쳤다. 불교에서는 자기 비움을 가르쳤고, 기독교는 이웃사랑을 가르쳤다. 주옥같은 아름다운 도덕률들이다. 그러나 이런 도덕률은 인간의 실존적 삶에 족쇄의 역할도 많이 했다. 도덕이 도덕을 위한 규범이 되면서 아픈 족쇄역할을 한 것이다.

도덕의 족쇄는 어떤 위험한 일을 일으킬까. 경직된 도덕적 규범은 사람의 마음을 갈등하게 만들고, 우유부단하게 만들며, 올바른 결단을 위한 스트레스를 주고 있다. 인간이 도덕적이어야 한다는 당위성은 도덕적이지 못한 사람에게 가혹한 욕을 하고 고통을 주게 했다. 경직된 도덕주의는 위선과 가식을 조장하며, 사회를 교란시키는 역기능을 한다.[55] 도덕의 족쇄는 외식을 증폭시키고 가짜게임을 만들어서 사회적 기만을 부추긴다.

소위 도덕주의에 깊이 들어가 있는 사람일수록 사기와 기만을 당할 확률이 높으며, 그로 인한 아픔을 깊이 겪는다. 여기서 도덕의 족쇄라는 구체적인 주제를 다루는 우선적인 목적은 가짜 도덕게임을 해체하고, 경직된 도덕주의의 역기능을 조절하여 삶의 왜곡에서 벗어나기 위한 것이다.

이기적 유전자를 갖고 있는 인간은 도덕적 존재가 아님에도 불구하고, 도덕적 규범으로 족쇄를 채워서 도덕적인 존재처럼 착각하고 살게 만들고 있다. 이런 현상은 위선을 증폭시키고 잘못한 사람을 욕하고 나무라게 하는 현상을 일으킨다. 고도의 도덕교육과 훈련은 다른 사람의 비도덕적 행위를 참고 볼 수 없게 만들었다.

비도덕에 대한 비판과 성토는 도덕적 집단의식이 생존에 불리한 요소를 제거하려는 것이지만, 가혹한 경우가 많다. 욕도 개인 혹은 공동체의 생존에 불리한 요소를 제거하려는 것이다. 하지만 건전한 비판과 성토와는 다르게 욕은 비하와 저주가 포함되어 언어폭력으로 전개되고 있다.

이기적이고 경쟁적인 면이 강한 인간은 도덕적인 면이 약하기 때문에, 사회질서를 위해서 도덕은 당연히 필요하다. 도덕이 필요한 인간은 집단민심으로 도덕주의를 구성했고, 도덕의 순기능적인 면을 기대했다. 그러나 역사를 보면 경쟁이 강한 사회일수록 순수한 선한 행동을 하지 못하게 만들었다. 마음은 원하지만 현실이 어렵기 때문에 위선이나 화려한 포장의 윤색이 지속적으로 나타난 것이다. 인간이 만든 구성적 도덕주의 경직성이 악의 축소 작용보다 족쇄 기능을 한 측면이 적지 않다.

경직된 도덕이 폭력까지 불러오는 경우가 있다. 스티븐 핑커(Steven Pinker)는 도덕주의는 폭력을 야기 시키는 면이 있다는 주장을 하고 있다. 서로 약속과 신뢰를 지켜야 하는데, 그것을 지키지 않으면 갈등이 유발되고 폭력이 일어난다는 것이다. 이스라엘과 팔레스타인 해방기구 즉 PLO가 서로 불가침 협정을 맺었는데, 이스라엘이 아랍인들의 거친 행동에 대응으로 먼저 팔레스타인 지역에 로켓을 발사했다. 불가침 약속과 신뢰를 어긴 것이다. 이로 인해서 서로 로켓을 쏘고 총격을 가하는 일들이 끊이질 않고 있다.[56]

인간은 원래부터 도덕이 필요한 존재였을까. 인간은 원래부터 도덕적 존재가 아니라고 진화론자들은 주장하고 있다. 하버드대학교의 에드워드 윌슨(Edward Wilson)은 진화생물학을 탐구하고 사회생물학을 주장하면서 인간의 본성은 도덕적이지 않다는 주장을 했다. 인간은 생존을 위한 기계이지 도덕이라는 추상적 원리와 가치를 갖고 있지 않다는 것이다. 오직 생존을 위한 생존가치만 존재한다고 보았다. 동물의 사회적 행동에는 생존을 위한 진화론적 환경이 결정적이라는 것이다.

하버드대학교의 진화생물학자인 스티븐 제이 굴드(Stephen Jay Gould)는 윌슨의 사회생물학에 대해서 반대하는 입장을 취했다. 인간의 사회와 행동이 결정론적이라고 생각한 윌슨의 주장에 대해서 반격을 가한 것이다. 굴드는 자신이 사회생물학을 배척한 것은 아니며, 사회생물학은 성공할 것이라고 했다. 사회생물학은 다윈주의(Darwinism)를 확대해석하는 데에 기여할 것이라고 찬사를 보낸 적도 있다. 하지만 굴드는 윌슨의 인간사회와 행동에 대한 경직된 해석에 대해서 비판적인 입장을 취한 것이다. 굴드는 도덕의 기반이 되는 인간의 자유와 선택의 여지가 있다고 보는 것이다.

윌슨과 마이클 루스(Michael Ruse)는 도덕이란 생존가치 속에서 생존에 유리하거나 필요에 의해서 만들어진 생존수단에 불과한 것이라는 입장이다. 최근에 윌슨은 이기적 유전론을 버렸다고 주장했다. 그 이유는 이기적 유전자 중심의 해석보다는 생존가치 중심의 해석이 타당성을 갖고 있기 때문이다. 윌슨의 생존가치론 안에는 협동과 이타성도 포함되어 있다. 윌슨이 이기적 유전자 이론을 버렸다고 해서, 사회생물학적 생존가치 중심주의를 버린 것은 아니다. 윌슨이 쓴 『지구의 정복자』와 『지구의 절반』과 같은 최근의 저서는 인류생존을 위한 협동과 진사회성(eusociality) 그리고 도덕성을 언급하고 있다. 이기적 유전자론을 버리고, 생태적으로 이타적인 도덕 실천의 켐페인을 하는 책들이다.

영국의 수학자 이언 스튜어트(Ian Stewart)는 『생명의 수학』에서 다윈도 도덕이 생존에 유리하다는 주장을 한 것을 언급하고 있다. 도덕적 자질이 좋은 것은 이기적이고 다투기를 좋아하는 것보다 진화에 유리하다고 언급했다.[57] 인간의 본성이 착하다는 주장은 아니다. 우주의 생존질서 시스템이 조화와 협동의 원리로 되어 있다는 것을 언급한 것이다. 인간과 연계된 협동원리도 도덕의 본래성을 함축하고 있는 것으로 볼 수 있다.

동서양을 막론하고 규범윤리는 고대 농경문화에서 시작되었다. 도덕과 성문법을 만든 고대문명은 삼천년 이상 되었지만, 긴 인류역사에서 보면 도덕의 역사는 매우 짧은 것이. 서양의 이론 윤리를 등장시킨 아리스토텔레스는 농경문화와 도시국가의 사이에서 규범윤리로서 선을 향한 목적윤리를 주장했다. 인간의 행동은 선 혹은 행복의 목적을 향해서 움직인다고 보았다. 서양윤리의 기반으로 작용한 선윤리는 매우 큰 영향을 주었다.

칸트는 옳은 것을 선택해서 결정해야 한다는 의무윤리를 주장했다. 옳은 행동은 정언명령(transcendental categorical imperative)이며 당연히 실천해야 되는 것이다. 칸트의 의무윤리는 옳은 결정과 바른 행동을 해야 한다는 강령의 실천을 강조했다.

여의치 못한 상황에서 항상 옳은 결정을 하고 선한 행동을 하는 사람은 얼마나 될까. 대부분의 사람은 선행이나 옳은 행동을 항상 잘하고 있다고 생각하지 않은 경우가 우세하다. 익명의 SNS 토론방에서 나타나는 현상은 거칠고 무례한 일들이 많다. 실명제 소통보다 훨씬 비도덕적이다. 그런 면에서 실명제 도덕은 사실상 포장되고 윤색된 도덕이라고 볼 수 있다. 아리스토텔레스와 칸트의 도덕철학의 외면은 경직된 도덕주의 족쇄가 작동하고 있다는 사실이다.

칸트의 엄격한 의무윤리는 이기적이고 기껏해야 연성도덕(soft morality)의 존재인 인간에게 경직된 윤리시스템을 요구하면서 도덕의 족쇄를 채운 것으로 볼 수 있다. 니체는 기독교의 십계명과 같은 경직된 계명들은 인간을 옥죄고 초인(overman)이 되는 길을 막는다고 했다. 칸트의 융통성이 없는 의무론적 윤리는 옳은 일을 해야 한다는 정언명령이 인간을 옥죄는 족쇄로 발전하게 되었다고 보는 것은 과한 해석이 아닐 것이다.

세상에는 의무론적 윤리의 진화가 그렇게 많이 이루어진 것으로 보이지 않는다. 강제적인 법의 준수의 의무를 제외하면, 그렇다는 말이다. 칸트가 기대했던 의무윤리의 실효성에 대한 평가는 사람간의 평화와 정의의 성취정도를 통해서 구체적으로 살펴볼 수 있다. 세상에는 진정한 평화와 정의는 없었으며, 끊임없는 갈등과 투쟁의 연속이었다.

칸트의 완고한 의무론적 도덕은 데이빗 흄(David Hume)의 구성적인 유연한 도덕주의와는 차이가 있다. 흄은 도덕을 백지와 같은 마음에 도덕적 경험을 통해서 도덕의 그림을 그리고 그것을 믿고 준수하는 것으로 보았다. 도덕을 경험적이고 구성적인 것으로 해석한 것이다. 흄은 "양심의 가책" 같은 것도 사회 속에서 구성된 것으로 보았다. 칸트는 흄의 철학을 탐구하였지만, 흄의 구성적 도덕론을 따르지 않고 관념적인 도덕주의로 흘렀다.

옳은 것이 정언명령으로 다가오는 것을 따라야하는 내재적인 양심의 나침반은 선험적(a priori)인 도덕적 범주로서 존재한다는 것이다. 그러한 근거는 침팬지나 인간의 집단이성에서 공정성에 대한 우호적인 성향에서 볼 수 있다. 문제는 경직된 도덕주의가 족쇄역할을 하는 것은 사회적 구성이라는 사실이다.

아리스토텔레스의 선윤리와 칸트의 의윤리는 서양 윤리론의 두 축이다. 인간은 선행을 해야 한다는 도덕과 옳은 행동을 해야 한다는 도덕이 서로 맞물려있다. 선한 목적을 위해서 잘못된 수단이 정당화 될 수 없다. 옳은 수단의 결과가 악으로 나오는 것도 문제다. 아직도 이 두 윤리의 난제를 해결하지 못하고 있다. 도덕의 환상이나 착각을 깨고, 유연한 도덕적 패턴을 찾는 것이 대안이 될 수 있다. 특히 사회적으로 구성된 도덕의 경직성은 연성도덕으로 풀어야 한다.

도덕의 족쇄에 저항하는 연성도덕을 신중하게 생각해 볼 필요가 있다. 러시아의 문호 도스토예프스키(F. Dostoevskii)는 『죄와 벌』에서 당시의 도덕적 모순과 경제 불균형에 대해서 아프게 꼬집었다. 전당포를 운영하는 할머니가 많은 돈을 가지고 있고, 미래에 사회적 기여가 기대되는 준수한 젊은 대학생은 돈이 없어서 공부에 어려움을 겪는 경제적 모순에 대한 주제를 다루었다. 『죄와 벌』의 주인공인 가난한 대학생 라스콜리니코프는 경제의 불균형에 대해서 불만을 갖고 병적인 사색을 했다.

라스콜리니코프는 나폴레옹이 수많은 사람들을 죽이고도 영웅이 된 것을 생각했다. 이웃 사람들이 혐오하고 별로 쓸모없는 전당포 노파 하나를 살해하고 그 노인의 돈을 갖고 공부해서 사회에 기여하는 것은 크게 문제될 것이 없다고 생각했다. 작은 나폴레옹이 되는 길을 영웅적으로 생각한 것이다. 라스콜리니코프는 결국 전당포 노파를 살해했다. 아무도 모르게 완전한 범죄를 한 것이다.

그러나 예기치 못했던 견디기 어려운 일이 일어났다. 마음 깊은 곳에 살인에 대한 죄책감이 생긴 것이다. 범죄 이전의 마음과 범죄 이후의 마음의 상태가 완전히 바뀌었다. 완전범죄를 하였음에도 불구하고 시간이 지날수록 가슴을 옥죄는 죄책감과 두려움에 떨었다. 한 인간의 생명을 살해한 것에 대한 죄책감이 자신의 숨통을 조이는 고통을 느끼게 한 것이다.

심리학에서는 도스토예프스키의 소설을 필독서로 요구하고 있다. 왜냐하면 그의 책은 소설이지만 인간의 심리를 적나라하게 묘사하고 있기 때문이다. 철학에서는 도스토예프스키의 인간실존에 대한 묘사의 탁월성과 사실성을 고려하여 그를 실존주의 철학으로 분류하고 있다.

견디다 못한 라스콜리니코프는 애인 쏘냐에게 자신의 죄를 고백했다.

쏘냐는 몸을 파는 윤락여성이었지만, 술주정뱅이 아버지를 정성을 다해 돌보는 성스러운 윤락녀였다. 쏘냐는 라스콜리니코프의 죄에 대한 고백을 듣고 자수할 것을 권유했다. 라스콜리니코프는 힘겹게 자수하고 죄에 대한 형벌로 사람들이 거의 살지 않는 거친 황야로 유배되었다.

벌레만도 못한 돈 많은 전당포 노파를 살해하고, 그 노인의 돈으로 공부를 해서 사회에 공헌을 하겠다는 것은 질적 공리주의(utilitarianism) 생각이다. 사회적 기여를 크게 할 수 있는 한 사람의 가치를 중심으로 주변을 평가한 것이다. 그럴듯한 공리주의적 논리가 작용하면서 범죄를 정당화 할 수 있었다. 질적 공리주의 족쇄에 걸려든 것이다.

물론 도스토예프스키의 의도는 서구의 경제적 불합리성을 공격한 것이며, 인간의 실존적인 고뇌의 문제를 다룬 것이다. 모순된 인간조건의 개선에는 다른 공리적 차원의 기능이 있다는 사실을 지적한 것이다. 경직된 공리주의를 넘어선 연성도덕의 지평을 열어준 것이다. 삶의 모순에 대해서 고뇌하는 인간의 실존적 모습을 묘사한 것이기도 하다.

민주주의는 제레미 벤덤(Jeremy Bentham)이 주장한 최대 다수의 최대 행복을 추구하는 양적 공리주의를 따르고 있다. 하지만 민주주의는 질적 공리주의를 묵살시키는 잔인한 면이 있다. 민주주의를 공정하고 정의롭고 고상한 것으로 보는 것은 착각이다.

아인슈타인 한 사람과 종신형을 받은 죄수 20명의 목숨을 어떻게 공리적으로 비교를 할 수 있을까. 세상은 다수 중심으로 흘러가는 것이 아니라, 토인비가 언급한 것처럼 소수의 옳은 사람에 의해서 문명이 진전되는 경우가 적지 않다. 그렇기 때문에 소수의 옳은 의견을 소중하게 생각하는 질적 공리주의와 다수의 행복을 추구하는 양적 공리주의 사이의 갈등은 해결되기 어려운 난제이다.

양적 공리주의는 행복을 최대화하기 위해서 평등을 해치는 면이 있다. 로버트 노직(Robert Nozick)은 양적 공리주의를 적은 돈으로 많은 행복을 얻으려는 공리괴물(utility monster)을 양산하는 것으로 보았다. 공리주의의 한계는 장애인의 삶의 질 개선비용이 무시되고, 빈곤층 문제의 해결이 요원해 지며, 노인을 무시하고 홀대하는 세상을 만들게 된다. 양적 공리주의가 무고한 생명들을 괴롭히는 무기로 사용되는 것이다.

양적 공리주의와 민주주의는 모든 영역에 적용될 수 있는 것이 아니다. 양적 공리주의는 소수의 사람들의 창의적이고 천재적인 역량 발휘를 무색하게 만든다. 병원에서 생사를 오가면서 장기 이식을 기다리는 다섯 사람을 살리기 위해서 멀쩡한 한 사람을 죽일 수도 있는 논리가 담겨 있다.

양적 공리주의를 기반으로 한 민주주의가 그나마 최선이라고 생각하고 실행되고 있는 것이다. 비합리적이고 다양하고 복잡한 인간 사회에서 온전한 공리와 도덕을 요구하는 것은 사실상 한계가 있다. 인간의 본성 자체가 도덕적이지 않으며, 인간의 환경이 도덕적으로만 살 수 있는 것도 아니다. 공동체의 다양성과 세상의 비합리성, 그리고 이해하기 어려운 삶의 모순의 현상들이 도덕실천을 어렵게 만들고 있다. 목적과 수단이 서로 괴리가 있을 때 혹은 질적 공리주의와 양적 공리주의의 충돌 상황이 있을 때에 도덕적이어야 한다는 압박은 도덕적 고뇌를 깊게 하고 있다.

도덕적 난제의 예를 하나 더 살펴보고자 한다. 목사가 계획적으로 살인을 시도했던 심각한 문제에 관한 것이다. 실제로 독일의 본회퍼(D. Bonhoeffer) 목사는 의도적으로 사람을 죽이려고 했다. 독일의 국가 지도자 히틀러를 암살하려고 여러 차례 음모를 꾸몄던 것이다. 수많은 유대인들을 학살하는 히틀러를 보고 암살하려고 한 것이다. 유대인에 대한 인종차별의 구조적인 악과 폭군의 괴물행동의 악을 제거하고 인종간의 평등과 다수의 생명보존 가치를 추구한 것이다.

본회퍼는 정신장애자가 학생들을 태운 스쿨버스를 운전한다면 목사로서 어떻게 해야 할 것인가를 생각했다. 교통사고가 나서 학생들이 죽은 뒤에 장례식을 치루고 유가족을 위로하는 것이 목사의 직무인가. 아니면 정신장애자인 운전수를 밀어제치고 운전대를 바로 잡아서 학생들의 생명을 구하는 것이 목사의 직무인가. 수백만 명을 학살하고 있는 정신장애 운전수 히틀러를 암살하기로 결심하고, 히틀러 암살 조직에 가담하여 여러 차례 암살을 시도했다.

그러나 암살 시도는 실패 했고, 본회퍼는 체포되어서 감방에서 옥살이를 하다가 사형 당했다. 수많은 사람들이 히틀러를 암살하려고 했지만, 히틀러는 암살당하지 않았고, 권총자살로 자신의 생을 마감한 것으로 알려져 있다. 본회퍼가 생각한 것은 "존재와 행위"이다. 인간으로 산다는 것과 옳은 가치를 향한 행동에 대한 윤리적 해석이었다.[58]

본회퍼의 살인시도 행위는 악의 축소의 접근이며, 작은 악으로 큰 악을 소멸시키려는 공리주의적인 시도였다. 한 사람을 죽이는 작은 악으로 큰 선을 불러올 양적 공리주의를 믿은 것이다. 공리주의의 도덕적 당위성을 양심과 신앙으로 강하게 믿었기 때문에, 본회퍼의 결단은 단호할 수 있었다. 많은 사람들이 본회퍼의 옥중서신에 나타난 사상과 그의 행동을 생각하면서 그의 넋을 기리고 있다. 큰 악을 축소시키려는 양심과 정의를 향한 온전한 "존재와 행위"의 깊은 사상을 기리는 것이다. 양적 공리주의를 향한 편향성의 족쇄 문제가 있으며, 양적 공리주의와 질적 공리주의의 충돌은 영원한 도덕적 난제가 되고 있다.

어떤 경우에도 살인하지 말라는 도덕의 족쇄를 풀 수 있는 열쇠는 본 회퍼처럼 양심의 나침반의 작동에 있는 것으로 보인다. 인간은 본성적으로 마음의 구조에서 도덕적 패턴에 어긋난 것에 대한 불편한 현상이 있는 것은 보편적이다. 인간이 무엇인가 도덕적 패턴이나 궤도를 벗어나면, 양심의 가책을 느끼게 되어 있는 것은 문화를 초월한 본질적인 현상으로 보인다.

아리스토텔레스는 평등주의 도덕의 착각을 해체했다. 각자 지능이 다르고, 힘이 다르며, 역량이 다른 것을 현실로 받아들였다. 노예가 된 것은 그 역량과 지능의 한계에서 비롯된 것이기 때문에, 노예를 당연하게 생각했다. 구태여 노예해방을 이룰 필요가 없다는 생각까지 했다. 노예제도를 현실적으로 해석하고, 노예해방을 거부한 아리스토텔레스는 도덕적인 사상가 일까. 그런데 평등과 인권은 모더니티의 계몽주의에 의해서 합리적으로 만들어진 중요한 가치기준으로 등장하여 지금까지 존재하고 있다.

에모리대학교의 동물연구가인 프란스 드발(Frans de Waal)은 침팬지의 공정성 도덕을 발견하고 일부 철학자들의 평등 부재론에 대해서 비판적인 입장을 취하고 있다.[59] 침팬지들에게 일을 시키고 일의 대가로 오이 조각을 주었다. 모두 공평하게 오이를 주었다. 그러다가 어느 시점에서 일부 침팬지에게 오이 대신에 맛있는 포도를 주었다. 같은 일을 했음에도 불구하고 어느 침팬지에게는 오이를 주고 다른 침팬지에게는 포도를 준 것이다.

이 불공정한 사실을 경험한 침팬지들은 상당수가 일에 참여하는 것을 거부했다. 프란스 드발은 침팬지 공동체에는 공평성과 평등의 정신이 내재되어 있는 것을 발견한 것이다. 그의 주장은 평등은 사회적 구성으로

된 것이 아니라, 침팬지가 본능적으로 공평의 원리를 알고 실천한다고 본 것이다. 프란스 드발의 결론은 공평의 도덕적 원리는 침팬지와 인류의 조상이 서로 나누어지기 훨씬 전부터 뇌의 작용에 입력되어 있다고 보았다. 뇌 조직의 매우 오래 된 부분이 윤리적 결정에 관여 한다는 사실이 뇌신경학적 증거로 입증 된다고 주장한 것이다.

그러면 같은 일을 하고 오이 대신에 맛있는 포도를 받은 침팬지는 공정하다고 생각했을까. 프란스 드발과 침팬지 연구를 같이 하고 있는 조지아 주립대학교의 세라 브로스넌(Sarah F. Brosnan)에 따르면 포도를 받은 침팬지들도 불공정하다는 표현으로 일에 참석하지 안했다는 것이다. 같은 일을 했는데, 자기네들이 특별대우를 받은 것은 공평하지 않다는 것이다.[60]

프란드 드발은 포도를 받은 침팬지의 경우를 뉴욕 월가의 금융시장에서 고액의 성과급을 받는 사람들이 연봉이 낮은 사람들에게 미안한 마음을 갖는 것과 같은 것으로 해석했다. 그러나 고액 성과급을 받는 사람들이 얼마나 미안한 마음을 가졌을지 의문이 든다. 그들은 살찐 고양이라고 수많은 핀잔을 받으면서도, 어려워진 회사를 위해서 고액연봉을 낮추거나 기부하는 일은 거의 없었다. 인간의 탐욕은 침팬지의 공정성 의식 수준에는 어림도 없는 것처럼 보인다.

일반적으로 아리스토텔레스와 같은 철학자들은 평등사상은 인간이 인위적으로 만든 것이지 본질적인 차원에서는 평등이 없다는 주장을 했다. 평등의 도덕은 본질적인 것이 아니라는 사실이다. 프란스 드발은 평등을 믿지 않는 아리스토텔레스 철학이 틀렸다는 주장을 하면서, 공평성과 평등의 원리는 본질적인 것으로 주장하고 있다.

과연 그럴까. 침팬지는 서열경쟁을 하고 영역다툼을 하고 있다. 이것은 평등에 근거한 것이 아니라, 각 침팬지마다 역량의 차이가 있다는 것을 전제한 것이다. 침팬지의 서열경쟁을 보면 온전한 평등은 사실상 존재한다고 보기 어렵다. 그런 면에서 프란스 드발이 평등을 본질적인 것으로 본 것은 제한된 주장이라고 볼 수밖에 없다. 프란스 드발은 공평성(fairness)과 평등(equality)을 혼돈한 것으로 보인다. 평등사상은 사회적으로 구성된 것이며, 공정성은 보편성이 담긴 근본적인 것이다.

수렵생활 시절에는 진정한 평등에 가까운 사회였다. 계급이 없었고, 서열이 있었다 하더라도 매우 약했다. 서로 먹을 것을 공평하게 나누고 서로의 생존을 위해서 협동했다. 어떤 특정인이 부를 축적하거나 특권을 갖는 일이 없었다. 12명 정도의 무리를 지어서 먹이를 찾아 이동하면서 생활하는 계급이 납작한 사피엔스 공동체였다. 인간의 본래적 삶의 평등은 오늘날 현대사회가 경험하는 비합리적이고 모순투성이의 불평등과는 달랐다. 오늘날과 같은 복잡하고 세련된 도덕은 수렵사회에서는 필요하지도 않았다. 그렇다고 획일적인 평등도 아니었다.

도덕의 발달은 사실상 농경사회에 들어서서 도덕적 기능의 필요에 의해서 전개되었다. 농경생활을 시작하면서 부를 쌓기 시작하고, 계급이 생기고, 영역다툼과 서열경쟁이 심화되었다. 노동력을 많이 가진 사람이 부와 권력을 갖게 되었으며, 계급의 꼭대기에 올라갔다. 계급과 권력이 형성되면서 나타나는 사회적 부조화를 개선하기 위해 도덕과 규범이 진화했다.

작물을 재배하는 농업이 인류를 부도덕하게 만들고 심각한 사회적 갈등들을 야기 시킨 것이다. 히브리대학교의 유발 하라리(Yuval Harari)는 작물은 인류를 일하는 기계로 만들었으며, 인류가 작물에게 사기를 당한 것으로 보았다. 실제로 인류를 향한 농업의 테러와 사기라고 볼 수 있는 면이 있다.

작물들은 잘 자라면서 농부들을 더 열심히 일하게 만들었고, 인류가 작물들을 잘 돌보게 만들었다. 농경사회가 인류에게 부와 편리함을 제공한 것 같지만, 삶이 왜곡되고 갈등이 더 심화되었다는 것이다. 다양한 음식을 먹지 않고 곡물 중심으로 식사를 하게 만들면서 면역력이 약화되고 수명을 짧아지게 만들었다.

작물에게 사기당한 인간은 일은 많이 하고 소득은 적은 힘겨운 인생살이를 하게 되었다. 계몽주의는 이 문제를 해결하기 위해서 정의와 평등을 내세웠다. 평등과 권리를 온전하게 실천하는 것이 정의라고 주장하면서 머리띠를 두르고 정의를 사수하려고 노력했다. 근대의 인간평등 사상과 인권선언은 법 앞에 평등과 권리라고 거창하게 캠페인을 한 것이다.

그러나 온전한 정의는 실현되지 않았으며, 평등 사회는 도래하지 않았다. 왜냐하면 평등이라는 도덕은 착각이지 현실이 아니기 때문이다. 계몽주의에 의해서 구성된 평등주의는 인류의 족쇄가 되어 수많은 피를 흘리게 만들었다. 너도 나도 평등하다고 착각하고 투쟁하면서 수많은 사람들이 희생되었다.

현대인들이 그나마 활용하고 있는 평등과 민주주의는 정치인들이 발전시킨 것이 아니다. 아이러니 하게도 경제발전이 기여한 면이 큰 것으로 보인다. 대부분 경제적으로 후진국은 온전한 정의와 민주주의가 존재하지 않는 것에서 그 근거를 쉽게 찾아 볼 수 있다. 식량자원의 제한성이 심한 상태에서는 평등과 민주주의는 현실과 거리가 먼 것이다. 빈곤의 상황에서 먹을 것을 위하여 불의와 타협이 언제든지 가능하기 때문에, 민주주의는 작동하지 않고 있으며, 평등이 없는 것이다.

먹이와 정치적 거래가 줄어들어야 그나마 공정한 플레이가 이루어질 수 있다. 평등과 인권에 관한 법은 정치와 투표에 의해서 결정된 것이다. 평등과 인권의 의미를 실현한 것은 정치가 아니라, 식량의 제한성의 악을 축소시키는 경제가 오히려 기능을 하는 것으로 보인다.

평등주의 착각만이 아니라, 공평사상의 착각도 만만치 않다. 얼굴이 예뻐서 사진 몇 번 찍고 수 천 만원을 받는 사람이 있는가 하면, 한 달 내내 죽어라고 일을 해도 생활비조차 벌기 어려운 고단한 인생들이 있다. 아파트를 2000개 갖고 있는 사람이 있는가하면, 쪽방을 벗어나지 못하는 사람들이 있다. 몇 조원의 자산이 있는 사람이 있는가 하면, 일생동안 채무에서 벗어나지 못하는 사람들이 즐비하다. 삶의 현장은 결코 공평하지 않다.

공평사상은 차별을 경험하고 있는 사람들이나 소외된 사람들에게는 오히려 사회적 분노를 일으킬 수 있는 위험한 것이다. 공평해야 하는 세상에서 임금격차가 점점 벌어지면, 임금을 적게 받는 노동자들은 분노하면서, 오이를 받은 침팬지들처럼 공정하게 임금을 달라고 아우성칠 것이다. 그러나 세상에는 공정한 임금은 존재하지 않으며, 그런 세상은 오지 않을 것이다.

공평한 세상을 꿈꾸었던 마르크스의 공산주의는 이미 역사 속에서 실패한 매우 아픈 교훈으로 남아있다. 공평사상은 도덕적으로는 달콤한 것이지만, 실용적인 면에서는 기만적이며, 족쇄의 기능을 하고 있다. 현대문명 속에 있는 사피엔스의 사회적 공평성 수위는 침팬지의 집단의식의 공평성 수준에도 미치지 못한 것으로 보인다.

공평의 도덕은 불공평한 현실과 충돌하면서 불만족과 소요를 부추기는 악이 되고 있다. 인위적인 교육에 의해서 타당하다고 믿고 익숙해진 공평함을 위한 도덕과 법은 적지 않은 부분에서 착시 현상을 일으키고 있다. 공평은 법 앞에서 아주 제한된 면에서만 가능한 것이다. 공평사상은 인간을 기만하는 면이 더 크다는 사실을 인식할 필요가 있다. 인간사회는 침팬지 공동체처럼 서열시스템과 먹이의 차이와 순서가 있다. 삶의 현실은 공평하지 않다는 사실을 받아들이는 것이 오히려 마음을 편하게 할 수 있다. 제한성과 다양성이 불공평과 불평등의 원인이 되고 있는 것이다.

초대 기독교 공동체에서는 노예와 주인이 한 식탁에서 밥을 먹었다. 유대인과 헬라인, 여성이나 남성이 다함께 한 식탁에서 식사를 했다. 민족주의가 강했던 유대인들이 이방인들과 식사를 하는 것은 매우 어려운 일이었다. 성차별이 있었던 유대사회에서 남녀가 동석하는 것은 쉽지 않은 일이었다. 초기 기독교 공동체의 식사는 공평과 평등의 상징이었다. 이것이 가능했던 것은 공평한 신을 믿는 신앙 공동체였기 때문이다.[61]

경직된 도덕주의를 풀 수 있는 양심의 도덕이나 용서와 배려의 유연한 도덕을 구성적으로 볼 수 있게 하는 연구가 있다. 도덕적 감정은 생존을 위한 뇌신경회로의 구성적 현상이라는 것이다. 오랫동안 감정(emotions)에 대해서 연구한 노스이스턴 대학교(Northeastern University)의 리사 배럿(Lisa Barrett)은『감정은 어떻게 만들어지는가?』(How Emotions Are Made?)에서 감정은 태어난 이후에 인간이 만드는 것이라고 주장하고 있다.[62] 감정은 태어날 때에 갖고 태어나는 것이 아니라, 영유아시절을 지나면서 감정을 일으키는 뇌신경구조가 만들어지는 것이라는 주장이다.

리사 배럿에 따르면 뇌는 몸을 관리하는 것이며, 뇌에서 작동하는 감정은 몸을 효율적으로 관리하기 위해서 만들어진다는 것이다. 감정은 경험에 대한 추측(guesses)과 예측(predictions)의 패턴에 의해서 뇌신경 회로가 형성되는 것이다. 감정이란 "경험의 구조현상"(Architech of Experience)이라고 보는 것이다.

예를 들면 두려움은 심장을 뛰게 하고 혈압을 높이며 긴장하게 하고 얼굴이 경직되는 표정을 만든다. 두려움은 생존의 위협에서 경험되어지는 다양한 요소들에 의해서 공포감정의 뇌신경회로가 형성된 것이다. 두려움이라는 감정은 생존을 위한 신체관리를 위해 몸의 변화를 도모하는 현상으로 해석하고 있다.

리사 배럿에 따르면 유교사상의 성선설에서 중요하게 다루어지고 있는 측은지심(惻隱之心)과 같은 것은 본성이 아니라, 후천적으로 만들어지는 것으로 해석이 된다. 천리 혹은 자연의 이치와 인의예지의 사단과 같은 도덕적 원리는 생존을 위해서 생각하고 예측하면서 뇌신경회로가 세팅된 것으로 보는 것이다. 하지만 인간의 본연지성(本然之性)은 선하며 측은지심의 감정을 믿었던 맹자는 리사 배럿의 입장에 대해서 동의하지 않을 것이다. 우주의 원리가 조화와 선을 추구하도록 작용한다는 사실을 믿기 때문이다.

다시 말하지만 배럿은 감정은 인성의 본질이 아니라, 생존을 위한 뇌신경회로의 구조현상이라는 입장을 분명히 하고 있다. 웃음을 행복이라고 여기는 것도 사회적 구성주의 현상이라는 것이다.

왜냐하면 웃음은 다양한 상황에서 나타나는 것이기 때문이다. 유머의 웃음이 있는가 하면, 어이없을 때, 기쁠 때, 기가 막힐 때 등 다양한 상황에서 웃음이 나온다. 그런데 웃음을 행복이라고 일축해서 생각하는 구성주의적 사고는 잘못된 것으로 보는 것이다. 감정은 기억과 예측에서 상황과 맥락에 따라서 다양하고 새롭게 생성되는 현상으로 보고 있다.

예측 속에서 미래를 시뮬레이션을 하고 감정을 갖게 하는 뇌신경 회로의 변화를 감정으로 본다면, 미래를 시뮬레이션을 하는 프로그램은 어디에서 온 것인지 궁금하다. 경험과 해석 그리고 미래 시뮬레이션의 조건적 요소인 원초적인 프로그램의 원리는 선험적인 것이다. 선험적인 해석의 원리나 패턴에 대한 인지작용의 전제 없이 그냥 시뮬레이션이 일어날 수는 없다. 리사 배럿은 선험적인 사유 프로그램과 창발적인 가치판단 현상이 함께 작용하는 것에 대해서 생각하지 않은 것으로 보인다.

유전자의 정보패턴과 후성규칙(epigenetic rules)에 따르면 유전자가 인간이 되게 하는 프로그램을 유전적으로 갖고 태어나는 것이다. 세상에 존재하는 모든 생물은 경이로운 후성규칙에 의해서 다양하게 표현된 유전자 정보들의 현상이다. 인간이라는 존재양식의 패턴은 후성규칙에 의해서 만들어진 것이다. 감정은 유전자나 후성규칙에 있다고 볼 수는 없지만, 생존 프로그램에 감정이 필요한 것이라면 선천적으로 갖고 태어나는 것으로 해석할 수 있다.

어린아이가 배고플 때의 고통이나 무엇에 찔리면 아픔을 느끼는 것은 생존을 위한 유전자의 후성규칙에 의해서 타고난 것이다. 선험적인 아픔의 프로그램으로 신체위기 상황에서 아픔을 느끼는 것이다. 아픔이나 감정을 단순히 후천적으로 형성되는 것으로만 단정하기는 쉽지 않다. 그리고 윌슨은 생물학은 아직 감정의 본질에 대해서 알지 못하며, 인간이 알지 못하는 감정을 인공지능의 로봇이 갖게 될 가능성은 거의 없을 것으로 내다보고 있다.

칸트는 선험적으로 보편적인 도덕적 기준이 마음의 구조에 있다고 믿었다. 마음의 구조에 의해서 알아진 도덕기준을 지키는 것이 의무이며 옳은 윤리적 행동이라고 했다. 도덕적 규범을 지키지 않았을 때에 양심의 가책을 느끼도록 마음의 구조가 그렇게 구성되어 있다는 것이다. 칸트는 정언명령을 따라야하는 도덕적 행동의 결과는 사후 신에 의한 심판의 대상으로 보았다. 칸트는 현생의 올바른 도덕적 실천을 위해서 영혼 불멸과 정의 그리고 신이 존재해야 한다고 믿었다.

도덕적 수치심은 인간본성의 도덕적 감정일까. 수치심은 해서는 안 되는 것을 했을 때에 다른 사람의 시선을 피하고 싶은 심정을 말하는 것이다. 수치심은 양심의 나침판의 방향을 이탈한 행동이 들통 나면서 얼굴이 붉어지고 심장 박동 수가 높아지는 것이다. 다윈(Charles Darwin)은 얼굴이 붉어지는 현상은 인간에게만 있는 것으로 주장했고, 프란스 드발은 다윈의 그런 생각에 동의했다. 수치심은 인위적으로 조절할 수 있는 것이 아니며, 감출 수가 없다는 차원에서 본질적인 것으로 보는 시각이다.[63]

정신분석학자 프로이트는 수치심은 성적욕구와 함께 무의식의 세계에 있는 것으로 해석했다. 무의식에는 이기적 욕망도 포함되어 있다. 프로이트는 의식, 전의식, 무의식의 단계들에 대해서 설명하면서 인간정신 세계의 구조를 분석했으며, 의식의 세계를 인간의 본질적인 것으로 믿었다. 수치심을 느낄 상황이 되면 자신의 의지와는 상관없이 표정에 나타나기 때문이다. 수치심은 얼굴을 붉게 만들고 대인 기피의 감정을 갖게 하는 경우가 많다. 피부에 있는 모세혈관에 혈액이 많아지면서 얼굴이 붉어지는 현상은 자유의지를 초월한 것이다.

그러나 수치심은 사회적 맥락에서 나타나는 것이기 때문에 구성적 요소도 함축하고 있다고 보아야 할 것이다. 특히 성적 수치심의 경우는 독특하게 사회구성적인 것으로 보인다. 사랑의 파트너 제도가 절대적인 것이 아니라 유연한 것이라면, 성적 수치심은 사회 구성적 성향일 가능성이 높다.

유교윤리가 지배적이었던 조선시대에는 한 청상과부가 바람피운 것이 들통나면 수치스럽게 여겼다. 성 윤리가 비교적 개방적이고 자유스러웠던 고려시대의 문화에서는 그런 수치심이 약했다. 조선시대 바람피운 과부의 수치심은 유교문화에서 구성된 것으로 보인다. 젖 가슴을 내놓고 아이에게 수유를 해도 부끄러움을 느끼지 못했던 시대가 한국에도 20세기 후반까지 있었다. 지금은 여러 사람들이 보는 앞에서 가슴을 내놓고 수유를 하는 젊은 엄마는 없다. 서양문화에 익숙해지면서 수치심이 사회적으로 구성되었기 때문이다.

수치심과 죄책감은 성격이 달라 보인다. 죄책감은 개인적인 차원에서 내적으로 느끼는 것이고, 수치심은 사회적인 맥락에서 느끼는 감정이다. 수치심은 다른 사람의 시선에 의해서 부끄러움을 느끼는 것이고, 죄책감은 알려진 법에 대한 의도적인 거역에서 느끼는 내면적 가책이다. 사실 수치심보다 죄책감이 양심의 발현과 의지의 충돌 정도가 더 심각한 것이다.

프란스 드발에 따르면 침팬지도 수치심과 죄책감을 갖고 있으며, 수치심과 죄책감을 지우지 못하는 것이 일반적이라고 주장하고 있다. 그런 감정의 문제는 행동의 표현으로 나타난다. 그러나 인간은 침팬지와 다르게 수치심과 죄책감을 지우지 않고, 위선과 가식으로 대처하는 경우가 많다. 그 이유는 도덕의 사회적 족쇄와 이기적인 탐욕 때문이다.

죄책감이나 수치심을 일으키는 내적 프로그램은 선험적인 것이다. 내적 프로그램은 변화시킬 수 있는 것이 아니다. 하지만 수치심과 죄책감에 대한 후회와 자성의 감정으로 마음의 아픔 지우기는 어느 정도는 할 수 있다. 수치심과 죄책감을 지우는 길은 도덕의 족쇄 풀이를 하는 것이며, 자아를 바닥에 내려놓는 것이 도움이 될 수 있다.

침팬지가 인간보다 도덕성이 높은 것으로 비치는 부분이 있는 것은 공동체 단위의 차이에서 오는 것이다. 침팬지 사회는 은밀한 곳이 많지 않으며, 공동체의 영역이 제한되어 있다. 거의 모두가 알고 지내는 관계이기 때문에 공동장소에서 함께 지내는 것이나 다름없다. 그렇기 때문에 공공의 질서와 양심을 무시하고 은밀하게 숨어서 범죄 하기가 용이하지 않다.

인간사회는 규모가 크고 다양하며 인위적으로 구조된 건물들이 많아서 은밀하게 행동할 수 있다. 공공장소에서 위선하고, 은밀한 곳에서는 얼마든지 반칙할 수 있다. 인간은 공공장소보다는 은밀한 곳에서 더욱 양심을 거슬러 행동을 한다. 인터넷이나 스마트폰을 활용한 은밀한 반칙은 침팬지의 차원을 많이 넘어서고 있다.

인류역사와 문명의 발달이 많이 진전 되었음에도 불구하고 양심의 나침판은 진화되지 않았다. 수치심을 느끼면서 얼굴이 붉어지는 사람을 순진하다고 믿으면서 그런 사람에게 우호적인 태도를 취하는 것도 변하지 않았다. 예측 가능한 상대이기 때문에, 친화적인 관계를 가져도 손해 볼 위험이 적기 때문에 우호적인 것이다. 그러나 수치심에는 사회적 족쇄의 요소도 함축되어 있다는 사실을 기억할 필요가 있다.

도덕의 착각과 족쇄를 풀 수 있는 길은 정치나 경제보다도 윤리적 사이언스가 제시할 가능성이 높다.[64] 과학기술문명이 사회적 불평등을 약화시키고, 실제로 계급의 평준화에 상당부분 기여할 것이다. 종교의 기여에 대해서는 뒤에서 언급할 것이다. 미래사회에는 고등종교의 회귀로 인한 종교의 중흥과 기여가 있을 것이다.

불평등이 증폭되는 산업사회에서는 소외되고 뒤처진 아픔을 극복할 수 있는 인생역전의 길은 요원했다. 그러나 기술문명사회에서는 추월인생을 만들 수 있는 가능성이 있다. 기술문명이 제공하는 빅-데이터는 모든 사람들에게 접근이 가능하며, 열린 기회를 모든 사람에게 제공하고 있다. 수렵생활을 하던 사람들이 들판에서 무엇이든지 채취하고 먹을 수 있는 상황과 비슷한 여건이 전개되고 있다.

미래사회에서는 소통의 사이언스, 감시 탐지기, GPS 추적기, 빅-데이터 등의 첨단기기들의 진화가 양심의 나침판의 기능을 확대시킬 것이다. 고도로 진화한 거짓말 탐지기, 분노와 혈기를 알아낼 수 있는 인체의 온도측정기, 마인드 리더기(mind reader), 의식의 공유기 등의 기기들이 악의 량을 상대적으로 줄여줄 것이다. 범죄의 온상지인 은밀한 곳을 허락하지 않고, 보편적인 조화의 실천으로 이끌 것이다. 아직은 상당부분의 사각지대가 있지만, 앞으로는 은밀한 행동이나 반칙은 거의 하기 어려울 것이다. 투명한 사회가 되면 도덕이 경직될 필요가 없으며 가짜게임이 불필요하게 될 것이다.

침팬지가 공공장소에서 사는 것과 마찬가지로, 인간도 모두가 서로의 행동을 살필 수 있고 살핌을 당할 수 있는 공동장소와 같은 느낌으로 살게 될 것이다. 협력공생 의식을 기반으로 한 과학기기의 발달로 인해서 양심의 나침판의 가르침을 따르는 사회로 회귀할 가능성이 높아가고 있다. 자발적인 윤리사회가 아니라, 사이언스에 의한 수동적인 조절 사회로 가고 있는 것이다.

감시기기가 발달하고 양심의 나침반이 정상으로 작동한다고 해서 도덕의 족쇄가 풀리고 악의 종말이 오는 것은 아니다. 우주적인 차원에서는 우주의 흐름과 비례해서 존재하는 제한성과 부조화는 있을 것이다. 다만 디지털 조절사회는 인간계에서 도덕의 난제풀이에 기여를 하면서 악의 축소에 일조를 하는 것이다.

도덕의 유연성이 역동적으로 작용한다면 도덕의 족쇄는 약화될 수 있다. 도덕은 상황과 맥락에 따라 휘어지고 변하는 면이 있다. 자아중심에서 자연중심으로 혹은 개인중심에서 공동체중심으로 가치기준이 변할수 있다. 자연의 패턴과 상황은 기계적이지 않기 때문에 도덕의 유연성이 도덕의 경직성에 우선하는 것이다.

도덕적 천재들은 도덕의 착각과 난제의 해결을 위한 노력을 많이 했다. 노자는 자신의 인위적 의지를 비우고 자연의 이치에 맞는 도의 경지에 이르는 윤리를 언급했다. 요한은 초월적 로고스를 제시하면서 선악을 넘어서는 우주의 영원한 사랑과 생명의 원리를 언급했다. 칸트는 윤리의 난제를 넘어서는 길은 신의 심판이 있는 종교적이고 초월적인 윤리의 차원에서만 가능할 수 있다고 했다. 도덕의 난제에서 해방될 수 있는 길은 자연의 이치를 따르거나 초월적인 근본의 원리를 추구할 때에 가능할 수 있는 것이다.

동물에게도 가치가 자기중심에서 공동체 중심으로 변하는 상황이 있다. 자기를 초월한 이타적인 협동을 하는 경우도 있다. 동료 침팬지가 물에 빠지면, 자신이 수영을 하지 못해도 물에 뛰어 들어서 구하려는 이타적 감정이 있다. 이런 행동은 도덕적 원리에 의한 것이 아니라, 집단 생활을 하면서 생존을 위해서 발달한 것이라고 프란스 드발은 주장하고 있다.[65] 침팬지는 생존을 위해서 협동하는 착한 속성이 발달한 것이며, 인류도 생존가치를 추구하면서 협동하는 착한 속성이 발달한 것으로 보고 있다. 도덕의 역동적 가치는 영장류에게 공통으로 있는 것처럼 보인다.

동물에게도 도덕의 족쇄와 같은 것이 존재할까. 침팬지가 바나나를 먹을 때마다 친구 침팬지를 때렸다. 처음에는 몇 번 먹었지만, 친구가 고통을 당하는 것에 공감을 느끼면서 나중에는 바나나를 먹지 않은 사례가 있다. 배가 고파도 친구의 고통 때문에 바나나를 먹지 않았다. 배고

품보다 이타적인 도덕적인 면이 더 강하게 작용한 것이다. 도덕의 족쇄에 걸려들어서 자신에게 피해가 와도 이타적인 행동을 하는 것이다. 도덕의 족쇄라기보다는 이타적 감정의 본질이라고 볼 수도 있다.

모든 침팬지가 같은 행동을 하는 것은 아니지만 일부 침팬지에게는 이타적 공감이 있다. 배가 고파도 이타적인 행동을 하는 것은 도덕의 족쇄처럼 보이며, 반면에 순수한 이타적인 면이 있는 것으로 보이기도 한다. 도덕의 족쇄는 인간만 갖고 있는 독특한 현상이 아닐 수 있다.

동물의 왕국의 다큐멘터리를 보면 침팬지가 가끔 도적질하는 것을 볼 수 있다. 다른 침팬지의 먹이를 훔치는 침팬지는 주변을 살피면서 조심스럽게 슬쩍 훔쳐서 쏜살같이 달아나버리곤 한다. 중요한 사실은 침팬지가 주변을 살폈다는 사실이다. 자신의 행위가 들통나지 않기 위해서이며, 먹이의 소유주 침팬지로부터 공격을 받지 않기 위해서이다.

침팬지의 세계에 고등 도덕성이 있다고 보기는 어렵지만, 생존질서의 시스템이 있고, 그것을 지키지 않는 것은 위험한 일이라는 원리가 작용하고 있다. 남의 먹이를 훔치면서 주변을 살핀 것은 들키면 위험해지는 것을 피하기 위한 것이지만, 거기에는 자기보호와 자기 숨김의 사기게임의 심리적 영역이 포함되어 있다. 해서는 안 되는 일을 하고 있다는 것에 대한 비도덕적 행동의 부담이 함축되어 있는 것이다.

도덕의 유연성은 이타적 감정과 이기적 감정의 경계의 애매함으로 인한 가치판단의 어려움을 줄 수 있다. 이 경계의 혼돈에서 비도덕적인 일들이 적지 않게 일어난다. 로마 정부가 그리스도인들을 잡아 죽일 때에 사자의 밥이 되어 죽게 했다. 로마 시민들은 그리스도인들이 굶주린 사자에게 끔찍하고 무자비하게 잡아먹히는 것을 보고 열광을 했다. 로마 시민들이 피도 눈물도 없는 매우 야만적인 것으로 보인다.

로마인들은 측은지심이란 것이 아예 없는 것일까. 맹자는 인간은 우물가에 어린이가 물에 빠지는 것을 보면, 무의식적으로 달려가서 어린이를 구하는 측은지심(惻隱之心)이 있다고 하였다. 맹자가 틀린 것일까. 로마인들은 침팬지가 자신의 친구가 매 맞는 고통 때문에 먹고 싶은 바나나를 먹지 않고 참았던 침팬지만도 못한 존재인가.

경쟁자나 원수가 고통을 당하는 것을 보는 것과 친족이 고통을 당하는 것을 보는 인간의 감정의 차이는 어떨까. 프란스 드발에 따르면 친족이나 일반인이 고통을 당하는 것을 보면 고통에 공감하면서, 고통을 함께 느끼는 신경회로의 흐름에 변화가 일어나면서 안타까워하는 감정을 갖게 된다. 반대로 경쟁자나 원수가 고통을 당하는 것을 보면, 고통에 대한 공감을 느끼는 신경회로가 작동하지 않는 것으로 나타났다.[66]

부당한 행위를 한 사람이 고통을 당할 때에 그것을 보는 사람들의 쾌락중추가 활성화되었다는 사실이다.[67] 나쁜 일을 했을 때에 거기에 대한 형벌로 고통을 당하는 것에 대해서는 당연하게 여기며, 측은한 마음이나 동정심을 갖지 않아도 되는 도덕적 프로그램이 인간의 존재양식에 내재되어 있다는 것이다. 인간의 존재양식 내에 생존메커니즘의 선험적 현상으로 있는 것으로 여겨진다. 도덕적 유연성에서 이타적 감정과 이기적 감정의 경계는 어느 정도 있는 것으로 보인다. 이 감정의 경계에서 양심에 의한 도덕적 가치판단의 패턴을 경험하는 것으로 보인다.

왜 로마인들이 그리스도인들이 사자에게 고통을 당하는 것을 보고 환호를 보냈을까. 그 이유는 그리스도인들은 로마시민들에게 불을 지르고 테러를 하는 위험한 사람들로서 골칫거리로 여겨졌기 때문이다. 골치 아픈 그리스도인들은 고통을 당하고 차라리 없어졌으면 좋겠다는 마음에서 환호가 나온 것이다. 로마인들이라고 해서 야만적이라고만 볼 수 없는 부분이다. 그 환호는 네로황제가 가짜 스토리를 조작해서 로마인들에게 사기를 친 결과이다. 로마인들이 가졌던 그리스도인들에 대한 적대감은 네로 황제가 로마에 불이 났을 때에 그 범행을 그리스도인들이 한 짓이라는 허위정보를 퍼트린 것에 의해서 형성된 잘못된 감정의 발현이다.

남에게 해를 끼치는 자를 처벌하는 것을 즐기는 것은 일반적인 현상으로 보인다. 무임승차는 협동을 저해하기 때문에 당연한 견책의 대상으로 인식하고 있다. 협력을 위한 처벌제도에 대해서 당연한 것으로 여기는 것이 보편적인 집단의식이다. 공생의식은 공시적 도덕성을 만들고, 감정의 경계에서 도덕적 패턴을 따르게 한다.

도덕성은 인간의 다양한 상황에 맞게 신축성과 융통성이 있는 것이며, 상황에 따라 직관적 정의감을 갖고 옳은 것을 탄력성 있게 결행하는 것이다. 모든 상황에 적용되는 기계적인 표준규범이나 고정된 도덕은 존재하지 않는다. 고정된 표준규범은 존재하지 않음에도 불구하고, 집단의식에서 적지 않게 도덕의 경직성이 구성되어 역기능을 일으키고 있다.

우주질서를 만드는 패턴의 흐름에는 도덕이 휘어지는 신축성이나 융통성이 포함되어 있다. 도덕이 상황에 따라 휘어지기도 하고 분해되어 다양하게 해석되기도 한다. 사랑이나 정과 같은 도덕은 신축성이 더 심하다. 고정된 도덕은 삶의 본질적 역동성을 묶어 버리는 위험한 족쇄로 작용하며, 이것을 완화할 수 있는 방법은 도덕의 유연성에 의한 공생적 이해에 있다.

사랑과 정의 둘 중에 어느 것이 강할까. 정의는 차갑지만, 사랑은 따뜻하다. 정의는 공평을 전제한 것이지만, 사랑은 호혜성을 전제한 것이다. 따뜻한 사랑이 차가운 정의보다 강한 힘을 갖고 있다. 그 이유는 정의보다 사랑이 유연하기 때문이다. 칼 같은 정의보다 부드러운 사랑이 공동체와 국가를 더욱 활성화하고 생산성을 높일 수 있다.

정의는 분명한 잣대와 엄격한 기준에 입각한 도덕이다. "네 것은 네 것이고, 내 것은 내 것이다."라는 소유권의 분명한 기준에 담겨있는 정의는 차가운 것이다. 정의라고 해서 꼭 옳은 것도 아니다. 내가 갖고 있는 땅은 서류상으로 내 소유이지 실제로는 주변 사람들과 함께 사용하고 있다. 그 땅에서 나온 열매를 나 혼자 먹는 것이 아니라 불특정 다수가 먹고 있다. 명료한 소유권은 사실상 존재하지 않는다. 이런 맥락에서 정의의 꽃을 피우려는 것은 착각이다.

소유의 착각이 적지 않은 사회의 오작동을 일으키고 있다. 명료한 소유가 불가능한 사회에서 소유를 지나치게 믿는 것은 착각이라는 사실이다. 다시 말하지만, 내 소유의 대부분은 다른 사람들이 실제로 활용하고 있는 것이 현실이다. 그런데 소유권을 지나치게 강조하면서 횡포와 갑질 그리고 갈등이 일어나는 경우가 적지 않다. 소유의 착각에서 오는 오작동과 차가운 정의로 인해서 따뜻한 관용과 사랑이 고상한 덕으로 올라가고 있는 것이다.

하버드대학교의 마이클 센델(Michael Sandel)이 언급한 초-시장적 가치는 시장가치 위에 있는 것이다. 공의를 향한 엄격한 기준은 당연한 것이지만, 관용과 사랑이 한 술 더 뜨는 고등윤리로 작용하고 있다. 사랑과 관용은 명료한 정의실천의 어려움과 도덕적 애매함의 난제에 윤활유의 역할을 한다. 보상의 원리나 인과응보의 원리를 넘어서는 것이다.

근본적인 사랑의 도덕률은 메타내러티브(metanarrative) 지평에서 발견되는 경우가 많다. 메타내러티브의 존재에 대해서 회의적인 생각을 하는 료타르(J. Lyotard)와 같은 포스트모던 사상가들이 있다. 그러나 우주패턴에서 발현되는 메타내러티브의 실재성은 오히려 동양의 도덕철학에서 깊이 있게 다루어졌다.

두 바퀴로 달리는 자전거는 자전거 자체와 자전거를 타는 기술이 중첩되어 있다. 자전거 타는 기술은 중력과 관성의 법칙을 이용한 우주의 존재론적인 원리에서 기인한 것이다. 장소이동의 효율성을 위한 아이디어에서 자전거가 만들어진 것이다. 자전거 타기에는 우주원리와 개체와 목적의식이 함께 작동하는 것이다. 자전거 타기는 물리학으로 물리세계를 이용하는 것과 같은 것이다. 상대성원리를 이용해서 GPS를 만들어 장소이동의 정확성과 효율성을 모색하는 것과 같은 것이다. 나침판이 지구 자기장의 특성을 따라 바다위에서 배의 길을 안내하는 것과 같은 것이다.

퇴계는 그의 성리학에서 세상에는 체(體, substance)와 용(用, function)이 함께 존재한다고 믿었다.[68] 자전거는 체이고 자전거 타는 기술은 용이다. 퇴계는 용이 없는 체는 존재하지 않으며, 체가 없는 용도 존재하지 않는다고 하였다. 체와 용을 나눌 수 없는 것처럼, 세상은 물질의 체와 비물질적 용이 중첩되어 있는 것이다. 생물의 세계에서도 세포의 체와 생명의식의 용은 서로 나눌 수가 없는 관계에 있다. 비물질의 용, 생명, 의식 등과 같은 것이 세상에 내재되어 있다. 체와 용의 관계는 생체에서 발견한 생물학을 통해서 인체의 기능을 활성화하는 것과 같은 것이다. 체세포 생성분열의 법칙을 활용해서 체세포 치료를 하는 것과도 같은 것이다.

자전거 타는 기술을 터득하고 익히고 숙련하는 것은 아무렇게나 되는 것이 아니라, 규칙과 절차를 따르게 되어 있다. 이 규칙과 절차는 인위적으로 만든 것이 아니라, 자전거 타는 원리에서 온 것이며, 그 원리는 우주 존재론적 원리에서 발현한 것이다. 우주흐름의 원리의 발현에서 자전거 타는 기술만이 아니라, 미학과 도덕도 같은 현상으로 나타나는 것이다. 도덕의 경직성을 녹이는 사랑과 관용은 사회적 구성이 아니라, 우주물리의 패턴에서 발현한 것이다.

성리학(性理學)에서 인의예지(仁義禮智)는 천리(天理)에서 즉 자연의 원리에서 발현한 것으로 믿고 있다. 의리(義理)는 옳은 우주적인 원리에서 기인한 것이다. 신실하고 어진 성품은 개인과 공동체의 최적화에 필수적인 요소로서 우주의 원리이다. 반대로 수시로 거짓말하고 성질나는 대로 폭력을 휘두르면 인간세상은 매우 어려워질 것이다. 무례하지 않고 품위를 지키는 것이 조화의 원리이며, 멍청하지 않고 지혜 있게 판단하고 결행하는 것이 우주조화의 천리를 따르는 것이다. 이러한 인의예지는 메타내러티브이며 천리이다. 우주적 원리의 발현과 윤리적 타당성의 메타내러티브를 가장 정교하게 진전시킨 것은 쭈시(朱熹)와 퇴계의 성리학이라고 할 수 있다.

사회윤리적인 면에서도 우주론적인 의리의 관계와 질서의 원리에 의해서 사회가 이루어지도록 되어 있다. 현재까지 인간이 알고 있는 세상의 질료는 전자, 양성자, 중성자 등을 구성하고 있는 쿼크와 글루온이다. 이 요소들은 패턴, 조화, 확률, 오케스트레이션 등을 만드는 우주의식에 의한 미세조정(fine tuning)으로 이루어진다.

미치오 카쿠는 우주 오케스트레이션을 우주음악이라고 부르면서, 신의 마음이 있다면 바로 우주음악을 연주하는 것과 같은 것이라고 했다. 우주의 11차원을 통해서 공명이 일어나는 초끈의 음악이라는 것이다. 우주 오케스트레이션의 경이로움을 표현한 것으로 볼 수 있다. 물론 불확정성의 원리에 의한 불확실한 차원이 있지만, 큰 틀에서는 우주의 진행이 패턴을 따라 진행되는 것으로 보인다. 인간 삶의 최적화는 이런 요소들의 패턴과 미세조정의 조화에서 일어나는 것이다.

삶의 효율성과 공동체의 최적화를 위한 대부분의 규범은 가상적 스토리가 아니라, 우주존재론적인 원리의 발현에 의한 근본적인 것이다. 인의예지와 메타내러티브는 인간의 제한성과 이기적 유전자의 속성으로 야기되는 사회적 아픔을 조절하는 기반역할을 한다. 메타내러티브는 인간계의 범주에서 효과적으로 작동하는 내러티브를 통해서 공생의식의 도덕률로 작용 한다.

세상은 조화와 부조화가 공존하며 작은 조화 혹은 작은 부조화는 큰 조화를 위해서 존재한다. 작은 개체와 사건들이 큰 조화를 향하게 하는 것은 우주조화미학의 패턴이다. 행위자 인간이 부조화 속에서 큰 조화를 향한 경륜적 패턴에 합승하는 것이 종교와 윤리의 기반이 된다.

예수는 경직된 도덕주의 착각과 족쇄를 해체했다. 당시의 지식인이면서 지도층에 있었던 바리새인들은 율법을 매우 중요하게 여겼다. 유대교 전통에서 굳어진 율례와 규범을 철저하게 지킨 사람들이다. 다양한 종교적 규례와 윤리적 규범의 세부사항을 구체적으로 만들고 지켰다. 바리새인들은 율법과 규범을 지키는 것이 다른 그 어느 것보다도 중요한 것으로 여겼다.

바리새인들은 율법 우선주의로 흐르면서 스스로 도덕 규범의 족쇄에 갇히게 된 것이다. 예수는 외식하고 위선적인 모습으로 변한 바리새인들에 대해서 독사의 자식들이라고 험한 말을 퍼부었다. 몸을 파는 윤락녀나 세금을 거두어들이면서 토색을 일삼는 세리들에게도 그런 가혹한 책망을 하지 않았다. 오직 바리새인들의 경직된 위선적 율법주의에 대해서 맹렬하게 성토하면서 도덕의 족쇄인 율법주의를 해체했다. 예수는 도덕의 족쇄에 걸려서 가식과 위선하는 것을 더 경멸한 것이며, 본질적인 초-문화적 가치의 사랑과 역동적인 협력공생의 길을 열었다.

도덕의 착각과 경직된 도덕주의는 가짜세상을 만드는 데에 적지 않게 기여하고 있다. 경직된 도덕주의는 삶을 각질화 하고, 거꾸로 된 세상을 만들어 간다. 하기 싫은 일을 억지로 하게 만들며, 비진리가 진리를 정죄하고, 비양심이 양심을 향해 돌을 던질 수 있는 세상을 만들기도 한다. 뇌신경회로에 편향적으로 세팅된 도덕주의는 부당한 일들을 많이 만들고 있다.

　도덕주의 경직성은 당연히 도덕의 유연성의 보편화에 의해서 조절될 수 있다. 더욱 영향력이 있는 것은 역동적인 협력공생의 사랑과 용서일 것이다. 배려와 겸양 같은 신계몽주의 덕의 실천이다. 진정한 호혜적 관계의 사회에서는 도덕주의가 그렇게 중요하지 않다는 사실이다.

2

도덕의 **해체**

경직되어 족쇄로 변질된 도덕은 당연히 해체의 대상이다. 문명사회의 갈등과 분쟁이 좀처럼 개선되지 않는 이유들 중에 하나는 도덕의 역기능 수위가 조절되지 않기 때문이다. 도덕의 착각에 대한 깨우침과 도덕의 족쇄의 해체가 불가피한 것이다.

여기서는 경직된 도덕주의 해체에 대해서 다루고자 한다. 포스트모던 해체주의 윤리와 진화론의 무도덕론 그리고 해체주의 이후에 전개될 포스트-해체주의 윤리에 대해서 생각하고자 한다.

포스트모던 해체주의가 각질화 된 도덕주의를 적극적으로 해결하려고 나섰다. 모더니티의 구조적인 도덕 시스템을 해체하는 데에 적지 않은 기여를 하고 있다. 아울러 진화생물학이나 사회생물학에서도 전통적인 도덕론을 흔들고 있다. 진화생물학의 무도덕론도 진지하게 고려해야 할 주제이다.

포스트모던 해체주의는 경직된 도덕주의만이 아니라, 전통적인 규범 윤리(normative ethics)에 대해서도 저돌적인 도전을 하고 있다. 해체주의는 규범이란 근본적인 것이 아니라, 맥락에 따라 만들어진 것이라는 주장이다.[69] 도덕은 천명에 의해 주어진 획일적인 것이 아니라, 상황에 따라 구성된 것이며, 다원적이라는 해석이다.[70]

해체주의자들은 우주-존재론적 원리나 근본적인 진리는 존재하지 않는다고 믿고 있다. 포스트모던 해체주의자 료타르(Jean F. Lyotard)는 근본적인 원리나 진리는 존재하지 않는다고 주장했다. 니체가 객관적 지식이나 형식은 존재하지 않는다고 주장한 사상을 재해석한 것이다.

포스트모던 사상가들은 개인의 정체성과 규범을 맥락적으로 보기 때문에 근본적인 도덕성을 논하기 어렵다는 것이다. 고정된 자아가 없기 때문에 자아는 사라지고 관계와 활동의 흔적만 남게 되기 때문이다.[71] 개인이란 개념에 대해서 불편한 입장을 취하는 포스트모던 사상가는 미셸 푸코(Michael Foucault)와 롤랑 바르트(Roland Barthes)이다.

미셸 푸코와 롤랑 바르트가 "개인"을 부정하는 근거는 객관적 실재라는 것이 실제로 가능하지 않다는 데에 두고 있다. 모든 것이 다양하게 얽혀 있기 때문에 하나의 객관적 실재를 명료하게 설명하는 것은 불가능하다는 것이다. 진리나 의미는 지속적으로 변한다. 포스트-구조주의 (post-structuralism) 입장에 서있는 롤랑 바르트도 개인의 독립적 실재를 객관적으로 논할 수 없다는 입장이다. 개인의 정체성을 정의할 수 있는 세팅된 구조는 사실상 존재하는 것이 아니기 때문이다.

쟈크 데리다(Jacques Derrida)는 의미가 독립적으로 존재하는 경우는 있을 수 없으며, 의미가 실재하는 것도 아니라고 했다. 의미는 차이성에서 온 것이지 개체의 독립적 의미가 존재하는 것이 아니라는 것이다. 이를테면 악의 존재는 악이 아닌 것과 악이라고 규명되는 것의 차이성에서 결정되는 것이지, 악 자체는 존재하지 않는다고 보는 것이다. 그렇기 때문에 윤리의 기준이 되는 독립된 규범이나 진리는 존재하지 않는다고 본 것이다.

진화론에서도 도덕의 부재를 믿고 있다. 생명체들은 자연선택 과정에서 무작위로 전개되며, 인간의 행위도 무작위로 진행된다는 주장이다. 그렇기 때문에 진화는 목적론적이지 않고 도덕적이지도 않다는 것이다. 윌슨은 이런 현상은 자연선택만이 아니라 집단선택과 다수준 선택에서도 같은 현상이 일어나는 것으로 보고 있다.[72]

해체주의자들과 사회생물학자들이 주장하고 있는 보편적 도덕이나 객관적 진리 혹은 독립된 규범의 부재에 대한 입장은 전통윤리에 대한 큰 도전이다. 윌슨과 마이클 루스의 경우에는 생존을 위해서 필요하다면 도덕적인 차원을 넘어서 거짓말을 해도 된다는 주장이며, 때로는 거짓말이 생존 작용에 역동적 유효성이 있다고까지 했다.

물론 윌슨과 루스가 모두 거짓말을 해도 된다는 주장은 아니다. 모든 진화론자들이 도덕을 믿지 않았다는 것도 아니다. 다만 이들이 생각한 도덕은 유전자의 생존을 위해서 생겨난 생존의 부산물이지, 인간의 본래 존재양식의 필수요소로서 객관적으로 지켜야할 규범은 아니라는 것이다. 도덕적 행위만이 아니라, 문화와 종교도 유전자의 생존 메커니즘에서 생성된 것에 지나지 않는다는 입장이다.

진화론자들은 윤리라는 것은 생물학적 특이한 현상(idiosyncratic)에 불과한 것이며, 몸에서 일어나는 현상 외에 다른 어떤 절대적이고 영구적인 도덕적 기준이라는 것은 존재하지 않는다는 해석이다.[73] 해체주의자들보다 더 강력한 무도덕론이라고 할 수 있다.

규범을 생물학적 진화작용의 산물이라고 주장한 규범 부정론자들에 대해서 반론을 제기한 프란시스코 아얄라(Francisco Ayala)는 규범은 "문화적 진화작용"에 의해서 만들어진 것이라고 주장했다.[74] 아얄라가 도덕적 규범을 문화적 진화작용으로 주장한 근거는 호모 사피엔스(homo sapiens)의 지성작용의 특성에 두고 있다.

호모-사피엔스는 자신의 행동의 결과를 예측할 수 있는 능력이 있고, 가치판단을 할 수 있는 능력이 있다. 대안적 행위를 선택을 할 수 있으며, 그런 능력에 의해서 도덕적 규범이 생성된 것으로 믿고 있다. 아얄라가 주장하는 문화적 진화에 의한 규범론은 한 편으로는 근본적인 요소를 함축하고 있다. 문화는 삶의 부수적인 것이 아니라, 생명과 삶의 옷으로서 필요불가결한 것이기 때문이다.

아얄라의 도덕론은 근본규범을 부정한 윌슨의 주장에 도전적인 것이다. 윌슨의 입장에서는 문화도 생존수단이라고 주장하면서 반박할 수 있지만, 아얄라는 생물학적 접근이 아니라, 생존에 근본적인 문화의 옷으로 접근하기 때문에 서로 평행선을 달리는 상황이다.

포스트모던 사상에는 내러티브 윤리라는 것이 있다. 내러티브 윤리는 포스트모던 사상의 주류는 아니지만, 윤리의 가능성을 시사하고 있다. 내러티브 윤리는 명제적인 규범윤리와 다르게 삶의 체험에 관한 스토리 윤리이다. 그렇기 때문에 객관성이나 보편성에 국한되지 않으면서 윤리적 기능을 할 수 있다. 내러티브에 담겨있는 윤리는 개인의 독립성과 객관적 규범윤리를 넘어서 삶의 입체적인 체험 속에서 윤리작용을 한다.

포스트모던 내러티브 윤리론은 진전된 것이지만, 보다 근본적인 규범 윤리의 모색이 필요해 보인다. 삶의 본질과 과정은 내러티브로만 진행될 수 있는 것이 아니기 때문이다. 근본적인 규범윤리의 모색은 모더니티의 규범윤리로 회귀하는 것이 아니라, 메타윤리 차원에서 제기되는 패턴 유형의 진전된 윤리적 아이디어들이다.[75] 해체주의 윤리론과 진화론의 무도덕론의 대안으로 생각할 수 있는 것들이다. 해체주의 윤리는 경직된 도덕을 해체하였지만, 해체주의는 결국 해체될 것으로 본다.

캘리포니아 공과대학(Caltech)의 션 캐롤은 『빅 픽쳐』에서 이론물리학적인 차원에서 목적론적 윤리와 의무론적 윤리를 다루고 있다. 규칙이 먼저인가 결과가 먼저인가라는 질문을 제기하면서 결과주의와 의무론을 설명하고 있다.[76] 칸트의 의무론과 데이빗 흄(David Hume)의 구성주의 윤리론을 비교하면서 흄의 구성주의에 손을 들어주었다.[77]

그 이유는 세상에는 물리학적으로 옳고 그름의 객관적인 기준이 없다는 것을 믿기 때문에, 흄의 유연한 도덕주의에 동의한 것이다. 칸트의 도덕주의는 경직된 결과를 추구하는 것이기 때문에, 메타사이언스의 원리에 맞지 않는 것으로 해석한 것이다.[78]

메타사이언스에서 코넬대학교의 물리학자 프리먼 다이슨(Freeman Dyson)은 물리학적 원리에 도덕적 가치가 담겨 있다는 주장을 하고 있다. 화이트헤드가 물리세계는 가치가 깔려있는 과정이라고 한 것과 맥락을 같이하고 있다. 우주 물리학적 패턴에 도덕적 해석이 가능한 요소들이 있다고 믿는 것이다. 물리계와 인간계의 연속성을 믿는 것이다. 물리의 조화와 부조화 그리고 평형과 오차의 현상을 해석하는 수학적 원리와 물리학적 패턴에 도덕적 원리가 내재된 것으로 해석할 수 있다는 입장이다.

사회생물학에서 윌슨과 루스는 규범과 도덕에 대해서 회의적인 입장을 취하였지만, 행위자의 내재적 결행의 기반이 되는 유전정보의 패턴과 후성유전규칙(epigenetic rules)은 믿었다. 유전자는 하드웨어이고 후성유전체는 소프트웨어이다. 후성규칙은 초월적인 규범이 아니라, 유전자의 안에 내재되어 있는 프로그램과 외부환경에 의해서 생존패턴이 이어지게 하는 것이다.

이 프로그램은 생물학적 생존패턴을 따르는 것이며, 유전자들이 집단으로 모여서 생체를 만들어가는 규칙이다. 이 패턴은 메타윤리 차원에서 선험적 규범의 범주와 연계하여 해석할 수 있다. 유전자를 가진 모든 생명체는 후성유전 프로그램을 갖고 있다. 우주의 모든 생명체에서 작용하는 규칙은 우주적 보편성을 갖고 있는 것이다. 후성규칙은 선험적이며 근본적이고 보편적인 것이기 때문에 메타윤리의 기반으로 활용될 수 있는 면이 있다.

후성유전규칙은 유전자의 물리적인 현상만이 아니라, 유전자가 문화적 행동을 할 수 있는 패턴으로서 여러 세대를 거치면서 유전자 안에서 내재적 패턴으로 형성된 것이다. 여러 세대를 거치면서 생성된 문화형성의 패턴은 후성규칙을 만들고, 만들어진 후성규칙은 다시 문화적 패턴에 영향을 주면서 유전자의 코드에 다시 영향을 준다. 결국 후성규칙도 패턴 속의 규칙이라는 해석을 할 수밖에 없다.

후성유전규칙은 생명이 생성된 초기에 환경과 영양이 유전자에 영향을 주어서 생존의 새로운 패턴을 형성하는 것이다. 유아기의 부모 돌봄이 성장한 후에 영향을 주는 것은 잘 알려진 사실이다. 1998년에 캐나다에 폭한이 왔을 때 임신했던 산모의 자녀들에게 자폐증이나 정신질환 환자들이 많이 나타난 것을 발견했다.

폭한으로 인해서 장기간 산모가 스트레스의 심한 상태가 지속되면서 태아에게 영향을 준 것으로 해석하고 있다. 유아기에 비정상적인 돌봄은 DNA에 메틸레이션(mathylation)을 증가시키면서 성격과 삶의 패턴에 이상한 변화를 유발시키는 것이다. 이런 현상은 무작위로 나타나는 것이 아니라 패턴으로 나타나는 현상이다.

화학물질로 구성된 DNA에는 윤리의식과 선악의 문제를 다루는 패턴이 존재하지 않는다. 윤리의식은 개체들이 모여서 나타난 집단성질이며 유기체적인 관계의 상태에서 패턴으로 생성되는 것이다. 체화된 마음의 윤리의식은 뇌신경세포의 전자회로의 전자파 흐름과 주변의 다른 개체들과의 관계에서 일어나는 것이다. 체화된 윤리의식은 의식의 자기조정(self regulation)과 생존에 유리한 조화 지향적인 인지적 튜닝작용(cognitive tuning)이 여러 세대를 거치면서 패턴으로 형성된 것이다.

메타사이언스의 윤리론에서 뇌 과학의 사회적 뇌에 관한 해석은 협동윤리의 당위성을 지지하는 면이 있다. 사회적인 뇌는 고립되거나 따돌림을 경험할 때에 극도의 생존의 위협을 느낀다. 그렇기 때문에 사회적인 뇌는 협동와 타협의 유용성을 필연적인 것으로 인지하고 있다. 사회적 뇌를 연구한 대표적인 사람은 인지과학자 마이클 가자니가(Michael Gazzaniga)와 매튜 리버만(Matthew Lieberman)이다.[79] 뇌 자체도 여러 부분이 협동작용을 하고 정보들의 편집 작용을 하면서 존재의 최적화를 향한 목적의식이 만들어진다.[80]

생존을 위한 마음작용은 위협과 보상 사이에서 일어난다. 뇌는 위협을 느낄 때에 아드레날린(adrenalin)과 코르티솔(cortisol)이라는 화학물질을 분비시켜서 몸을 긴장시키고 싸울 준비를 하게하거나 도망갈 준비를 하게 한다. 이런 일을 담당하는 것의 뇌의 변연계(Limbic System)이다.

변연계는 대뇌피질(Cerebral Cortex)과 뇌간(Brain Stem)사이에 존재하는 집단 신경세포로 구성되어 있다. 생존 위협의 상황에서 변연계가 하는 일은 몸을 움츠리거나(freeze), 도망치거나(flight), 싸울(fight) 준비를 하게 한다. 변연계는 도망과 투쟁에 필요한 근육의 활동을 증진시키기 위해서 피를 근육에 집중시킨다. 얼굴에는 피가 줄어들면서 창백해지는 현상이 일어난다.

생존위협 상황에서 느끼는 정신적 스트레스와 불안과 불확실성의 두려움은 고통 그 자체이다. 생존위협의 정신적 고통은 몸이 다치거나 상처를 입는 것보다 더 아프다고 신경과학자들은 주장하고 있다. 물론 적당한 스트레스가 몸의 건강에 도움이 되는 면은 있지만, 생존위협의 심리적 고통은 몸을 결정적으로 망가지게 하는 경우가 대부분이다. 변연계의 생존 작용은 위기에 순간적인 몸의 변화를 일으키는 것이다. 위기를 모면한 이후에도 생존위협 상태의 몸과 마음이 지속될 경우에는 몸의 손상과 정신질환이 나타나게 되어 있다.

뇌는 보상이 예상되는 상황에서 도파민이나 세라토닌이라는 호르몬을 분비시켜서 현재 상황을 지속하게 할 수 있도록 몸을 즐겁고 행복한 느낌을 느끼게 한다. 인위적으로 보상에 대한 상상을 하는 것으로도 이러한 호르몬을 분비하게 만든다.[81] 뇌 과학이 해석하고 있는 생물학적인 보상의 원리는 협동이나 타협의 유익함과 연계되어 있다. 보상은 홀로 존재하는 것이 아니라, 사회적인 차원이기 때문이다. 뇌 과학에서 언급하고 있는 보상의 원리에 의한 생물학적 작용은 사회적 협동을 전제한 것이다.

플라스틱으로 다양한 것을 만들 수 있는 것처럼 뇌신경과학에서는 뇌 신경회로도 인위적으로 변경시킬 수 있다는 것이다. 뇌가 플라스틱 성질과 비슷한 신경가소성(neuroplasticity)라는 것이 있기 때문에, 적지 않은 부분이 인위적으로 수정이 가능한 것이다. 뇌도 신체근육과 마찬가지로 역량이 늘어나며, 신경가소성은 생존 효율성을 위해서 다양하게 변할 수 있게 되어있다.

뇌는 천문학적인 수의 회로(wiring)로 되어 있으며, 회로변경을 통해서 뇌 작용의 변화를 일으킬 수 있다. 잘못된 습관이나 도덕적 갈등을 교정할 수 있다. 이러한 현상은 신경가소성에 의한 도덕의 교정을 인위적인 것으로 볼 수 있다. 인위적인 도덕의 교정이나 편집은 가능할 수 있지만, 도덕의 근본적인 메타윤리의 기반을 인위적으로 조정할 수 있는 것은 아니다.

과학자들의 책임 있는 사이언스 윤리에 대한 논의도 도덕의 해체에 대해서 걱정하는 것으로 해석할 수 있다. 콜롬비아대학교의 과학 사회학자였던 로버트 머톤(Robert Merton)은 사이언스의 공동체주의와 보편주의를 강조했다. 공동체주의는 도덕의 패턴이나 협동원리와 같은 맥락에서 윤리적 주제로 볼 수 있다. 로버트 머톤은 과학사회에서 필요한 핵심 가치는 사이언스의 공산성(communism), 보편성(universalism), 이타성(disinterestedness), 그리고 검증성(organized skepticism)라고 주장했다.

공산성이란 사이언스의 새로운 발견들은 공동소유가 되어야 하며, 보편성이란 진리로 주장되는 것들은 보편적인 기준에 의해서 평가를 받아야 한다. 이타성이란 과학자들에게 개인의 영달을 위한 것이 아니라는 사실에 근거해서 포상을 해야 한다는 것이다. 검증성이란 과학적 아이디어는 공동체의 유익을 위해서 반드시 검증이 필요하다는 것이다.[82] 협력 공생의 사이언스를 위한 과학자들과 사람들의 과학사회 윤리의 핵심내용을 함축하고 있다.

메타사이언스 윤리는 해체주의 윤리를 넘어선 포스트-해체주의 도덕으로서 의미 있는 탐구이다. 도덕의 해체에 대한 대안으로서 우주미학의 발현에 의한 메타윤리를 논의할 수 있다. 우주미학의 발현이란 우주 합생원리에 의해서 형성되는 우주 오케스트레이션이 패턴으로 나타나는 아름다움이다.

우주 합생원리는 아름다움의 가능성이 새로운 선의 목적을 이루는 패턴의 과정이다. 화이트헤드는 아름다움은 사실(actuality)에 있는 것이 아니라 가능성(potentiality)에 있다고 했다. 새로움을 향한 가능성은 개선된 선을 이룰 수 있기 때문이다.

윤리의식의 패턴은 물리학자들이 사용하고 있는 환원주의 접근방법으로는 찾을 수 없다. 윤리의식이나 고통이나 아픔은 세상 구성요소의 극단자 혹은 유전자에는 존재하지 않기 때문이다. 환원주의 한계를 넘어서 제시되고 있는 창발주의 해석방법은 윤리의식의 패턴에 대한 탐구의 길을 열어주고 있다. 목적론적 패턴과 초월적 규범의 발현은 윤리의식의 창발적 현상의 패턴에 의해서 나타는 것이다. 윤리의식은 기계적으로 반복되거나 고정된 것이 아니라, 패턴을 따라 새로운 지평에서 전개되기 때문이다.

우주미학의 발현에 의한 메타윤리는 아리스토텔레스의 목적론적 윤리를 진전시키며, 칸트의 의무론적 윤리를 세련되게 다듬어주고 있다. 새로움을 향한 목적은 희망윤리의 기반이 된다. 절망은 희망이 절단된 상태 혹은 희망이 잘려나간 상태이다. 절망은 다시는 기대할 것이 전혀 없는 상태이지만, 그런 완전한 절망이라는 것은 존재하지 않는다. 목적의식은 잘려나가서 소멸되는 것이 아니며, 생명의 지속성은 목적지향성과 함께 하는 것이다.

자아의 정보 패턴에서 생성되는 목적의식은 극한 상황에서도 생존을 위해 예술 같은 심미적 작용을 한다. 목적의식 작용은 생존시스템의 핵심요소이며, 생명현상은 "생존목적의식"에서 시작되기 때문이다. 그렇기 때문에 세상을 저주하고 싶은 제우스신은 판도라 상자에서 온갖 더러운 비도덕적인 것들이 세상에 나오게 했지만, 희망은 판도라 상자에서

나오지 못하게 했다. 생존의 핵심요소인 희망의 목적의식을 세상에 주고 싶지 않았던 것이다.[83]

목적의식의 사유작용은 선험적으로 내재되어 있는 마음의 구조에서 전략적 사유, 입체적 생각, 분석과 비평적 사고를 가능하게 한다. 입체적 사유속에서 좋은 목적을 향한 생각들이 보상기대 속에서 몸을 즐겁게 하는 신경전달물질을 생성시킨다. 목적의식의 희망이 즐거움의 원천이다.

목적 지향성과 연계된 언어와 스토리는 뇌의 피질에 있는 거울신경 (mirror neurons) 작용에 의해서 자의식의 긍정적인 변화를 일으킨다. 최근에 거울신경은 없다는 주장이 있지만, 실용적인 차원에서 거울신경은 존재한다고 보아야 할 것이다. 일상적인 경험에 대한 자기화 작용은 상호관계에서 거울신경을 통해서 일어나기 때문이다.

일상적인 경험만이 아니라 생각과 언어가 뇌에 영향을 주며, 의식의 변화를 일으킨다고 과학철학자 다니엘 데닛(Daniel Dennett)을 비롯하여 여러 인지과학자들이 주장하고 있다.[84] 경험의 정보와 행위자(agent)의 해석의 상호작용 즉 거울작용이 있기 때문이다. 상호작용과 거울작용은 생존과정의 목적론적 결행을 위한 필수 단계이다.

인지작용은 "뇌"와 "마음"과 "관계성"의 총체적 현상이라고 정신과의사이면서 인지과학자인 다니엘 시겔(Daniel Siegel)이 정의하고 있다.[85] 마음은 뇌 자체가 아니라, 몸의 관계성과 정신작용이 연계되어 있다. 이들은 서로 분리되어서 설명될 수 없는 것이다.[86]

미래의 긍정적 희망을 생각하는 것은 현실의 아픈 마음과 고단한 몸을 완화하는 기능을 한다.[87] 후성유전학에 따르면 환경의 변화도 세포의 변화를 일으키는 것이다. 유전자는 공급되는 양양과 주어진 환경에 의해서 변화가 가능하다. 고단한 환경에서 목적의식의 희망은 몸과 마음의 스트레스를 완화하고 생물학적 몸의 변화를 유도한다.

마음의 힘에 대한 과학적 연구가 적지 않게 전개되었으며, 생각이 몸을 변화시키는 구체적인 증거들이 이미 발견되었다. 효과가 없는 약을 처방해도 약을 먹는 사람이 그 약이 효력이 있다고 믿고 먹으면 실제로 효과가 나타난다. 이것은 플라시보 효과(placebo effect)라는 것인데, 모든 경우에 해당되는 것은 아니지만, 어느 정도 실제효과가 있는 것으로 알려져 있다. 목적의식의 꿈은 미래지만 현실적으로 체화되어 긍정적 효과를 경험하게 한다.

절대적인 막다른 골목이란 것은 없다. 언제나 상대적인 한계상황이 있을 뿐이다. 인간이 경험하는 막다른 골목은 한 가지 잣대로 볼 때에 막다른 골목이지, 다른 잣대로 보면 막다른 골목이 아니다. 희망과 절망은 중첩되어 있는 것이다. 사방팔방 막혀있는 것 같지만, 목적의식의 날개로 날 수 있는 희망의 하늘은 뚫려 있다. 막다른 골목에서 정말로 죽을 것 같지만 실제로 죽은 사람은 극소수에 불과하다. 한계 상황을 만났던 수많은 사람들이 거기서 죽을 것 같았지만, 대부분은 죽지 않고 살아서 지금도 삶을 지속하고 있다.

불의의 사고로 시각장애를 갖게 되면 절망 같지만, 시간이 지나면서 촉각이 고도로 발달하는 새로운 능력을 갖게 되며, 생존을 위한 새로운 가능성을 갖게 되는 것이 생존 메커니즘이다. 생명이 존재하는 한 "불사조의 목적지향성"은 인간과 함께 있다. 치명적인 장애의 몸을 갖게 될지라도 현실에 새롭게 적용할 수 있는 경이로운 생존메커니즘이 발달한다. 막다른 골목에서 겪는 아픔과 갈등의 농도는 불사조의 목적지향성의 작용에 따라 달라질 수 있다.

뇌의 피질에 있는 거울신경은 희망적인 호혜놀이, 진로설계 등에 담겨있는 가치와 의미 실현을 현재화 하는 작용을 한다. 스토리와 놀이의 주인공과 함께 목적성취를 미리 경험하면서 몸과 마음이 변화되는 일이 일어난다.

목적이 잘린 절망은 신체의 생물학적 작용에 매우 위험한 영향을 준다. 좋은 먹이나 즐거움이 기다리고 있는 것을 시뮬레이션하면 신체의 반응은 즐거운 호르몬이 분비되면서 몸의 저항력과 기력을 향상시킨다. 목적의식이 없는 절망은 몸의 기가 막힌 슬픔과 눈물을 흘리게 한다. 키르케고르가 언급한 것처럼 절망은 죽음의 길로 안내한다. 절망의 스트레스는 몸을 누르고, 몸의 화학물질 작용에 부조화 현상을 일으킨다. 세상과 결별하고 싶은 위험한 생각을 하게 만든다.

스트레스는 근육을 긴장시키고, 두통을 일으키며, 가슴통증도 유발시킨다. 스트레스는 자기분열을 일으키며, 사회성을 잃게 하고 사회로부터 도피하게 만든다. 걱정(anxiety)은 잠을 이루지 못하게 하며, 머리가 빠지게 하고, 때로는 어지럽고 식은땀을 흘리게 한다.

걱정은 집중력을 상실하게 하고 체중이 줄어들게 만든다. 우울한 마음은 몸을 피로하게 만들고, 화를 잘 내게 하며, 자살을 생각하게 만든다. 우울증은 입맛을 잃게 만들고, 삶에 대한 권태와 불안을 유발시킨다. 그러나 목적 지향성은 스트레스를 조절하고 고통을 감내하게 하는 악의 조절기능을 하는 중요한 요소이다.

외부로부터 느끼는 고통의 농도는 뇌 신경회로의 흐름을 인위적으로 조절하여 완화할 수 있다. 몸의 변화는 외부적인 약물 투여를 통해서 조절할 수 있다. 반대로 내면적인 사유작용을 통해서 몸의 변화를 유도할 수도 있다. 내면의 목적의식을 통해서 몸의 변화를 유도할 수 있는 것이다. 긍정적인 목적윤리는 뇌신경회로의 변화와 몸의 안녕과 밀접한 관계가 있다.

인간은 집단생활을 하면서 자원과 정보와 일을 서로 나누고 협동하는 뇌를 발달시켰다. 지속적인 사회적 관계를 하면서 위협과 보상에 놀랍게 반응하는 신경조직을 발전시켰다. 생존여건은 사회적인 뇌의 작용에 관여하고 몸의 보완에 중요한 변화를 도모한다. 내면적인 생존의 목적의식이 몸의 보완과 사회적 환경적응에 관여한다. 목적의식은 몸의 보전에 필수적 요소로서 실재한다는 사실이다.

우주미학의 발현에 대한 인지과정은 칼 라너(Karl Rahner)의 초월적 인식론에서 찾아볼 수 있다. 라너는 순수자아 혹은 초월적 자아를 가지면, 보편적인 로고스를 인지할 수 있다는 주장을 했다. 라너는 칸트의 보편적인 도덕적 원리와 초월적인 로고스는 연속성이 있는 것으로 보았다.[88] 여기서 초월적 로고스를 우주미학과 연계하여 해석하는 이유는 로고스가 근본적인 우주운행과 조화의 연속성이 있기 때문이다.

라너가 언급한 순수자아는 기존의 자아를 접어두고(epoche) 마음을 순수하게 비운 상태에서 사물을 대하면 초월적 로고스의 발현을 인지할 수 있다고 믿었다. 순수자아는 사물이나 사건의 원초적인 가치와 의미를 알 수 있다는 것이다. 거짓말, 살인, 도적질을 하지 말라는 것이 정언명령이며 타당한 윤리라는 것을 인식하는 것이다.

모두가 거짓말하고 살인하고 도적질하면 인간세상은 존재할 수가 없다. 그렇기 때문에 이 정언명령은 모두가 지켜야하는 초월적인 강령이며 로고스의 발현인 것이다. 순수자아의 마음접어두기 방법은 에드몬드 후설(Edmond Husserl)이 현상학에서 사용한 방법이며, 이것을 라너가 활용한 것이다. 라너의 초월적 로고스 인식론에는 칸트의 도덕적 형이상학과 후설의 현상학 방법이 스며들어 있다.

칸트는 『순수이성비판』에서 순수이성으로 이데아를 이해할 수 없으며, 신도 알 수 없다고 했다. 이데아와 신의 부재를 믿은 것이 아니라, 이들의 존재에 대해서 불가지론적인 입장을 취한 것이다. 신이나 이데아가 정말로 있는지 없는지 알 수 없다고 했다. 『실천이성비판』에서는 도덕적 의지로 옳은 법을 선택하고 지켜야하는 의무론적 윤리에 대해서 적극적으로 언급했다. 칸트는 의무론적 윤리를 주장하면서 사람들이 윤리적 선택을 하지 않으면 어떨까에 대해서 염려하였다.

칸트철학에서 도덕의 근본적인 원리는 옳은 행동을 해야 하는 의무윤리이다. 도덕적 의무가 있는 이유는 정언명령이 초월적으로 주어지는 것이기 때문이다. 모두가 정언명령을 따라야 하는 보편적인 도덕을 양심적으로 지킬 것을 주장했다. 옳은 선택을 위한 내면의 도덕 시스템은 선험적인 마음의 구조와 자유의지가 전제된 것이다.[89]

칸트에 의하면 인간은 초월적인 정언명령에 심미적으로 튜닝해서 지켜야 할 의무가 있다. 하지만 지속적으로 비윤리적인 행위를 하는 사람들이 많다. 그래서 칸트는 최고의 도덕적 관리자로서 신의 존재가 불가피하다고 했다. 도덕적 관리를 위한 심판의 기준이 되는 정의와 죽은 후에 심판 그리고 영혼불멸까지 설파했다.[90] 칸트가 주장한 영혼불멸과 신의 사후심판에 대해서 겁을 먹고 도덕적인 존재가 되려는 사람은 많지 않을 것이다. 도덕적 필요에 의한 심판론은 간이 커진 인간에게 강력한 규범으로 작용하는 데에는 한계가 있어 보인다.

도덕적 실천은 실용적 유익이 있거나, 실천하지 않으면 손해를 보는 것이 분명해야 한다. 생존이나 공리 혹은 가치와 의미가 성과로 나타날 수 있어야 도덕적 실천이 탄력을 받는다. 그러나 인간의 이기적 본성은 초-시장가치나 공적가치의 성과에 대한 선호도는 매우 약한 상태이다. 대부분 공적가치를 운운하는 것은 얇은 체면에서 기인한 것일 뿐이다.

포스트-칸티안 윤리론을 전개하는 마이클 센델은 공동체주의를 향한 공적 의무윤리를 소리 높여 외치고 있다. 센델의 공적 의무윤리는 철학적 윤리에서 실용적인 윤리이론으로 유명세를 타고 있다. 하지만 불가피하게 실천해야 할 견고한 당위성을 제공하는 데에는 아쉬운 점이 있다.

도덕해체의 한계에서 전개되는 포스트-해체주의적 윤리에 대한 논의는 하버마스의 초맥락적 규범론에서도 논의할 수 있다. 칸트가 보편적인 도덕적 원리의 존재를 강령으로 믿었던 것처럼, 위르겐 하버마스도 초맥락적 규범을 믿었다. 의사소통의 원리와 윤리가 있는 것은 모든 사람이 따르고 지켜야할 초맥락적 규범이 실제로 있기 때문이다. 초맥락적 규범과 후성규칙 그리고 보편적인 도덕적 원리와 초월적 로고스 등에 대한 논의를 통해서 해체주의에 대응할 수 있다.

포스트-해체주의 윤리는 유기체적 윤리와도 연계되어 있다. 유기체적 윤리는 화이트헤드의 유기체철학에서 찾아볼 수 있다. 보스턴대학교의 신화이트헤디안 로버트 네빌(Robert C. Neville)은 우주-존재론적 흐름에는 패턴이 존재한다고 보고 있다. 유기체철학에서 궁극적 실제인 사실적 실재가 주어진 데이터를 감지하고 새로움을 향한 창발적인 목적을 생성한다. 화이트헤드는 이것을 일차적 목적(initial aim)이라고 불렀다. 데이터의 감지와 일차적 목적의 출현은 윤리를 향한 행위자의 도덕적 원형으로 볼 수 있다. 새로움을 향한 목적이 가치를 판단하고 의미를 만들기 때문이다.

포스트-해체주의 윤리는 공동체주의 논의에서도 살펴볼 수 있다. 일반적으로 서양윤리의 기원은 관습에서 발전한 것으로 믿고 있다. 관습은 생존 효율성 모색과정에서 생성된 문화적 패턴이다. 그러나 도덕의 기원은 관습보다 더 근본적인 생존추구의 패턴이라는 사실이다.

스텐포드대학교의 이안 모리스(Ian Morris)는 『가치관의 탄생』에서 사회윤리의식은 수렵채취사회에서 생존을 위한 협동과 관습에서 시작되었다고 주장하고 있다. 생존을 위한 먹잇감을 구하기 위해 협동과 신뢰가 필요했으며, 이것을 윤리와 가치관의 탄생으로 보고 있다.[91] 가치관의 탄생은 생존을 위한 협동관계 메커니즘에서 시작된 것이라고 한 것이다. 이것은 사회생물학에서 언급하고 있는 생존메커니즘의 산물로서 등장한 도덕성과 유사성이 있다.[92]

최근에 고정된 의(right) 개념윤리를 넘어서 의의 역동성을 고려한 공동체주의 윤리가 제기되고 있다. 마이클 센델은 포스트-칸티안 공동체주의를 추구하고 있다. 자신은 공동체주의자가 아니라고 주장하고 있다. 사람들이 자신을 사회주의자로 잘못 이해할 것을 염려한 것으로 보인다. 센델의 도덕철학을 해석하는 사람들은 그를 공동체주의자라는 명찰을 붙였다. 센델은 해체주의 도덕론을 넘어서 공동체 규범윤리를 주장하고 있다. 센델은 『정의란 무엇인가』(What's right thing to do?)에서 옳은 도덕적 결정의 기준을 공동체주의적인 입장에서 제시하고 있다.[93]

공동체주의에 대한 심층논의는 센델보다 먼저 노트르담대학교의 윤리학자인 알래스데어 매킨타이어이다. 매킨타이어는 『덕의 상실』에서 자유주의나 개인주의를 넘어서 공동체주의를 도모할 것을 주장하였다. 모더니티의 덕 실천의 실패를 지적하고 아리스토텔레스의 덕을 재해석하면서 공적인 덕을 모색하고 있다.[94] 개인의 선택과 자유는 존중되어야 하지만, 공동체의 안녕을 우선하는 접근이 선행되어야 한다는 입장이다. 집단의식의 발현에서 나타나는 공정성이나 협력공생의 정신을 중요하게

여긴 것이다.[95)]

모더니티 윤리론들 중에 공동체주의 윤리의 한 부류로 볼 수 있는 해방윤리가 있다. 해방신학에서 전개된 해방윤리는 정치 경제 사회에서 일어나는 억압과 착취 그리고 소외와 차별에 대해서 해방과 조화를 시도하는 것이다. 그러나 해방윤리는 선악의 이원화문제의 흑백논리를 벗어나지 못한 제한성이 있으며, 질적 공리주의와 충돌하는 면이 있다.

억압은 자유를 전제한 것이며, 차별은 평등을 전제한 것이다. 해방윤리는 자유와 평등을 선험적인 만고불변의 진리로 전제한 것이다. 해방윤리는 자유와 평등에 대한 점검이 없이 개인권리의 가치를 지나치게 내세우고 있다. 세상을 흑백논리로 나누어 해석하는 이원화의 폐단 문제를 가볍게 여기고 있다.

평등은 추상적인 이상(ideal)이지 현실적인 것이 아니다. 불평등에 의한 차별을 막을 수 있는 근본적인 윤리는 아직까지 존재하지 않는다. 자유에 관한 권리윤리도 마찬 가지다. 인간은 자유를 많이 갖고 사는 것 같지만, 사실은 매우 부분적인 차원에서 자유로운 존재이다. 인간은 우주의 흐름 속에서 삶의 대부분은 운명론적인 삶을 사는 것이다. 특정지역과 문화의 시대적 조건 그리고 결정적인 환경은 자유와 거리가 먼 것들이다. 의지를 갖고 선택하면서 참 자유를 갖고 사는 부분은 극히 제한적이다.

불분명한 자유와 평등을 위해서 억압과 불평등으로부터 해방을 주장하는 해방윤리는 어설픈 이론이다. 그렇기 때문에 그 효과는 약한 것으로 보인다. 최소한의 시급을 받고 일하는 시간 근로자들은 사실상 노예에 가까우며, 몇 푼 받지도 못하면서 주인에게 갑질을 당하고 굴욕감을 느끼면서 일하는 사람이 많다. 봉건시대에 노예가 주인에게 당했던 것과 별 차이가 없어 보인다. 노예제도 혹은 신종노예 시스템에 대한 해방은 아직도 갈 길이 멀고, 해결기미가 보이지 않고 있다.

자유와 노예, 탐욕과 소유, 권리와 책임, 평등과 계층구조 시스템의 정리는 아직까지 명료하게 정리되지 않았다. 지금도 명석한 학자들이 계속 논의하고 있다. 해방신학에는 이런 주제에 대한 분석비평이 없으며, 평등과 불평등 혹은 자유와 억압, 누르는 자와 눌림을 당하는 자의 이원론적 프레임에 갇혀 있다. 해방신학은 깊은 이론적 논의가 없기 때문에, 소프트 이론으로 취급을 받고 있으며, 영향력이 약한 것으로 평가되고 있다. 한 시대적 유행 담론으로 끝나고 말 것으로 보는 견해가 우세하다.

클린턴 대통령에게 정치자문을 했던 하버드대학교의 존 롤스(John Rawls)는 『정의론』에서 면밀하고 심도 있게 정의에 대한 해석을 시도했다. 하지만, 명료한 정의론은 불가능하기 때문에 직관적 정의(intuitive justice), 거친 정의(rough justice), 혹은 공평함(fairness)을 따라야 한다고 주장하고 있다.[96] 구체적이고 명료하게 규명하기 어려운 평등 자유 정의를 이상적인 것처럼 지나치게 주장하는 것은 해체 대상이다.

명료하게 규명할 수 없는 정의와 자유 그리고 평등의 실현에 대한 단호한 약속을 하는 것은 진실게임이 아니다. 실현성이 없는 껍데기 정의와 평등은 기만적인 착시를 유발시킨다. 사사건건 정의를 외치는 투사들은 도덕의 족쇄에 걸려들었거나 기만 자들이다. 이들은 답이 없는 아우성을 지르는 것이다. 그러한 정의론은 당연히 해체의 대상이다.

정의와 자유와 평등의 개념이 사라져야 한다는 것이 아니다. 직관적 정의 혹은 평균 효용의 원칙에 이르는 거친 정의를 이해해야 하며, 공평성과 유연한 정의의 실용성을 고려해야 한다는 것이다.[97]

평등과 정의의 실상을 들여다보면 그 착시현상을 어렵지 않게 알 수 있다. 병원에 가면 여러 사람이 같이 쓰는 다인 실이 있고, 독실이 있으며, 특실이 있다. 고위급 인사나 재력이 있는 사람들은 특실에서 특별대우를 받고 있다. 심각한 상태가 아닌 환자임에도 불구하고 돈을 많이 내고 특실에서 특별치료를 받을 수 있다. 병원은 다인 실에 위독한 환자가 있어도, 특별진료비를 낸 특실에 있는 환자에게 먼저 진료를 한다. 이것은 정의가 아닌데도 불구하고 합법적으로 진행되고 있으며, 거의 모든 국가에서 일어나고 있는 보편적 현상이다.

미국 산타 바바라에 있는 교도소에서는 하루에 83달러를 내면 독방 특실에서 지낼 수 있다. 돈 많은 사람들은 감방에 갈만한 곳으로 생각할 수도 있다. 미셸 푸코가 언급한 교도소의 훈련기능을 무색하게 만들 수 있는 부당한 시스템이다. 야구장 관람석에는 스카이 박스(sky box)라는 가장 좋은 자리가 있다. 그 좌석요금은 다른 좌석에 비해서 상상을 초월할 정도로 비싸다. 비가오거나 바람이 불거나 추운 것과 상관없이 편안하게 관람할 수 있는 특별관람석이다.

마이클 센델은 미국사회가 다양한 곳에서 스카이박스화(skyboxification)하는 것을 맹렬하게 힐난 하면서 공동체의 정의를 주장하고 있다.[98] 센델의 주장은 당연한 것이지만, 자유 시장경제 시스템이 그런 주장에 귀를 기울일 가능성은 적어 보인다. 스카이박스화 현상은 해체될 가능성이 매우 희박하다는 사실이다.

급행열차와 완행열차가 있으며, 돈을 더 내고 급행열차를 탈 수 있다. 야구장에서 관람석의 위치와 상관없이 입장료가 획일적이라면, 오히려 불공정한 것이 될 수 있다. 타자와 가까운 자리에서 관람하는 것과 외야수 뒤에서 관람하는 것은 경기의 재미를 느끼는 농도의 차이가 크기 때문이다. 사카이박스는 소멸대상은 아니다. 하지만 스카이박스화가 사회 곳곳에 지나치게 많아지면 역기능 현상이 커질 수 있다.

롤스는 병원에 불이 나서 모든 환자들이 대피소에 피신해 있는 상태에서 의사는 신분이나 재력과 상관없이 가장 위급한 환자를 먼저 돌보는 것이 정의 즉 직관적 정의라고 했다. 올바른 정의론을 갖고 있는 롤스가 클린턴 대통령에게 올바른 국정을 하도록 자문한 것은 가치 있는 일이다.

롤스가 자청한 것이 아니라, 클린턴이 롤스를 주기적으로 초청해서 자문을 얻은 것이다. 그럼에도 불구하고 클린턴은 미국의 국익을 위해서 크루즈 미사일을 아프리카 수단을 향해서 쏜 범죄자라는 사실을 노암 촘스키(Noam Chomsky)는 지적하고 있다. 통치자의 국익을 위한 명분은 정의가 작동하지 않아도 되는 것으로 생각하는 사람들이 적지 않다.[99] 통치자의 국익 주장이 집단이성의 결정이라면 미사일 사건에 대해서 어느 정도 설득력 있는 해석을 할 수 있다. 그러나 정치적 야망과 탐욕이 담긴 미사일 사건은 약소국가를 향한 국제폭력이다.

롤스의 정의론은 이론적으로 면밀하고 정교하지만, 결론은 공평함(fairness)이라는 상식적인 정의론으로 귀결되었다. 직관적 정의와 공평함이 독특한 아이디어라고 보기에는 아쉬움이 있지만, 지금까지 가장 설득력이 있는 것으로 꼽히고 있다. 수렵사회 사람들이 먹이를 갖고 서로 공평하게 나누는 수준으로 보이며, 그런 유연한 공평함이 실제로 가용적이라는 사실이다. 그런 공평함의 도덕은 해체될 수 없는 근본적인 것이다.

포스트모던 사상가들이나 사회생물학자들이 주장하는 무규범적 사회와 선택적 도덕주의는 논란의 여지가 있다. 포스트모던 도덕론은 무-도덕론과 허무주의로 흐른다는 비평에 적절한 대응을 하지 못하고 있다.[100] 사회생물학의 선택적 도덕주의는 사실상 도덕이라고 할 수 없다. 왜냐하면 도덕은 이기적 생존을 위한 일시적인 행동이기 때문이다.

하지만 포스트모던 맥락에서 위르겐 하버마스는 초맥락적 규범의 존재를 주장하고 있으며, 맥락적인 차원을 넘어서 보편적인 메타윤리의 패턴이 있는 것으로 보고 있다. 칸트의 의무론적 도덕론과 연속성이 있는 것으로 해석할 수 있다.

칸트가 주장한 의무론적 윤리에서 초월적인 정언명령은 선험적으로 주어지는 도덕적 강경이다. 초월적이란 누구에게나 조건 없이 주어진다는 것이고, 강령이란 인간이 따라야하는 규범적 명령이다. 칸트의 정언명령은 모든 사람에게 옳은 행위를 하도록 도덕적 강령이 부여되는 것이다. 인간이 옳은 것을 따라야 할 의무론적인 도덕적 시스템이 마음의 구조 속에서 작동하는 것이다. 도덕적 선택은 개인의 자유의지에 달려있는 것이다.

포스트–해체주의 윤리론은 영장류의 도덕게임에서 힌트를 얻을 수 있다. 카푸친 원숭이의 행동 실험에서 에모리대학교의 동물연구가인 프란스 드발(Frans de Waal)은 원숭이들은 공정성의 도덕을 갖고 있다고 주장하고 있다.[101] 두 카푸친 원숭이에게 돌멩이를 하나씩 넣어주고 그 돌멩이를 돌려주면 포도 한 알씩 보상해 주는 실험을 했다. 앞 장에서 언급한 드발의 실험은 여러 마리의 원숭이를 집단으로 살핀 것이다. 여기서는 개별 원숭이의 공정성 심리를 살핀 것이다. 행여 일어날 수 있는 군중심리의 오류를 제거하기 위한 것으로 보인다.

두 원숭이가 돌멩이를 주인에게 줄때마다 포도 한 알씩을 받아먹게 했으며, 몇 번을 시도한 뒤에 한 쪽 원숭이에게 포도 대신에 맛이 없는 오이 조각을 주었다. 오이를 받은 원숭이는 오이를 먹지 않고 주인에게 던졌다. 주인의 행동이 공정하지 않다는 시위를 한 것이다. 원숭이에게 공정성이라는 것이 내면세계에 내재되어 있는 것을 볼 수 있는 실험이다.

카푸친 원숭이들이 갖고 있는 공정성은 사회적 구성이나 교육에 의한 것이 아니라, 원숭이의 내면세계에 이미 존재하고 있는 것이다. 카푸친 원숭이의 공정성은 인위적 프로그램이 아니라, 자연적인 프로그램이라는 사실이다. 칸트가 언급한 보편적인 도덕적 원리가 선험적으로 있다는 것을 보여주는 것이며, 공정성이나 정의 혹은 균형과 조화와 질서가 교육을 받기 전에 이미 마음의 구조에 내재되어 있는 것으로 보인다. 카푸친 원숭이의 원초적 공정성은 칸트철학의 도덕의 보편성을 지지하는 기반이론으로 활용될 수 있다.

침팬지들 사이에서 불공정한 일이 두드러지게 나타나면 꼭대기에 있는 수장이 불공정함을 평정하는 경우가 많다. 꼭대기의 수장이 불공정하거나 폭력적이면, 최고의 서열의 자리에서 내려올 때에 비참하게 당하며, 경쟁자나 침팬지 무리들에게 아프게 당한다. 꼭대기 침팬지의 권좌는 평균 2년 정도로 보고 있다.[102] 배려심이 있고 공정한 수장은 임기가 길고, 권좌에서 내려와도 서열 3위 정도에 있으면서 잘 지내는 것으로 알려져 있다.

공정성은 보편적인 도덕적 원리이며, 유인원에게 일반적으로 존재하는 원리로 보여 진다. 진화생물학자들이 주장했던 무-도덕성보다 동물행동 연구가들이 발견한 침팬지와 카푸친 원숭이의 공정성이 타당성이 있어 보인다.

거짓말을 해서는 안 되며 공정해야 한다는 것은 초월적인 정언명령이다. 살인해서는 안 되고, 훔쳐도 안 된다는 것도 정언명령이다. 정언명령은 지켜야하며, 그렇지 않으면 개인과 공동체는 무너진다. 경찰, 법관, 의사, 은행원 등이 모두 거짓말을 하면, 세상이 돌아가지 않을 것이다. 모두가 훔쳐도 되면 내 것이라는 개념이 사라진다. 모두 서로 죽여도 좋다면, 세상이 남아 있을 사람이 없을 것이다. 거짓말, 살인, 도둑질을 해서는 안 된다는 도덕적 강령은 모두가 따라야하는 보편적 규범이며 우주패턴의 한 부분이다.

칸트가 사용한 초월이란 개념은 종교적인 것은 아니지만, 종교적인 차원을 열어두고 있다. 도덕의 실현을 위해서 신의 존재의 불가피성을 언급하였기 때문이다. 정의와 심판은 반드시 있어야 하며, 영혼불멸이 있어야 심판자가 도덕적 심판을 한다는 것이다. 세상에는 도덕적 원리가 있고, 그것을 관장하는 것은 신이라고 주장했다.

포스트-해체주의 윤리론자로 보기는 어렵지만, 하버드대학교의 스티븐 핑커(Steven Pinker)는 도덕의 아이러니에 대한 지적을 하였다. 인간은 의무윤리든 목적윤리든 간에 온전한 도덕주의자가 될 수 없기 때문에 유연한 도덕주의로 가야 한다는 사실을 소개한 것이다. 스티븐 핑커는 지나친 도덕주의가 폭력을 불러온다는 주장을 하고 있다. 바람을 피운 아내에게 폭언을 하고, 구타하며, 심할 경우에는 총으로 죽이기까지 하는 것이 한 예이다. 지나친 도덕주의가 삶의 질을 옥죄고 갈등과 폭력을 야기 시킨다는 것이다.

아내가 바람을 피우면 화가 나서 견디지 못해 아내에게 폭언과 폭력을 행사하는 것은 부부의 약속과 신뢰를 무너뜨린 것에 대한 감정반응이다. 신뢰의 도덕을 지키지 않았기 때문에 벌을 주려는 의도에서 폭력을 행사하는 것이다. 핑커의 입장은 그런 행동은 지나친 것이며 유연한 도덕주의로 가야한다는 것이 그의 논조이다. 바람피운 여자들에게 솔깃한 희망의 이야기처럼 들릴 수 있다.

침팬지도 인간처럼 사랑의 파트너를 정해놓고 애정관계를 갖는다. 그러다가 가끔 수컷이 외도를 하거나 암컷이 외도를 한다. 사랑의 파트너가 외도를 한 것을 발견하면, 수컷은 자기 파트너와 바람을 피운 수컷을 찾아 맹렬하게 공격한다. 특히 자신과 사랑을 거부하고 다른 수컷과 바람을 피운 것은 견디기 어렵다. 그런데 이 수컷은 바람피운 자신의 파트너에게 화를 내는 것이 아니라, 자신의 파트너와 바람을 피운 수컷에게 벌을 주려고 맹렬하게 공격적 행동한다.

화가 나서 미친 듯이 날뛰는 수컷을 향해 먼저 암컷들이 아우성을 치고 수컷들도 참여해서 수컷의 과격한 행동의 자제를 주문한다. 결국 수컷은 과격한 행동을 자제하고 자신의 위치로 돌아간다. 프란스 드발은 침팬지의 이런 행동을 사회적 규범의 틀 안에서 질서를 향한 침팬지의 사회적 협동으로 해석하고 있다.

침팬지들의 아우성은 과격한 폭력의 자제와 용서하라는 집단의식이 담겨있다. 고대 유대공동체에서는 간음하다 현장에 잡힌 사람은 돌로 쳐서 죽이는 일을 했다. 남자에게 형벌을 주는 것이 아니라, 약한 여인에게 형벌을 가한 것이고, 돌로 쳐서 죽이는 잔인한 행동을 한 것이다. 예수는 간음하다 현장에서 잡혀 돌에 맞아 죽을 처지에 있는 여인을 용서했다. 예수는 사람들을 향해서 죄 없는 자가 있으면 먼저 나와서 돌로 이 여인을 치라고 했다. 침묵이 잠시 흘렀고, 늙은이부터 하나씩 뒷걸음치며 사라졌다. 나이 많이 먹은 사람일수록 죄를 많이 졌다는 것으로 해석된다.

예수는 간음한 여인을 돌로 쳐 죽이는 과격한 형벌을 막았고, 그 여인을 용서 했다. 침팬지들이 과격한 폭력의 자제와 용서를 향한 아우성과 맥락을 같이하고 있다. 유대인들이 만든 율법주의는 도덕적 족쇄가 되어서 피도 눈물도 없는 잔인한 형벌을 내리는 괴물이 되었다. 간음한 여인을 돌로 쳐 죽이는 일은 성 질서를 향한 지나친 도덕주의이며 많이 왜곡된 것이다. 인간도덕 족쇄의 비극은 침팬지의 원시적인 집단 도덕의식만도 못한 것으로 보인다. 지나친 도덕주의와 족쇄는 당연히 시급한 해체의 대상이다.

침팬지들이 아우성을 친 것은 암컷의 외도는 그렇게 과격한 공격의 대상이 아니라는 것을 암시하는 것이다. 적당한 벌을 주거나, 용서하라는 것이다. 민심이 천심이라는 집단의식의 공정성이다. 침팬지들도 바람피운 것이 정당하지 않다는 것을 알고 있다. 그 근거는 침팬지들이 바람을 피울 때에는 잘 보이지 않는 은밀한 곳에서 짝짓기를 하기 때문이다. 외도는 정당하지 않은 것으로 여기는 이유는 질투심이다. 성 문제에 의한 질투심의 폭발은 심한 격돌과 투쟁으로 발전되는 경우가 적지 않다.

인간이 은밀한 곳에서 성 관계를 갖는 것은 성은 질투심을 야기 시키고 투쟁을 불러올 수 있는 위험을 최소화하기 위한 것이다. 침팬지의 애정행동 패턴은 바람피운 부인들을 시달리게 하는 왜곡된 도덕의 족쇄에서 해방될 수 있는 열쇠가 될 수도 있다. 영장류의 로맨스에 대한 해석은 인간에게 유연한 도덕주의를 시사하고 있다. 침팬지의 유연한 도덕주의에서 포스트−해체주의 도덕적 패턴을 볼 수 있다.

사회생물학자들은 남자의 외도는 자신의 유전자를 많이 뿌려서 후사를 충분하게 유지하려는 속셈이 근본적으로 깔려 있다는 것이다. 그것이 사실이라면, 지금 살아있는 인류 중에는 상당수가 외도의 결과에 의해 존재하는 것으로 추산된다. 여자의 외도의 근본적인 원인은 무엇일까. 생물철학에서는 한 남자에게 자신의 모든 운명을 거는 것은 위험하다는 판단에서 오는 것으로 보고 있다. 갑자기 남편이 죽거나 생활능력이 없는 상태가 되면 자신과 자녀들을 돌볼 길이 막막해 지는 것을 두려워하는 것이다. 지속적인 삶의 안정을 위해서 외도를 선택하여 보험을 들어 둔다는 것이다.

자원이 부족한 사회적 상황에서 여자의 외도는 가족을 돌보기 위한 생활안정의 수단으로 시도한 경우가 많았다. 현재에도 브라질의 아마존 밀림지대에서 원시적으로 사는 부족들은 먹을 것을 받기 위해 외도하는 여자가 존재한다.

사춘기의 암컷 보노보 원숭이가 어른 수컷과 성행위를 하고 과일을 받아먹는 것과 유사한 부분이다. 좋은 유전자를 갖기 위해서 멋진 남성에게 접근하는 경우도 있지만, 여자 외도의 대부분은 생활안정과 미래에 대한 심리적 안정이 원인으로 해석되는 경우가 우세하다.

남자는 파트너의 외도를 막기 위해서는 지속가능한 심리적 안정을 주는 일이 매우 중요한 것으로 보인다. 남자의 무모한 씨뿌리기는 역사 속에서 넘어지기 쉬운 위험한 일로 수없이 판정되었다. 배다른 형제들의 갈등과 제2의 부인의 질투는 남자의 삶을 망가뜨리는 경우가 적지 않았다. 그럼에도 불구하고 남자의 외도는 오늘날까지도 지속적으로 자행되고 있다.

핑커는 인간의 도덕적 수준은 시대를 거듭할수록 높아졌다는 주장이다. 인간의 본성에는 천사적 성향이 악한 성향보다 더 있기 때문이라는 것이다. 그러나 구글의 빅-데이터 검색에 따르면 "지옥가라"는 욕과 "천국가라"는 말을 검색한 결과 과거에는 "천국가라"는 말이 많았는데, 최근에는 "지옥가라"는 욕이 더 많이 나온 것으로 조사되었다. 사람이 도덕적으로 개선되는 면을 보인다는 핑커의 주장은 잘못된 견해일 수 있다.

여자라고 해서 남편에 대한 애정이 식었어도 일편단심 남편만 바라보라는 것은 지나친 요구이다. 조선시대에 남편이 죽은 후에도 수절을 하는 것은 도덕이 아니라, 왜곡된 유교주의의 도덕적 족쇄이었다. 퇴계는 과부가 된 젊은 며느리를 친정으로 보내어 재혼하도록 했다. 퇴계는 천리의 오케스트레이션과 인생의 본질이 무엇인지를 깊이 안 탁월한 윤리학자였다.

노자는 도를 주장했고, 요한은 로고스를 주장했으며, 수 천 년이 흘렀어도 이들은 여전히 영향력을 갖고 삶에 지혜와 윤리에 도움을 주고 있다.[103] 물론 오래 영향을 준 것이라고 해서 타당성을 갖고 있는 것으로 단정할 수는 없다. 하지만 우주의 흐름과 인간의 행동의 진행과정은 패턴이 있다.

진화론도 화석의 패턴에서 발전한 것이며, 우주론과 양자론도 태양계나 아원자의 움직임의 패턴에서 발전한 것이다. 패턴을 부정하면 진화론, 우주론, 양자론 등이 부정되는 것이다. 자연 흐름의 우연을 강조한 진화론과 물리학적 우주론은 오히려 패턴을 근거로 해서 자신들의 학문적 체계를 전개하고 있다.

자아의 정체성도 정보의 패턴이라고 미래학자 레이 커즈와일(Ray Kurzweil)은 주장하고 있다. 자아를 구성하고 있는 분자와 원자의 질료는 끊임없이 변화하는 것이지만, 자아의 정체성은 유지되고 있다. 유지되고 있는 자아의 정체성은 정보의 패턴이다. 자아의 정보 패턴이 집단 패턴, 자연 패턴, 그리고 우주의 패턴의 흐름에서 윤리적 패턴의 해석이 가능한 것이다.

포스트모던 해체주의는 도덕의 족쇄를 해체하는 논리적 타당성은 갖고 있지만, 실용적인 면에서 도덕적 패턴의 중요성을 희석시키지는 못할 것이다. 결국 해체주의는 쇠잔할 가능성이 있다. 포스트모던 사상가들도 포스트모던 해체주의 수명은 길지 않을 것으로 보는 견해가 우세하다. 한 이론이 여러 세대에 영향을 주지 못하는 이유는 그 이론이 틀렸거나 적용성이 약하기 때문이다.

그러나 해체주의는 일정부분 사회적 기여를 한 것도 있다. 경직된 개인윤리를 해체한 것이 대표적인 것이다. 고귀한 자아 외에는 어떤 권위도 있을 수 없다는 모더니티의 개인 인권주의 윤리는 지금까지 영향을 주고 있다. 오늘날 도덕주의는 모더니티의 인간중심주의의 산물이다.

인간의 존엄성을 위한 규범과 가치관을 정립하면서 도덕주의가 구성되어 영향을 주고 있다. 그러나 모더니티의 개인주의 윤리는 유기체적인 포스트모던 인간론의 도전을 받으면서 흔들리고 있다. 모더니티 인간이해의 한계를 지적하기 위해서 나는『포스트모던 인간론』에서 유기체적인 인간이해를 상세하기 다루었다.

포스트-해체주의 윤리는 유연한 도덕주의로 가는 것이 옳아 보인다. 진화론자들이 주장하는 무-도덕론이나 해체주의자들의 도덕의 해체론을 넘어서 유연한 도덕주의가 도덕적 갈등을 완화시키는 기능을 할 수 있다. 도덕성 논란이 제기될 때에, 유연한 해석이 가능하며 직관적 정의를 실천할 수 있다.

경직된 도덕주의는 인간을 도덕노예로 만드는 횡포적인 것이다. 도덕의 노예를 양산하는 도덕주의는 인간해방을 위한 해체의 대상이다. 해체주의 이후에 전개될 포스트-해체주의 윤리는 메타사이언스 윤리, 우주미학의 발현에 의한 메타윤리, 초월적인 정언명령, 초-맥락적 규범, 유기체적 윤리, 그리고 유연한 도덕주의로 전개될 것이다. 해체주의 여과기를 거친 포스트-해체주의 도덕은 집단이성과 우주의 패턴에서 발견할 수 있는 유연한 도덕적 패턴으로 회귀할 것으로 보인다.

3

초-도덕 사회

포스트모던 해체주의(postmodern deconstruction)는 도덕의 경직성을 해체하고, 도덕의 족쇄를 풀고, 도덕의 착각을 깨는 역할을 했다. 그러나 그 영향은 매우 약했다. 해체주의 여과기를 거친 포스트-해체주의(post-deconstruction) 윤리는 도덕의 깊이와 가치를 더해줄 것이다. 이제 인류문명의 궁극적인 목표인 악의 종말 혹은 초-도덕 사회에 얼마나 가까이 왔을까. 이 문제를 다루기 전에 먼저 도덕의 가용성과 불용성의 문제와 연계하여 무-도덕과 초-도덕 그리고 탈-도덕에 관한 것을 우선 생각해보고자 한다. 도덕의 깊이와 필연성을 한 발 더 가까이 살펴보기 위한 것이다.

무-도덕과 혼돈하기 쉬운 초-도덕론은 도덕을 초월한다는 의미이다. 초-도덕론은 이미 초기 성문역사 속에서 논의가 있었다. 노자는 도를 도라고 하면 더 이상 도라고 할 수 없다(道可道非常道)고 하였다. 일반적으로 사람들이 규명한 도는 원래의 도가 아니라, 맥락에 따라 결정되는 상대적인 도가 된다는 것이다. 도를 규명한 사람의 맥락에서 규명된 상황적 도이다. 진정한 도는 맥락의 도를 초월한 차원에서 여전히 보편적으로 흐르고 있다.

성리학에서 최고의 도덕적 존재양식은 천인합일(天人合一)의 경지에 이르는 것이다. 도덕의 이상적 상태는 천리와 인간이 하나가 되는 것이며, 자연의 흐름과 일치되는 것이다. 최고의 존재양식은 원래의 이치인 소이연(所以然)과 마땅히 해야 할 소당연(所當然)의 구별이 없는 차원의 상태에 이르는 것이다. 마땅히 해야 하는 도덕적 당위성이 없는 것이 초-도덕적 상태이다.

사실 소이연과 소당연은 하나의 사건에 중첩되어 있는 것이다. 체용일원(體用一源)에서 체와 용이 하나로 중첩되어 있는 것과 같은 것이다. 쭈시나 퇴계가 중첩(重疊, superposition)이란 단어를 사용한 것은 아니다. 최근의 과학철학에서 양자의 현상을 해석한 방법을 적용한 것이다. 일원(一源)이라는 표현보다는 중첩이 진전된 것으로 볼 수 있다. 왜냐하면 소이연과 소당연은 하나가 아니라, 두 요소로서 하나의 사건에 함께 내재되어 있기 때문이다.

탈-도덕이란 도덕의 궤도를 이탈한 행동이다. 일반적으로 다양한 도덕적인 문제와 갈등은 탈-도덕의 범주에 있다. 도덕 궤도의 이탈은 이기적인 사유목적을 향한 것이 대부분이다. 도덕 결핍증을 가진 사람들이 막무가내로 무질서한 교란행위를 하는 경우들도 있다.[104] 정신질환이나 도덕적 판단의 제한성에서 오는 탈도덕 현상도 있다.

여기서는 주로 초-도덕과 무-도덕의 주제가 관심의 대상이다. 초-도덕은 친족관계 혹은 로맨스 사랑의 관계에서 실용적으로 나타나는 현상이다. 어머니가 자식을 위해서 거짓말을 하거나, 자식의 범죄를 대신해서 누명을 쓰고 희생을 감수한다. 친족의 초-도덕은 농도가 매우 강하다. 또한 로맨스의 사랑성취를 위해 시도하는 초-도덕적인 행위도 아주 흔하게 나타나고 있다. 애인에 대한 사랑의 가치와 친족에 대한 사랑의 가치가 일반 가치 시스템을 초월한 것이다.

로맨스의 초-도덕 게임은 도덕의 족쇄를 해체하는 상당한 파괴력을 갖고 있다. 순수한 로맨스의 열정에 빠지면 도덕적 판단력이 약해지면서 사랑의 목적달성을 위해 저돌적으로 접근한다. 체면, 지위, 가치, 의미, 재물 등 그 어느 것도 사랑의 추진동력을 막지 못한다. 이런 사랑은 부도덕하거나 무-도덕적인 것처럼 보이지만, 사실은 초-도덕적인 것이다. 사랑의 초-도덕적 지평은 많이 알려져 있다.

주홍글씨와 같은 잔인한 도덕적 낙인제도는 진정한 사랑의 세계에서는 통하지 않는다. 인생의 치명적인 낙인으로 작용하는 주홍글씨는 초-도덕적인 사랑의 세계에서는 작동하지 않는다. 17세기 미국의 보스턴을 배경으로 한 나다나엘 호던(Nathaniel Horden)의 『주홍글씨』라는 소설은 한국에도 잘 알려져 있다. 지금은 그렇게 관심을 끄는 스토리는 아니다. 성 개방의 물결이 일어나면서 구시대적인 것으로 여겨지고 있기 때문이다. 그러나 주홍글씨의 사회심리적 영향은 사라졌다고 보기 어렵다.

보스턴에서 남편 없이 혼자 사는 미모의 헤스터(Haster Pryne)라는 유부녀가 임신을 했다. 사람들에게는 자기 남편이 인디언에 의해 죽었다고 거짓말을 했지만, 사실은 남편이 죽은 것이 아니라 영국에서 아직 오지 못한 것이었다. 헤스터는 딤스데일이라는 목사와 사랑을 해서 임신을 하게 되었고, 펄이라는 딸을 낳았다.

사람들은 유부녀가 남편 없이 아이를 낳았다는 사실에 대한 형벌로서 주홍글씨를 달아 주었다. Adultery(간음)의 머리글자 A를 주홍색으로 만들어서 옷에 달아서 입게 했다. 모든 사람들에게 헤스터는 간음한 여인이라는 사실을 알게 하면서, 일부일처제를 강화하고 사랑의 파트너 변경

143
도덕의 착각

을 못하게 경계한 것이다. 사람들을 만나는 것이 두렵고, 생활이 어려워진 헤스터는 자수를 놓아서 생활을 연명했다. 그리고 한 푼이라도 남으면 어려운 사람들을 돕는 일을 했다. A는 사실 어려운 사람들을 돕는 천사 Angel의 머리글자로 변한 것처럼 보인다.

어느 날 영국에서 헤스터의 남편이 돌아왔고, 헤스터의 마음의 아픔은 깊어갔다. 딤스데일 목사는 양심의 가책으로 견디기 어려워서 헤스터가 겪는 고뇌는 자신의 과오라고 고백하고 얼마 안 되어 죽었다. 남편도 심신이 쇠약해져 세상을 떠났다. 헤스터는 보스턴에서 살다가 죽은 뒤에 남편 옆에 묻히지 않고, 사랑했던 딤스데일 목사 옆에 묻혔다.

저자 나다나엘 호던이 언급하려는 것은 헤스터가 딤스데일을 사랑한 것은 진정으로 도덕을 넘어선 아름다운 사랑이라는 사실이다. 주홍글씨는 도덕의 족쇄나 각질화 된 도덕주의의 모순을 지적한 것이다. 영국에서 청교도들이 미국으로 이주해서 엄격한 도덕주의 사회를 만들었다. 지나친 도덕주의 모순에 대한 호던의 저돌적인 저항이었다.

정상적인 40대 미혼남성이 여자를 경험한 적이 없다면 간단한 일이 아니다. 철저한 도덕군자이거나, 절실한 보수 종교인일 것이다. 혹은 정신적 질환을 갖고 있는 경우일 수 있다. 하나의 사랑의 파트너를 가져야 하고, 오직 사랑하는 사람과의 사랑이라는 경직된 도덕주의가 노처녀와 노총각을 양산하고 있다. 일부일처의 시스템은 어디에서 온 것일까. 그것은 남자의 성적 질투심에서 온 것으로 알려져 있다. 한 남자가 한 여인을 성적 대상으로 혼자 독점하려는 것에서 기인한 것이라고 진화심리학자들은 주장하고 있다.

주홍글씨는 사회적 맥락에 따라서 일시적으로 존재한 것이며, 이제는 주홍글씨의 종말시대가 도래하고 있다. 주홍글씨의 종말과 함께 열린 사랑게임의 기회들이 기다리고 있다. 경직된 도덕주의의 잔인한 주홍글씨 족쇄를 풀고 솔직하게 구애하는 것이 인간적인 모습이다.

구애는 자신의 인격을 추락시키는 것이 아니며, 오히려 자신의 삶에 충실한 것이다. 불륜의 정당화를 주장하려는 것이 아니라, 진정한 사랑의 초-도덕적 차원의 이야기를 하는 것이다. 잘못된 도덕적 굴레와 소외로부터 자유와 해방을 언급하는 것이다. 왜곡된 사회적 관습과 문화로 인해서 인간의 본질과 진솔한 삶이 탈취당하는 경우를 막기 위한 것이다.

탈-도덕을 결코 수용할 수 없다는 도덕 결벽증이 자신의 생명을 앗아간 경우도 있다. 몇 해 전 일본에서 젊은 노숙자가 굶어 죽었다. 세계적으로 풍요로운 선진국인 일본에서 노숙자가 먹을 것이 없어 굶어 죽었다. 냉혹한 과잉경쟁 시스템 속에서 낙오되어 추락한 것이다. 마이클 센델이 언급한 대로 능력전쟁터에서 능력주의의 횡포(tyranny of merit)에 의한 비참한 결과이다. 이 가련한 노숙자는 죽는 한이 있어도 탈-도덕적인 도적질은 안하겠다는 도덕 결벽증의 족쇄가 젊은이를 죽인 것이다.

칸트는 자신이 죽는 한이 있어도 도덕률은 지켜야 한다고 답답한 주장을 했다. 의무윤리의 가치훼손을 막기 위한 주장이다. 그러나 도덕보다 생명이 먼저이다. 일단 훔쳐서라도 먹고 살아야 하는 것은 우주질서의 원리이다. 불법 행위에 대한 형벌을 감수하고라도 생명을 지키는 것이 더 근본적인 것이다.[105] 세상의 법은 그렇게 잔인하지 않다. 법은 그 정황을 이해하고 최소한의 훈방을 가할 것이다. 신도 그 정황을 이해하고 가혹한 벌은 내리지 않을 것이다.

도덕적 오류를 담고 있는 주홍글씨의 족쇄는 풀어졌고, 경직된 로맨스 도덕주의를 해체한 것이다. 나다나엘 호던의 주홍글씨에 담겨 있는 초-도덕 스토리는 삶의 본질에 충실한 진솔한 승리에 관한 것이다.

로맨스의 초-도덕에 대해서는 많은 사람들이 수용적이다. 그러면 로맨스를 사고파는 매춘은 어떨까. 매춘은 초-도덕이 아니라면, 매춘은 로맨스 게임의 어떤 규칙을 위반하는 것일까. 노동경제는 몸을 빌려주고 대가를 받는 등가 가치교환이다. 그런데 몸을 빌려주고 대가를 받는 가치교환의 매춘은 왜 노동경제가 아니며 부도덕한 것으로 여기는가. 사실 영장류 중에 매춘을 하는 동물들이 적지 않게 있다. 침팬지나 원숭이 그리고 보노보는 성행위를 하고 대가를 받는 일은 아주 흔한 일이다.

사춘기에 있는 암컷 보노보가 과일 두 개를 들고 있는 어른 수컷 보노보에게 오르가즘을 느끼는 흉내를 내면서 접근하자 어른 보노보는 성행위를 하고 과일 하나를 건네주었다. 프란스 드발은 보노보의 이런 행위를 물물교환으로 해석하였으며, 물물교환을 영장류의 제2의 본능으로 규명했다.[106] 보노보가 성행위를 서비스하고 과일 하나를 얻은 것은 가치교환을 한 명백한 매춘행위이다. 생존의 가장 근본적인 먹이를 위한 암컷의 매춘 경제행위이다.

어른 침팬지 수컷이 엉덩이가 부풀어 오른 암컷 침팬지를 향해 과일을 들고 가서 구애하고 짝짓기 후에 대가로 과일을 건네주는 경우도 있다.[107] 영장류 혹은 유인원의 매춘은 흔한 일이며 암컷과 수컷이 모두 관여한다는 사실이다.

매춘은 인류역사 속에서 가장 오래된 직업 중에 하나이다. 거의 모든 문화권에 매춘이 있다. 그리고 모든 문화권에서 매춘을 불법이나 부도덕하다고 생각하는 것도 아니다. 현재 세계적으로 매춘을 합법적인 것으로 여기는 나라가 15개 정도 되고 있다. 개인의 성 선택권을 존중하고 직업의 자유를 보장한다는 차원일 수 있다. 보노보처럼 수치심이나 죄책감이 없이 노동의 대가 혹은 물물교환으로 생각하고 성매매가 이루어진다고 해석할 수 있다.

인간매춘의 원인도 챔팬지나 보노보처럼 먹을 것이 필요하거나 사회적 서열이 낮은 조건에서 나타나는 것으로 보인다. 일차적으로 생존수단으로 이루어지고 있다. 세계적으로 매춘하는 사람들은 대부분 빈곤층이나 생계의 위기에 처해 있는 경우가 대부분이다. 즐기면서 하는 사람도 있겠지만, 그렇게 많을 거라고 여겨지지는 않는다. 왜냐하면 성적 수치심이라는 독특한 도덕적 감정이 깔려있기 때문이다. 침팬지보다 인간의 매춘이 등가 가치교환의 노동경제 원리를 넘어서 무겁게 다뤄지는 이유는 도덕적 수치심이 추가되었기 때문이다.[108]

어린아이를 둘을 갖고 있는 평범한 젊은 여인이 남편이 죽거나 이혼을 하고 생계의 위협을 느끼고 있다면, 가장 좋은 직업은 무엇일까. 짧은 시간에 상대적으로 많은 임금을 받을 수 있는 것을 생각할 것이다. 하루 종일 일하는 식당 종업원일이나 일반 노동시장에서 일하면서 두 아이를 돌보는 일은 쉽지 않다.

이런 경우에는 매춘의 경제적 효율성을 무시하기는 쉽지 않다. 사회경제적인 차원에서는 매춘을 허용하는 것이 일정양의 사회적 기업을 운영하는 것과 맞먹을 것이다. 이혼율이나 미혼모가 증가하는 상황에서 사회적 비용이 절감되는 효과가 있다. 사회적 비용 측면에서 보면 매춘이 악의 축소로 해석될 수 있는 면도 있다. 물론 대부분의 고등종교는 매춘의 의미와 가치에 대해서 다르게 해석하고 있다. 기독교의 경우는 매춘을 죄로 단정하고 있으며, 예외적 경우는 고려되지 않고 있다.

독일, 프랑스, 덴마크, 네덜란드는 매춘이 합법이다. 특히 독일의 경우에는 1927년에 합법화 되어서 지금까지 이어지고 있다. 매춘가계를 운영할 수 있으며, 이 직업에 종사하는 사람들은 건강보험을 들 수 있고, 세금을 내며, 정부로부터 사회보장제도의 혜택을 받을 수 있다. 프랑스도 합법화되어 있지만, 공공장소에서 호객행위는 금지되어 있다. 알선행위도 금지되어 있고, 매춘가계도 불법이다. 네덜란드도 매춘이 합법적이며 매춘 대상여성을 유리방에서 보게 하는 쇼 윈도우와 같은 것들도 있다. 한국은 매춘의 합법화에 대해서 논의하고 있지만, 현재는 불법으로 되어 있다.

매춘의 합법화로 인한 사회적 비용의 변화는 어떨까. 국가와 문화권마다 그 결과는 다르게 나타나고 있다. 선진국에서는 대체적으로 긍정적인 효과가 나타나고 있으며, 인도네시아, 에콰도르 등 후진국에서는 조직범죄와 연루된 역기능적 결과도 적지 않게 나타나고 있다.

매춘은 생존수단과 수치심의 경계선에서 곡예를 해야 하는 직업이다. 생존수단으로는 이해될 수 있는 부분이 있지만, 도덕적 수치심을 무시하는 것은 사회 문화적으로 받아들여지기 어렵다. 하지만 도덕적 수치심은 사회적으로 구성된 사회심리학적 현상이다. 원초적인 차원에서 성적 수치심은 질투심과 다르게 인간의 존재양식은 아니라는 사실이다.

영장류 사회의 성 질서를 보면, 원숭이나 침팬지는 사랑의 파트너가 일정기간 정해져 있으며, 그 질서를 지켜나간다. 파트너가 죽거나 공동체에서 탈퇴해서 다른 무리로 가면 그 때에 사랑의 파트너를 바꾼다. 사랑의 파트너 질서를 어기거나 문제가 발생하면 격렬한 투쟁이 벌어지기도 하고 견디기 어려운 아픔을 감수해야 한다.

인간의 사랑파트너 질서도 비슷한 상황이다. 거기에다가 사회 문화적으로 구성된 수치심과 도덕의 족쇄가 추가되어서 다른 영장류보다 더 엄격한 사랑의 질서의식을 갖고 있다. 사랑의 엄격한 질서는 경직된 도덕주의로 발전했으며, 인간의 위선과 가식을 부추기고 갈등과 폭력을 증가시키는 역기능적 현상으로 나타나고 있다. 주홍글씨와 같은 소설이 공감을 불러일으키는 것은 성 도덕의 경직성과 역기능적 현상에 대한 불만에 의한 것이다. 보통 사람들은 유연한 도덕주의를 갈망하고 있는 것이다.

로맨스 게임에서 생성되는 질투심은 완전히 없앨 수는 없는 것으로 보인다. 스텐포드대학교의 이언 모리스(Ian Morris)는 『가치관의 탄생』 (Foragers, Farmers, and Fossil Fuels)에서 인류의 초창기 폭력은 성 선택 경쟁에서 일어난 것이라고 했다. 성의 질서를 지키지 않으면 폭력이 발생하게 되는 것은 침팬지의 세계나 인간의 세계에 공통적으로 나타나는 현상이다. 인간이 죽어가면서 마지막까지 기억하는 것이 성이라는 사실은 성이 근본적이며 우주질서의 현상인 것으로 보인다.

근본적으로 없어지지 않는 질투심은 성 질서를 일부일처로 유지해야 한다는 우주질서의 순기능적인 측면도 있다. 질투심이 없다면 무질서의 성이 보편화되고 가정과 친족공동체 그리고 사회질서가 깨질 확률이 높다. 아버지의 개념이 사라질 것이고, 모계사회로 변하게 될 수도 있다. 생존에 필수적인 혈연의 이타적 협동과 가정 혹은 혈맹 관계의 집단의식이 사라지면서 인류의 협동이 어려운 면으로 전개될 수도 있다. 질투심에는 갈등유발의 요소와 성 질서 유지의 기능이 중첩되어 있다.

포스트모더니즘은 이미 전통적인 관습과 도덕적 틀을 깨고 다원주의를 믿고 있다. 이성애, 동성애, 다성애를 수용하고 있다. 성 선택의 자유, 협의동거, 선택형 결혼으로 흐르고 있다. 성의 무–도덕사회로 가는 것처럼 보인다. 앞으로 결혼자보다 미혼자가 많아질 것이며, 동거가 보편화되고, 결국에는 결혼제도는 붕괴될 것으로 보인다. 그러나 사랑의 파트너제도의 붕괴는 일어나지 않을 것이다.[109]

포스트젠더주의(post-genderism)는 성의 차이를 넘어서는 사회를 지향하는 최근의 성에 대한 사상적 흐름이다. 급진적 여성운동가 슐라미 파이어스톤(Shulamith Firestone)는 무성사회를 주장하면서 포스트젠더주의를 주장했다. 과학문명이 발달한 미래사회는 성별이 그렇게 중요하지 않을 것으로 보는 것이다.

그 이유는 자신의 아이에 대한 성별의 선택이 가능해지고, 출산은 인공수정을 통해서 인공자궁에서 진행할 수 있기 때문이다. 인공자궁은 여성의 자연자궁보다 안전하고 실패율이 적다. 태아의 영양 관리, 온도조절, 스트레스 관리, 태아에게 필요한 최적의 환경을 만들어 줄 수 있기 때문이다.

이런 시스템이 보편화되면 아이를 출산할 여성은 거의 사라질 것이며, 출산의 고통에서 영원히 해방될 것으로 예측하고 있다. 그동안 인류는 가장 안전한 로맨스 게임은 결혼이라고 생각했다. 결혼제도는 질투심에 의한 성 선택의 갈등과 난교가 주는 문제 해결의 보루였다. 이제 이러한 중요한 도덕적 시스템을 넘어서는 초-도덕적인 사회적 패러다임이 전개되기 시작하고 있다.

결혼제도의 해체로 인한 새로운 로맨스 게임은 규칙이 필요하지 않게 될 것으로 보인다. 포스트젠더주의와 포스트모던 페미니즘(postmodern feminism)의 성 이해의 지평은 초-도덕적이기 때문이다. 포스트젠더주의의 도덕적 성향은 도덕이 없는 무-도덕으로 가지는 않을 것으로 보인다.

왜냐하면 다성사회라 하더라도 성질서가 사라지는 것은 아니기 때문이다. 그리고 성 소수자들은 언제나 약자로서 주변을 맴도는 소외의 아픔을 겪으며 살게 될 가능성이 높다. 역사를 살펴보면 이기적인 인간은 약자에게 그렇게 너그럽게 대한 적은 많지 않기 때문이다.

포스트젠더주의와 유사한 포스트모던 페미니즘은 포스트–구조주의 (post-structuralism)의 영향을 받은 페미니즘이다. 콜롬비아대학교의 쥬디 버틀러(Judith Buttler)는 남녀의 성별을 사회문화적 구성주의로 해석하고 있다. 쥬디 버틀러에 의하면 남자화장실과 여자화장실을 나누고, 남자 옷과 여자 옷을 정하며, 이름에서 남자와 여자가 구별되도록 한 것은 사회문화적으로 만들어진 것이다.

남녀의 성은 본질적인 것이 아니라, 사회구성적인 것이기 때문에, 사회적 계몽을 통해서 남녀의 성별인식을 없애야 한다는 것이다. 그래야 남녀 차별을 근본적으로 해결할 수 있다고 보는 것이다.

남녀 성차별의 악을 제거하기 위해서 포스트모던 페미니즘은 일정부분 기여를 하고 있다. 그러나 포스트모던 페미니즘이 노력하고 있는 성평등의 계몽이나 캠페인 혹은 평등교육이 성 차별의 악을 소멸 시키는 일은 희박해 보인다. 오히려 사이언스 문명이 성차별의 문제해결에 실용적인 기여를 할 가능성이 높다. 미래사회에서는 컴퓨터나 첨단 과학기기들이 여성적인 페미닌(feminine)과 남성적인 메스쿨린(masculine)의 차이성을 요구하지 않을 것이기 때문이다. 그렇게 되면 기술문명 사회가 깊어질수록 자연적으로 성 평등의 사회가 될 가능성은 있다.

양성평등인가 아니면 성 평등인가. 양성이 아니라, 다성 평등사회를 주장하는 의견이 적지 않다. 이성애, 양성애, 동성애, 다성애를 수용해야 한다는 성 소수자들의 요구가 있다. 하지만 영장류의 생식과 사랑의 현상을 보면 우주질서의 대세는 이성애이다. 동성애나 양성애는 침팬지나 보노보에게 5~10% 정도 성 소수자들이 있다. 주류는 이성애이고 동성애는 소수라는 사실을 기억할 필요가 있다.

동성애와 다성애의 타당성을 법제화하면 주류의 이성애가 불편해 질 수 있는 악의 상대성 원리가 작용할 수 있다. 군대나 감방 혹은 먼 바다에서 오랫동안 일하는 사람들에게 동성애가 대안적 성으로 번질 가능성이 있다. 이성애자들이 동성애를 추가적으로 하게 되는 양성애자가 되면 가정의 불안정과 배우자의 혼란은 간단한 일이 아니다.

아메바 번식이나 벌의 번식과 다르게 영장류와 인간의 종족번식은 이성애에 의해서 일어나는 것이 생물학적 원리이다. 물론 체세포 복제인간이 인공자궁에서 성장하여 태어나는 현상이 문제이다. 그런 시대를 기대하면서 등장하고 있는 포스트젠더주의가 성별이 없는 미래의 무성사회 혹은 다성사회를 주장하고 있다.[110] 성 차별의 해체와 다성사회 혹은 무성사회 추구는 성의 무-도덕 사회로 가려는 것이다.

무성생식이 인간에게도 가능해지면서 3명 이상의 부모에서 태어나는 아이가 가능해질 것이다. 유전자 가위로 디자인된 아이를 가질 수도 있다. 결혼제도의 붕괴와 성별이나 인종개념이 소멸되고 부모의 사라짐 현상이 일어날지도 모른다. 아예 생물학적 부모 없이 DNA 인조합성의 바이오 인간이 등장할지도 모른다. 포스트젠더주의의 성의 무-도덕이 추구하는 세계가 그런 것인지 궁금하지 않을 수 없다.

성소수자에 대한 사회적 차별을 막아야 한다는 것에 대해서 이의를 제기할 사람은 없을 것이다. 그러나 성소수자를 우대하거나 특별히 보호하는 정책은 우주질서에 맞지 않는다. 장애인이나 성소수자는 평등과 사랑의 대상이지, 적선이나 구제의 대상이 아니다. 동성애자의 선택적 지향성과 이성애자의 자연적인 삶에는 차이가 있는 것이 사실이다. 인위적인 동성애 지향의 역기능은 면밀하게 고려해야할 부분이다.

현대 도덕주의는 적지 않은 면이 조절되고 해체되어야 한다. 로맨스초-도덕이나 성 윤리의 경직성이 조절의 대상이다. 이 과도한 도덕주의가 마녀사냥의 흉악한 무기로 사용되고 있다. 온전한 초-도덕의 실현을 주장하는 것이 아니라, 온건한 도덕 혹은 유연한 도덕으로 가야 악의 축소를 향해 한 걸음 나아갈 수 있다는 것이다.

과거의 마녀사냥은 소멸되었으며, 그 원인은 도덕적으로나 과학적으로 틀렸기 때문이다. 하지만 마녀사냥은 신종 유형으로 진화해서 여전히 권력과 탐욕괴수들의 흉악한 무기로 사용되고 있다. 유연한 도덕주의는 현대판 야만적인 마녀사냥의 해체에 상당부분 기여할 것이다.

초-도덕이나 탈-도덕은 여전히 도덕을 전제한 것이다. 그러나 무-도덕은 도덕이란 것이 없어도 되거나 아예 도덕이란 것을 부정하는 것이다. 앞에서 언급했듯이 진화론의 무-도덕론은 진화의 무목적성에서 온 것이다. 진화는 목적을 갖고 진화한 것이 아니라 우발적이라는 것이다. 생물의 진화는 목적을 갖고 진화하지 않았다는 것이다. 종의 기원도 목적이 없는 돌연적 현상이며, 우연현상이라고 믿고 있다. 찰스 다윈이 그렇게 주장한 것을 윌슨이 사회생물학에서 확인하여 주장하고 있다.[111]

찰스 다윈은 생물의 디자인은 자연에 의해 만들어진 것으로 설명하고 있다. 개체생물의 유기체는 목적을 갖고 있지만, 그것은 어떤 디자이너가 한 것은 아니라, 자연 현상이라는 것이다. "목적이 없는 진화"와 "생물 유기체의 목적"은 서로 충돌하지 않는다는 것이다. 이 둘은 차원이 다른 현상을 설명하는 것뿐이라는 것이다. "디자이너"나 초월적인 원리의 관여없이 "비인격적"(impersonal)인 자연의 과정으로 진화를 설명한 것은 찰스 다윈이 무신론적인 입장을 확실히 피력한 것이다.

도덕의 해체론보다 더 강력해 보이는 무-도덕론의 실상을 분석하기 위해서 도덕의 근간이 되는 목적에 대한 논의를 다시 한 번 살펴볼 필요가 있다. 무목적 혹은 우연은 무-도덕의 모체이기 때문이다. 도덕의 진의를 파악하기 위해서 목적에 대한 이해의 지평을 한 단계 더 들여다보려는 것이다.

유기체 인간은 눈이 앞에 있고, 눈앞에 목표를 정하고 그것을 보고 움직이게 되어있다. 적어도 일정기간은 목적론적으로 활동하게 되어있다. 이것은 찰스 다윈이 언급한 생명유기체의 목적론적 현상이다. 진화론에서 유기체의 목적이 일시적으로 존재하는 것은 인정하면서, 진화의 흐름에는 목적이 없다는 주장은 논리적 연속성이 없다. 찰스 다윈은 이 충돌을 부정했지만, 그렇지 않은 것들을 다음과 같이 생각해 볼 수 있다.

플라톤은 세상은 그냥 존재하는 것이 아니라, 존재하는 원인적 이유 즉 이데아가 있다고 믿었다. 이데아의 반영에 의해서 세상이 있게 된 것이라고 생각했다. 아리스토텔레스는 스승인 플라톤의 이데아론은 버렸지만, 원인과 결과에 의해서 세상은 흘러가는 것은 수용했다. 나아가서 아리스토텔레스는 흘러가는 세상은 그냥 흘러가는 것이 아니라, 소위 목적인(final causes)에 의해서 움직인다고 믿었다. 진화론에서는 근본적인 이데아의 존재와 목적인의 가능성은 전혀 없는 것이다.

유교와 성리학에서 천리를 향한 윤리는 원래부터 자연에 있는 것으로 믿었다. 프리먼 다이슨이 자연현상에는 의식과 도덕적 원리가 포함되어 있다고 주장한 것과 맥락을 같이하고 있다. 다이슨은 물리학적 조화와 패턴이 인간 삶에 도덕적으로 작용하는 것으로 믿었다. 성리학의 천리는 자연의 이치이며, 자연의 이치를 따르는 것이 인간의 도리이다.

도는 추상적인 것 같지만 진실과 옳은 것을 구체적으로 따르게 하는 실용성을 담고 있다. 동양문화에서 추상적인 도의 개념은 실용적인 도리로 발전해서 사회질서를 유지하는 데에 기여하고 있다. 이것은 구성된 도덕이 아니라, 자연의 흐름이며, 우주의식의 발현의 도덕으로 해석할 수 있다.

허버트 스펜서(Hubert Spencer)는 생물현상이나 사회는 자세히 살펴보면 모든 것이 진화의 형식을 갖고 있으며, 진화의 형식은 진전의 과정의 메커니즘으로 되어 있다고 믿었다. 진전과정은 목적론적인 성향을 함축하고 있다는 것이다. 샤르뎅(Teilhard de Chardin)은 세상의 흐름은 우주의식과 함께 오메가 포인트(Omega Point)를 향해서 복잡성이 증가하고 있다고 보았다. 이들은 모두 세상은 목적론적으로 움직인다는 것이다.

윌슨처럼 우주의 목적론에 대해서 부정적인 입장을 취하는 철학자가 있다. 희랍철학에서 원자론을 주장한 데모크리토스(Democritus)는 거시적 목적론을 부정하였다. 우주의 목적은 사실상 없는 것이며, 원자의 개체 목적이 최선의 상태에서 활동하는 것이라고 믿었다.

최근의 물리학에서는 목적론적인 해석이 우세한 것으로 보인다. 션 캐럴은 미시세계의 양자장(quantum field) 이론과 거시세계의 현상을 논하면서, 거시세계의 목적론적인 면을 주장하고 있다. 세상은 입자로 되어 있는 것이 아니라, 파동으로 되어 있는 양자장이라는 것이다. 미시세계를 다루는 션 캐럴의 양자장론의 코어이론(The Core Theory)에 따르면 양자 세계에서 일어나는 현상은 목적론적이라고 보기는 어렵다는 것이다. 양자역학의 불확정성의 흐름과 시공간과 중력의 곡률은 목적론적으로 해석하기에는 한계가 있기 때문이다.

그러나 션 캐럴은 물리현상에는 원인과 결과가 반드시 존재한다는 사실을 믿고 있다. 전기를 충전시키면 충전결과가 나타나고, 에너지가 보존되는 결과가 일어나는 것을 믿고 있다. 결과를 만드는 것은 원인이며, 원인은 목적을 동반하는 것이다. 양자세계의 현상에서는 과거와 현재의 차이가 거의 없다. 일상적인 거시세계는 과거와 현재의 차이가 매우 크다. 양자세계의 과거는 미래는 예측할 수 없을 정도로 다를 수 있다. 하지만 거시세계에서는 에너지가 충전되는 결과는 예측할 수 있다. 결과예측이 가능한 것은 우주가 목적론적이기 때문이라고 선 캐럴은 주장하고 있다.

똑바로 목표를 향해 걸어도 때로는 헛디디고 넘어진다. 여자가 미니스커트를 입고 하이힐을 신고 아무리 앞을 잘보고 예쁘게 걸어도, 때로는 넘어지고 무릎이 깨진다. 앞을 향해서 움직이는 목적론적 존재라고 해도 완전한 목적론적 안착은 존재하지 않는다. 누구든지 넘어질 수 있고, 헛디디고 다칠 수 있다. 실수로 넘어지면서 패턴을 이탈하는 것을 무목적인 현상이라고 몰아세우는 것은 지나칠 수 있다.

화이트헤드가 유기체 형이상학에서 임박한 미래가 현재를 결정한다고 주장했다. 목적이 현실에 영향을 주고, 미래의 꿈이 오늘의 삶에 영향을 준다. 목적론적 비전과 의지에 의해서 생존 효율성이 진전된다. 생존목적과 효율성은 유기체 생물에만 국한되는 것이 아니라, 생태 시스템의 오케스트레이션 현상에도 있다. 진화론자들이 주장하는 "무목적론적 진화과정"과 "무윤리론"은 우주의 목적론과 조화의 오케스트레이션에 대치되는 면이 있다.

마음의 구조에는 목적론적 희망엔진이 있으며, 이 엔진은 경이로운 꿈이 있을 때에 추진 작용이 가속화된다. 희망엔진은 삶의 생존 여정을 역동적으로 활성화시키는 중요한 원동기 역할을 한다. 희망엔진 작동은 특정한 사람들에게만 작동하는 것이 아니라, 모든 사람들에게 보편적으로 일어나는 것이다.[112] 모든 사람의 희망작용과 기능은 생물학적 개체 활동을 넘어서 생태 시스템의 오케스트레이션 현상을 이룬다.

목적론적 문화 스토리가 유전자의 생물학적 작용보다 더욱 효과적인 인지작용을 일으킨다는 주장이 있다. 이러한 주장은 아이러니하게도 유전자와 생물을 연구하는 브라이언 보이드(Brian Boyd)와 같은 진화론을 믿는 생물학자의 주장이다. 목적론적 문화스토리는 희망엔진을 활성화하며 몸의 생물학적 작용을 효과적으로 가동시킨다는 것이다.[113]

완벽한 도덕적 인생을 사는 사람은 없다. 실수와 시행착오 속에서 다양한 아픔과 희열들을 경험한다. 수많은 인생의 경우의 수들 속에서 순간순간 실제화 되어가는 현실은 기묘하게 전개된다. 물리학자들이나 생물학자들은 세상이 매 순간 복잡계에서 경이롭게 전개되고 있다는 것을 인정하고 있다.

합리주의 철학자 라이프니츠(Gottfried W. Leibniz)는 우리가 사는 기묘한 세상은 절대절묘의 최선의 세상이라고 주장했다. 지금 존재하는 세상은 다른 대안이 없는 "최선의 세상"(the best possible world)이라는 것이다. 최선의 선택들에 의해서 일어난 결과라는 것이다. 자연선택에 의한 진화과정은 적자생존이며, 현생 종의 생존은 적자생존의 최적화 현상이라는 진화론과 유사한 것이다. "최선의 세상론"은 현실의 아쉬움들을 어쩔 수 없이 받아들이라는 것으로 오해할 수 있다. 그러나 라이프니츠가 주장한 세상을 구성하고 있는 극단자(monad)는 내면적으로는 결정되어 있지만, 외면적으로는 열려 있다. 열린 창문을 가진 극단자는 목적과 현실 변화 가능성을 내다 볼 수 있다.[114]

하이데거가 언급한 것처럼 인생은 우주의 흐름에 던져진 운명과 자신의 의지 사이의 상호작용으로 이루어지는 게임이다. 던져진 운명 속에는 다양한 경우의 수가 존재한다. 그 경우의 수들 가운데 목적 실현에 이를 수 있는 수를 선택해서 결행하는 것이 실존적 생존과정이다.[115] 생존 효율화를 위한 목적의식과 선택은 운명적인 게임이 아니며, 의지와 선택적

결단이 중요하게 작용하는 열린 게임이다.[116]

무목적 진화를 주장했던 윌슨의 입장을 무–도덕주의자로 몰아세우기는 쉽지 않는 면을 보여주는 책이 나왔다. 앞에서 언급한 『지구의 정복자』와 『지구의 절반』이라는 책에서 협동의 개념을 중요하게 다루고 있다.[117] 진사회성에 의한 협동윤리에 대한 언급을 보면 무–도덕론자로 보기 어려운 부분이 있다.[118]

윌슨은 도덕에 대해서 처음에는 부정적인 주장을 하였지만, 최근에는 협동과 진사회성의 가치를 언급하고 있다. 인간이 지구를 정복할 수 있었던 것은 바로 진사회성에 의한 협동으로 이루어진 것으로 믿고 있다. 진사회성은 도덕적으로 승화될 수 있는 부분이다.[119] 윌슨은 진화론적 무–도덕론을 주장하면서 한편으로는 진사회성과 협동의 윤리를 언급한 양면성을 갖고 있다.[120] 진사회성의 협동윤리와 유기체적 관계윤리는 흔들리는 윤리의 해체론에 대해서 일정부분 잡아주는 역할을 할 수 있다.[121]

포스트모던 다원주의와 해체주의 사상 그리고 진화윤리학은 허무한 무–도덕 세상 쪽으로 흐르는 인상을 주고 있다. 차세대 윤리는 이러한 허무주의를 넘어설 수 있는 진전된 윤리론과 계몽이 시급하게 요구되고 있다. 윤리의 사이언스가 실용적으로 작동할 수 있는 기반학문으로서 과학철학이 녹아있는 메타인문학적(meta-humanities) 윤리를 도모해야 할 것으로 본다.[122]

도덕의 목표는 도덕이 없이도 살 수 있는 사회 즉 초–도덕 사회를 향하는 것이다. 법의 목표가 법이 없이 살 수 있는 사회를 목표로 하는 것과 같은 것이다. 그동안의 역사를 보면, 도덕이 필요 없는 사회의 실현은 불가능 했다. 한 쪽에서 도덕이 개선되면, 다른 한 쪽에서 문제가 생기는 상대적 현상이 있기 때문이다. 메타인문학적인 유연한 도덕론이 진전된 도덕사회로 근접해 가는 데에 어느 정도 도움이 될 수 있다.

이 세상은 초-도덕 사회를 향해 움직이고 있는 것으로 보인다. 그러한 움직임의 실용적 도구는 정치의 진화나 교육의 발달 혹은 경제의 진전이 될 가능성은 매우 약하다. 유연한 도덕주의가 일정부분 기여할 수 있을 것이며, 윤리의 사이언스가 기여할 것이다. 유연한 도덕주의는 개인의 도덕적 가치판단에서 한 단계 더 깊은 관용과 겸양의 윤리로 기여할 것이며, 집단적이고 구조적인 차원에서 더 영향력이 있는 도구는 윤리의 사이언스이다.

투명한 정보시스템과 빅-데이터의 열린 분석도구가 제한성을 줄이고, 악을 실제로 축소시키고 있다.[123] 지문인식이나 눈의 홍채 인식과 같은 감시기기가 탈-도덕을 축소하기 시작했다. 고성능의 정교한 cctv가 체온, 호흡, 표정, 행동패턴을 분석해서 테러나 도둑을 색출할 것이다. 미래 cctv는 마인드 리더(mind reader) 기능도 갖게 될 것이다. 윤리의 사이언스에 익숙해진 인류는 감히 부도덕한 일을 하지 못하는 존재양식으로 세팅될 것이다. 윤리의 사이언스가 초-도덕의 사회로 안내할 가능성이 높아지고 있다는 사실이다.

THE
FUTURE
OF
EVIL

제 3 장

돈의 쇠잔

1
돈의 **횡포**

대부분의 사람들은 돈을 좋아한다. 현대인들에게 돈, 사랑, 명예, 권력 중에서 제일 좋아하는 것을 선택하라고 하면, 상황과 처지에 따라 다르겠지만, 아마도 돈이 일위를 차지할 것이다. 그런데 그렇게 좋아하는 돈은 안타깝게도 현대인을 가장 시달리게 하는 악이 되고 있다. 여기서는 현대인을 가장 시달리게 하는 돈의 횡포에 대해서 생각해보고자 한다. 그리고 미래의 사이언스는 이 문제에 대해서 어떻게 기여할지 논의하고자 한다.

가치교환의 편리한 수단으로 사용하고 있는 것이 돈이다. 원래 "돈은 교환시스템이고, 권력은 조절시스템"이라고 사회철학자 위르겐 하버마스(Jurgen Habermas)는 주장했다. 돈은 수단이지 목적이 아니다. 권력도 수단이지 목적이 아니다. 권력은 힘의 갈등을 조절하고 조화를 이루기 위해서 만들어진 인위적인 시스템이다.

돈은 가치교환의 편리함과 경제의 의미는 뒷전으로 밀어내고, 돈 자체를 위한 기형경제시스템으로 발전하고 있다. 순진한 사람들은 아직도 금융시스템이 서민을 위한 것으로 믿고 다가가고 있다. 그러나 금융시스템은 이미 돈을 위한 것이지, 서민을 위해서 작동하는 것이 아니다. 금융시스템은 언제나 자본이 많은 사람에게 유리하게 작동하고 있다. 서민의 금융기관 활용은 안타깝게도 점점 더 어려워질 것이다. 서민의 내 집 마련을 위한 대출제도는 좋은 것이지만, 이자 납부로 허리가 휘어지고 있는 사람들이 적지 않다. 이러한 흐름은 당분간은 쉽게 변하지 않을 것으로 보인다.

모더니티의 계몽주의는 경제 정의사회와 분배정의 실현을 위해서 많은 노력을 했다. 산업사회의 빈부의 격차를 줄이고 가진 자와 가지지 못한 자의 갈등을 해소하기 위해서 부단히 노력했다. 하지만 경제 불균형은 심화되었고, 역사는 계몽주의 노력의 반대방향으로 흘러갔다.

칼 마르크스(Karl Marx)는 유물론적 유토피아 캠페인을 하면서 경제 불균형의 문제를 해결하기 위해 저돌적으로 공산주의를 외쳤다. 서민을 시달리게 하는 자본주의의 야만성에 대해서 맹렬하게 비난했다. 자본주의는 같은 가치의 교환인 "등가거래"를 표방하지만, 사실은 자본 중심으로 전개되는 부등가거래가 범람하고 있다. 자유 시장경제에서 자본의 횡포는 심각한 탈–도덕의 악이다. 이익이 발생하는 곳은 어디든 상관없이 탐욕적이고 야만적인 자본이 휘두르고 있다. 그 횡포는 피도 눈물도 없는 것처럼 보인다.

야만적 자본가는 가난한 자의 머리에 있는 티끌도 무자비하게 채간다. 탐욕적 자본가들은 시장 바닥에서 생선 몇 마리 놓고 파는 가련한 상인들의 생계는 아랑곳하지 않는다. 대형마트와 인터넷 쇼핑몰을 만들어 저가공세를 하면서 시장 바닥의 상업을 싹쓸이한다. 자본주의 목표는 오직 이윤추구라는 프로그램에 의해 작동하기 때문이다.

마르크스는 자본주의 시장은 인간의 영혼을 창탈하고 세상을 지옥으로 만든다고 주장했다. 자본주의 경제는 외모는 선의의 경쟁을 통한 잘 정돈된 경제정원(economic garden)을 향하는 것 같지만, 단 한 번도 진정한 경제정원을 만든 적은 없었다. 항상 경제정글이었다는 사실이다.

사회학의 아버지로 알려진 에밀 뒤르캥(Emil Durkheim)은 『자살론』(Suicide)에서 자본주의가 자살을 부추기는 핵심적 주범이라고 지적했다. 당시에 자본주의가 발달한 영국이나 네덜란드에서 자살율이 월등이 높았기 때문이다. 자본주의는 더 많은 것을 갖고 싶게 만들고, 더 큰 꿈을 꾸게 만들지만, 현실은 정 반대의 경우가 허다하다. 현실적인 괴리의 아픔은 많은 사람들로 하여금 자살을 생각하게 하고, 실제로 자살을 하게 만든다는 것이다.

네오마르크스주의(neo-Marxism)가 등장해서 경제정글을 교정하려고 시도했지만, 하이퍼 자본주의 시장경제의 변화를 일으키기에는 역부족이다. 마르크스와 네오마르크스주의는 그들이 그토록 증오했던 자본주의의 야만성을 무너뜨리지 못했다.

자본은 상업주의를 부추기면서 긍정적인 면으로 작동하기도 한다. 사람들을 부드럽고 호의적으로 만드는 도덕적인 면도 있다. 자신의 회사의 상품을 잘 판매하기 위해서 상품의 질 관리를 하면서 회사의 이미지를 높인다. 개인과 사회에 서비스 정신을 담아서 홍보하면서 상업행위를 한다. 상업주의가 호의성, 진실성, 서비스를 증진시키는 것이다. 그러나 사실 상업주의 호의성은 진정한 도덕성이라기보다는 가용적 편향성에 의한 전략적 고등꼼수에 가깝다. 하버마스가 언급한 것처럼 상업적 호의성에는 진정성이 없기 때문에 상업주의 경제흐름은 기만적인 것이다.

시장경제는 고대 물물교환시대부터 있었다. 물물교환시대에는 서로 부드럽고 호이적일 필요가 없었으며, 횡포적인 일도 거의 없었다. 자신의 물건을 필요로 하는 사람과 자신이 필요한 물건을 갖고 있는 사람을 만나서 교환하면 되는 것이다. 최소한의 신뢰만 있으면 물물교환은 얼마든지 가능했다.

중동 수메르에서 시작된 농경사회는 인간의 경제 발달에 초석이 되었다. 그러나 영주들이 대토지를 소유하면서 부와 권력을 독식하였고, 나머지 사람들은 빈곤의 삶이었다. 이런 생활 형태는 제조업이 발달한 산업혁명이 일어날 때까지 계속되었으며, 영주와 자본가들의 횡포가 이어졌다.[124] 산업사회 이후에 진화한 금융 시스템은 경제의 악을 부추겼다.

교환시스템의 경제진화는 이제 디지털경제로 이어지고 있다. 디지털경제는 경제활동의 속도를 높이고 있으며, 빈부의 격차가 일어나는 속도를 높이고 있다. 급속도로 일어나는 디지털 경제시스템의 변화는 서민을 더 우울하게 만들고 있으며, 악의 축소의 희망과는 정반대로 움직이고 있다.

돈의 역기능은 고액권 활용에서도 나타나고 있다. 하버드대학교의 경제학자 케네스 로고프(Kenneth Rogoff)는 현금은 인류에게 주어진 저주라고 생각하고 있다. 화폐는 소유표시가 되어있지 않기 때문에 범죄에 활용되고 있다. 화폐는 과거에 누가 소유했던 것인지 알 수 없으며, 누가 어디에서 얼마를 사용했는지 알 수 없다.

개인정보가 없는 고액권은 마약거래 대금이나 뇌물을 주는데 매우 편리한 수단이다. 도둑이 돈을 훔쳐서 사용해도 추적할 방법이 없다. 어디서 누가 얼마를 사용했는지를 알 수 있는 신용카드나 디지털화폐와 다르게 종이화폐는 익명성을 갖고 있는 것이 악을 양산하고 있다. 이런 현상을 케네스 로고프는『화폐의 종말』에서 돈을 인류에게 안겨준 저주라고 한 것이다. 돈은 일만 악의 근원이라고 구약성서에서 언급하고 있다.

『화폐의 종말』의 원래 책의 제목은 "현금의 저주"(The Curse of Cash)이지만, 한국어 번역에서 화폐의 종말로 번역되었다.[125] 로고프는 특히 고액권이 아주 편리하게 범죄와 탈세에 활용되고 있다는 사실을 지적하면서, 점진적으로 고액권 폐지 방향으로 가야한다고 주장하고 있다. 소액권에 대해서는 사회생활의 활용도가 높고, 순기능이 많기 때문에 긍정적인 것으로 보고 있다. 개인정보 보호를 위해서도 현금의 완전한 소멸은 일어나지 않는 것이 좋다는 것도 언급하고 있다.

로고프는 신용카드와 전자화폐의 세상으로 변해가고 있는 것을 긍정적으로 해석하고 있다. 디지털경제의 긍정적인 면이다. 사용료가 없는 체크카드 사용을 권장하고 있다. 돈을 찍어서 수익을 삼고 있는 정부는 종이화폐의 사라짐에 대해서 반대할 가능성이 있다. 로고프는 화폐의 역기능 문제 해결을 위해서 정부의 책임을 묻고 있다.

경제반칙을 은밀하게 도와주는 익명성을 가진 고액권 종이화폐는 폐지의 대상이다. 검은 돈 거래나 뇌물과 탈세를 양산시키면서 사회를 혼란시키는 경제악을 부추기는 일을 하기 때문이다. 디지털문명에서 전개되는 스마트폰 결재나 체크카드와 전자화폐는 경제반칙을 돕는 돈의 횡포를 축소시키고 있는 것이다.

하지만 디지털경제를 이상적인 시스템으로 보는 것은 아직은 짧은 생각이다. 주식시장의 주식매매는 디지털 프로그램으로 이루어지고, 시장분석도 디지털프로그램으로 이윤축적이 이루어지고 있다. 디지털 프로그램이 이윤과 연계되는 순간에 탐욕은 귀신같이 프로그램 안으로 들어간다. 디지털 알고리즘에 탐욕이 첨가된 경제프로그램은 해결하기 어려운 골칫거리이다.

필요한 것을 편리하게 취할 수 있는 교환수단으로 만들어진 돈이 복잡하고 다양한 금융상품을 만들었다.[126] 수많은 보험 상품, 펀드, 주식, 다양한 이자놀이 상품들이 즐비하다. 나름대로 명분이 있고 의미가 있는 것으로 보인다. 그러나 생명윤리와 인간가치를 살리는 화폐기능의 콘텐츠는 찾아보기 어렵다.[127]

돈 중심으로 움직이는 신자유주의 경제시스템은 시대가 발전하였음에도 불구하고 여전히 서민의 가슴을 시리게 하고 있다.[128] 자본의 횡포는 국제사회에서는 더욱 냉정하고 심각하게 일어나고 있다. 자본이 열악한 국가들은 더욱 뒤처지는 현상이 일어나고 있다. 지구촌 시대로 더욱 깊숙이 들어가면서 지구촌 경제정글의 정돈은 더욱 요원해지는 양상이다.[129]

거시경제의 도덕성에 대한 긍정적인 해석도 있다. 대규모 경제시스템은 도덕성을 중심으로 흘러간다. 보이지 않는 경제의 손은 도덕성을 갖고 있다. 거시경제는 도덕성에 의해서 흘러간다는 사실은 최근에 뉴욕대학교의 조나단 하이트(Jonathan Haidt)가 새롭게 발견한 것이다.

하이트는 거시경제의 보이지 않는 손의 조화와 미세조정을 하는 우주의식의 형태공명(morphic resonance)의 면모가 있다고 주장한다.[130] 형태공명이란 우주의 다양한 현상이 함께 연결되어 일어나는 것을 지칭하는 것이다. 우주의식에 의해서 다양한 현상이 균형을 이루어 일어난다는 것이다. 심리학자 칼 융(Carl Jung)은 공시성을 주장하면서 세상은 의식으로 연결되어 있는 것이라고 했다. 융의 공시성과 비슷하게 하이트는 거시경제의 도덕성은 국소적인 것이 아니라, 전체적인 의식의 현상과 맞물려 있다.

거시경제 도덕성의 한 예로서 삼성전자는 스마트폰을 만드는 과정에서 최고의 상품을 정직하게 만들어야 한다. 저작권에 문제가 생기거나 불량부품을 사용하면, 소비자들이 즉각적으로 반응하면서 회사는 어려움을 겪게 된다.[131] 거시경제에서 승리하기 위해서는 최고의 질 관리와 정직성이 필요하다. 이것은 의무가 아니라, 당연한 보편적인 패턴을 따르는 것이다.

제레미 리프킨이 언급한『노동의 종말』(The End of Works)을 맞이하게 될 미래사회는 경제활동의 내용과 의미가 새롭게 변하게 될 것이다.[132] 대형마트나 슈퍼는 완전 자동화가 되면서 대부분의 점원들은 사라질 것이다. 가상현실을 활용한 재택근무가 보편화될 것이며, 유연한 근무제가 활성화될 것은 기정사실화 되고 있다. 시간 선택의 자유가 많고 경제적으로 여유가 있으면, 사람들은 필사적으로 경쟁을 하지 않아도 된다. 초과저장 욕구게임에서 상대적으로 덜 시달리게 될 것이다. 목적의식은 돈 중심에서 삶의 본질과 연계된 목가적이고 자연 친화적인 차원으로 변하게 될 것이다.

하지만 돈의 횡포는 여전히 현실이다. 돈의 횡포에 대한 조절은 절실한 상황이지만 좀처럼 정상화되거나 개선되지 않고 있다. 횡포의 근원인 소유욕은 DNA에 존재하는 것이 아니다. 경쟁에서 창발 되어 인간의 본성처럼 인간의 마음에 안착되어버린 현상이다. 소유경쟁이 약화되고, 저장게임에 집착이 줄어들면, 탐욕기계의 속성은 조절될 수 있을 것이다.

돈의 횡포는 소유경쟁을 줄여줄 노동의 종말에 의해서 자동적으로 도래하게 될 것이라는 주장은 아니다. 인간의 제한성과 복잡계의 불확실성이 아픔을 지속적으로 제공할 것이기 때문에, 완전한 악의 종말은 도래하지 않을 것이다.

인간이 가장 좋아하는 돈이 가장 고통을 주는 악이 된 이유는 돈에 대한 소유욕 때문이다. 많이 가지려다가 다치는 것이 대부분이다. 탐욕적 소유감정을 조절하는 뇌신경과학의 연구는 없을까. 실수와 제한성이 인간의 숙명적 현실이기 때문에 인간은 끊임없이 제한성을 극복하고 싶어 한다. 제한성을 넘어서기 위해서 상대적으로 초과 소유를 시도한다. 경쟁조절과 적정소유 프로그램을 개발하여 뇌-신경과학적 학습에 적용하면 탐욕의 조절효과가 있을 수 있다. 그러나 그런 프로그램은 아직 보이지 않고 있다. 탐욕조절의 신경학습은 저장욕구게임에서 멀어지고 있다.

인간은 100조 개의 뉴런 시냅스를 갖고 있으며, 이 뉴런 시냅스들의 연결 형태는 모두 불규칙적으로 되어 있다. 불규칙적인 연결 시스템이 다양성과 실수의 원인이 되고 있다. 실수 속에서도 신경세포의 학습이 이루어지고 있다.

신경세포의 학습이 이루어지는 것은 무작위 경험에서 일어나는 것이 아니라, 패턴 현상에서 이루어진다. 패턴을 인식하면 원인과 결과를 추리할 수 있고, 미래의 예측되는 문제에 대한 대비책을 모색할 수 있다. 이 과정에서 실수를 줄이는 효율성 모색의 신경활동이 전개된다. 그러나 무작위 현상에 대해서는 아무리 시간이 흘러도 신경 학습활동이 이루어지지 않는다.

과실은 신경회로의 패턴과 비-패턴의 인지과정에서 일어난다. 신경회로 시스템은 유사한 현상에 대해서 이미 경험했던 패턴에 기반을 두고 판단하고 결행을 한다. 유사한 현상을 과거에 경험한 패턴과 같은 것으로 착각하면서 유사한 현상과 패턴의 차이성을 무시하게 되면 실수가 일어난다. 이 과정에서 가장 많이 일어나는 실수는 시간에 대한 이해이며, 소유에 대한 착각이다. 시간은 초감각적 인지 대상이기 때문에 시간에 대한 정확한 측정과 예측이 매우 어려우며, 시간 인식문제는 끊임없이 실수를 야기한다. 시계가 없으면 시간에 대한 인식은 매우 부정확하다.

소유에 대한 착각도 마찬가지다. 갖추어야 될 것들과 챙겨야 될 것들에 대해서 정확하게 인지하지 못하고 관리하지 못하기 때문에 실수가 일어난다. 시냅스의 불규칙한 연결이 각 사람의 개성을 만들고 있다. 세상에 단 한사람도 같은 사람이 없는 이유가 여기에 있다. 각자 시간에 대한 이해와 관리가 다르며, 소유와 관리가 다르게 나타나고 있고, 실수도 다양하게 나타난다. 다양성과 실수의 개선을 위한 신경학습이 가능하며, 탐욕조절도 신경학습으로 가능한 것으로 알려져 있다.

돈의 횡포는 인류사회의 의사소통을 훼방하고 있다. 돈에 의해서 인간의 의사소통이 왜곡되고 있다고 하버마스는 맹렬하게 주장하고 있다. 돈을 벌기 위해서 비의도적인 타협을 하고, 마음에 없는 말을 한다. 진실하지 않은 행동과 가짜 의사소통을 하는 경우가 늘어나고 있다. 페이스북과 유튜브의 가짜뉴스 문제는 해결하기 어려운 골칫거리이다.

소통의 세련된 예의와 정교한 스킬은 인간의 고등능력이다. 고등소통은 진정성과 신뢰가 전제된 것이며, 품위를 유지하는 데에 매우 중요한 요소이다. 그러나 현대 소통의 상당부분은 돈의 횡포에 의해서 왜곡되고 있다. 하이퍼 자본주의 횡포의 한 가운데 서 있는 현대인은 이미 본래 모습을 상실하고 비본래적인 모습으로 왜곡되어가고 있다.[133] 진실한 소통을 하는 경우는 점점 줄어들고, 형식적이거나 무의미한 소통이 늘어나고 있다.

돈의 횡포는 침팬지가 먹잇감을 구하는 수고보다 몇 배나 더 많이 힘들게 일하게 만들고 있다. 물론 다양한 문명의 혜택을 누리기 위해서 많은 노동을 해야 하는 것은 현실이다. 하지만 인간이 해야 할 본래의 노동량보다 훨씬 더 많은 노동을 하고 산다. 그리고 서민들의 초과노동의 대가의 대부분은 자본가들이 삼키고 있다. 머지않은 장래에 초-경제사회가 도래하면, 산업사회의 경제적 삶에 대한 평가는 매우 가혹할 것이다. 아침부터 저녁까지 노예처럼 일생동안 일만한 지옥의 삶이었다고 평가할 것이다.[134)]

루소는 자연 상태의 인간은 선하고 행복했으며, 자유로웠다고 보았다. 경제사회가 인간을 돈의 쇠사슬로 묶어서 자유를 억압하고, 일하는 기계로 만들면서 행복을 강탈해갔다. 그래서 루소는 인간의 자유와 행복을 되찾기 위한 사회계약을 주장했다. 경제 쇠사슬에서 해방과 자유와 행복의 회복은 어느 누구도 할 수 없으며, 오직 사회계약에 의한 보편적 의지(general will)의 주권에 의해서만 가능하다고 보았다. 그러나 보편적 의지의 주권에 의한 계몽주의 인권회복은, 매킨타이어가 주장한 것처럼, 그 목적을 달성하지 못했다. 돈의 횡포를 개선하지 못하고 암묵적으로 동조한 권력가들에 의한 탈-도덕은 대가를 치르게 될 것이다.

노벨경제학상을 수상한 예일 대학교의 로버트 실러(Robert Schiller)는 내러티브 경제(narrative economy) 이론을 전개하고 있다. 미국의 부동산 자산의 심각한 거품과 불균형을 염려하면서 미래경제를 염려하고 있다.[135)]

로버트 실러는 코로나바이러스(COVID-19)의 확산이 공포의 내러티브를 형성하면서 주식시장을 심하게 흔들었다고 보았다. 경제는 내러티브에 의해 변화가 일어나고 있다는 것이다. 가짜 스토리텔링에 의해서 출렁이는 금융경제는 금융의 교환기능을 심각하기 이탈하게 만들고 있다. 적지 않은 가짜 내러티브가 경제를 기만하고 서민의 호주머니를 털어가고 있다.[136)] 로버트 실러는 탐욕과 잘못된 내러티브에 의한 부동산 과열에 대해서 경종을 울리면서 정치적 개입에 의한 조절을 주문하고 있다.

노벨경제학상을 받은 뉴욕시립대학교의 폴 크루그먼(Paul Krugman)도

최근의 경제의 불균형의 심각성에 대해서 염려하고 있다. 코로나 바이러스에 의한 경제의 난맥 상태를 코로나코마(coronacoma) 상태라고 했다. 교통사고에 의해서 식물인간이 된 것처럼 경제가 경직되어 있다는 것이다.

에볼라, 사스, 메르스 바이러스의 유행 때보다 더욱 심각한 것으로 보고 있다. 유발 하라리가 언급한 것처럼 슈퍼AI가 바이러스의 횡포를 미리 탐지하고 알려주고 대처방안을 알려주는 시대가 도래하기 전까지는 위험하고 고단한 경제 파도타기를 해야 할 것이다. 폴 크루그먼은 유연한 경제적 자중을 요청하고 있다.

서양의 일부 경제학자들은 부의 쏠림현상으로 인해서 지구촌 경제가 멀지 않은 장래에 심한 통증을 느끼게 될 것이며 대공황을 맞이하게 될 것으로 예언하고 있다. 2019년 후반부에 시작되어 코로나 바이러스의 세계적인 대유행으로 인해서 세계 경제공황의 방아쇠가 당겨졌다고 보는 견해가 우세하다. 경제 사이클의 흐름에 충격이 더 가해진 것으로 보인다. 하지만 팬데믹에 의한 사회적 코마는 미래사회에서는 유발 하라리가 언급한 것처럼 사이언스에 의해서 정복 될 것이다.

대부분의 경제학자들은 현재의 금융시스템이 잘못 진화한 것이라는 사실을 알고 있지만 별다른 대책을 내놓지 못하고 있다. 로버트 실러와 폴 크루그먼의 걱정과 함께 촘스키와 하버마스를 비롯한 많은 전문가들이 현대경제의 모순을 날카롭게 지적하고 있지만, 왜곡된 경제의 물결은 그대로 흘러가고 있다.

국가주의 경제가 고개를 드는 것도 흥미로운 변화이지만, 경제의 큰 흐름은 여전히 자본 중심의 경제패턴이다. OECD 국가들은 자국경제 활성화를 위해서 법인세와 상속세를 낮추는 방향으로 접근하고 있다. 오바마 정부 때에 미국의 법인세는 30%가 넘었지만, 트럼프 정부는 20%로 하향조정 했으며, 앞으로 더 내릴 전망이다. 그 이유는 국내 기업들이 외국으로 나가지 않게 하고, 외국에 있는 기업들이 미국으로 들어오게 만들기 위한 것이다. 실제로 성과를 거두었고, 미국의 실업률은 줄어들고 있으며, 국민 소득은 높아지고 있다.

아일랜드의 경우는 법인세가 12.5%이며, 국내에서 연구개발에 성공한 경우의 사업에 대해서는 6.5%의 법인세를 부과한다. 세계에서 가장 작은 법인세율이다. 세계적인 최고의 기업들이 아일랜드로 모여들었고, 국민의 경제적 수준이 세계에서 가장 높은 국가 중에 하나가 되었다. 지구촌 공동체 시대가 열리고 있음에도 불구하고 자국경제 발전을 위한 경제는 위험한 이기적 국수주의 현상이다.

자국경제 발전과 사회적 분배정의가 충돌하는 현상도 있다. 법인세에 추가로 거액의 상속세를 내야하는 삼성의 고민은 자본가의 고민이 아니라, 국가적인 고민의 대상이다. 국가는 지구촌 경제정글에서 국가의 생존을 우선 생각해야 하는 것은 당연한 일이다. 미국과 아일랜드는 지구촌 경제와는 상관없이 국가 부의 실현을 위해서 부자감세로 접근하여 성공하였다. 이 국가들의 시도는 피케티의 참여사회주의에 반대방향으로 접근하고 있으며, 현실적으로 국익에 작동하는 것으로 보인다. 그러나 법인세의 감면은 분배정의에 역행하는 면이 있다. 부자를 더 큰 부자로 만들기 때문이다.

하이퍼 자본주의에 의한 돈의 횡포는 삶을 더 앗아가고 있다. 하이퍼 자본주의는 부동산 거품을 만들고, 가짜 수요와 공급을 조작하고 있다. 시장 가격을 교란시키고 있다. 왜곡되고 극단적인 소유경제 마인드는 투기와 갈등의 심각한 경제 병리현상으로 나타나고 있다. 마르크스는 자본주의 역기능의 한계상황에 이르면 자본주의는 종말을 맞이할 것이라고 주장했다. 극단적인 자본주의 한계 상황에서 노동자의 혁명이 일어날 것이며, 이 혁명에 의해서 자본주의 종말과 수평적 세상이 도래할 것이라고 예언했다. 그렇지만 마르크스의 예언은 빗나갔다.

극단적인 자본주의는 한계상황에 이를 것은 사실로 보인다. 미래의 자본주의는 약한 자본주의와 분산 경제시스템으로 변할 가능성이 있기 때문이다. 그러한 변화는 노동자 혁명이나 정치의 수환가나 경제의 전문가가 아니라, 과학기술문명이 이룰 것이다. 사이언스 윤리가 하이퍼 자본주의를 붕괴시키고 경제구조를 약한 자본주의와 분산 경제 시스템으로 재편할 것으로 보인다.

케빈 켈리의『인에비터블』(The Inevitable)에 따르면, 이제 소유하지 않고 접근하는 세상으로 변하고 있다.[137] 소유권에서 사용권으로 변하면, 아파트가 투자 수단이 되는 것은 시대착오적인 것이 될 것이다. 소유권은 동물들의 영역표시와 같은 수준이 될 것이며, 생존에 필수적인 것은 아니라는 사실이 자명해질 것이다. 돈을 쌓아둘 필요가 없는 초-경제사회가 도래하고 있는 것이다. 그런 세상이 도래하면, 자본주의 시스템이나 부동산 재테크로 돈 버는 일은 기력을 다할 것이다.

과학기술문명의 발달은 경제 패러다임을 새롭게 재편하게 될 것으로 보인다. 수요공급의 경제패턴이 변할 것이며, 경제가치의 시스템이 새로운 국면에 접어들 것이다. 스포츠, 교육, 엔터테인먼트, 그리고 경제도덕까지 바뀔 것이다. 사이언스 윤리에 의한 경제흐름의 변화는 스포츠 엔터테인먼트에서는 일반올림픽보다 장애인 올림픽이 더 각광을 받게 만들 것이다.

유발 하라리는 장애인 올림픽에서 디지털기기를 활용한 장애인의 역량강화가 올림픽 경기의 관심 대상이 될 것으로 보고 있다. 신기하고 경이로운 장애인 디지털 스포츠는 선천적인 몸의 역량 차별에 대한 근본적인 해결을 제시하고 있다. 달리기가 약하거나 키가 작고 힘이 적은 문제는 디지털 스포츠 시대에는 문제가 되지 않는다.

유전자 편집이나 크리스퍼 디자인의 생명과학 기술들이 성형을 정교하게 개선할 것이며, 나노 기술로 자신이 원하는 체형을 만들고, 장애의 상당부분을 회복하거나 대체할 것이다. 성형수술 없이 영화배우 같은 외모를 가질 수 있다. 외모지상주의 시대가 종말을 고하게 될 수도 있다. 탄소 나노튜브의 대량생산이 가능해지면서 재료공학의 혁명과 함께 건축경제의 새로운 차원으로 전개될 것이다. 이러한 경제와 삶의 패턴의 변화는 먼 미래의 이야기가 아니라, 한 세대가 지나가기 전에 일어날 것으로 보인다.

마르크스는 돈의 횡포를 해체하고 분배정의를 제창하면서 경제사회적 계급이 없는 수평적 사회를 외쳤다. 그러나 자본주의 횡포는 마르크스가 기대했던 프롤레타리아 혁명과 공산주의에 의해서 무너지지 않았다. 야만적인 괴물의 금융 시스템은 4차 산업혁명에 의해서 흔들릴 것이다. 토마스 쿤(Thomas Kuhn)은 『과학혁명의 구조』에서 과학혁명은 차곡차곡 단계적으로 일어나는 것이 아니라, 전격적인 패러다임의 변형(paradigm shift)으로 온다고 언급했다. 4차 산업혁명도 단계적으로 도래하는 것이 아니라, 전격적으로 등장하고 있으며, 세상을 급격하게 변화시키면서 돈의 횡포에서 벗어나게 만들 것이다.

돈의 횡포의 악은 언제 사라질까. 그런 초-경제사회 시대는 멀리 있지 않으며, 그 조짐은 이미 시작되었다. 경제 부조화의 개선을 위한 도덕적 진화는 디지털 과학혁명에 의해서 빠르게 진행되고 있다. 공동체주의 정신이 들어있는 첨단 사이언스가 경제 불균형 문제를 담당하게 될 것이며, 빈부의 소멸시대가 도래할 것이다. 공평한 세상을 추구하는 신계몽주의 가치의 현실화가 눈앞에서 경이롭게 전개될 가능성이 높다.

2
빈부의 소멸

　빈부의 갈등은 농경사회 초창기부터 나타난 매우 오래된 사회적 악으로 분류되어 있다. 고대 농경사회에서는 빈부의 문제는 있었지만, 빈부의 격차를 줄이려는 생각은 아주 미세했다. 시도했다 하더라도 실현 가능성은 매우 희박했다. 부는 천운이 따르는 특별한 사람에게 주어진 현상으로 간주하고 가난을 숙명으로 받아들이는 일이 허다했다. 동서양을 막론하고 농경사회에서는 운명론이 지배적이었다. 대부분의 사람들은 무지해서 빈부의 격차를 악으로 생각하지도 않았다. 불평등을 당연시하고 위계시스템과 계급을 올드 딜(old deal)로 여기고 운명적으로 받아들인 것이다.

　모더니티의 인간중심주의가 세상에 대한 해석을 인간중심으로 하면서 빈부의 불공정함이 드러나기 시작했다. 평등, 자유, 인권 등의 가치관이 등장하면서 빈부의 격차 문제는 보편적인 도덕기준에 위배되는 것으로 규명되었다. 계몽주의 가치관에 현혹된 많은 사람들은 마르크스의 평등주의 사상을 신의 한 수로 생각하고 추종했다. 그러나 마르크스주의는 실패했다.

많은 사람들은 여전히 부의 평등을 기대하면서 사회주의적 진보성향을 취하는 사람들이 적지 않다. 하지만 공부를 조금만 하면 진보성향의 정치 슬로건은 이상이지 현실이 아니며 비실용적이라는 것을 금방 알 수 있다. 그럼에도 불구하고 마르크스주의를 다시 부르짖는 네오마르크스주의 사상을 업고 움직이는 좌파 운동은 어디까지 갈지 궁금하다.[138]

피케티는 극단적인 하이퍼 자본주의 문제의 대안으로서 부자증세와 참여사회주의를 주장하고 있다. 하지만 실현 가능성은 미약하다. 세습자본주의의 횡포와 소수에게 자본쏠림 현상의 역기능은 이미 마르크스가 주장한 것이다. 피케티는 그런 현상은 지난 200년간 진행되었고, 2100년에는 걷잡을 수 없이 심하게 전개될 것을 걱정하고 있다. 분배정의 실현과 세습자본주의를 약화시키자는 것에 대해서 많은 사람들이 찬사를 보내고 있지만, 여전히 이상적인 꿈으로 보인다.

그러나 미래사회에서는 빈부의 차이는 거의 소멸될 것이다. 빈부의 소멸은 좌파성향의 정치인들이나 사회주의 사상을 추종하는 사람들의 노고에 의해서 도래할 것으로 보이지는 않는다. 피케티가 주장한 부자증세로는 분배정의를 실현하지 못할 것이다. 네오마르크스주의가 고개를 들면서 빈부의 갈등을 해소하려고 노력하지만 기약이 없다. 경제 천재들이 노력을 하고 있지만, 변화는 그렇게 크지 않을 것으로 보인다. 인간의 이기적 속성이 작동하는 자본의 흐름은 인간이 스스로 막지 못할 것이기 때문이다.

빈부의 소멸은 협력공생의 윤리가 담겨있는 사이언스가 안겨줄 가능성이 높다. 시장가치를 형성하는 생활필수품의 수요공급 체계가 3D프린터와 슈퍼AI 로봇에 의해서 재편될 것이다. 생존 효율성을 향한 정보를 쉽게 접하고 나눌 수 있는 고성능 스마트폰, 질병을 줄이는 첨단 비타

민, 해로운 바이러스에 대한 AI 탐지기 등의 초-첨단 디지털문명이 삶의 질을 개선하고 필수품의 대폭적인 가격저화로 인해서 빈부의 격차를 현격하게 줄여줄 것이다.

빈부격차의 소멸 사회는 피케티가 생각한 미래의 참여사회주의 모습과는 다른 양상이 될 것이다. 부자증세에 의한 빈부 조절과 상품 자체의 가격인하에 의한 빈부조절은 서로 다르기 때문이다. 돈의 기능은 생활필수품의 수요와 공급의 매개체로서 존재할 것이다. 진전된 디지털문명 사회에서는 인간이 필요로 하는 것들을 저렴하게 언제든지 가질 수 있다. 서민들도 건강 체크를 손쉽게 할 수 있고, 치료도 어렵지 않게 받을 수 있다.

수요와 공급의 시장시스템과 돈의 가치기능은 그렇게 중요해지지 않을 것이다. 서민들의 생존의 고뇌를 달래줄 과학기술문명이 깊숙이 전개된 세상에서는 돈에 집착하는 일이 약해질 것이다. 신제품과 새로운 가치세계가 지속적으로 등장하면서 자본의 위력은 과시되는 면은 있겠지만, 자본의 횡포는 그렇게 심하게 작동하지 않을 것으로 보인다.

피케티가 예상하고 있는 세습자본주의는 민주주의가 훼손될 정도로 정치에 관여하는 일은 있을 것이다. 세습자본주의의 야만적 괴물의 역할을 마음대로 하지는 못할 것이다. 피케티는 1810년에서 2010년간의 경제흐름을 면밀하게 분석하면서, 상황에 따라 다소 차이는 있지만, 세계 인구의 1퍼센트에 해당되는 사람들이 세계의 부의 반 이상을 갖고 있다는 주장이다. 설득력 있는 지적을 하면서, 이대로라면 앞으로 계속 빈부의 격차는 더 커질 것으로 내다보고 있다. 최근의 경제흐름에서는 빈부의 격차가 더욱 심해지고 있는 것이 사실이다. 선진국일수록 더욱 심하며 한국도 그렇다.

그러나 경제 불평등은 4차 산업혁명과 사이버 윤리의 진전에 의해서 조절될 가능성이 높다. 과학기술문명이 안겨줄 미래 경제의 지평은 20세기 경제흐름의 패턴과는 다른 방향으로 안내할 것이다. 빈부의 소멸은 자본주의 야만성이 쇠잔되고, 현대인을 돈의 노예에서 해방하며, 돈을 위한 금융시스템이 약화되는 현상으로 전개될 것이다. 생산비용의 급감하면서 적지 않은 제조업의 기업들이 사라질 것이다. 자본의 기능이 현저하게 줄어들 것이며, 자본을 중심으로 전개되었던 경제시스템이 실용성 중심으로 변화될 것이다. 자본주의가 붕괴될 것이라고 주장하는 사람들까지 있다.

첫째로 빈부의 소멸은 3D프린터와 나노기술과 같은 것이 크게 기여할 것이다. 미래학자들은 3D프린터의 발달은 공산품이나 생활필수품 그리고 인간장기까지 만들 것으로 내다보고 있다. 이 제품들은 가격이라고 할 수 없을 만큼 싼 가격으로 내려가게 될 것으로 보고 있다. 인체에 필요한 다양한 칩이 3D프린터에 의해서 만들어질 것이며, 누구나 어렵지 않게 갖게 될 것으로 내다보고 있다.

3D프린터와 원재료 그리고 어플(application)과 동력이 있으면 누구나 제품을 생산할 수 있다. 값싼 상품이 아니라, 최고급 상품들을 만들 수 있다. 인체에 필요한 임플란트용 칩도 생산이 가능해진다. 명품도 짝퉁 복제가 아니라, 진품을 스캔해서 진품과 다를 바가 없는 것을 만들어서 얼마든지 사용할 수 있다. 컴퓨터 가격으로 구입할 수 있는 3D프린터가 그것을 가능하게 할 것이다. 모든 사람들이 3D프린터를 사용해서 진품과 같은 것을 복제해서 갖게 되면 저작권의 문제는 아주 약해지거나 무의미해질 것이다.

디지털시대의 지적 재산권은 약해지고 있으며, 상업적 가치가 내려가고 있는 것은 어쩔 수 없는 현실이다. 방대한 정보가 인터넷에서 공짜로 돌아다니고 있으며, 저작 로열티나 거래 수수료도 줄어들고 있다. 상품의 특허나 제품번호를 추적하기 어려울 정도로 독창적이고 다양한 제품들이 여기저기서 즐비하게 될 것이다.

인간에게 최적화된 고영양의 양질 식품들이 쏟아져 나오게 될 것이다. 나노 테크놀로지의 산업화시대가 되면 모든 제품의 단가가 최소한의 가격으로 내려갈 것이며, 모두가 풍요의 시대에 살게 될 것이다. 뒹굴뒹굴 놀고먹으면서 하고 싶은 것을 하면서 사는 꿈같은 시대가 도래하고 있다.

자본을 많이 가진 사람이나 없는 사람이나 별 차이가 없어지는 세상이 오고 있는 것이다. 대부분의 사람들은 주로 기본소득제도로 생활할 것이며, 일은 재미와 자기실현 차원에서 할 가능성이 높다. 집 없는 사람들은 조그만 땅만 있으면 저렴한 비용으로 집을 지을 수 있으며, 장애인들은 재활장비나 활동증강 기기들을 기초비용으로 만들어서 손쉽게 사용할 수 있다.

수렵사회에서는 누구든지 과일을 따먹고, 동물을 잡아먹으며 살았다. 과일의 주인이 없으며 동물도 주인이 없기 때문에 언제든지 과일 따먹고 사냥을 할 수 있었다. 모든 사람에게 공평한 기회가 주어졌다. 가질 수 있는 여건이 공평했기 때문에 빈부의 문제가 없었다. 그런 사회와 비슷한 초-경제사회가 도래하고 있다. 최고 수준의 옷의 패션이나 고급음식을 마음대로 만들어 입고 먹을 수 있는 시대가 오고 있기 때문이다. 유전자 편집을 통한 배양육이나 음식물은 먹거리의 문제를 근본적으로 해결할 것이다.

문명비평가이며 경제학자인 제레미 리프킨(Jeremy Rifkin)은 『한계비용 제로 사회』에서 첨단 통신 디지털기기와 3D 프린팅 기술 그리고 사물인

터넷과 무료 에너지 시대가 전개되면, 생산과 판매가 전혀 새로운 차원으로 전개될 것이라고 했다.[139]

리프킨에 따르면 3D 프린팅은 "대량생산"에서 누구나 생산할 수 있는 "대중생산"으로 변하게 만들 것이며, 태양열 에너지와 같은 녹색에너지를 활용한 드론의 택배 배송비용은 최저로 내려갈 것이다.[140] 다시 말하지만, 리프킨은 대부분의 상품가격이 원자재와 기초비용으로 형성될 것이며, 많은 상품들이 공짜에 가깝게 된다는 것이다. 생산과 소비에 동시에 참여하는 사람들 즉 프로슈머(prosumer)가 대중화될 것이며, 스마트 경제가 확대될 것으로 내다보고 있다.[141]

둘째로 빈부의 소멸은 투명한 디지털 경제시스템이 기여할 것이다. 아날로그 시대에는 기업이 이윤을 내면 일정부분의 이익은 숨기고 적당한 이익만 공개해서 자본가들의 이익을 극대화하는 쪽으로 꼼수를 전개할 수 있었다. 그러나 이제는 기업의 이윤은 숨길 수 없는 세상이 되어가고 있다. 디지털재무회계 시스템이 정교하게 작용하기 때문에 인위적으로 조작하는 일이 쉽지 않게 되어 있다. 원재료 구매와 생산과정 그리고 마케팅과 판매실적이 고스란히 디지털시스템에 남기 때문이다.

기업의 실적을 투명하게 알고 있는 구성원 들은 합리적인 분배의 목소리를 높일 것이다. 투명경영은 기업에도 도움이 될 것이다. 기업실적의 투명성은 기업의 어려움에 대해서 구성원 들이 진실하게 알 수 있는 상황이 된다. 어려운 기업의 회생을 위한 협동이나 고통을 함께 감내할 가능성이 높아지는 면도 생길 것이다.

셋째로 에너지 가격이 현격하게 내려가는 녹색에너지가 빈부의 소멸에 기여할 것이다. 탄소에너지에서 태양광 에너지 활용과 풍력발전기와 같은 녹색에너지로 변하고 있다. 스마트 그리드(smart grid) 전력망은 전력의 공급자와 소비자가 실시간 정보교환을 하면서 에너지 효율의 최적화를 이루어낼 것이다. 녹색에너지는 지구촌 경제차원에서 거래될 것이다. 산유국의 횡포나 자본국가의 무례함이 사라질 것이다. 서민들이나 개발도상국가에서도 저가로 에너지를 활용할 수 있게 될 것으로 보인다.

석유의 매장량은 제한된 것이기 때문에 석유에너지를 이용해서 쌓을 수 있었던 부는 이제 하향 곡선을 그리기 시작했다.[142] 석유의 대체에너지가 나오고 있으며, 녹색 자연 에너지를 활용한 소형발전기가 보편화되면 에너지 비용도 상당히 내려갈 것이다. 에너지 비용의 하향으로 인해서 이윤을 추구하는 스케일과 시스템도 달라질 추세다.

탄소에너지의 한계에 대해서는 논란의 여지가 있다. 탄소에너지의 대표적인 석유는 지구의 내부에서 지층의 압력작용이 화학물질의 변화를 일으키면서 석유가 만들어진다는 새로운 지질학적 연구가 제기되고 있다. 지상의 유기물이 매몰되어서 생성되었다는 석유에 대한 이해가 재론되고 있으며, 탄소에너지의 한계에 관한 주장이 흔들리고 있다.

에너지 활용의 기술진화는 지속적으로 전개될 것이다. 원자나 수소를 활용한 에너지가 활성화되고 보편화될 것이다. 미래 에너지는 물과 공기처럼 거의 공짜에 가까운 가격으로 활용할 수 있는 세상이 도래할 것으로 보는 미래학자들이 적지 않다. 지금처럼 서민들이 추위에 떨고, 더위에 시달리는 세상은 끝이 날 가능성이 높다. 나노의복이 등장해서 체온을 보호하고, 세균퇴치가 이루어질 것이다. 세탁을 하지 않아도 스스로 깨끗해지는 옷과 따뜻한 나노 옷은 서민의 추운 겨울의 고달픔을 해결할 것이다.

넷째로 양자컴퓨터가 빈부의 소멸에 기여할 것이다. 아직 양자컴퓨터가 보편화되지는 않았지만, 양자컴퓨터가 도래하면 더욱 투명하고 안전한 세상을 만들 것이며, 신속한 문제해결의 세상으로 변할 것이다. 양자 컴퓨터는 가진 자를 중심으로 활동하는 것이 아니라, 모든 인류를 위해서 작동할 것이다.

문제의 해결책이 거의 실시간으로 나오며 비용이 거의 제로에 가까운 양자컴퓨터 시대가 도래 하면 빈부의 소멸은 자동적으로 오개 될 것이다. 사회문제해결의 비용이 바닥으로 내려갈 것이다. 사회문제에 의한 법률 비용이 현격하게 줄어들 것이며, 의료진단과 치료가 어렵지 않게 되면서 의료비용도 약화될 것으로 보인다.

초전도체(superconductor)를 사용하는 양자컴퓨터는 반도체를 활용한 기존의 컴퓨터의 기능보다 1억 배나 빠르게 기능을 할 수 있다는 것이다. 0과 1이 중첩되어 연산하는 양자컴퓨터는 기존의 컴퓨터와 비교가 안 될 만큼 빠르고 정확하게 작동한다. 기존의 컴퓨터가 3년 이상이 걸리는 일을 단 1초에 해낼 수 있다는 것이다.

초전도체는 과학에서 사용하는 절대온도에서 전류가 양방향으로 흐르는 원자 41번 Nb(Niobium)을 사용해서 양자컴퓨터가 가능하다는 것이다. 절대온도란 켈빈(Kelvin)온도 0도를 의미하며 섭씨 -273도를 의미하는 것으로 되어 있다. 양자컴퓨터의 슈퍼AI는 약자나 소외계층이 비용문제와 학식의 부족으로 문제해결을 하지 못하고 억울하게 당하거나 차별을 받는 일을 소멸시킬 것이다.

한국은 이미 생산 현장에서 로봇을 가장 많이 활용하는 나라 중에 하나이다. 슈퍼 인공지능의 로봇은 인간의 노동을 대체할 뿐만 아니라, 상당부부의 정신노동까지도 대체할 것으로 알려져 있다. 세무, 회계, 법률, 의료 행위까지 다양한 면에서 로봇이 할 것으로 내다보고 있다. 인간은 피땀을 흘려야 생존이 가능한 숙명적 존재이었지만, 이제 피땀을 흘려야 하는 노동의 굴레에서 벗어나게 될 것이다.

땅과 건물이 없는 서민들이 부자가 될 수 있는 세상이 오고 있다. 아마존은 제품을 만드는 공장이나 매장이 없으면서 수많은 상품들을 인터넷으로 판매하고 있다. 우버는 택시가 없으면서 인터넷으로 택시운행을 하는 회사이다. 에어비앤비는 호텔을 갖고 있지 않으면서 인터넷으로 호텔사업을 하는 회사이다. 인터넷을 통한 생산과 배송의 최적화에서 나타나는 플랫폼 기술 사업이 기하급수적으로 번창하고 있다. 이런 회사들은 이미 세계 주식시장에서 최고의 가치를 갖고 꼭대기에 올라가 있다.

4차 산업혁명에 담겨있는 "현장 파괴적 기술"이 경제 시스템을 완전히 바꾸기 시작했다. 회사에 출근해서 상사의 눈치를 보고 물리적 공간에서 스트레스 받으면서 일하던 패턴이 바뀌고 있다. 일생 노예계약을 하는 평생직장의 개념이 소멸되기 시작하고 있다. 4차 산업혁명의 현장 파괴적 기술은 마르크스와 해방신학에서 그토록 원했던 자본가 몬스터들의 착취와 횡포에서 서민들에게 해방을 안겨줄 것이다.

대형 제조업은 여전히 건재할 가능성이 높다. 인공위성이나 우주선을 만들고, 거대한 중력파 탐지기를 만들며, 대형 공공시설을 만드는 일은 여전히 건재할 것이다. 그러한 것은 사기업과 공기업이 협동해서 새로운 차원의 기업시스템으로 전환될 것으로 보인다. 그에 필요한 자본도 필요하지만, 산업사회의 경우와는 달라질 가능성이 높다.

인건비가 저렴해질 것이며, 첨단 기술의 전문직에 종사하는 사람들은 돈을 위해서 일하기보다는 취미에 가까운 일이나 사명으로 여기고 기여하게 될 것이다. 그리고 나머지 노동은 로봇이 모두 처리할 것이기 때문에, 대형 제조업은 자본의 기능에만 의존했던 것과는 다른 차원으로 전개될 가능성이 있다.

제레미 리프킨은 미래 경제시스템은 아직 구체화되지는 않았지만 공유경제나 맞춤형 경제가 될 것으로 보고 있다. 필요에 따라서 특정 그룹에 필요한 경제시스템을 만들어서 그들만을 위한 맞춤형 경제가 이루어질 것이다. 수렵사회들이 들판에서 공동으로 자유롭게 먹이를 채취하는 것과 유사한 공유경제의 세상이 도래할 가능성이 높다.

　경제 갈등의 종말이 온다고 해서 진정한 유토피아가 도래하는 것은 아니다. 선악의 중첩은 사실이며, 그 어느 것에도 예외는 없다. 조화와 부조화 그리고 협동과 갈등은 언제나 공존하고 있다. 세상의 복잡계(complex system)에는 예측하기 어려운 불확실성과 창발성이 존재한다. 미래의 불확실성은 경제학이나 사회학 그리고 첨단 물리학에서도 해결하지 못할 수 있다. 과학기술문명은 빈부 갈등의 악을 소멸시키는 순기능만 하지는 않을 것이다.[143)]

　디지털문명의 역기능은 인간이 소화하고 관리할 수 있는 차원을 넘어서 이제 디지털 비만의 시대로 들어섰다. 생존에 필수적인 것들이 디지털화 되면서 인간의 본래적 존재양식이 퇴색되고 있다. 디지털시스템에 맞는 뇌신경구조로 변화되면서 종의 변형이 일어나고 있다. 디지털 비만관리를 긴급하게 하지 않으면 지구촌 인류의 위협은 감당하기 어려운 단계에 진입할 수 있다.[144)] 디지털문명은 알고리즘에 의한 정직성은 있지만, 가치관과 의미가 없기 때문에 디지털비만의 오작동의 문제가 심각할 수 있다.

　삶의 최적화와 생명윤리의 가치를 세우는 일은 탐욕기계인 인간이 이룰 가능성은 매우 적어 보인다. 일부 지각있는 사람들은 위험한 현실을 인지하고 디지털 생명윤리의 정교한 조정을 언급하기 시작하고 있다. 하지만 디지털비만의 역기능의 실제적인 조절을 향해 가기는 역부족이다.

다섯째로 미래의 공유경제와 분산자본주의 시스템이 돈의 기형적 쏠림현상을 조절할 것이다. 공유경제가 보편화 되면서 사유재산 의미는 미세해 질 것이다. 거래비용이 급격하게 축소되면서 기존의 중간유통을 통한 이윤추구는 상당히 작아질 것이다. 공유경제와 분산협력 시스템은 서민들이 기대하던 돈의 횡포에서의 해방과 빈부의 소멸의 세상을 안겨줄 것이다.

미래 사회에도 소유제도는 존재하겠지만, 지금처럼 땅 한 평을 목숨을 걸고 지키는 시대는 아닐 것이다. 집과 토지는 소유의 개념이 아니라, 생활 개념으로 바뀌게 될 것이며, 부동산 소유가 더 이상 부의 상징으로 작용하지는 않을 것이다. 소유권보다는 사용권이나 접근권이 실용화될 것이기 때문이다. 국가 예산은 주로 법인세로 운영될 것이며, 정부는 세금 거두는 일이나 국가사업을 위한 자금모금이 쉬워질 것이다.

빈곤의 문제는 스티븐 핑커가 언급한 것처럼 2030년이 되면 현재 세계 인구의 10% 빈곤율이 0%로 낮아질 것이다. 혹시 소수의 가난한 사람들이 있게 된다면, 그것은 권력의 횡포나 행정의 미숙함에서 오는 불균형에 의한 것이다.

수요공급의 시장경제 시스템이 쇠잔하고 돈 가치의 중요성이 약화되는 시대가 도래 하면 세상의 관습과 윤리도 새로운 국면에 접어들 것이다. 계약과 조건 없이 나누는 관습이 다시 고개를 들 것이다. 돈 때문에 자존심을 굽히고 굴욕적인 삶을 사는 일은 사라질 것이다. 돈 중심의 상업주의에서 벗어나 삶의 가치와 의미를 모색할 것이다.

하이퍼 자본주의는 기력이 쇠해지고 소유경쟁이 현격히 완화되면서 사람들은 극단적인 과잉경쟁의 저주에서 벗어나게 될 것이다. 최근의 빈부격차의 증가는 일시적인 현상일 뿐이다. 자본주의는 물리의 법칙이 아니기 때문에 잠시 있다가 사라지는 것이다. 멀지 않은 미래사회에서는 빈부의 격차가 납작해지면서 평등과 자유를 새롭게 맞이할 신계몽주의 꿈이 현실로 전개될 것이다. 우주 패턴의 원초적인 아름다움이 발현하는 것이다.

3

연성경제 사회

빈부의 소멸은 인류가 염원하고 있는 초-경제사회(trans-economic society)로 안내할 가능성이 높다. 초-경제사회란 기존의 수요공급의 경제시스템을 초월한 사회를 의미한다. 기존의 "자본을 위한 자본"의 왜곡된 교환시스템은 잘못이 드러나면서 기능을 하지 못할 것이다. 돈의 횡포가 작동하지 않고, 소유경쟁이 줄어들면서 매우 약해진 시장경제의 환경이 될 것이다. 가진 자의 횡포와 갑질이 현격하게 줄어드는 경제악의 쇠잔이 초-경제사회로 인도할 것이다.

초-경제사회는 돈을 위한 경제가 아니라, 사람을 위한 경제로 전환된 것이다. 다시 언급하지만 시간과 장소에 제한 없이 언제나 필요한 물건을 만들고, 최적의 균형 잡힌 식사를 할 수 있다. 스마트폰으로 건강검진을 수시로 할 수 있고, 치료도 로봇의사가 저렴한 가격으로 해줄 것이다. 소유를 많이 해서 미래를 대비해야 할 필요성이 매우 낮아지고 있다. 그렇기 때문에 시간이나 장소의 차이나 변동으로 인해서 발생하는 이윤추구나 기회이윤 중심의 교환시스템의 경제는 기력이 약화될 수밖에 없다.

자본주의의 본격적인 행진은 불과 2세기 정도였으며, 최근에는 붕괴의 조짐을 보이기 시작하고 있다. 제레미 리프킨이 언급한 것처럼 자본주의는 문화와 삶을 고갈시키기 때문이다.[145] 그리고 첨단 경제시스템의 혁명이 자본주의를 퇴화시키고 경제악을 정말로 소멸시킬지 궁금해 할수 있다.[146]

첨단과학기술문명 사회에서는 "자본 중심"의 경제시스템에서 "의미중심"의 경제로 전환될 것이다. 공급시기 조절이 불필요하게 되거나 약화될 것이며, 주문생산은 현격하게 줄어들면서 새로운 경제혁명이 나타나기 시작할 것이다. 대량생산을 위한 자본은 더 이상 필요하지 않다. 대량생산에서 대중들이 각자 필요에 따라 생산하는 대중생산으로 변화될것이기 때문이다. 자본의 기능이 저하되어 나타나는 "약한 자본주의" 경제구조가 될 것이다.

최근의 시장은 포스트시장(post market)의 양상을 띠면서 시장 경제행위는 소극적으로 변하고 있다. 그동안 경제는 물건교환과 서비스교환 그리고 엔터테인먼트의 상업성을 중심으로 시장에서 전개되었다. 그러나 앞으로는 물건의 수요와 공급은 인터넷에서 더욱 활발하게 이루어질 것이다. 시장이나 마켓의 필요성이 약화되는 포스트시장이 사회가 되고 있다. 가게를 차리고 물건을 파는 것은 매우 원시적인 상업행위이며, 미래사회에서는 소수의 특수 상품들만 그런 상업행위에 의해서 유통될 것이다.

상가건물들을 추가로 짓는 것은 미래사회를 공부하지 않은 투자가들의 모험이다. 앞으로 물건을 사고파는 상가의 공실률은 계속 늘어날 것이다. 상업성이 있는 소수의 특정지역을 제외하고 대부분은 공실이 될것이다. 상가에서 물건을 사고파는 경제 시스템이 붕괴되고 있으며, 포스트시장 경제가 전개되는 것은 기정사실이다.

서비스교환은 인공지능이나 로봇이 대행할 것이다. 엔터테인먼트 시장도 가상현실(virtual reality) 테크놀로지가 급격하게 진화하면서 매우 다른 양상을 띨 것이다. 가까운 장래에 가상현실의 테크놀로지는 현실에서 오감으로 경험하는 것을 그대로 느끼게 할 것이다. 거기에 추가적인 엔터테인먼트 요소들을 넣어서 사람들을 현혹할 것이다.

고도로 발달된 인공희락의 가상현실의 디지털 엔터테인먼트를 외면할 사람은 거의 없을 것이다. 오감의 느낌을 현실과 똑같이 느끼는 가상현실의 데이트가 감미롭고 즐거우며 만족스러우면, 현실 데이트는 약화될 수도 있다. 서비스경제와 엔터테인먼트 시장은 이상적 삶을 현실로 느끼게 하는 디지털 유토피아 국면에 접어들고 있다.

초-경제사회는 시간이 많은 시민의 경제의 패턴으로 전개될 것이다.[147] 구글이 선정한 미래학자 토마스 프레이(Thomas Frey)는 2030년이 되면 세계의 20억 개의 직장이 사라질 것이라고 했다. 옥스퍼드대학교의 칼 프레이(Carl B. Frey)와 마이클 오스본(Michael A. Osborne)은 가까운 장래에 미국의 일자리가 47%가 사라질 것이라고 주장했다.[148] 전자기계의 발달은 단순히 노동을 대체하는 차원을 넘어서 많은 부분에서 지적노동까지 대체할 것은 분명해 보인다. 시간이 많은 백성들의 경제 패턴은 새로운 양상을 띨 것이다.

제레미 리프킨은『노동의 종말』시대의 대량해고를 예측하고 있다.[149] 행여 해고당하지 않은 사람들의 일자리는 노동 조건이 매우 열악하게 될 것이라고 했다.[150] 프랑스의 경제전문가인 자크 아탈리(Jacques Attali)는 노동자들이 대량으로 해고되고 기계가 새로운 프롤레타리아 계급이 될 것이라고 했다. 기계가 노동자가 되면, 기계세를 받아야 한다는 것이다. 마이크로 소프트 사장인 빌 게이츠(Bill Gates)도 앞으로 로봇세를 추징해야 한다고 주장하고 있다.

하지만 아직 인간이 사회의 기계적인 노동굴레에서 해방이 된 것은 아니다. 산업사회의 끝자락에서 기계적인 노동을 해야만 하는 것이 현실이다.[151] 하루에 8시간 씩 노동하는 것을 좋아하는 사람은 없다. 노동이 힘든 이유는 8시간의 긴 노동만이 아니라, 경쟁적 생산성에 농락당하는 추가적인 아픔 때문이다.[152]

리프킨은 프랑스가 처음으로 주당 35시간 일하는 것을 제도화한 것을 예를 들면서, 일주일에 30시간 정도로 일하는 시간을 조정해야 하며, 앞으로 점점 줄어들 것으로 보고 있다.[153] 첨단과학기술이 원숙한 단계에 이르면, 현재 노동력의 2%만 가지고도 지구촌의 필요한 생산품을 만들어 낼 수 있다는 주장이다.

노동의 생산성 중심의 가치는 매우 약해질 것이며, 노동조합이나 근로자를 고려하는 사회적 시스템은 거의 사라지게 될 것이다. 노동경제에서 정보 커뮤니케이션 경제로 변하면서 새로운 사회계약이 일어나게 될 것이라고 리프킨은 예측하고 있다.[154] 노동이 현격하게 축소된 사회에서 중앙정부의 역할도 감소할 것이다. 정치인들이나 정부 공무원들은 자신들의 역할을 새롭게 규명하게 될 것이다.

산업사회의 생산성 중심의 경제는 노동량을 확대시켰다. 초과노동을 해야 하는 올무에 걸려들게 했다. 초과노동에 적응하지 못하고 낙오되면 과거의 원시사회로 돌아가는 것이 아니라, 생을 접어야하는 단계에까지 이르게 했다. 지위를 높이고, 품위를 갖추고, 좋은 집에서 살기 위해 기꺼이 초과노동을 했다. 생산성 증진과 초과노동은 능력경쟁을 촉진시켰다.

능력경쟁은 메리토크라시(meritocracy)라는 능력주의 사회를 탄생시켰다. 하버드대학교의 마이클 센델은 능력주의 사회를 맹렬하게 비판하면서, 능력주의가 불평등을 심화시키고 민주주의를 파괴하고 있다고 주장하고 있다. 센델은『능력주의의 횡포』라는 책에서 직업과 부와 성공에 대한 능력주의는 사람들 사이를 갈라놓고 있다고 지적하고 있다.[155] 부모의 능력이 자녀에게 세습되고, 그러면서 불평등은 더욱 심화되면서 민주주의가 훼손되고 있다는 것이다.

마이클 센델은 의사와 청소부의 일의 가치를 비슷하게 평가해야 한다는 것이다. 의사는 병을 치료하지만, 청소부는 병을 예방하는 것이기 때문이다. 코로나 바이러스에 의한 전염병은 예방을 철저히 해야 하며, 청소부와 같은 직업의 역할이 매우 중요하다는 것이다. 마틴 루터 킹(Martin Luther King) 목사는 암살당하기 바로 전에 모든 사람의 직업의 중요성을 언급했다. 센델은 킹 목사가 언급한 것을 인용하면서 능력주의의 왜곡을 비판하고 있다.

포스트시장사회는 초-시장가치의 회복현상으로 나타날 것이다. 산업사회에서 노동의 대가로 원하는 것을 어느 정도는 가질 수 있지만, 초-시장가치의 행복은 구매할 수 있는 것이 아니다. 행복지수가 오히려 후진국 사람들이 높은 것을 보면, 문명 혜택과 행복지수는 별개인 것으로 보인다. 경제와 행복이 비례하는 것으로 생각하는 것은 당연히 착각이다. 하지만 좀처럼 이 착각에서 깨어 나오지 못하고 있다. 특히 젊은 세대일수록 경제력과 행복지수를 연동해서 생각하는 경향이 높은 것으로 보인다.

마이클 센델은『돈으로 살 수 없는 것들』에서 무엇이 가치를 결정하는가에 대해서 여러 가지를 언급하고 있다.[156] 친구, 사랑, 자존심, 소신, 우정, 신뢰 등은 초-시장가치를 지니고 있다. 초-시장가치는 행복과 밀접한 관련이 있는 것들이다. 행복지수를 깎아 먹는 요소들은 소유경쟁에서 상대적 박탈감과 열등의식과 같은 것들이다.[157]

경제의 새로운 패러다임은 대규모 무용계급(useless class)을 야기 시킬 것이라는 견해가 있다. 초-경제사회에서 골칫거리로 여기게 될 수 있는 미래의 무용계급 등장은 사실일까. 유발 하라리는 현대 산업구조에서 일하던 사람들은 첨단기술문명 사회에서는 직업을 잃고 무용계급으로 전락할 것이라고 언급했다.[158] 리프킨의 대량 해고 주장과 같은 것이다.

하라리는 대부분의 제조업은 사라지고, 거기에서 일하던 사람들은 대량의 무용계급이 될 것으로 보면서 걱정하는 시각이다.[159] 그러나 대규모 무용계급은 레저시간을 많이 갖고 삶의 본질과 의미를 향해 움직일 것으로 보인다. 첨단기술문명 사회에서는 모두가 직업을 가질 필요가 없는 세상이기 때문에, 걱정의 대상이 아닐 수 있다.

의식주 문제가 해결된다면 초월적인 깊은 놀이를 즐기는 사회로 변할 가능성이 있다. 자원봉사자들이 많아질 것이고, 공적 서비스도 늘어날 것이다. 리프킨은 공적 서비스가 보편화되면서 경제적 욕심노동과는 차이가 있는 새로운 사회적 책임의식이 강화될 것으로 보고 있다.[160]

노동의 종말은 제한된 차원에서 올 것이며, 최소한 노동은 여전히 불가피할 것이다. 노동은 인간의 존재양식의 한 부분이기 때문이다. 무용계급이라 할지라도 최소한의 노동은 해야 할 것이다. 수렵시대에는 사냥을 했던 것처럼 노동은 생존을 위해서 필수적인 것이다. 미래사회도 전적인 무노동 시대는 없을 것이다. 4차 산업혁명 시대에 농사와 사냥과 먹을 것을 만드는 작업은 여러 면에서 새로운 유형으로 변할 것이다. 여전히 3D프린터를 작동하기 위해서 원재료를 구하고 활용하고 소비하는 노동정도는 해야 할 것이다.[161]

생명과학에 의해서 먹잇감이 해결되고, 인공희락의 즐거움이 실제희락보다 더 좋고, 기거할 집이 아주 저렴한 가격으로 얼마든지 공급이 가능한 세상이 오면, 돈 쌓기는 중요하지 않을 것이다. 상품의 부족과 미래 안녕에 대한 불안으로 생겨난 소유경쟁이나 서열경쟁은 매우 약해질 것이다.

하지만 자크 아탈리는 『미래 대예측』에서 앞으로 2030년 안에 인류는 고통의 경제 쓰나미가 몰아치는 위험한 사회가 전개될 것을 대비해야 한다고 강조하고 있다. 특히 개인의 삶을 망가트리는 분노의 경제가 일어날 것이며 격분의 경제가 될 것이라고 주장하고 있다. 법이 작동하지 않는 시장경제가 될 것으로 보고 있다.[162]

제리미 리프킨도 미래사회를 "더욱더 위험한 세계"로 표현하고 있다.[163] 리프킨과 아탈리가 걱정하는 것은 임박한 미래에 전개될 위험한 세상이다. 임박한 미래사회의 위기는 격분경제만이 아니라, 디지털문명이 맞이할 위기도 마찬가지다. 그래서 이 책에서 긴급한 협력공생의 윤리를 강조하는 것이다.

초-경제사회에서는 "절대적" 사유재산은 착각이며, 개인 소유는 실제가 아니라는 사실이 보편화 될 것이다. 실제 소유는 언제나 사회 속에서 "상대적"인 것이다. 내 땅에서 나는 곡물을 소비하는 소비자가 있어야 내 땅의 가치가 있는 것이다. 소유는 공적인 시장 메커니즘에서만 존재한다. 아파트를 열채 갖고 있으면 부자이지만, 그것을 전세나 월세로 임대해서 사는 사람들이 있어야 그 가치와 부가 유지되는 것이다.[164]

분노의 경제와 극단적인 소유경제 시스템이 실제로 도래할 가능성은 높지만, 매우 일시적인 현상일 것이다. 부의 극단적 쏠림이 조절되고, 신자유주의 시장경제와 하이퍼 자본주의가 조절되는 초-경제사회가 앞에서 기다리고 있다.[165] 4차 산업혁명이 미래사회를 어떻게 변화시킬지 모른다는 의견이 있지만, 경제 패러다임의 혁명적 변화는 사이언스의 기하급수적 진화에 의해서 올 것이고, 초-경제사회의 모습이 될 것이다.

제레미 리프킨은『소유의 종말』에서 경제패러다임의 변화를 자세하게 서술하고 있다.[166] 소유경제 시스템은 더 이상 필요하지 않은 시대가 도래 하고 있다는 것이다. 자가용 소유의 종말이 올 것이다. 소유하고 있는 자가용은 일하고 잠자는 시간 외에 대부분은 주차장에 세워둔다. 하루에 한 두 시간 사용하고 주차장에 세워두는 것은 매우 비효율적인 것이다. 자율주행차가 보편화 되면 자동차의 주차장은 70%이상 사라질 것이다. 건축허가 요건에서 주차공간의 필수 사항은 없어질 것이다.

교통체증이 사라질 것이며, 차들의 주행의 부드러운 흐름이 보편화될 것이다. 교통사고는 거의 없어질 것이다. 모든 자동차들의 전체 움직임이 하나의 유기체처럼 조직적이고 효율적인 전산프로그램으로 움직일 것이기 때문이다. 자가용 소유의 종말과 함께 자동차시장도 소멸할 것이다. 자가용 소유와 관련된 수많은 직업들이 종말을 고할 것이다.

초-경제사회의 결과는 경제 중심의 삶에서 벗어나 초월적 깊은 놀이를 많이 하게 될 것이다. 초월적인 깊은 놀이의 핵심은 고등종교의 초-시장적 가치추구가 될 것이다. 대부분의 고등종교는 초-경제 공동체이었다. 재물을 많이 쌓아두는 것을 부정적으로 해석했으며, 적선하며 나누는 것을 더 가치 있는 것으로 해석했다. 수많은 사람들이 그런 가르침에 동조하고 따랐다. 초-경제공동체는 종교 친화적이기 때문에 종교에 관한 구체적인 언급이 필요하다.

일부 사이비 종교는 재물을 많이 갖게 되는 것이 축복이라고 가르치면서 왜곡된 종교적 가르침을 일삼고 있다. 종교인이 재물을 많이 갖고 있으면, 사람들은 그런 종교인은 배척하고 따르지 않을 것이다. 종교가 재물의 복을 가르칠 때에는 반드시 재물 자체가 초-시장적 가치를 추구하는 일에 사용될 것을 전제해야 한다. 그렇지 않으면 세상은 종교적 부와 안녕을 위선으로 몰아세우고 성토할 것이다.

　시간이 많은 초-경제사회의 미래 인간들은 인생의 근본을 묻고 대답하는 생명의 의미와 가치에 대한 관심이 많아질 것이다.[167] 리프킨은 기술문명의 미래사회는 궁극적인 가치를 향한 인생여행이 시작될 것으로 보고 있다.[168] 삶의 본질을 다루는 종교는 초-시장적 가치를 추구하면서 자기실현과 궁극적 가치 놀이에 관심 있는 사람들에게 매력을 줄 것이다.

　초-경제사회에서는 초월적 깊은 놀이의 종교는 과학과 계속 충돌하게 될까. 과학이 종교를 괴롭히는 것으로 오해하는 사람들이 있다. 과학은 규칙성 혹은 패턴에 대한 해석이고, 종교는 초월적 깊은 놀이로서 삶의 의미와 가치를 묻고 대답하는 것이다. 과학은 반복되는 현상에 대해서 테스트할 수 있고 증명할 수 있는 것만 해석할 수 있다. 패턴으로 일어나는 일에 대해서만 해석할 수 있는 것이 과학의 제한성이기도 하다. 아인슈타인은 과학이란 감각기관으로 얻은 정보를 인간이 이해할 수 있는 방법으로 정리한 것이라고 했다. 그리고 인간의 이성으로는 진리를 얻을 수 없다고 했다.

　과학과 종교는 서로 생각과 방법 그리고 언어가 다르다. 과학과 종교가 생각과 언어가 다르다고 소통하지 않고 등지고 배척의 대상으로 삼는 것은 얕은 생각이다. 아인스타인은 종교 없는 과학은 지체장애를 갖고 있는 것이고, 과학이 없는 종교는 시각장애를 갖고 있는 것이라고 했다.

　과학이 초월적 깊은 놀이를 배척하는 것은 장기 두는 사람이 바둑을 무시하는 것과 유사하다. 과학과 초월적 깊은 놀이가 다르다고 해서 서로 틀린 것이 아니며, 서로 다르다고 소통하지 않는 것도 조화의 원리에 맞지 않는다.[169] 야구게임에서 사용하는 언어와 축구게임에서 사용하는 언어가 다르다. 언어가 다르고, 게임이 다르며, 규칙이 다르다고 해서 서로 배척하는 것은 사료 깊은 자세가 아니다.

하버드대학교의 진화생물학자 스티븐 굴드(Stephen Jay Gould)는 종교와 과학은 서로 비판하지 말아야 한다고 했다. 굴드는 창조과학과 지적설계론에 대해서 앞장서서 비판적인 입장을 취하였음에도 불구하고 그런 주장을 했다. 창조과학이나 지적설계론은 종교가 아니라는 입장에서 비평한 것이다. 굴드는 종교의 본질에 대해서 노마(NOMA: "non-overlapping magisteria")를 언급하면서 과학과 종교는 영역이 다르기 때문에 상호비판은 하지 말아야 한다는 주장이다.

스티븐 굴드는 종교와 과학에 대해서 더욱 조화가 필요하다고 언급했다. 굴드는 종교와 과학은 상호 필수조화적인 면이 있는 것으로 언급하였으며, 그 이유는 과학이 우주의 물리적 구조를 해석해서 종교적 세계관 이해에 도움을 줄 수 있기 때문이다.

과학은 의미 있는 일을 모색하거나 가치를 추구하는 학문이 아니다. 과학적 접근은 세상에 대한 분석과 이해를 환원적으로 하는 것이다. 환원주의는 세상의 사실에 대해서 왜 그런지 분석하고 원리를 이해하는 방법이다. 환원주의는 가치나 의미 혹은 생명에 대해서 분석하지 못한다. 그 이유는 생명과 의미는 창발적인 것으로서 환원주의 방법으로는 해석할 수 없는 것이기 때문이다.

과학은 선을 추구하거나 옳은 것을 모색하는 것도 아니다. 과학은 도덕성을 모색하는 것이 아니다. 과학은 지구촌에 나타나는 수많은 윤리적인 문제를 걱정하지 않는다. 과학이 종교와 윤리 가치관을 생각하지 않고 계속해서 앞으로만 달리면 아인슈타인이 언급한 것처럼 과학은 스스로 지체장애를 갖게 될 것이다. 사이언스 윤리가 없는 위험한 세상을 맞이하게 될 것이다.

세상은 아인슈타인만 필요로 하는 것이 아니라, 셰익스피어도 필요하다. 과학만이 아니라, 인문학도 필요한 것이다. 스마트폰은 기계만 있는 것이 아니라, 콘텐츠도 있어야 한다. 세상은 아인슈타인과 셰익스피어, 컴퓨터와 콘텐츠, 과학과 종교가 서로 공존해야 하는 것이다.

과학은 눈의 기능을 확장하는 현미경과 망원경의 혜택을 엄청나게 받고 있다. 현미경으로 형용하기 어려운 복잡한 생물학적 구조를 살피고 있다. 망원경으로 천체를 살피면서 경이로운 우주를 이해하고 있다. 현미경과 망원경이 없었다면, 인간은 아주 원시적인 차원에서 세상을 이해할 것이다. 세포와 바이러스를 보지 못하는 의료기술은 동의보감 수준에 머물렀을 것이다. 디지털 현미경과 초-고성능 망원경의 기능과 자기공명을 활용한 MRI 영상촬영 기능은 인간의 눈 역량을 천문학적으로 확장시킨 것이다.

청각기능과 감각기능의 확장의 보조기기에 관한 디지털 칩 기술이 상당한 약진을 하고 있다. 귀에 소리인식 칩을 삽입해서 달팽이관의 기능을 대행하는 청각장애 극복기기가 만들어지고 있다. 뇌와 신경 작용을 분석하고 역량 증진을 위한 기술이 늘어나고 있다. 뇌에 칩 임플란트 기술이 보편화 되면, 뇌에 칩을 넣어 알츠하이머를 치료하고 잃어버린 기억을 복구할 수도 있다. 유전자 활동을 탐색하고 유전자 변화의 변수들을 계산하면서, 유전자 편집과 디자인을 할 수 있다.

앞으로 디지털기기의 발달로 인한 인지역량(cognitive competence)은 기하급수적으로 진화할 것이다. 그 결과는 상상을 초월하는 세상으로 안내할 것으로 보인다. 미래학자 레이 커즈와일(Ray Kurzweil)은 생물학적 뇌와 첨단 디지털기기로 만든 비생물학적 뇌의 하이브리드 사고(hybrid thinking)가 현실적으로 작용하는 시대가 2030년경에 나타나게 될 것으로 보고 있다.

엘론 머스크는 비생물학적 AI와 생물학적 뇌의 공생적(symbiosis) 개발을 강조하고 있다. 엘론 머스크의 공생적 하이브리드 연구는 슈퍼 AI의 횡포에서 인류를 보호하기 위한 제안이다. 서로 생존을 위해서 필요한 관계를 만들어야 인류의 미래가 안전할 것으로 보는 것이다. 이런 현상은 현실이 될 가능성이 높으며, 하이브리드 사고에 대한 교육과 준비를 위한 새로운 교육환경이 필요해 보인다.

과학은 생명의 본질에 대한 규명은 해결하지 못할 것으로 보는 사람들이 우세하다. 개체들 사이에서 창발 되는 생명과 인생의 가치와 의미는 생물학이 해결할 수 있는 것이 아니다. 물리학이나 양자역학이 규명할 수 있는 것도 아니다. 과학자들이 생명의 신비와 종교의 지평을 섭렵하는 현상이 늘고 있으며, 의미와 가치를 위한 종교의 불가피성을 주장하는 과학자들이 늘어나고 있다. 물론 종교나 우주의식을 부정하고 질료와 사건들만 존재한다고 믿는 과학자들도 적지 않다.[170]

초-경제사회는 고등종교의 르네상스를 열어줄 것으로 보인다. 모더니티 방법과 돈 중심의 자본주의에 시달리던 종교는 초-시장경제 사회에서는 약진하게 될 것으로 보인다. 고등종교 특히 초대 기독교 공동체에서는 자본주의 형태의 경제시스템을 따르지 않았다. 소유의 개념이 약했고, 서로 나누고 돕는 초-경제사회 이었다. 마르크스가 공산주의를 생각한 것도 초대 기독교 공동체의 삶과 에피큐러스의 공동체 생각에서 배운 것이다.

젊은 시절의 마르크스는 기독교인이었고, 신학을 전공하려고 했었다. 기독교에 대한 이해는 상식수준 이상이었다. 마르크스는 초기 기독교공동체와 희랍의 쾌락주의자 에피큐러스(Epicurus)의 공동체이론을 심층 연구하면서 공산주의 이론을 착상했다. 마르크스는 초-경제사회의 가치는 알았지만, 안타깝게도 실현 방법에서는 실패한 것이다.

공산주의는 이념적으로는 그럴 듯 했지만, 이기적 유전자 기계들이 실용적으로 활용할 수 있는 사회경제 프로그램은 아니라는 사실을 인식하지 못했던 것이다. 그리고 마르크스는 종교의 가치를 외면한 실수를 했다. 계몽주의 이성을 최고의 도구로 삼았던 포이에르바흐의 인본주의적 무신론의 영향을 받았기 때문이다.

그러나 시간이 지나면서 마르크스는 포이에르바흐의 유물론을 사이비 이상상주의(cripto-idealism)라고 비판했다. 인간을 소외시키는 포이에르바흐의 하늘의 가족 이론은 이상주의 성향을 갖고 있기 때문이다. 포이에르바흐 자신은 헤겔의 이상주의를 넘어선 유물론자라고 자랑스럽게 생각했지만, 마르크스의 공격에 의해 쇠잔을 면치 못하게 되었다.

포이에르바흐는 교회가 말하는 하늘의 가족은 거짓으로 투영된 것이라고 생각했다. 교회에서 하늘의 이상적인 가족을 강조하면, 부부싸움을 하는 일반 가족은 소외감만 더 느낀다는 것이다. 교회는 실현 불가능한 하늘의 가족을 본 받아야 할 모델로 제시하는 것은 소외감을 부추기는 잘못을 저지르는 것으로 선언했다. 소외감에서 해방시키기 위해서는 거짓으로 투영된 하늘의 가족 이미지를 붕괴시켜야 한다고 했다. 그러나 기독교의 하늘의 가족 모델은 가족의 삶의 개선 용도이지, 본질적으로 제한성을 갖고 있는 인간에게 절대적인 준용을 강조한 것은 아니다.

마르크스는 종교는 소외의 원인(cause)이 아니라, 소외의 증상(symptom)이라고 했다. 종교는 가슴이 없는 세상의 가슴이며, 영혼이 없는 세상에 영혼이라고 했다. 억압된 세상에서 억압을 하소연하는 곳이다. 종교를 대중의 아편이라고 한 것은 종교에 대한 이런 이해의 맥락에서 언급한 것이다. 그렇다고 여기서 마르크스를 유신론자로 해석하려는 것은 아니다.

프리먼 다이슨은 『과학은 반역이다』라는 책에서 과학이 아무리 발달해도 종교는 인간조건의 개선을 위해서 지속적으로 존재할 것이라고 했다. 과학기술문명이 매우 발달한 상황에서 종교의 가치에 대해서 종교철학자들보다 과학자들이 더 우호적인 인상을 주고 있다.[171] 다이슨은 시에 대한 해석이 여러 가지가 있듯이 과학에 대한 해석도 다양하다는 것이다. 종교에 대한 경직된 과학주의 태도를 경계하고 있는 것이다.

유발 하라리는 실리콘 벨리에서 일어나고 있는 과학기술의 발전에 대해서 선과 악 혹은 의와 불의에 대해서 이야기 할 수 있는 스토리텔링이 필요하다고 했다. 스토리텔링은 종교적 성향을 갖고 있으며, 다양한 종교들 가운데 가치와 의미의 경쟁에서 승리한 종교가 그 일을 감당하게 될 것이다. 차세대 인류는 인간의 원래적 삶의 양식에 친화적인 목가적이고 전원적인 삶을 동경하게 될 것이다. 생명을 사랑하고 초-경제적 친교를 나누며 영적놀이를 하는 고등종교를 좋아하게 될 것으로 보인다.

우주의 경이로움 속에서 발견되는 우주미학과 같은 신비스러운 신적인 요소들은 신을 동경하는 인간의 겸허한 마음과 삶의 심연의 메마른 가슴에 생수를 제공하게 될 것이다. 과잉경쟁에 시달린 영혼들이 초-경제사회를 실제로 경험하면 종교적인 차원으로 몰입하게 될 것으로 보인다.

초-경제사회 시대가 온다고 해서 악의 종말이 도래하는 것은 아니다. 종교와 경제윤리는 친구이면서도 서로 다른 영역이기 때문이다. 종교는 초월적 가치와 의미의 세계이고, 도덕은 현실적인 관습의 사회조화 시스템이다. 종교와 경제의 실제 차이는 주관적 이상과 객관적 현실의 차이와 비슷한 것이다.

종교를 과소평가했던 모더니티 사상은 신 중심의 종교적 세계관을 밀어내고 인간중심의 세상을 만들었다. 에밀 뒤르캥(Emil Durkheim)은 사회의 결속과 도덕적 질서 그리고 사회적 유화기능을 위해서 종교가 사회적 기능으로서 생성된 것으로 보고 있다. 모더니티의 계몽주의 후예로서 인본주의에 입각해서 종교를 해석한 것이다.

진화심리학에서 종교는 스트레스 완화 행동이 발전한 유전자의 구성 작용이라고 보고 있다. 포식자로부터 느끼는 위협과 자연의 괴이한 현상에서 느끼는 공포감에서 안전과 평안을 비는 마음이 종교성으로 발전했다는 견해다. 사실 스트레스 완화는 위험과 잘못의 얽힘에 대한 마음풀기에서 일어나는 것이다. 하지만 종교는 위험과 잘못의 얽힘에 대한 마음풀기만은 아니다.

프로이트(Sigmund Freud)는 종교를 바라는 바에 대한 환상적 착각이라고 이해했다. 종교를 정신 병리학적 현상으로 본 것이다. 종교적 행위와 신앙은 노이로제 증세이며, 공동체 신앙행위는 집단 노이로제라고 보았다. 손을 청결하게 씻어야 한다는 강박관념이 있는 사람이 손을 지속적으로 씻으려고 하는 것과 같이, 종교적 행위도 죄의 용서를 위해서 신에게 지속적으로 용서를 간구하는 것과 같은 현상으로 본 것이다.

프로이트는 종교의 종말을 예언했다. 과학이 발달하면서 종교는 정신 병리학적 환상 혹은 노이로제라는 사실이 밝혀지면, 종교는 소멸될 것이라고 주장했다. 그러나 프로이트가 사망한지 80년이 넘었고, 정신분석학과 인지과학 그리고 뇌신경 과학이 괄목할만하게 발전하였지만, 종교는 사라지지 않았다.

"신이 죽었다"고 선언한 니체(Friedrich Nietzsche)는 무신론자로 알려져 있다. "신이 죽었다"고 선언한 것은 실제로 신이 죽었다는 뜻이 아니라, 유럽의 각질화 된 기독교의 신이 죽었다는 것이다. 사제는 죄의식이 없는 사람에게 죄를 날조하여 죄의식을 갖게 하고, 회개를 요구한다는 것이다. 니체는 『선과 악을 넘어서』(*Beyond Good and Evil*) 그리고 『도덕의 계보』(The Genealogy of Morals)에서 자연적이고 무도덕적인 세상에서 종교가 도덕을 날조해서 연약한 백성들을 기만하고 억압하고 있다고 비난했다.

무고한 사람들로 하여금 죄책감을 느끼게 만들고 억지로 죄를 고백하게 만드는 노예의 도덕 종교라고 비판 했다. 니체는 인간을 기만하는 고장 난 기독교의 신은 죽었으며, 특히 본질을 잃어버린 기독교가 자신들의 신을 죽였다고 성토한 것이다. 역사 속에서 세상에 크게 영향을 주었던 신은 이제 실제로 작동하지 않는 다는 사실을 외친 것이다.

니체는 진정한 신에 대한 완전한 부정을 했다고 보기는 어렵다. 그렇다고 니체가 유신론자였다고 주장하는 것은 결코 아니다. 니체는 해석된 그리스도에 대해서는 관심이 없었다. 니체는 진정한 역사적 예수의 실재에 대해서는 깊은 관심을 가졌으며, "이 사람을 보라"(Ecce Homo)라고 하면서 진정한 인간을 바라보라고 했다. 초월적인 깊은 놀이에 미련을 버리지 못한 니체의 모습이다.

고독하게 살면서 견디기 어려운 정신질환을 가졌던 니체는 불행한 사람이었다. 친척들 혹은 지인들과 좋은 관계를 갖지 못했다. 아카데미의 학문을 버리고 거친 글을 쓰면서 거리를 헤매며 야인으로 살았다. 니체는 어린 여자와 스위스 명산을 돌아다니면서 데이트와 열애를 했지만 결혼은 하지 못하고 죽었다.

그런데 니체는 풍파는 언제나 전진하는 자의 벗이라고 했다. 수많은 풍파를 경험하면서도 천재적인 글을 쓰면서 아픈 마음을 표현한 사람이 풍파를 친구로 생각한 것은 아이러니한 것이다. 행복과 풍파는 중첩되어 있는 것으로 보인다. 주권적 개인으로서 인간의 의지는 도덕적 명령을 거부할 수 있는 힘이 있어야 한다고 했다. 우상을 만들거나 의식을 각색하지 말고 몸의 소리를 들으라는 것이다. 도덕과 종교의 족쇄에 대한 해체를 주장한 것이다.

포스트모던 해체주의자 데리다(Jacques Derrida)와 정신분석학자 라캉(Jacques Lacan)은 고등종교의 회귀를 예견하고 있다. 해체주의를 주장한 데리다가 기독교인이 아니면서 종교의 회귀를 언급한 것은 주의를 끄는 일이다. 생명과 사랑 그리고 협동을 다루는 기독교와 같은 고등종교가 가치경쟁에서 유리한 고지를 점령하면서 흥할 것이라는 생각이다.

초월적인 깊은 놀이에는 여러 가지 주제들이 있다. 그중에서 도와 로고스는 매우 흥미로운 주제이다. 고대 희랍철학자 헤라클리투스(Heraclitus)는 우주흐름의 패턴을 로고스라고 했다. 노자는 우주의 원리를 도라고 했다. 사도 요한은 로고스를 우주의 근원이며, 우주를 운행하는 초월적 존재라고 했다.[172] 우주의 보편적인 원리의 도와 로고스는 유비적으로 연속성이 있는 개념으로 볼 수 있다.

요한이 언급한 로고스는 자신을 녹여서 세상의 맛을 내는 소금이나, 자신을 태워가면서 세상을 비추는 등잔으로 묘사한 것이다. 희생과 이타적 사랑을 설명하면서 협력공생의 근본적인 가치를 소개하고 있다. 요한은 죽음을 이기는 생명, 미움을 이기는 사랑, 궁극적 진리, 인간이 마땅히 가야할 도와 같은 내용을 로고스로 표현하였다. "빛과 사랑"의 선과 "희생과 고난"의 악이 중첩된 상황 속에서 삶의 가치와 방향을 제시하고 있다.

로고스가 제시한 협력공생은 초-경제적인 사회를 여는 것이다. 로고스는 협력공생을 사랑이란 단어로 표현하고 있다. 요한의 로고스는 이기적인 유전자 기계들의 경쟁구조에 찬물을 뿌리고, 사랑이 작동하는 탈-

경쟁적 유토피아를 제시한 것이다. 초-경제사회는 협력공생의 보편적 원리 즉 로고스가 작동하는 사회이다.

미래사회는 호혜적인 기독교 사랑의 공동체윤리와 성리학의 인간관계 윤리가 각광을 받게 될 것으로 보인다. 성리학은 우주론과 윤리 그리고 사회질서가 유기체적으로 해석되고 있기 때문에 포스트모던 사회와 연속성이 있다. 차세대 인류에게 유익한 인문학이 될 것으로 보인다. 제레미 리프킨은 미국에서는 이미 초-경제적인 공적서비스 제도가 나타나고 있으며, 임금이나 대가와 상관없이 사회적 책임의 서비스를 실천하는 운동이 전개되고 있다는 것이다.

하버드대학교와 보스턴대학교 그리고 콜롬비아대학교에는 수십 년 전부터 성리학을 탐구하고 재해석하는 석학들이 늘어나고 있다. 이들은 미래의 정신문화에 성리학의 중요한 가능성을 제시하고 있다. 중국에서는 그 가치를 인식하고 유교의 가치를 사회적으로 보편화하려는 시도가 국가적인 차원에서 일어나고 있다.

국가의 정신문화의 가치를 중국도 인식하기 시작한 것이다. 국가의 영혼의 정체성이 중요하기 때문이다. 디지털비만 사회로 진입하고 있는 한국사회는 영혼의 정체성이 없다. 디지털비만을 관리할 수 있는 협력공생의 사이언스 윤리를 지지할 수 있는 영혼의 정신적 기축을 찾아야 할 것이다.

진정한 선진 공동체는 호혜적 사랑을 기반으로 한 초-경제적인 진사회적 집단이다. 호혜적인 사랑의 가치는 정의와 질서의 원리 위에 있기 때문이다. 사랑이 정의보다 강하며 공감유착과 공생에 실효적으로 작용하기 때문이다. 사랑은 두 사람 이상이 공감유착을 이루는 호혜의식에서 생성된 것이다. 사랑은 배려와 나눔 그리고 맛과 빛의 기능을 할 수 있는 사회적 갈등치료의 명약이다.[173] 사이언스 윤리에 이런 사회적 명약이 함께 처방되어야 한다.

사랑은 자유와 밀접하게 연계되어 있다. 사랑이 증진되고 진화하는 것은 자유의 영역이 있기 때문이다. 그리고 자유도 증진되고 진화한다. "자유는 진화 한다"고 다니엘 데닛(Daniel Dennett)은 믿었다.[174] 다양한 환경에서 자유는 희망을 만들고 사랑을 기획하며 진전된 인생을 이루어가게 한다.[175]

추운 북극에도 작은 땅이 있으면, 그 곳에서 꽃이 피고, 쓰레기 더미에서도 행운의 네 잎 클로버가 피어난다. 열악한 감방에서도 영혼의 자유로 진로설계와 비전을 세우는 일을 시도할 수 있다. 자아교정과 분노의 조절훈련을 하고 사회적응 훈련에 적극적으로 임하면 삶의 새로운 지평을 열어갈 수 있다.

바울은 자유가 없는 감방에 여러 번 들어갔었다. 그러나 자유의 날개는 감방 안에서 진화하면서 로고스 열매와 사랑의 꽃을 피웠다. 감방에서 여러 교회의 교인들에게 어려운 세상을 이기는 신앙적 비결을 전했다. 바울은 감방에서도 세월을 아끼라고 설파했고, 소망과 생명의 메시지로 로고스의 사역을 했다. 감옥 생활이었기 때문에 오히려 그런 깊은 영감과 사고가 가능할 수 있었던 것이며 초월적인 면이 깊어질 수 있었던 것이다.[176]

진화하는 자유는 순기능만 하는 것은 아니다. 삶의 모순의 원인이 되기도 한다. 프랑스에서 실제로 있었던 일을 화제로 해서 감방생활을 그린 "빠삐용"(Papillon)이라는 영화가 있다. 영화의 주인공 바삐용은 살인 누명을 쓰고 감방에서 세월을 보내고 있었다.[177] 어느 날 꿈속에서 자신이 염라대왕에게 심판을 받으러 가고 있었다. 자신은 살인한 일이 없었기 때문에 당당하게 다가갔다.

염라대왕은 빠삐용의 결백함은 인정했지만, 세월을 낭비했다는 판결을 내렸다. 감방에서 세월을 낭비한 것에 대해서 책임을 물은 것이다. 꿈에서 깨어난 삐삐용은 여러 번 탈출을 시도했고, 결국 탈출에 성공했다. 자유를 구속하는 법과 도덕의 모순에 대한 분노는 목숨을 건 목적의식을 만들었고, 필사적인 행동의 추진력을 발동시켰다. 우주적인 자유와 정의를 향한 바른 의식이 오류와 모순을 교정할 수 있는 초법적 역동성을 불러일으킨 것이다. 초법적 역동성이 순기능인지 역기능인지는 해석의 맥락에서 따라서 달라질 수 있다.

원초적인 경제 원리나 도덕질서를 빗나가서 불균형의 한계점에 이르면 폭동이 일어나고, 탈법적인 행동이 일어나며 사회질서와 경제 작동은 일시적으로 멈춘다. 소득분배의 불균형을 나타내는 지니계수(Gini coefficient)가 일정치를 넘으면 백성들의 분노가 폭발하는 것으로 알려져 있다. 그러나 불균형에 대한 분노폭발이 정원 같은 경제의 질서나 초-경제로 안내하지는 못할 것이다. 자크 아탈리는 임박한 미래사회의 분노의 경제가 격분의 경제로 변화될 것을 대비해야 한다고 주장하고 있다. 경제 불균형 사회의 한계에서 인간이 겪는 도덕적 모순이나 경제적 갈등을 감내하는 것은 여전히 쉬운 일이 아니다.

고장 난 경제에 대한 분노와 격분의 표출은 경제문제를 해결하지 못할 것이다. 자크 아탈리가 분노경제의 변화를 언급하며 대비를 주문하고 있지만, 실현은 낙관적이지 않다. 과거의 여러 폭동이나 탈법적 행동이 있었지만 경제 불균형과 인간의 부도덕 문제를 해결하지 못했다. 앞으로도 못할 것이다. 마르크스가 언급했던 프롤레타리아 혁명에 의한 경제의 재편은 사실상 없었다. 강성 노동쟁의를 통해서 임금조정은 이루지고 있지만, 혁명적 변화는 없었다. 그렇기 때문에 자본을 위한 자본주의 사회에서 터무니없는 연봉의 차이가 계속해서 일어나고 있는 것이다.

그러나 한계비용의 제로 사회는 경제의 악을 현격하게 줄일 것이며, 돈의 횡포에 시달린 백성들에게 신세계의 초-경제사회의 지평을 열어줄 것이다.[178] 그런 시대의 도래는 먼 미래의 이야기가 아닐 것이다.

인류는 유전자가 수 만년 경험했던 환경 친화적이고 목가적인 삶과 생명의 본질을 추구하는 성향을 잊지 못하고 있다. 삶의 본래적 존재양식은 수렵사회와 같은 초-경제사회를 동경하고 있는 것이다. 다시 말하지만 인간의 본성이 바라는 초-경제사회는 안타깝게도 진보주의 정치가들이나 탁월한 경제학자들 혹은 사회학자들의 노고에 의해서 오는 것이 아니다.

그것은 협력공생의 치료제가 처방된 윤리의 사이언스가 이끌 것이다. 과학기술문명이 당초에 초-경제사회를 꿈꾸고 접근한 것은 아니다. 인류의 염원과 과학의 결혼이 그러한 결과를 낳게 된 것이다. 인간의 도덕적 집단의식이 작동하는 공생의식의 사이언스가 우주적 경륜과 인류의 본래적 염원에 따라 초-경제사회를 향하고 있는 것이다.

THE FUTURE OF EVIL

제 4 장

권력의 해체

1

정치의 **괴물**

가장 잔인한 사피엔스의 악은 정치악이다. 기분장애를 갖고 있는 통치자 히틀러는 수많은 유태인들을 죽였다. 괴수 통치자 스탈린은 삼천만 명의 사상자를 낸 것으로 알려져 있다. 히로시마에 투하된 원자탄에 의한 희생은 75년이 지난 지금까지 피해가 있다. 한국전쟁에 의한 사상자 수도 백만을 넘고 있다.

이러한 희생의 원인은 여러 요인들이 있지만, 정치인들의 책임이 결정적이다. 정치의 악은 잔인하며 인륜적으로 이해하기 어렵다. 문명, 교육, 그리고 경제의 발달은 상당한 수준으로 전개되고 있지만, 정치악의 축소는 좀처럼 앞이 보이지 않는다. 고질적인 정치유린의 악은 미래사회에서 어떻게 될지 궁금하지 않을 수 없다.

통치자의 범죄는 인류 역사 속에서 계속 되어왔고, 최근에도 지구촌 전역에서 일어나고 있다. 미국과 같이 정치가 선진화되고 민주주의가 안착된 나라에도 흉악한 통치자들의 범죄가 있다. MIT의 노암 촘스키 (Noam Chomsky)는 미국의 역대 대통령들의 범죄를 고발하고 전범으로 기소해야 한다고 주장하고 있다. 촘스키는 이차대전 이후의 미국의 대통령

들의 범죄들을 열거하고 있다.[179]

아이젠아우어 대통령은 이란 군부를 지원해서 이란의 보수정권을 무너뜨렸다. 25년 이상의 무자비한 독재정권을 지원했고, 수많은 무고한 생명들이 희생되게 만들었다. 아이젠아우어는 과테말라와 인도네시아에도 비슷한 일을 했다.

케네디 대통령은 베트남 전쟁에 가담해서 베트남 사람들의 희생은 물론 미국 군인들까지 희생을 시켰다. 수많은 한국장병들도 베트남에서 죽게 했다. 케네디의 쿠바에 대한 가혹한 행위와 위협은 세상에 많이 알려진 사실이다. 존슨 대통령은 도미니칸 공화국을 침략해서 민주정부를 뒤집은 독재정부를 지원했다. 이스라엘이 영토 확장을 위한 침략전투를 하는 데에 상당한 지원을 했다. 그 전쟁으로 인해서 수많은 아랍 사람들이 희생됐다.

포드 대통령은 짧은 기간 동안 집권했지만, 인도네시아가 동티모르를 침략하는 일을 도왔다. 겉으로는 평화와 정의를 내걸고 전쟁과 갈등을 반대하는 모양을 갖추고 있지만, 실제로는 야만적인 일을 했다. 지미 카터 대통령은 노벨 평화상을 받은 사람이다. 당시의 중동평화를 위한 켐프 데이빗(Camp David) 동의안을 성사시키면서 평화에 기여한 것으로 상을 받았다. 이 동의안은 미국과 이스라엘에게는 좋은 것으로 볼 수 있지만, 이집트와 팔레스타인에게는 불리한 것이었다. 결과적으로 이들의 갈등을 심화시켰고, 수많은 희생자들을 냈다.

아버지 부시 대통령은 파나마를 침공했으며, 파나마 대통령 노리에가(Manuel A. Noriega Moreno)를 잡아들여서 마약범으로 심문하고 플로리다에 있는 감방에 가두었다. 파나마 침공 과정에서 수천 명의 사망자를 냈다. 아버지 부시 대통령은 정의의 전쟁이라는 슬로건을 내걸고 쿠웨이트와 갈등관계에 있는 이라크를 침공했다. 몇 일만에 십만 명 이상의 희생자를 냈다. 클린턴 대통령은 수단에 크루즈 미사일을 사용했으며, 역시 많은 사상자들 낸 것으로 알려져 있다. 트럼프 대통령은 무역전쟁을 일삼으면서 터무니없는 경제폭력을 무자비하게 시행했다.

물론 세계대전 이후의 미국의 역대 대통령들의 범죄 사실들은 견해와 입장에 따라서 의미를 달리 해석할 수 있다. 일차적으로는 미국의 국익을 위해서, 그리고 다음으로 세계의 평화와 국제사회의 정의를 위한 명분으로 전쟁을 했다. 희생을 당한 국가에는 파나마의 노리에가처럼 정부 수뇌부의 괴물들이 있었다. 더 많은 무고한 백성의 희생을 막기 위한 것으로 해석한다면 설득력이 있는 것으로 볼 수 있다.

그러나 생명윤리와 공동체주의 차원에서 본다면 용서할 수 없는 범죄 행위들로 해석될 수 있다. 촘스키의 입장은 이 대통령들의 행위들은 전범으로 기소할 수 있는 것들이라고 주장하고 있다.[180] 미국은 대통령들이 그런 범죄를 저지르지 않아도 선진국으로 사는 데에는 문제가 없는 나라이다.

괴물이 권좌에 올라가서 하는 일이 범죄에 해당되는 것이 많음에도 불구하고 대부분의 사람들은 침묵하는 경우가 대부분이다. 합법적 폭력을 행사할 수 있는 권한을 자신의 개인적인 힘으로 착각하고 폼 잡는 양심이 무딘 정치인 들이 수두룩하다. 소수의 공의의 목소리가 있을 뿐이다.

아직도 이들은 권좌는 서열경쟁의 꽃으로 여겨지고 있다. 꼭대기 근처에 갈수록 자존심을 버리게 하고, 비굴해지고, 터무니없는 타협을 하게 만듦에도 불구하고 그렇다. 겉으로 웃고, 속으로는 비수를 품고, 고뇌를 하면서 마지막 꼭대기를 향한 험난한 길을 간다. 서열경쟁을 하면서 꽃길만 걷는 사람은 결코 없다. 이제 생명윤리의 공리주의적 명분이 없는 권력을 향한 의지는 위험한 서열경쟁이 되고 있다. 덕을 상실한 비인간적인 방법이 여과 없이 동원되면서 스스로 망가지는 경쟁은 조절되기 시작하고 있다.

교육이 정치개선에 크게 기여하는 것으로 보이지 않는다. 교육수준이 높은 야심가들도 별수 없이 전략적인 고등꼼수와 세련된 기만적 술수로 권좌에 접근한다. 마키아벨리가 언급한 것처럼 권력경쟁에 가담한 사람은 예외 없이 모두가 더러운 플레이를 하는 것으로 보인다. 고상한 언어로 세련된 소통을 하면서 경쟁하지만, 실제로는 위선과 교활한 전략으로 접근한다. 양의 탈을 쓴 이리들이 대부분이다. 권좌에 오르면 야만적인 자본주의 경제 먹잇감과 결탁하는 일이 태반이다. 이제 이들에 대한 존경심은 추락하고 있으며, 앞으로 더욱 심할 것이다. 홉스의 괴물 통치론으로 해석하면서 현대 권력을 그나마 최선책으로 본다면 그것은 시대착오적인 생각이다.

정치는 사회의 질서와 번영을 위해 조율기능을 하는 것이다. 그 조율과정에서 힘의 균형과 질서를 이루는 것이 정치의 중요한 기능이다. 플라톤은 이상적인 정치 시스템으로 공화국을 제안했다. 꼭대기의 통치자는 철학자가 되어야 한다고 했다. 카리스마가 있는 리더나 남달리 조직력을 가진 사람이 국가를 이끄는 것이 아니다. 세상을 잘 이해하고, 이데아의 세계를 알고 인류의 가치와 의미를 잘 아는 통찰력있는 사람이 공화국을 이끌어가야 한다는 것이다.

공자도 현명한 사람이 정치를 해야 사회조율이 잘 된다고 주장했다. 자연의 이치를 잘 이해하고 인간의 윤리적 세계를 잘 파악한 현명한 사람이 왕이 되어야 국가를 제대로 서게 한다는 것이다. 플라톤이 주장한 철학자 왕이나 공자가 주장한 현명한 왕은 서로 공통점이 있다. 서로 멀리서 만난 적이 없는 정치이론이지만 유사한 것을 주장한 것을 보면 정치윤리의 근본적 패턴이 있는 것으로 유추할 수 있다. 추상적인 두 가지의 정치이론이지만 우주의식의 윤리적 형태공명 현상으로 보인다.

하지만 인류의 역사를 보면 플라톤과 공자가 언급했던 통찰력 있는 철학자나 현명하고 정직한 왕이 선출되어 이상적 통치가 이루어졌던 적은 없었다. 대부분의 지도자들은 권모술수에 능한 사람이었다. 터무니없는 아이디어로 사람들을 현혹하고, 표면으로 드러나지 않는 기만에 능숙한 사람들이 권좌에 앉았다.

왕권이 세습되는 시대에는 학문적 역량이 있고 깊은 철학적 사고를 할 수 있고 현명한 아들에게 왕권이 넘어가지 않았다. 왕권을 이어받는 아들은 강력하고 권모술수에 능하며 잔인성까지 겸비한 사람이었다. 왕권을 물려주는 왕은 세상을 통치하는 일은 도덕적이고 철학적으로 해석하기 어려운 부도덕한 것들이 너무 많다는 것을 알고 있었기 때문이다.

마키아벨리(N. Machiavelli)는 세상이 도덕적이지 않다는 사실을 알고 있었다. 그래서 마키아벨리는 그의『군주론』(The Prince)에서 리더가 가져야 할 야만적인 통치기술에 대해서 서술했다. 마키아벨리가 주장하려는 핵심내용은 리더는 괴물이 되어야 한다는 것이 아니라, 통치의 효율성(effectiveness of governance)을 위해서 권모술수의 불가피성을 강조한 것이다.

당시 마키아벨리가 살았던 이탈리아는 프랑스와 스페인의 강력한 국가에 시달리고 있었다. 이탈리아가 프랑스와 스페인에 맞서기 위해서는 작은 국가들로 구성되어 있는 이탈리아를 통합해서 강력한 힘을 가져야 했다. 강력한 이탈리아를 건설하고, 위험한 외세에 대비하기 위해서는 통치자가 권모술수에 능한 사람이라야 가능하다는 주장이다.

비슷한 시기에 한국의 퇴계는 선조대왕에게 성군(聖君)이 되라고 성학십도(聖學十圖)를 지어 올려 보냈다. 성학십도는 우주의 원리와 도덕적 가치 그리고 리더의 근본적인 성품의 중요성을 담은 내용이다. 선조는 퇴계가 보낸 병풍으로 만들어진 성학십도를 받고 매일 그것을 읽으면서 성군이 되었을까.

선조대왕을 성군이라고 보는 사람은 아직까지 나타나지 않고 있다. 오히려 왜군에게 침략을 당한 우매한 왕이었고, 성격적으로 변덕이 심했던 왕으로 알려져 있다. 『군주론』과 『성학십도』는 품격이 다르며 정치철학의 근본이 질적으로 다르다. 성학십도는 군주론과 비교가 안될 만큼 훌륭한 도덕적 내용을 담고 있음에도 불구하고 정치현장에서는 군주론이 더 실제적으로 활용되고 있다는 것은 아픈 일이다.

계몽주의 사회철학자 토마스 홉스(Thomas Hobbes)도 괴물정치에 대해서 언급했다. 인간의 본성은 근본적으로 악하기 때문에 사회계약을 통해서 강력한 리더가 통제해야 한다는 것이다. 정치인들이 괴물처럼 무섭고 강력하게 통치하지 않으면 질서는 이루어지지 않는다고 생각했다.

정치인들이 휘두르는 총칼은 통치를 위한 합법적인 폭력이다. 폭력적 공포감을 조성해서 통치를 해야 질서유지가 가능하다고 했다. 홉스는 사회적 계약주의를 주장하면서 일단 계약에 의해서 선출된 위정자는 비록 괴물처럼 비도덕적인 행동을 한다고 해도 그 권위를 인정하고 따라야 한다는 것이다. 그렇게 하는 것이 그나마 사회질서를 유지할 수 있는 최선의 방법이라고 생각한 것이다. 존 로크(John Locke)는 그렇게 생각하지 않았다. 인간의 권리를 보호하지 못하고 불행하게 만드는 괴물정부는 혁명적 저항을 통해서 무너뜨려야 하며, 참여투표를 통해서 퇴출 시켜야 한다는 입장이다.

홉스와 로크는 인간의 본성과 권리에 대한 이해가 달랐기 때문에, 정치철학도 달랐던 것이다. 홉스는 자연적 권리를 생존권 중심으로 이해하였다. 정부가 생명만 건드리지 않으면 사회질서를 위해서 괴물정부라도 수용하자는 입장이다. 로크는 자연적인 인권 즉 생존, 건강, 자유, 소유 등의 권리를 주장했다. 이러한 권리를 보장하지 못하는 정부는 어떻게 해서든 퇴출시켜야 한다는 것이다.

홉스는 자신이 부자였지만 소유권에 대해서 부정적인 입장을 취했다. 자연 상태의 모든 것을 개인적으로 소유화한다는 것은 합당하지 않다고 보았다. 홉스가 살았던 17세기 영국의 상황에서의 소유개념과 현대사회의 소유개념은 사회적 관심과 중요도의 차이가 있을 것이다.

그러나 로크는 소유권이 가능하며, 중요한 것으로 여겼다. 땅이나 나무는 가꾸고 다듬는 노동이 첨가되었기 때문에, 소유는 가능한 것이고, 권리로 여겨야 한다는 것이다. 로크의 소유권 이론이 승리하면서 서구의 소유권 경쟁은 산업사회의 자본주의 흐름을 타고 폭발적으로 성장했다.

홉스의 성악설과 반대로 존 로크는 인간의 본성을 선한 것으로 이해하면서 정치철학을 전개했다. 인간은 자연의 상태에서는 선한 존재라고 생각했다. 사회적으로 만들어진 경쟁과 부조화가 인간의 갈등을 일으키고 사회질서를 어지럽게 만든다고 생각했다. 사회적 부조화와 갈등을 조절하기 위해서 사회계약이 필요했다. 로크의 사회계약설은 인권과 평등과 자유를 중요하게 여겼다. 로크는 사회계약설에서 괴물 정치인들의 횡포를 조절할 수 있는 길을 열었다. 참여투표와 다수결에 의해서 권력의 횡포를 견제할 수 있는 길을 연 것이다.

역사는 안타깝게도 정치 괴물들의 역사였다. 성군들도 있었지만, 대부분은 괴물들이었다. 괴물행적이 역사기록에 나타나지 않았을 뿐이다.

최근의 소통의 사이언스가 통치자의 민낯을 알리면서 괴물모습이 많이 드러나고 있다. 악을 은폐하기 쉬었던 과거에는 괴물들의 터무니없는 횡포들이 있었다는 것을 유추할 수 있다.

괴물 정부라 하더라도 그나마 정부가 작동한 이유는 백성들이 섣불리 괴물을 건드렸다가는 목숨을 유지하지 못하는 보복이 있기 때문이다. 마키아벨리와 홉스는 국가 통치의 효율성을 위해서는 공포의 정치가 최선의 방법이라고 생각했다. 그러나 마음대로 비판하고 소리를 질러도 목숨을 부지하고 자신을 보호할 수 있는 장치가 있다면, 괴물에게 결코 순종하고 따르지 않았을 것이다.

통치자가 비판하는 사람들을 일일이 잡아둘 수 없게 불특정 다수가 한꺼번에 정치 괴물에 대해서 항거하면 어떨까. 괴물은 수많은 비판의 목소리를 잠재우지 못하고 결국 무너질 것이다. 바로 집단시위 데모가 그런 결과를 가져왔다. 집회와 시위의 법률을 만들어서 괴물을 견제하고 횡포를 막을 수 있는 길을 열었다. 그러나 데모 역시 피를 흘려야 하고, 직장을 포기하거나, 목숨을 걸고 나서야 하는 어려움이 있다. 개인의 생존과 안전이 완전히 보장되지 않는 한 데모는 사실상 성공률이 높지 않은 것이다.

인류의 정신을 깨우치고 도덕성을 향상시키려고 했던 계몽주의는 오히려 정치의 범죄를 심화시킨 면이 있다. 국가조직이 커지면서 힘도 더 커졌고, 범죄도 더 크게 이루어졌다. 세계적으로 정치괴물들에 의한 희생은 계산하기 어려울 정도이다.[181] 계몽주의 도덕론의 실패와 덕의 상실에 대해서 매킨타이어는 의미 있게 비평하고 있다.[182]

매킨타이어에 따르면 계몽주의는 목적론적 윤리를 무시하고 개인윤리로 흐르면서 덕을 상실하는 방향으로 흘렀다. 개인과 이성을 지나치게 강조하면서 도덕의 합리성을 무너뜨리는 니체와 사르트르의 도덕론을 탄생시킨 것으로 보고 있다. 매킨타이어는 니체의 윤리를 "자기 충족의 환상"(illusion of self-sufficiency)이라고 비판하였다. 매킨타이어는 아리스토텔레스의 선의 목적론적 윤리를 진전된 차원에서 새롭게 제시하고 있다.

매킨타이어는 인간을 의존적인 이성적 동물로 보면서 상호의존적인 공동체주의와 생태주의를 주장했다.[183] 그러나 모더니티 사회는 공동체주의보다 개인주의가 성행하고 있었으며, 덕을 상실한 모습이 확대되는 상태이다. 공동체주의는 센델이나 매킨타이어의 노력보다도 소통의 사이언스에 의해서 실현될 가능성이 높아 보인다.

사회적 신분의 서열 꼭대기는 선망의 대상이고 그 자리에 앉은 사람은 존경의 대상이었다. 20세기 말까지는 통치자를 존경하고 따랐다. 훌륭한 지도자로 착각하고 추종했거나, 통치자에 대한 두려움으로 인해서 따랐던 것이다. 그러나 지금은 통치자를 존경하는 사람이 얼마나 있을까.

대통령의 명예는 점점 쇠잔하고 있으며, 존경심은 땅에 떨어지고 있다. 역대 대통령들에 대한 백성들의 존경심 정도를 조사하면, 결과는 쉽게 알 수 있다. 무엇이 이런 현상을 가져왔을까. 통치자의 도덕적 수준이 하향된 것일까. 통치자에 대한 백성들의 도덕적 기대가 높아졌기 때문일까. 그것은 소통의 사이언스를 통해서 정치 괴물의 민낯을 매일 볼 수 있기 때문이다. 소통의 사이언스는 집단의식의 공의의 소리를 피를 흘리지 않고 퍼트릴 수 있기 때문에, 실효적 변화가 일어나는 것이다.

조선시대에 궁궐에서 일어나는 일은 극소수의 관료들만 알았으며, 백성들은 화려한 왕의 모습만 보고 존경스러운 모습만 기억했다. 왕에 대한 백성들의 존경심은 하늘 같이 높았다. 그러나 이제는 소통의 사이언스를 통해서 정부에서 일어나는 일들을 초 단위로 알 수 있으며, 모든

백성들이 순식간에 평가할 수 있다.[184]

정치 사회적 서열경쟁은 서로의 신뢰를 무너뜨리고 동지의식을 소멸시키면서 사회를 더욱 냉혹하게 만들었다. 하지만 유전적으로 근접한 가족이 경쟁하는 경우에는 경쟁의 농도가 높지 않다는 흥미로운 연구가 있다. 유전적 근접성이 비경쟁적 행동을 하게 한다는 사실이다. 그러나 전혀 알지 못하는 사람과 경쟁하는 경우에는 목숨을 걸고 경쟁하는 경우가 많다. 식물의 경우에도 이런 현상이 일어나고 있다.

> 모계가 다른 30개의 식물들이 한 화분에서 자랄 경우, 그것들은 예상했던 대로 영토지배와 수분 및 양분 확보를 위해 경쟁적으로 뿌리를 뻗었다. 그리고 그 과정에서 다른 식물들에게 불이익을 주는 것으로 나타났다. 그러나 모계가 같은 식물들이 한 화분에서 자라는 경우에는 분위기가 사뭇 달랐다. 그들은 뿌리를 덜 뻗으며 제한된 공간에서 공존하고, 남는 에너지를 지상부에 투자하는 것으로 나타났다. 이상의 관찰결과는 '식물이 유전적 근접성을 고려하여 비경쟁적 행동을 취한다'는 것이다.[185]

그러나 원격 유전자들의 힘의 경쟁은 소통을 막고 대립관계를 형성하면서 소외와 단절을 키우고 있다. 괴물권좌의 왜곡을 조절할 수 있는 길은 의사소통의 윤리라고 하버마스는 주장하고 있다. 하버마스는 왜곡된 소통시스템과 통치의 갈등에서 인간을 해방시킬 수 있는 길은 진정한 의사소통을 해야 가능하다는 것이다. 공론의 장에서 정직한 대화를 하면 왜곡된 것의 조정이 가능하다는 것이다.[186]

공론의 장의 중심에 있는 매스미디어(mass-media)가 있다. 미디어는 구체적으로 돈과 권력의 왜곡을 고발하고, 사회적 폭력을 알리며, 공익을 승화시키는 의사소통을 하는 것이다. 그러나 미디어가 권력의 시녀가 되면, 그 국가의 미래는 희망이 없다. 미디어가 권력의 시녀 역할을 하는 것은 산업사회의 끝자락에서 언론들의 목구멍에 풀칠하기 위해서 타협했던 현상이다. 이제 SNS의 보편화가 그런 권력의 시녀들을 무색하게 만들어가고 있다. 이제 매스미디어와 스마트폰의 개인미디어의 차이가 매우 좁아졌다.

과거의 미디어인은 정보를 전달하는 심부름을 하는 사람이었다. 전쟁터의 전령이나 봉화대에 불을 지펴서 소식을 알리는 사람들이었다. 거리에 방을 부치는 심부름꾼이었다. 미디어에 종사하는 사람들의 수준은 과거에 비해서 세련되어가고 있다. 공익성에 대한 사명을 갖고 실천하는 전문직으로 변하고 있다. 미래사회는 미디어에 종사하는 사람들이 힘을 갖게 될 것이며 더욱 사명감에 불탈 것이다. 그리고 특정 미디어 회사만이 아니라, 모두가 미디어에 참여해서 공론을 나누며, 특히 통치의 범죄를 줄여갈 것이다. 공생의식의 소통 사이언스가 정의로운 세상을 향해 거세게 일어날 것이다.

공생의 집단의식이 담긴 디지털 소통은 수평적 권력구조와 유리알 세상으로 이끌어 가고 있다. SNS에서 형성되는 대중지혜는 공감의 도덕적 패턴을 만들고, 모두가 따라야하는 도덕적 강령으로 작용하고 있다. 대중지혜는 제임스 수로웨키(James Surowiecki)가 『대중의 지혜』(The Wisdom of Crowds)에서 언급한 것이다. 개인이 아무리 스마트해도 대중지혜가 더 명석하다는 것이다.

대중지혜나 대중의 취향을 아는 방법을 대중 소싱(crowd sourcing)이라고 부르고 있다. 대중지혜는 주로 비즈니스에서 문제해결, 미래예견, 소비자 성향 등을 파악하는 데에 활용되는 것이다. 여기서는 도덕적 기준을 찾는 방법으로 해석하는 것이다. 대중지혜 혹은 집단이성이 도덕적 타당성을 높여 주기 때문이다. 권력의 오남용에 대한 평가는 대중지혜가 공정하게 해내고 있다.

아울러 디지털 소통의 횡포를 다룰 수 있는 스마트한 프로그램의 개발이 요구되고 있다. 가짜뉴스와 기만적 이미지 기술(deepfake technology)의 소통에 대한 조절이 필요하다. 그런 프로그램의 개발은 적지 않게 진전될 것으로 보인다.[187] 그러나 디지털 소통의 주체 안에 있는 이기적 유전자의 속성이 조절되지 않으면 스마트한 미디어 조절프로그램은 오작동 할 가능성은 여전하다.[188]

서열경쟁의 산물인 통치의 범죄와 권력의 횡포에서 느끼는 인간의 고통은 침팬지가 서열경쟁에서 뒤처지는 것과는 사뭇 다른 양상이다. 권력과 신분경쟁은 열등의식을 증폭시키며 실패감을 심화시킨다. 인간의 좌절과 비애감은 침팬지에게서는 찾아볼 수 없는 뼛속 깊이 느끼는 아픔이다.[189] 사피엔스가 서열경쟁에서 겪고 있는 아픔은 왜곡되고 증폭된 것이 대부분이다. 스마트한 사피엔스가 조금만 노력하고 협동하면 얼마든지 조절할 수 있는 것들이다.[190] 권력의 횡포에 의한 억압과 소외의 악은 종말을 향해 달리고 있다.

2

권력의 **종말**

권력이란 사회의 질서를 향한 힘의 조절시스템이다. 한 곳으로 모아진 힘을 이용해서 작은 괴물들의 횡포를 조절하는 것이다. 권력이 조절시스템이라는 차원에서는 고상해 보이지만, 그 내면을 보면 결코 그렇게 보기 어렵다. 한 곳에 모아진 권력은 구체적으로 무엇인지 그리고 권력이 작동하는 이유는 무엇인지 살펴보면 그 사실을 알 수 있다. 그리고 권력이 선망의 대상이 아니라면, 권력은 어렵지 않게 종말을 맞이할 것이다.

권력은 겉으로 보면 사회조절 역할을 하는 멋있는 것으로 보인다. 그러나 권력의 내용은 원시적으로 고통을 주는 폭력을 활용하는 것이다. 권력을 쥔다는 것은 폭력을 사용할 수 있는 특권을 갖는다는 것이다. 인간은 폭력을 두려워하기 때문에, 폭력으로 다스리는 것이 권력시스템의 효율적인 방법이라는 것이다. 합법적인 폭력으로 나쁜 힘의 횡포를 조절하는 것이 권력의 명분이다. 권력은 품위가 있는 것이 아니며, 명예로운 것이 될 수 없다. 폭력과 공포감을 사용하는 것이기 때문이다.

권력의 내용은 합법적으로 생명을 죽이는 사형, 마음대로 행동하지 못하게 감방에 가두는 구속, 먹이의 줄을 끊는 해고, 일정기간 밥을 굶기는 정직 등이 있다. 이러한 폭력적 벌은 공포의 대상이다. 폭력적 벌의 공포를 손에 쥐고 있는 권력을 품위 있고 명예로운 것이라고 부르는 것은 잘못된 것이다. 정치인은 조절기능을 하는 기능인이다. 조절시스템이 올바로 작동하도록 하는 것이 정치이다. 그러나 정치현실은 정치의 본래기능과 거리가 아주 멀게 작동하고 있는 것은 구태여 설명할 필요도 없다.

미셀 푸코(Michael Foucault)는 권력은 손에 쥐는 소유의 대상이 아니라고 했다. 권력은 편재성을 가져야 하고, 관계적이고 유동적이어야 한다는 사실을 강하게 주장했다. 푸코는 권력이 집중되어 한 개인의 소유가 되면 지배의 괴물로 변하기 때문에 편재성을 주장한 것이다. 권력은 맥락과 상황에 따라 유동적으로 작용해야 한다. 권력은 조화와 질서만이 아니라, 사회적 번영을 위한 생산성도 포함되어야 한다. 그러나 권력의 현실은 푸코의 생각처럼 편재적 힘으로 작동하지 않고 있다.

권력의 편재성은 루소가 『사회계약설』에서 보편적 의지(general will)에 의한 주권을 주장한 것과 맥락을 같이하고 있다. 루소는 선한 의지를 갖고 있는 개인의 의견이 투표를 통해서 보편적 의지 혹은 집단의식으로 표출되어야 그나마 공정한 권력행사가 이루어진다고 보았다. 권력의 편재성에 의한 보편적 의지는 집단의식의 표출로서 가치를 지니고 있다.

현대 사회는 권력의 편재성에 의한 보편적 의지의 주권의 모양은 그럴듯하다. 하지만 보편적 의지의 모색과정에는 네거티브 공세와 기만과 파퓰리즘 일색이라고 해도 과언은 아니다. 권력 왜곡의 원인은 권력의 편재성이 실현되지 않기 때문이다. 계속해서 권력을 개인적 소유로 생각하기 때문에, 폭력과 기만이 일어나는 것이다.

고통의 폭력적 수단으로 사회적 조화를 향한 통치는 원시적인 방법이다. 리더십은 사회 조화를 향한 부드러운 변화를 도모하는 것이 세련된 것이다. 예일대학교에 있었던 로버트 달(Robert Dahl)은 권력을 영향력으로 해석하면서, 폭력을 실제로 사용하지 않고 영향력으로 변화를 도모하고 질서와 번영을 이루어야 한다고 주장했다.

하버드대학교의 정치학자 조세프 니예(Joseph Nye)는 자발적인 동의에 의한 권력을 "소프트파워"라고 부르고 있다. 폭력의 "하드파워"보다 영향력의 "소프트파워" 혹은 연성권력이 실효적이라는 것이다. 니예의 우선적인 관심은 국제관계에서 효과적인 리더십으로서 연성권력을 주장한 것이다. 부드러운 영향력을 행사하는 세련된 리더가 존경을 받게 되는 것이며, 정치적 효과가 크다고 할 수 있다.

그러나 권력의 조절시스템은 연성권력으로 진화하고 있는 것으로 보이지 않는다. 아직도 주어진 막강한 합리적 폭력을 오남용하면서 백성을 괴롭히는 괴물들이 수없이 많기 때문이다. 일일이 열거하지 않아도 지구촌의 통치자들을 보면 괴물 통치자들이 즐비한 것을 알 수 있다. 선진국이라 하더라도 그렇게 소프트파워를 활용하면서 존경심을 유발시키는 리더는 거의 찾아보기 힘들다.

하지만 이제 권력의 종말이 도래하고 있으며, 서열의 해체, 권력자들의 횡포의 붕괴, 그리고 억압의 소멸이 일어나기 시작하고 있다.[191] 정치적 억압과 자본가들의 착취와 횡포에 한 맺힌 서민들은 더 이상 참지 않고 아픔을 표현하고 있다. 최신 SNS의 소통으로 자신들의 억울함을 토로하면서 반칙 위정자들의 부패한 정권들에게 데미지를 주고 있다.

대중들이 갖고 있는 소통의 사이언스의 힘은 재기가 어려울 만큼 괴물들의 명예와 힘을 초토화시키고 있다. 무통제적 자유와 각자의 독특한 개성을 갖고 있는 포스트모던 시민들은 반칙 권력자들을 용납하지 않고 있다. 반칙위정자들은 일반 사람들이 넘어지는 것보다 더 비참하게 넘어지기 시작하고 있다.

미래학자 레이 커즈와일(Ray Kurzweil)는 2035년경에 국가지도자들은 서비스 맨(service man)으로 전락할 것으로 예측하고 있다. 권력은 SNS 속에서 사람들이 좋아하는 특정 아이디어를 가진 사람들이 차지하게 될 것이라고 했다. 특별한 아이디어도 없는 사람이 정치인이라고 앞에서 거들먹거리는 시대는 지나가고 있다. 정의와 질서를 향한 끊임없는 의분의 결속이 반칙 권력자의 핍박을 제어해 왔다. 의분의 결속과 정의감의 표출은 집단의식의 발현으로 나타나고 있으며, 손쉬운 SNS의 소통을 통해서 실제로 변화가 일어나고 있다.

권력구조는 푸코가 언급한 권력의 편재성의 원리에 따라 실제 수평적 시스템으로 변하고 있다. 권력의 편재성은 집단의식의 현상이며 대부부의 사람들이 공감하는 것이다. 포스트모던 시대의 리더십은 서비스의 리더십이 주류를 이룰 것이다. 미래학자 알빈 토플러(Alvin Toffler)는『제삼의 물결』(The Third Wave)에서 기술문명이 범람하는 제삼의 물결 시대의 리더십은 서비스 리더십이라고 이미 언급했다.[192] 토플러는 리더십의 시대적 흐름을 아래와 같이 언급했다.

농경문화의 제1의 물결에서 리더십은 노력에 의한 성취의 대상이 아니라, 상속되는 것이었다. 부모로부터 물려받은 유산과 지위와 힘을 가지고 리더십을 발휘했다. 봉건시대의 영주나 군주 혹은 왕권이 여기에 해당된다. 제1의 물결시대의 리더는 대단한 학식이 필요하지 않았다. 다양한 영향력을 미칠 수 있는 추상적인 힘이 필요한 것도 아니었다.

군주의 리더십은 전쟁을 리드하고, 귀족들을 보호하고, 전략적으로 유리한 결혼을 주선하는 일을 하면서 힘을 모아서 개인의 전권을 휘둘렀다. 헌법이나 공적인 의견이 리더십에 반영되지 않았다. 특별하게 공적 동의가 필요하면, 원로원이나 귀족들의 형식적인 동의절차를 얻어서 집행하는 정도였다. 매우 단순한 독재 리더십 시스템이었다.

산업사회의 제2의 물결에서 리더십은 매우 복잡한 양상을 띠었다. 도시로 이동한 대중들에게 영향을 줄 수 있는 큰 힘이 필요했다. 복잡하고 다양한 의사결정을 할 수 있는 능력이 필요했다. 미디어를 활용해서 리더의 정책을 알리고, 자신의 역량을 홍보했다. 대규모 경제행위를 조절하는 일을 했다. 다양한 계층의 복잡한 관계를 고려해서 사회조직을 효율적으로 이끌어갔다. 제2의 물결의 리더십은 대중을 이끄는 추상적인 힘과 강력한 카리스마가 필요했다.

다양하고 복잡한 문제를 해결할 수 있는 학식과 지성이 필요했으며, 합법적인 권위와 정치적 정당지지를 하는 대중의 의견이 집약되어 나타난 힘을 활용해야 했다. 소수의 귀족들뿐만이 아니라, 광범위한 엘리트 그룹을 관리해야 했다.

기술문명의 제3의 물결에서 리더십은 농경사회의 리더십이나 산업사회의 리더십과는 매우 다르다. 제3의 물결의 리더십은 구체적으로 명료하게 정리된 것은 아니지만, 대체적으로 서비스의 리더십으로 규명되고 있다.

권력은 집중에서 분산적 유형으로 변하고 있다. 일률적이고 질서정연한 관리에서 산발적이고 다차원적인 맥락에서 리더십을 발휘해야 하는 형태로 변하고 있다. 리더는 일방적으로 명령하고 리드하는 것이 아니라, 상호 양방향에서 의견을 내고 소통하고, 참여하게 하고, 공감과 동의를 이끌어내는 관계적이며 유연한 리더십을 실천하는 것이다.

백성들은 리더에게 끌려가는 것이 아니라, 백성이 의견을 초단위로 내고, 비평하고, 참여하는 시대이다. 이전에는 상상하기조차 어려운 정치시대가 전개되고 있는 것이다. 리더는 백성들과 끊임없이 상호작용을 해야 한다. 리더의 기능은 장기적이고 계획적인 차원에서 리드하는 것도 중요하지만, 일시적이고 순간적이며 산발적인 요청에 창의적인 리더십을 발휘하는 것이 필요하게 되었다.

제3의 물결의 리더십의 공통분모는 "서비스"라는 사실이다. 예수의 섬김의 리더십은 기독교 역사 속에서 사라지지 않고 오랫동안 많은 사람들에게 영향을 주었다. 서비스의 리더십은 역설적인 진리로서 실효성이 있기 때문이다. 서비스 리더십은 높은 자리도 아니고, 낮은 자리도 아니다. 서비스 리더십은 평등 차원에서 기능적으로 발휘하는 것이다. 포스트모던 권력은 상하관계의 피라미드 시스템에서 유기체적 기능의 입체적 평등 관계로 변해가고 있다.

서비스 리더십이 실제 기능적으로 가능한지 의문이 제기될 수 있다. 앞에서 언급한 마키아벨리의 『군주론』은 군주가 되는 경로를 보면 서비스 리더십은 작동하지 않을 것처럼 보인다. 정치학은 멀리는 플라톤의 공화국에서 시작된 것이지만, 실제 학문적 정치학은 마키아벨리의 군주론에서 구체화되기 시작한 것으로 보고 있다.

정치담론에서 자주 인용되는 군주론의 내용은 군주가 통치의 효율성을 위해서는 강하고 교활해야 한다는 것이다. 마키아벨리는 강하고 교활한 나쁜 사람이 되어야 리더가 된다는 것이 아니라, 조직 관리의 효율성을 위해서 통치의 필요악의 불가피성을 언급한 것이다.

마키아벨리의 『군주론』에 따르면 착하고 정직한 성품을 강조하는 기독교인들은 정치판에서 항상 지는 게임을 하게 되어 있다는 것이다. 그러나 예수는 시저(Caesar)의 것은 시저에게 그리고 신의 것은 신에게 받쳐야 한다고 하면서 시저와 신을 구별했고, 종교와 정치의 선을 분명하게 그었다.[193] 협력공생의 서비스 리더십은 합법적 폭력과 공포를 도구로 사용하는 권력과는 가치관과 방법이 근본적으로 다르다는 것을 분명히 한 것이다.

에모리대학교의 동물 연구가인 프란스 드발은 침팬지 사회의 서열경쟁에서 마키아벨리의 정치학에 동의하고 있다. 침팬지의 세계에도 강력하고 교활하며 때로는 공포감을 조성해서 서열을 타고 올라가고서 통치하는 시스템이 있다고 주장하고 있다.

하지만 이제는 "수평적 권력" 시스템이 대세이다. 피라미드 형식의 권력구조는 상당히 납작해지고 있다. 소통의 사이언스의 평등적 개별주의는 이전에 없었던 권력구조를 만들어내고 있다. 중앙집권적 국가 체제나 사장 중심의 회사경영은 이제 기울어가고 있다. 미래사회의 정부는 백성들을 향한 실제적인 서비스 기구로 변하게 될 것이다. 침팬지나 개코 원숭이의 서열경쟁 정도로 납작한 서열세상이 도래하고 있는 것이다.

중앙통치 시스템에서 "분산 협력적 경영"이 대세가 되고 있다. 제레미 리프킨이 『3차 산업혁명』에서 주장한 것이다.[194] 아직도 기업가들이 중앙집권형의 피라미드 경영시스템으로 회사를 이끈다면, 머지않아 부끄러움을 당할 것이다. 노사의 쌍방이 소통하면서 투명하고 품격 있는 서비스 리더십에 익숙해져야 할 시대가 되었다.

리더는 권좌에서 노동자를 사용하는 자가 아니다. 노동자가 회사의 주인이 되는 것도 아니다. 구성원들은 동료와 보조원들에게까지 깊은 배려를 하는 협력공생의 인간관계의 지평을 넓혀야 할 시대가 되고 있다. 수평적 권력구조를 피부로 느끼는 세상은 이미 시작되었다. 서열경쟁의 꽃은 권좌가 아니라, 권력의 편재성에 의한 서비스 리더십이라는 사실이다.

실제로 어려운 사람을 돌보고 불평등을 조절하는 씨족사회의 권력시스템이 재현될 가능성이 크다. 국제사회도 시간은 더 걸리겠지만 비슷한 현상이 일어날 것으로 보인다. 노암 촘스키는 오바마와 트럼프의 국제적인 패권주의 정부를 신랄하게 비판했다. 국제사회의 서열꼭대기도 비판의 대상이 되기 시작한 것이다. 다양한 국가들이 서로 목소리를 내기 시작했다. 그렇다고 미국 정부의 패권주의가 쉽게 사라지지는 않겠지만, 시간이 지날수록 국제사회의 패권주의 기능도 진정한 공익적 가치로 변화될 가능성이 크다.

작은 국가들도 무시할 수 없는 시대가 되고 있다. 스위스에 있는 은행들과 바티칸이나 싱가포르에 있는 국제기구들이 작은 국가들이라고 무시할 수 없게 만들었다. 국가경제 네트워크가 국가관계를 수평적 관계로 만들어 가고 있으며, 작은 국가라 하더라도 국제경제 네트워크를 갖고 있는 파급효과는 간단하지 않다.

일본과 중국과 한국이 수평적 관계가 될 가능성이 적지 않다. 일부 국제관계 전문가들은 한국이 강대국들 사이에서 중립국으로 전락할 가능성을 제기하고 있다. 그러나 세상은 수평적으로 될 것이며, 서로 연결된 경제구조 때문에 상하관계가 되기는 쉽지 않다. 미국의 경제적 패권주의는 오래가지 못할 것이며, 미국에 대한 중국의 도전도 큰 의미를 갖지 못할 것이다. 지구촌 경제, 무역, 에너지, 금융, 통신, 엔터테인먼트, 여행 등이 이미 하나의 유기체로 돌아가는 세상이 시작되었고, 앞으로는 더욱 상호의존적인 시스템으로 다져질 가능성이 크다.

우주 유기체론적으로 보면 거리가 가까우면, 교류가 활성화되면서 물리적 반응들이 많이 일어난다. 동물의 세계에서도 가까우면 사랑하는 현상이 나타나고 있다. 서로 종이 다르고 포식자와 포식대상의 관계라 하더라도 가까우면 사랑하는 현상이 있다. 지구촌 공동체도 점점 더 서로 가까워지면 견제와 공격 혹은 횡포의 대상이 아니라, 이웃이 되고 사랑의 대상으로 변하게 될 것이다. 이미 어려운 국가들의 백성들의 딱한 사정을 돌보는 국제적 자선운동이 지속적으로 증가하고 있다.

남한과 북한도 가까움을 느낄 수 있는 대화와 소통을 많이 하고, 유기체적인 경제 시스템이 작동하도록 하면 수평적 관계로 갈 수 있다. 지금은 북한의 핵무기로 남북의 수평관계를 유지하고 있다. 그러나 가까운 장래의 남북관계는 지구촌 경제 프로그램과 소통의 사이언스가 수평적 요소로 작용할 것으로 보인다. 이미 소통의 사이언스는 남북한의 경계를 넘어서고 있는 것으로 보인다. 남한의 일부 세력이 사회주의적인 접근으로 북한과 공감대를 갖고 통일을 하려 한다면, 그것은 잘못된 계산이다.

북한의 명석한 고위 관료들도 당연히 경제적 번영을 원하고 있을 것이다. 경제발전을 신속하게 이룰 수 있는 방법은 세계적인 대기업의 투자유치일 것이다. 세계적인 수준의 기업들이 많고 투자유치가 자유로운 미국과 수평적인 차원에서 관계 개선을 하고 싶을 것이다. 그동안 종속관계를 원해왔던 중국이나 러시아보다 수평적인 차원에서 자유롭게 관계를 가질 수 있는 나라를 선택하고 싶은 것이다.

북한의 관료들은 남한의 정치인들이나 사회주의 성향의 좌파 세력들보다는 대기업들이 북한에 투자하는 것에 대해서 관심을 갖고 있을 것이다. 북한은 남한의 박정희, 전두환, 노태우, 노무현, 이명박, 박근혜 대통령이 비참하게 쓰러지는 것을 보았다. 임기가 끝나면 비참해질 가능성이 있는 정치인들이나 대통령을 신뢰하지는 않을 것으로 보인다.

최고 엘리트들만 다니는 명문대학 출신으로서 고도의 정치적 숙련을 장기간 경험한 실력 있는 북한 관료들은 역사적으로 실패한 마르크스주의를 끝까지 신봉할까. 경제발전에 그다지 도움이 되지 않는 경직된 사회주의가 지속되는 것을 원하지는 않을 것이다. 자신들의 신분보장만 된다면, 매우 적극적으로 자유로운 서방 선진국과 관계를 모색할 것이며, 남한의 대기업들과 관계를 갖고 투자유치를 하고 싶어 할 것이다. 일단은 북한식의 독특한 국가적 사회주의를 유지하면서 개방경제 시스템을 선호할 것으로 보인다. 자유민주주의에 익숙하지 않은 자들이 쉽게 자유민주주의를 선택하기는 힘들 것이다.

북한은 국가적 사회주의를 유지하겠지만, 남한의 집단이기주의 성향이 있는 강력한 노동조합을 반가워하지는 않을 것이다. 누군가가 민주노총과 같은 것을 북한에 조직하려고 한다면, 북한의 관료들은 그 주동자들을 색출해서 모두 숙청해버릴 가능성이 높다. 북한은 이미 민주노총보다 더욱 강력한 노동당이 있다. 그러나 노동당은 노동자들의 당이 아니라, 국가 사회주의를 유지하는 도구로 되어 있다. 노동조합의 실제적 기능은 명목상으로만 있는 것으로 보인다.[195]

북한은 잘 조직된 사회적 시스템을 긍정적으로 활용해서 세계에서 찾아보기 드문 경제적 급성장을 이룰 수 있다. 미국과 수교하고, 북한 내의 투자유치 관련법, 각종사업 개발 법, 그리고 국제 관련법을 개정해서 경제 대문의 빗장을 열면, 경제발전의 새로운 발판이 신속하게 만들어질 수 있다. 개성공단처럼 정치적 변화에 의한 불확실성이 높은 곳에는 선진 대기업들은 결코 투자하지 않을 것이다.

북한이 서방 선진국과 관계개선이 되면, 남북 관계도 개선되면서 남북의 경제력 차이도 시간을 두고 점진적으로 줄어들 것이다. 독일은

20년을 기다리면서 동서독의 경제적 균형을 이루어냈다. 북한의 부채는 북한 경제수준을 고려할 때에 크다고 할 수 있지만, 남한의 경제규모로 볼 때에는 큰 비용이라고 할 수 없다. 남한이 마음만 먹으면 어렵지 않게 북한의 부채를 해결해 줄 수 있을 것이다.

코로나바이러스로 인한 재난지원금으로 전 국민에게 풀어준 금액은 정부예산과 지방예산을 합해서 수 십 조원이다. 북한에 대한 그 정도의 원조는 가능할 수 있으며, 그 대가로 북한의 자원 개발과 경제활동 참여가 가능해진다면, 원조는 매우 긍정적인 것으로 평가될 수 있다. 한반도의 강력한 국가의 미래를 기대한다면, 남과 북은 백성들이 납득할 만한 통일의 구체적인 로드맵을 적극적으로 드러낼 필요가 있어 보인다.[196]

시간이 지날수록 미래의 지구촌 시대에는 국가의 의미는 그렇게 중요하지 않게 될 것이다. 구태여 통일하지 않고도 서로 경제협력과 다양한 교류를 많이 하면, 통일의 가치 못지않게 시너지효과를 함께 누릴 수 있을 것이다. 무비자로 드나들 수 있는 나라들이 많아지면서 국경의 개념은 점점 약화되고 있다. 국적은 중요하지 않게 될 것이며, 국가의 도움 없이 개인과 기업의 역량과 관계성에 의해서 개인의 도약과 진전된 경제사회와 다양한 교류를 영위해 갈 수 있다. 긴 인류의 역사에 비하면 국가라는 공동체주의 개념은 매우 짧은 시간동안 인간에게 다소 유익함을 준 것으로 기억될 것이다.

2030년이 되면 중국 경제력은 미국의 세배가 될 것이라고 제레미 리프킨은 파이낸셜 타임스(Financial Times)라는 경제잡지를 인용하면서 주장했다. 미국과 유럽의 경제력을 모두 합해도 중국의 경제력을 넘어서지 못할 것이라고 했다. 중국을 향한 트럼프의 관세폭탄과 경제테러를 고려하면, 그런 세상이 과연 예측대로 될지는 모르지만, 중국의 가능성은 결코 만만치 않다.

경제력이 비대해진 중국도 힘자랑을 마냥 할 수는 없을 것이다. 국제 경제 네트워크 속에 이미 들어와 있는 중국도 결국 수평적 관계를 수용하게 될 것이다. 상해와 북경과 심천 등 곳곳에 적지 않은 외국자본들이 들어가 있다. 중국은 국제사회에서 서비스 리더십을 발휘해야하는 시기가 왔으며, 이미 국제사회에서 중국의 국제서비스 참여에 압박을 가하고 있다.[197]

교통수단의 발달로 인해서 지구촌이 좁아졌고, 그로 인해서 바이러스의 확산은 지구촌 문제가 되었다. 바이러스 문제를 해결하기 위해서 모든 인종이나 국가나 종교를 넘어서 지구촌 차원에서 협동적으로 대처하고 있다. 유발 하라리가 언급한 것처럼 모두 협동을 해야 지구촌 악의 바이러스 문제를 해결할 수 있기 때문이다. 지구촌협동은 지속적으로 진화할 것이며, 국가 간의 협력으로 인한 수평적 관계가 진전될 가능성이 높다.

바이러스는 지구촌 차원에서 협동할 수 없다. 그러나 인간은 지구촌 협동이 가능하다는 것이 유발 하라리의 생각이다. 바이러스 탐색조절 기능을 하는 슈퍼 AI와 함께 국제적인 결속을 통해서 앞으로 전개될 다양한 바이러스의 악을 넘어설 수 있을 것이다. 국가 간의 교류를 끊고 지구촌이 국가주의로 나누어지면, 지구촌 경제와 공생은 후퇴하고, 문제의 해결은 뒤 걸음 칠 것이다. 이미 진행되고 있는 국가 간의 사람의 이동을 원천적으로 막을 수 있는 길은 없어졌다.

바이러스의 위협을 구실 삼아서 모든 국민의 이동을 지나치게 감시하는 시스템을 실행하는 것은 불행한 일이다. 개인의 자율권이 소멸되는 위험한 사회로 변질되는 것이다. 개인의 자율권이 없으면, 정치의 효율성은 상향되겠지만, 경제는 쇠잔하게 될 것이다. 스스로 유익하고 좋은 것을 선택하는 자율권이 있으면, 창의성과 더불어 실용적인 것들의 가치를 높이면서 진전된 사회로 나아갈 것이다. 반대로 자율권이 없으면, 창의성이 약화되고, 아이디어의 교류가 퇴보하면, 경직된 사회를 만들 것이다.

서로 검증하고 검증받을 수 있는 자율적인 의사소통이 필요하다. 검증하고 검증받는 자율적 의사소통이 없으면 사회적 신뢰도가 낮아지면서 인간관계의 질이 저하되고 문명사회는 후퇴하게 된다. 모두가 서로를 검증하고 검증받으면서 감시하는 판옵티콘(panopticon)의 세상은 권력의 종말과 수평적 사회가 되는 모델이다.

판옵티콘은 교도소에서 죄수를 감시하기 위해서 교도소 건물을 원형으로 짖고 가운데서 모두를 감시하는 것을 의미한다. 공리주의 철학자 벤덤이 감시의 공리적 효율성으로 언급한 것이다. 죄수들이 간수가 항상 자신을 감시한다는 생각을 하게 되면 스스로 잘못된 행동을 하지 못한다는 것이다. 디지털 감시기기와 소통의 사이언스가 서로를 감시하는 세상을 만들어가고 있는 것이다.

권력의 편재성을 기반으로 하는 민주주의는 정치 괴물들에 의해서 작동하지 않고 있다. 자본주의는 이기적 탐욕에 치어서 오작동하고 있다. 고장난 민주주의와 하이퍼 자본주의 상태는 회복이 불가능한 상태에 가까워지고 있다. 고장난 민주주의는 정치 리더들이나 경제의 힘으로는 온전한 수리가 불가능할 것으로 보인다. 슈퍼 AI가 민주주의 선출시스템 기능을 대행하면서 권력의 양상을 변화시킬 것으로 보인다.

국회의원의 공천이나 내각의 주요 인사 임명과정에서 인재 풀을 만들고 적임자를 선택하는 일에 빅-데이터가 매우 중요한 역할을 하게 될 것이다. 각 단체의 장을 선출하거나 조직의 보직선임 과정에도 빅–데이터가 기능을 할 것이다. 승진재임용이나 인사고과 혹은 성과평가들도 빅–데이터가 하면서 사적인 감정에 의한 억울한 평가나 횡포는 사라지게 될 것이다.

권력자의 선출 문제만이 아니라, 입시나 취업의 공개채용도 빅–데이터에 의해서 전개 될 것이다. 빅–데이터를 활용하는 슈퍼 AI가 신처럼 모든 것을 해결하지는 못하겠지만, 정보와 자료를 중심으로 객관적이고 유용한 데이터를 정직하게 제공할 것이다. 고질적인 새치기, 중상모략하기, 담합하기 등은 약화될 것이다. 권력을 선출하는 투표의미가 해체될 것이고, 국민의 주권적 권한도 약화될 것으로 보인다.

민주주의에 대한 환상이 너무 크기 때문에 고장 난 민주주의로 인해서 상대적인 실망감도 적지 않다. 민주주의는 대규모 협동을 위해서 필요한 최소한의 방법이지 현실적으로 이상을 성취할 수 있는 것은 결코 아니다.[198] 지구촌에 진정한 민주주의를 하는 나라는 거의 없다고 해도 과언은 아니다. 소수의 선진국에서 잘하고 있는 것 같지만, 여전히 문제가 많이 있으며, 나머지 국가들은 말할 것도 없다.

미래 정치시스템은 한 두 사람이 막강한 권력을 휘두르는 대통령제나 이원집정부제는 기울게 될 것이다. 오히려 과두정치제도(oligarchy)로 흐를 가능성이 높아질 것으로 생각된다. 빅–데이터가 선정한 탁월한 소수 집단지도자들이 이끄는 과두정치제도가 설득력을 얻게 될 것이다. 소수 집단지도체제 내의 책임적 임무는 슈퍼 AI가 공정하게 정할 것이다. 참정권과 투표는 빅–데이터와 슈퍼 AI의 결과에 대한 타당성 인증 거수기 역할을 하는 정도에 머무를 것으로 보인다.

정치적 식견이 있는 사람이나 정치에 무식한 사람이나 모두 한 표를 행사하는 민주주의는 오랫동안 모순으로 지적되어 왔다. 소크라테스는 민주주의 시스템을 매우 잘못된 것이라고 주장했다. 명석한 사람과 우매한 사람 그리고 덕이 있는 사람과 부덕한 사람이 같은 표를 행사해서 지도자를 뽑는다는 것은 공정하지 않으며, 잘못된 지도자를 뽑을 확률이 높다는 것이 소크라테스의 주장이다.

오늘날과 같은 시대에는 일반 백성들을 현혹하는 파퓰리즘이 더해져서 민주주의가 더욱 오작동 되는 면이 있다. 뉴욕대학교의 경제학자 누리엘 루비니(Nouriel Roubini)는 파퓰리즘에 의한 민주주의 모순으로 인해서 경제의 어려움까지 커진다고 주장하고 있다.

미래사회는 강력한 카리스마의 리더십이나 파퓰리즘의 리더십은 약화될 것이다. 카리스마가 필요하지 않기 때문이다. 실시간으로 정보 확인이 가능해지면서 정보 사기꾼들은 수장될 것이다. 일부 머리가 아둔한 인간들은 시대의 흐름을 읽지 못하고 디지털 파퓰리즘이나 반짝 쇼처럼 가짜뉴스를 퍼트려서 이득을 보려고 할 것이지만, 그런 들쥐들은 소수에 머무를 것이고, 바로 소멸될 것이다.

선거조작이나 왜곡된 정보 공유는 일시적일 것이다. 결국에서는 거짓된 모든 것들은 다 드러나게 될 것이기 때문이다. 슈퍼 양자컴퓨터가 작동하기 시작하면, 검색시간이 매우 짧기 때문에, 범죄나 잘못된 사이버 행위들이 손쉽게 드러날 것이다. 온전한 사이버윤리는 슈퍼 양자컴퓨터의 도래와 함께 심층적으로 작동할 가능성이 높다.

인류의 역사를 보면 공동체의 집단의식이 정보를 조작하고 사기 치는 경우는 거의 없었다. 대부분 집단의식은 우주의 균형과 조화를 따랐으며, 백성들의 마음 즉 민심이 천심으로 작용했다. 디지털 문명이 진화하면서 사회를 교란시키는 소수의 여우들이나 들쥐들은 점점 갈 길을 잃게 될 것이다. 왜곡된 정신적 프로그램은 공생을 향한 빅-데이터와 슈퍼 AI 그리고 소통의 사이언스에 의해서 순화될 것이다. 화려했던 산업사회 시대의 권좌는 초라해질 것이다.

머지않아 민주주의 투표제도는 비밀 무기명 투표에서 실명제 투표로 바뀔 가능성이 높다. 수평적 세상의 도래로 인해서 실명으로 투표를 해도, 권좌의 괴물에게 피해를 입거나 위협을 느낄 확률이 매우 줄어들었기 때문이다. 대규모 집단의 투표는 사실상 무기명으로 할 필요가 없다. 어차피 누가 누구인지 모르기 때문에 대통령 선거, 국회의원 선거, 시장 선거와 같은 대규모 선거는 실명제로 해도 문제될 것이 없다.

그리고 앞으로 유권자가 남긴 흔적들을 고스란히 담고 있는 빅-데이터는 누가 어떤 투표를 했는지 자동적으로 알게 될 것이다. 구태여 무기명 비밀투표를 할 필요가 없다는 사실이다. 실명제 투표는 부정선거를 막거나 소신투표의 의식을 높이는 긍정적인 면이 더 많을 것이다.

첨단 디지털문명은 민주주의와 같은 원시적이고 문제가 많은 정치시스템을 혁신적으로 개선할 것이다. 실수를 많이 하는 인간은 미숙한 의사결정을 한다. 미숙한 선택에서 생성되는 권력은 문제가 많다는 것을 이미 역사를 통해서 깨닫고 있다. 그동안 민주주의는 별다른 대안이 없기 때문에 그대로 흘러왔다. 그러나 사이언스의 진화와 함께 권력기능은 힘이 하는 것이 아니라, 데이터가 상당부분 개선된 프로그램으로 하게 될 것이다. 특히 MIT의 맥스 테그마크는 슈퍼 AI가 상당부분 기여하게 될 것으로 보고 있다.

슈퍼 AI의 사회분석 능력은 이미 인간의 역량을 초월했다. 주식시장은 거의 AI에 의해서 움직이고 있으며, 주식시장에서 일하는 사람들은 엑스트라 조연에 불과한 상황이다. 권좌의 통솔력과 판단력은 원시적인 수준이 될 것이며, 슈퍼 AI 기능과 인간의 역량차이는 기하급수적으로 벌어지면서 세상의 권력은 슈퍼 AI에게 넘어갈 가능성이 매우 높아 보인다.

미셸 푸코가 주장한 감방과 형벌을 통한 훈련사회는 지나가고 있다. 질 들뢰즈(Gilles Deleuze)가 언급한 조절사회로 접어들었다. 푸코는 전자기기를 통해서 모든 사람을 관찰하는 판옵티콘의 병폐를 지적하면서 전자기기에 의한 외적 조절시스템에 대해서 부정적인 입장을 취했다. 모든 사람을 감시하고 통제하면 권력의 편재성이 오동하면서 사회적 역기능이 더욱 심각해질 것을 우려한 것이다. 그러나 전자기기에 의한 외적 조절시스템이 실효적 가치를 더 갖고 있는 것으로 나타나고 있는 것이 현실이다.

슈퍼 AI가 정치사회 문제를 진단하고 조절하고 조화시키는 순기능적 방안들을 제시할 것이다. 사람들은 그 제안에 순응하게 될 것이다. 이미 인터넷을 하고 스마트폰을 손에 들고 자란 i세대(iGen)들은 어른들의 말을 듣지 않는다. 스마트폰에서 구글이나 네이버의 정보를 따르고 있다.[199)]

삶의 효율성에 대한 정보제공에 별로 도움이 되지 않고, 경제적으로도 도움이 되지 않는 노인들에 대한 존경심은 바닥으로 내려갈 것이다. 나아가서 경제적 부담의 대상으로 생각하면서 혐오의 눈초리가 커질 수도 있다. 디지털문명은 동양의 미풍양속인 장유유서의 윤리까지 깨고 모든 사람을 수평으로 만들고 있는 것이다.

i세대는 희망과 비전을 구글이나 네이버에서 찾고 있다. 디지털정보시스템이 역사의 주체가 되고 있다. 디지털 시스템은 역사적 실효성 없는 허수아비 정치기계들을 주변으로 몰아낼 것이다. 그동안 과잉경쟁 시

스템에서 재미를 쏠쏠하게 본 탐욕적 술수 전문가들도 길바닥에 내 몰릴 것이다. 어제는 전문가였지만 내일에는 무용계급의 일원이 될 것이다. 디지털정보 시스템은 투명하고 정직하기 때문에 술수 전문가들과는 코드가 맞지 않는다.

초월적 가치를 강조하는 고등종교는 권력의 횡포에 대한 직접적인 변화보다는 개인적인 변화에 기여했다. 온전한 자아를 향한 개인변화는 사회변화와 직결되어 있다. 온전한 자아를 추구하고 실효적 변화를 이루는 종교의 사회적 영향은 지속적으로 있을 것이다. 개인의 변화만이 아니라, 구조의 변화를 추구한 해방신학과 같은 종교사회운동은 권력의 남용과 경제의 왜곡에 대한 문제의식을 갖게 하고, 인권과 자유를 향한 집단의식을 향상시키는 데에는 일정부분 기여했다.

해방신학에서 역사의 주체는 민중이라고 계몽하면서 정의와 자유 그리고 인권을 향한 의식화를 주장했다. 억압과 소외와 착취에 있는 민중들의 해방을 주장했다. 해방신학의 성과는 중남미와 한국의 민중운동에서 권력의 남용에 대한 국민의 의식화와 실제적인 조절에 일정부분 기여를 했다. 이제는 그 목소리가 사라져가고 있다.

히브리−유대전통의 모세의 윤리는 이집트에서 노예생활을 하던 이스라엘 백성을 해방시키는 것이었으며, 해방신학에 적지 않은 영향을 주었다. 모세가 야만적인 정치인들이나 탐욕기계들에 의해서 움직이는 정치경제를 바라본다면, 왜곡된 정치와 경제시스템의 노예가 되어 있는 인간의 해방에 목숨을 걸고 나설 것이다. 모세는 병들어 죽어가는 이스라엘 백성들을 살리기 위해서 치유의 놋 뱀을 높이 들었다. 세상을 실효적으로 치유할 수 있는 협력공생의 사이언스를 신의 섭리로 믿고 높이 들면서 해방으로 안내할 것이다.

역사분석에 통찰력이 있는 유발 하라리는 교회가 인류 문명사에서 가장 효율적이고 성공적인 협동의 공동체라고 주장하고 있다. 교회의 메타 내러티브는 폭력과 공포의 도구를 사용하는 권력에 대해서 부정적인 입장을 갖고 있다. 교회는 권력의 본질과 속성에 공감하는 사람들이 많았음에도 불구하고 협동과 질서를 잘 이루면서 성장하고 지속가능한 공동체가 되었다.

서양문화의 패션으로 단장한 기독교가 박애 봉사적 교육과 의료기술과 선진문화를 갖고 한국의 근대화에 일익을 담당한 것은 누구도 부인할 수 없는 사실이다. 한국의 사립학교의 다수가 기독교 재단이며, 세브란스병원을 비롯해서 기독교 정신으로 설립된 병원들이 많다. 피라미드의 권력구조보다는 사랑의 호혜적인 유착관계를 강조하는 기독교의 수평적인 사상이 기여한 것이다.

기독교의 성장과 함께 서양의 선진문물이 들어오면서 한국은 급속한 발전의 일로를 걸었다.[200] 진보기독교가 민중신학을 일으키면서 인권과 정의 실현에 일정부분 기여했으며, 살아있는 독재 권력에 맞서 민주주의와 자유 평등을 위해 투쟁도 했다. 그 성과는 어느 정도 있는 것으로 평가되고 있다.[201]

사회철학자 막스 베버(Max Weber)는 자본주의의 발전과 유럽의 부는 자본주의와 기독교 윤리가 결혼해서 탄생한 것이라고 주장했다. 신의 영광을 위해서 모든 일을 헌신적으로 하는 기독교인의 윤리가 자본주의와 결합해서 유럽의 부를 낳았다고 보았다.[202] 유럽의 부는 권력의 통치 시스템이 만든 것이 아니라, 신앙과 근면함이 만들었다는 것이다. 그러나 경제적 부는 이루었지만, 기독교가 자본주의의 역기능에 의한 경제적 공평함에는 크게 기여했다는 평가는 찾아보기 어렵다.

독일의 메르켈(Angela Merkel) 대통령은 루터교회 목사의 딸로 태어나서 기독교민주연합(Christian Democratic Union)의 리더가 되었다. 대권을 쥐고 오랜 기간 동안 독일과 유럽연합을 통치하였다. 메르켈은 양자화학을 연구하여 박사학위를 받은 과학자임에도 불구하고, 정계에 입문해서 정치를 했다. 세계 대통령 중에 그나마 나은 대통령으로 존경의 대상이 되고 있다.

그런 평가의 근거는 기독교 민주정신으로 순수한 공익적 접근을 했기 때문인 것으로 보인다. 메르켈은 자유로운 세상의 리더(the leader of the free world)로 많이 알려져 있으며, 많은 사람들이 공감할 수 있는 자유와 공평함의 세상을 추구한 리더로 평가된 것이다. 진정한 공익을 향한 권력이 존경의 대상이 된다는 예이다.

최근에 안티기독교(anti-Christianity) 세력이 늘어가고 있으며, 그 이유는 권력과 명예를 모방하는 세속형 고장난 교회들이 적지 않기 때문이다. 그들은 예수의 교훈을 반대하는 것이 아니다. 예수가 도덕의 족쇄를 깨고 서비스 리더십을 실천한 것에 대해서는 찬사를 보내고 있다. 일부 크리스천들이 그리스도처럼 약자와 소외된 자를 돌보고 사랑하는 것을 소홀히 하는 것으로 비쳐지고 있다. 교권이 가진 자들이나 권력자들과 한통속이 되어서 계급구조를 강화하고 있는 것으로 오해하게 만들었다. 교회가 명예와 부를 선호하는 것으로 착각하게 만들었기 때문이다.[203]

대학생의 크리스천 비율이 5퍼센트 정도이고, 군에 입대한 젊은이들의 크리스천 비율도 5퍼센트 정도라는 통계자료가 있을 정도이다. 이대로라면 한국의 기독교는 머지않은 장래에 군소 종교로 전락할 가능성이 크다. 평등과 정의를 향한 사회적 양심의 나침반 역할을 하는 등불 하나가 꺼져가는 것처럼 보인다.

교회는 포스트모던시대의 문화를 열린 자세로 수용하고, 젊은이들이 교회에 들어올 수 있도록 교회 문화와 메시지의 패션을 바꾸어야 한다. 역사적으로 보면 메시지의 패션변화는 기독교의 교세확장에 핵심적인 역할을 했다. 어거스틴은 신플라톤주의 철학을 활용해서 복음을 해석하여 유럽기독교의 신학적 기틀을 마련했다.

어거스틴의 신학은 기독교를 세계적인 종교로 만드는 핵심역할을 했다. 한국교회의 기반이 되는 칼빈과 웨슬리의 신학도 어거스틴의 영향을 받은 것이다. 젊은 칼빈이 어거스틴의 사상을 해석한『기독교 강요』가 한국장로교회의 뼈대를 이루고 있다. 칼빈의 신학은 유독 한국에서는 특별한 대우를 받고 있는 것으로 보인다.

아퀴나스는 아리스토텔레스의 철학을 활용해서 대형신학을 집대성했다. 처음에는 아퀴나스의 자연철학적 신학은 견디기 어려운 시련을 겪었다. 그러나 차츰 인정받기 시작하면서 천년가까이 세계적인 가톨릭교회의 기반이론이 되고 있다. 아퀴나스는 철학, 신학, 성서, 정치, 자연, 과학 등의 다양한 요소들을 융합해서 신학적 소통을 했기 때문에 수용성이 높았던 것이다.

요한은 희랍의 로고스를 활용해서 복음을 희랍 문화권에 전했다. 구약의 메시아를 희랍의 그리스도로 표현했으며, 히브리-유대 진리를 희랍의 로고스로 표현했다. 희랍인들에게 기독교에 대해 수용적일 수 있는 접근을 한 것이다. 요한과 어거스틴 그리고 아퀴나스의 신학의 새로운 패션 작업은 기독교를 세계화하는 데에 결정적인 역할을 했다. 이제 문명의 패러다임이 혁신적으로 변하고 있는 과학기술문명 사회에 메시지의 수용성을 고려한 진전된 신학적 패션이 시급하게 요청되고 있다.

세속의 권력을 초월하는 교회는 그리스도의 서비스 리더십과 시대적 양심의 나침판이 작동하도록 영성회복을 강화해야 할 것이다. 그렇지 않으면 포스트모던 i세대 젊은이들은 교회를 외면할 것이고, 기존의 교인들도 교회를 떠날 것이다. 교회는 공익을 위한 진정한 서비스 리더로서 메르켈 같은 리더를 배출하는 것이 도움이 될 것이다.

이제 자발적으로 성서 콘텐츠 탐구를 위한 소그룹들이 생겨날 것이다. 초월적인 깊은 놀이를 좋아하는 작은 영성공동체가 많아질 것이다. 이미 서구에서는 소규모 교회공동체인 유기체 교회(organic church)와 같은 것이 기하급수적으로 늘어나고 있다.[204] 분산 협력적인 소규모 교회로 변모하게 될 미래 기독교는 미래의 깊숙한 기술문명 시대에 기독교 르네상스 시대를 맞이할 가능성이 높다. 공감유착관계에 대한 가치를 실제로 인식하면서, 소그룹교회의 패러다임으로 변하고 있기 때문이다.[205]

정치의 악과 권력의 횡포를 제거하기 위해서 계몽주의는 많은 노력을 했지만, 성과는 미약했다. 민주주의와 삼권분립 시스템이 그나마 최소한의 권력 견제 시스템이라고 할 수 있는 정도이었다. 정치판에서 흙탕물을 만드는 미꾸라지들과 탐욕적 괴물들의 농간으로 인해서 서민들의 아픔은 여전하지만, 이제 협력공생의 사이언스의 승리에 의한 권력의 종말이 임박했다는 사실이다.

고대 희랍의 열린 회의장소인 아고라(agora)에서 전개된 직접민주주의 영향은 지금까지 진행되고 있다. 소크라테스가 걱정한 민주주의의 한계도 슈퍼 AI의 기능에 의해서 점차적으로 해결될 기미가 보이고 있다. 사람들의 다양성과 편차가 사라진다는 것이 아니다. 빅–데이터와 슈퍼 AI의 공정성이 권력의 횡포 그리고 민주주의 한계와 오작동을 보완할 것이라는 말이다.

권력은 종말을 향해 달리고 있다. 디지털 판옵티콘은 사람들만 감시하는 것이 아니라, 권력을 더 면밀하게 감시하고 있다. 모든 사람이 서로 감시하는 디지털 판옵티콘은 실효적으로 현실화되어가고 있으며, 권력을 납작하게 만들어가고 있다.

3

수평적 세상

권력의 종말은 수평적 세상으로 안내할 것이다. 신계몽주의 가치가 디지털 판옵티콘과 소통의 사이언스에 의해서 실현되는 미래사회는 완전한 평등은 아니지만, 모든 사람이 수평에 가까운 납작한 계급구조 속에서 살게 될 것이다.[206] 디지털 판옵티콘과 소통의 사이언스가 갑을관계의 갑질을 와해시키고, 계급을 무너뜨리며, 권력의 편재성을 향한 수평적 세상으로 이끌 것이다. 정의와 호혜적 협동의 집단의식이 무제한적으로 표출되면서 사회적 계급이 평준화될 것으로 보인다.[207]

하지만 모두가 획일적으로 평등한 수평적 세상의 실현은 현실적으로 불가능한 것이다. 사람들의 역량과 특성 및 취향이 모두 다르기 때문이다. 여기서 수평적 세상은 획일적인 평등이 아니라, 입체적인 기능적 평등을 의미한다. 개인의 역량과 특기에 따라서 할 수 있는 기능이 다르다. 모두가 같은 조건에서 같은 양의 일을 같은 방법으로 할 수는 없는 것이다. 수평적 세상이란 각자의 특성과 역량에 따라 입체적인 차원에서 맡은 기능을 하는 것이다.

정치괴물이나 탐욕적인 자본가의 횡포가 없으면, 나름대로 의미있는 사회의 기능적인 삶을 살 수 있다. 지나친 경쟁이나 억압이 없으면, 각자 주어진 일에 대해서 긍정적으로 접근할 수 있다. 서로의 직업에 대해서 편견 없이 사회의 기능적 필요성을 인정하고 존중하면, 모두가 자신의 일에 대한 자부심을 갖게 된다. 생산성 경쟁에 의한 성과의 스트레스가 없으면, 급여의 차이도 줄어들 것이다. 급여의 차이에서 오는 서열의식이나 상대적 박탈감 같은 것은 약화될 것이다.

북한도 수평적 세상 혹은 입체적 평등 사회로 갈 수 있을까. 보스턴대학교의 사회학자 피터 버거(Peter Berger)는 북한의 정치 시스템은 지구촌에서 찾아보기 어려운 매우 효율적인 체제라고 긍정적인 평가를 했다. 정치시스템 자체만으로 볼 때 긍정적이며 안정적이라는 것이다. 후진국들 가운데 북한이 정치적으로는 가장 안정된 국가가 아닌가 생각된다.

군주의 독재정치(monarch)를 주장한 토마스 홉스의 정치철학의 견해로 보면 북한의 체제는 잘 작동하는 시스템이다. 합리적인 정부론을 주장한 존 로크의 눈으로 보면 북한은 권력의 공유가 없기 때문에 비판의 대상이 된다. 보편적 의지에 의한 통치를 주장한 루소의 시각에서 보면 북한은 보편적 의지가 반영되지 않기 때문에, 문제가 있는 것으로 볼 수 있다.

공화국을 주장한 플라톤도 북한공화국을 찬성하지는 않을 것으로 보인다. 그 이유는 자유와 인권 문제가 지속적으로 제기되고 있으며, 철학자 왕이 아니라, 백두혈통의 세습 공화국이기 때문이다. 북한의 수장이 깊고 공정한 철학자가 되고, SNS의 자유와 인권을 푼다면, 수평적 세상의 공화국을 맞이할지도 모른다.

앞에서 언급한 것처럼 아리스토텔레스도 인간사회의 불평등을 믿었다. 불평등이 현실이고 평등을 이상으로 여겼다. 노예나 권력자나 관료는 각자 역량과 특기에 따라 주어진 직업을 운명적인 것으로 여겼다. 소크라테스와 플라톤 그리고 아리스토텔레스 외에 다른 희랍의 철학자들은 평등과 민주주의를 주장했고, 그런 방향으로 가야한다고 주장했다.

평등과 자유는 오랜 시간이 흐른 뒤에 모더니티의 계몽주의 가치관으로 자리 잡으면서 영향력을 행사하기 시작했다. 경직된 계층구조 시스템에서 시달리던 민중들은 평등과 정의 그리고 자유의 가치관에 대해서 찬사를 보냈다.

지금도 지구촌의 여러 곳에서는 평등과 정의를 위해서 투쟁하고 있다. 지구촌에 평등과 정의가 온전히 실현된 나라는 과연 어느 정도일까. 아마도 거의 없을 것으로 추정된다. 평등과 정의는 현실적으로 실현이 불가능한 것이기 때문이다. 아리스토텔레스의 사회적 불평등에 대한 통찰이 맞는 것으로 생각된다.

권력 횡포의 정치악은 약화되기 시작했고, 탐욕적인 자본가의 야만성이 기울기 시작했다. 생산성 경쟁의 완화가 일어나기 시작하면서, 입체적 평등 사회를 향해 움직이고 있다. 서로의 일과 직업에 대해서 격려하고 배려하는 사회심리적 흐름이 싹트기 시작하고 있다.

입체적인 기능적 평등에서 메리토크라시 즉 능력주의가 고개를 들 것을 염려할 수 있다. 마이클 센델이 지적하고 있는 것처럼, 메리토크라시는 서민들의 가슴을 울리고 민주주의를 훼손하는 사회악으로 지적되고 있다. 능력경쟁의 전쟁터에서 세습자본, 부모에 의한 출신성분, 지성적 역량 등이 메리토크라시로 발전되어서 특권의식을 갖게 하고 사회적 불평등을 강화시키는 것은 성토의 대상이다. 이 문제에 대해서 마이클 센델은 특권의식을 가진 사람들에게 겸양의 윤리를 제시하고 있다. 청소부나 의사는 모두 병을 예방하거 치료하는 사람들이기 때문에, 함께 격려하고 소중하게 생각해야 한다.

입체적인 기능의 평등이란 각자 직업이 필요불가결한 기능이기 때문에 모두 각자 직업을 소중한 것으로 여기는 것이다. 바울이 언급한 것처럼 몸의 각 지체인 눈과 귀와 손과 발은 필수적인 것들이다. 눈이 더 중요하고, 손이 덜 중요할 수는 있지만, 모두 없어서는 안 될 중요한 것이다. 머리 좋은 의사와 성실한 청소부는 없어서는 안 될 중요한 직업이라는 차원에서 기능적으로 평등한 것이다. 개인의 역량에 따라서 다소 급여 차이와 일의 양과 질의 차이는 있겠지만, 모두 기능적으로 중요한 위치에 있는 것은 사실이다.

미래사회는 청소부의 지위가 높아질 가능성이 있다. 집안에서 AI로봇이 할 수 없는 소소한 일들을 하는 직업이 소중하게 여겨질 수 있다. 과학기술문명 속으로 깊숙이 들어간 차세대 사람들은 입체적인 기능적 평등을 현실로 인정하게 될 것이다.

입체적 평등 세상을 위해서 역시 소통의 사이언스의 정보 공유가 중요한 역할을 할 것이다. 정확한 정보와 고급정보를 공유하면 경계심이 약화되고 협동적 분위기로 변화되게 된다. 이제까지는 소수가 고급정보를 활용해서 힘을 행사했고 그것으로 부를 쌓기도 했다. 하지만 국민의 알 권리와 소통의 사이언스가 융합해서 만들어진 정보공유 시스템이 등장하면서 정보가 특정 계층의 권력이나 부로 작용하는 일이 약화되기 시작했다.[208]

정보를 공정하게 나누지 않고, 진실한 정보소통이 이루어지지 않으면, 경계감이 높아진다. 신뢰감이 떨어지면서 협동에 의한 문명의 발달은 제자리걸음을 하게 될 것이다. 소통의 사이언스가 "정보공유의 제한성"의 축소에 기여를 하면서 평등한 유화적 사회를 만들어가고 있다.

서로를 어느 정도 알면 경계심이 줄어들고 협동적 관계로 발전하기 쉬워진다.[209]

드문 일이지만 사자무리에서 호랑이 한 마리가 생존하여 사는 것을 볼 수 있다. 서로 알면 적으로 인식하지 않고 호혜적 관계의 대상으로 생각하기 때문이다. 다원주의 사회는 다양한 가치관과 견해를 가진 사람들이 살게 되지만, 서로 알게 되면 경쟁보다는 친화를 선택하면서 공존하게 될 것이다. 친밀감을 만들기 위해서 동질감을 가진 사람들은 자연스럽게 만나고 동아리를 형성하여 교류할 것이다.[210] 소통의 사이언스의 정보공유는 경계감 완화와 평등적 유화에 기여하고 있다.

인종차별의 악은 사회적으로 구성된 것이다. 어린아이들은 인종에 대한 차별의식이 거의 없다. 어려서 다인종 학교를 다닌 어린이는 성인이 되어서 인종에 대한 차별의식이 매우 적게 나타나고 있다. 인종차별과 같은 사회적으로 구성된 악의 조절은 선입견 접어두기와 친화적 소통으로 경계감을 완화하면 가능할 수 있다.

경계감 완화를 위한 정확한 정보공유의 수단은 언어에 국한되는 것이 아니다. 표정, 이미지, 몸, 이모티콘, 사운드 등 다양한 소통 수단이 있다. 표정이나 이미지로 공포감을 조성하고 상호관계를 주종관계로 만들기도 한다. 때로는 침묵이 폭력의 수단이 되는 경우도 있다. 침묵이 소통의 중량감과 신중함을 높일 수도 있다. 침묵이 두려움을 더할 수 있고, 상대의 마음의 고통을 덜어줄 수도 있다.

경계감 완화는 소통의 수단이 작용하는 상황과 맥락에 따라서 다양하게 일어난다. 포스트모던 해체주의에서는 언어의 형식주의를 깨고 때로는 비언어적 표현이 깊은 의미를 더할 수 있다고 주장하기도 했다.[211] 해체주의자는 아니지만 언어철학자인 비트겐슈타인(Ludwig Wittgenstein)은 말할 수 없는 것에 대해서는 침묵하라고 했다. 말로 할 수 없는 것에 대해서 말을 늘어놓으면 언어게임이 혼란스럽고, 차라리 말하지 않는 것만도 못한 상태가 된다는 것이다.

침묵이나 비언어의 소통은 상황과 조건에 의해서 효력의 농도가 달라진다. 상황과 조건이 공포를 만들기도 하고 유화적인 관계를 만들기도 한다. 빈 공간도 의미를 담은 소통의 수단이 될 수 있으며, 경계감 완화와 수평적 유화에 기여하거나 공포와 두려움을 줄 수 있다. 해체주의자 데리다(Jacques Derrida)는 빈 공간의 의미에 대해서 깊이 있는 언급을 했다.

중학교에 다니는 여학생이 술을 마시고 담배피우고 나이트클럽에 갔다면, 그녀의 아버지는 속이 상할 것이다. 잘못한 딸을 앞에 두고 말로 야단치기 전에 침묵의 시간을 갖는다면, 딸과 아버지 사이에 침묵의 빈 공간은 의미로 차 있을 것이다. 딸은 두려움에 울면서 후회와 고통의 시간을 갖게 될 것이다. 빈 공간이지만 말보다 더 깊은 소통이 가능할 수 있다. 상황과 조건에 따라 침묵이나 빈 공간으로 더욱 깊은 두려움과 폭력을 가할 수 있다.

평등 관계를 위한 경계심 완화는 진정성과 투명성이 전제된 상황이어야 한다. 왜곡된 상황에서는 소통의 의미가 윤색되고 잘못된 정보공유가 부조화를 야기한다. 윤색된 정보나 가짜정보의 경험은 상호 불신을 높이고 사회적 위계질서를 경직시키면서 서열 스트레스를 가중시킨다.

정보 소통의 오류에는 언어의 제한성의 문제가 있다. 언어의 제한성이란 언어적 형식주의의 한계이다. 말이 언어의 형식과 문법에는 맞지만, 사실과는 맞지 않는 경우가 있다. 문법적으로는 맞는 말이라고 해도, 사건이나 사실을 정확하게 표현하지 못할 수 있다. 정확한 정보소통의 언어적 한계를 니체는 언어의 횡포라고 불렀다.

경계심이 줄어들지 않는 것은 언어의 횡포에 의한 잘못된 정보에서 비롯된 경우가 적지 않다. 니체가 언급한 언어의 횡포를 귀담아 들을 필요가 있다. 데리다가 언급한 언어적 형식주의 해체에 대해서도 관심을 가질 필요가 있다. 포스트모던 해체주의자들은 모더니티의 방법인 언어적 형식주의와 이성중심주의에 의한 소통은 과신할 것이 못 된다는 것을 강조하고 있다.[212] 침묵, 빈 공간이나 여백, 이미지, 표정, 몸으로 소통하는 것이 언어보다 유리할 경우가 있다.

소통의 사이언스는 언어의 횡포에 의한 정보의 오류를 상당부분 줄이고 있다. 디지털 기기를 통해서 사진이나 이미지 혹은 이모티콘이나 동영상으로 소통을 하기 때문이다. 과거에 언어의 제한성을 경험했던 것과는 매우 다른 양상이다. 정확한 정보공유가 많이 이루어질수록 불신과 갈등의 악이 축소되는 것이다. 다양한 형식의 디지털 소통은 정보의 오해와 언어의 횡포의 적지 않은 부분을 조절하고 있다. 해체주의자들이 걱정하는 문자 기능의 한계나 소통의 난제를 적지 않게 줄이고 있다.

디지털 정보공유는 경계심 완화와 수평적 세상을 향한 흐름에 기여하고 있다. 케빈 켈리는 『인에비터블』에서 현재는 읽지만 미래는 화면으로 볼 것이며, 인간이 화면을 보지만, 화면도 인간을 볼 것으로 내다보고 있다.[213]

케빈 켈리는 책의 사회화를 언급하면서 위키피디아(Wikipidia)를 최초의 지구촌 망을 이룬 책이라고 했다. 위키피디아의 링크와 태그는 엄청난 네트워크로 연결되어 있다. 수메르 문명에서부터 현재까지의 흐름을 대도서관(universal library)으로 보게 한 것이다. 확장된 눈과 영혼 혹은 카메라나 망원경과 현미경이 인간의 인지 역량을 천문학적으로 확장했다.

클라우드는 영혼을 확장한 것으로 보고 있다.[214] 기억할 수 없는 것들을 저장해두는 기억장치가 확장되어 있으며, 필요할 때에는 어디에서나 텍스트 마이닝(text mining)이나 데이터 마이닝(data mining)으로 접근할 수 있기 때문이다. 정보소통의 정확성과 신속성이 날로 진화하고 있는 것은 해체주의 철학의 걱정을 덜어주는 것이다.

정확한 정보나 고급정보는 고위층에만 있는 것이 아니다. 첨단 회사들의 경영전략기획실의 선진 경영팀은 생산현장에서 일하는 실무자들의 진솔한 이야기를 듣고 서로 소통하기 시작했다. 경영진은 현장의 경험에서 나오는 중요한 생각들을 경청하고, 현장의 실무자는 경영진의 비전과 혁신적인 방향설정에 귀를 기울이고 있다. 소통의 사이언스는 고급정보, 정확한 정보, 많은 정보의 공유를 가능하게 하면서 문명의 혁신적 진화와 함께 계급을 약화시키는 세상으로 안내하고 있다.[215]

소통에서 중요한 것은 말할 것도 없이 소통자의 "진정성" 혹은 정확한 정보공유이다. 위르겐 하버마스가 소통의 윤리(ethics of communication)에서 강조한 것처럼 진정한 소통이 신뢰의 사회를 만들고 평화 공동체를 형성한다.

진정한 소통의 걸림돌은 여러 가지가 있지만 특히 실수나 잘못을 인정하는 것이 좀처럼 어려운데서 기인하는 경우가 많다. 잘못에 대한 사과는 기업이 클수록 실수나 과오를 인정하기가 매우 어렵다. 그 이유는 기업의 이미지에 데미지를 주기 때문이다.

마이클 센델은 잘못에 대한 사과(apology)를 대행해주는 사과회사가 중국에 있다는 것이다.[216] 돈으로 살 수 없는 것들 즉 친구, 명예, 우정, 사랑, 진정한 사과 등이 있는데, 사과하기 어려운 사람이나 회사를 대신해서 사과를 전문적으로 해주는 회사가 있다는 것이다. 그만큼 솔직하고 진정한 소통이 어렵다는 것이다.[217]

IT기술을 활용한 조절사회가 되면서 범죄 조절만이 아니라, 공직자들의 소통이나 권력자들의 진정한 공적 소통에 대한 모니터링이 이루어지고 있다.[218] 이제는 형식적인 민주주의가 아니라, 백성들이 실제로 이끌어가는 수평적 집단의식의 "시민세상"되어가고 있다. 꼭대기에 앉는 것은 기피의 대상이 되어가기 시작하고 있다. 가짜 소통을 하는 정치인으로부터 배신감을 느낀 성난 민중들은 이전과는 다르게 그런 정치인들을 결코 가만두지 않고 있다.

노암 촘스키는 미래사회는 정치인들이 힘이 없는 무정부상태와 같은 수평적 세상이 될 것이라고 예언하고 있다. 무정부상태는 진짜 정부가 없어지는 것이 아니라, 작은 정부 혹은 서비스 정부가 되는 것이다. 서열이 납작한 세상을 의미하는 것이다. 합법적 폭력의 권한을 완장으로 여기고 서민들에게 두려움을 주던 리더십은 사라지기 시작하고 있다.

리더십을 연구하는 전문가들은 이구동성으로 수평적 공감과 신실성(integrity)의 힘이 리더십의 최고의 능력이며 덕목이라고 주장하고 있다.[219] 영국의 식민통치하에서 비폭력 저항운동으로 인도를 독립시킨 대표적인 서비스 리더 마하트마 간디(Mahatma Gandhi)는 대중적 공감능력과 신실성을 가진 비폭력저항의 수평적 리더이었다.

인도 백성의 해방을 위한 폭력의 불가피성을 거부하고 비폭력 저항운동을 했다. 비폭력 저항을 하면서 적지 않은 희생자들을 냈지만, 인도를 독립시키는 데에 성공적 기여를 했다. 권력의 횡포와 오남용에 대한 비폭력 저항윤리는 마틴 루터킹과 함께 간디가 남긴 위대한 윤리의 유산이다. 이들의 영향력의 기반은 수평적 공감의 힘과 신실성이었다.

간디는 높은 자리에 있었음에도 불구하고, 검소하고 신실하게 살았다. 간디는 부자였기 때문에 일하지 않아도 먹고 살 수 있었지만, 실 짜는 일을 계속했다. 자신의 일의 몫은 해야 한다는 인생철학에서 나온 행동이다. 그런 행동은 사람들로 하여금 공감과 존경을 유발시켰고 그를 따르게 했다. 수평적 공감의 리더의 모델이 된 것이다.

이제 꼭대기는 고독하고 불안하며 스트레스를 많이 받는 자리이다. 서열의 꼭대기에 있는 개코원숭이의 변을 검사한 결과 스트레스 호르몬이 많이 발견되었다는 것이다. 물론 서열의 바닥에 있는 개코원숭이도 스트레스 호르몬이 나왔다. 꼭대기는 도전자들을 관리하고 자신의 자리를 지키는 것이 스트레스 호르몬을 분비시키고 있는 것이다.[220]

꼭대기에 있는 사람은 멋있어 보이지만, 스트레스 호르몬을 많이 배출하는 자리이다. 그 자리는 도전자들을 관리하면서 스트레스를 엄청 받는 자리이다. 그 자리에 앉는 것은 투명한 유리 집에서 사는 것과 같이 되었다. 백성들이 투명유리 속에 있는 자신의 일거수일투족을 살피고 있다는 것을 인식하는 순간부터 스트레스 호르몬은 감당하지 못할 정도로 나올 것이다.

진정으로 정상에 올라가길 원한다면, 신뢰할 수 있는 동반자들을 데리고 올라가야 외로워하거나 불안해지지 않을 수 있다. 천하를 얻었다 하더라도 외롭고 불안하면, 그것은 천하를 얻은 것이 아니다. 산업사회가 만든 대중사회의 꼭대기는 올라갈 만 했었다. 멋진 카리스마의 리더가 될 수 있었고, 백성들 앞에서 추상적인 힘을 과시하면서 폼 잡을 수 있었다. 그러나 기술문명시대의 꼭대기는 모든 백성들의 성토의 대상이며, 비참해지기 쉬운 위험한 자리다.[221]

계몽주의 시대는 개인의 자유와 권리가 중요했지만, 미래사회는 관계와 신뢰가 더욱 중요해 질 것이다. 리프킨에 의하면 미래사회는 자유와 물질보다 사람들 간의 상호의존 공감대를 갖고 연결되어 살아가는 것에서 행복을 더 느끼게 될 것이라고 했다.[222] 수평적 공생의 시스템이 보편화되어가는 것으로 해석된다.

꼭대기에서는 일반적인 개인의 권리가 통하지 않는다. 정상에는 인권이 없고, 오직 로봇과 같은 공인만 존재한다. 꼭대기에서는 계산적인 노동의 원리도 적용되지 않는다. 아무리 열심히 일을 하고 추가적인 일을 해도 혜택이 없다. 그런데 단순히 꼭대기에 오르는 것을 목표로 삼고 집착하는 것은 아직도 산업사회에 머무는 뒤처진 사고이다. 진정한 공익을 위한 서비스의 목적을 갖고 올라갈 때에만 꼭대기 놀이는 고상한 삶의 예술이 될 수 있다.

모든 구성원 들이 제소리를 낼 수 있도록 소통의 오케스트레이션을 돕는 일을 하는 것이 서비스의 리더이다. 서비스는 밑에서 위 사람에게 봉사하는 것이 아니라, 수평적 관계를 이해하고 호혜적인 것을 구체적으로 실천할 수 있도록 관리하는 것이다. 권력은 오케스트레이션의 현상에서 조화와 아름다움을 향한 지휘자의 기능에 해당되는 것이다. 우주의 경이로운 오케스트레이션은 물리적 현상만이 아니라, 인간의 권력구조에도 일어나고 있다. 입체적 서비스 기능의 원리가 구체적으로 실현되어야 수평적 세상에 이를 수 있다.

리더의 기능이 구성원에게 실효적 서비스로 일어나지 않으면 드라마의 연기자에 불과한 것이다. 리더십 연구가인 존 멕스웰(John Maxwell)이 언급한 것처럼 리더는 따르는 사람이 없으면, 나 홀로의 산책을 하는 것이다. 선생이 제자의 발을 씻어주는 서비스는 매우 획기적인 사건이다. 하급 공무원들의 발을 씻어주는 시장이 있다면, 감동적인 일이다. 예수가 실천한 제자의 발 씻기는 서비스 리더십의 상징적 행동이며, 역설적인 진리다.

서열의 해체와 수평적 사회 차원에서 겸손과 양보에 대한 해석을 살펴볼 필요가 있다. 수평적 세상에서 어느 정도의 겸손과 양보가 필요한지 궁금하기 때문이다. 겸손은 인간의 본래적 덕목의 존재양식이 아니라, 사회적 산물이다. 겸손은 주로 사회의 전통과 관습을 통해서 인위적으로 구성된 것이다.

겸손은 서열경쟁에서 유리한 고지를 차지하기 위해 만들어진 일종의 전략적인 덕이다. 목적을 이루기 위해서 자랑하고 싶은 것을 참고, 자신을 낮춰서 경쟁자를 줄이고, 목적을 용이하게 달성하기 위한 전략적인 제스처이다. 학습된 인위적 겸손은 전략적인 것이기 때문에, 기만적 요소를 함축하고 있다. 사실 진정으로 겸손하고 싶어서 겸손한 사람이 과연 얼마나 있을까.

침팬지에게도 사회적 스킬(social skill)이 있다. 침팬지 상관에게 털 고르기를 하면서 유화적인 제스처를 취한다. 생존을 위한 협동적 스킬이다. 그러나 침팬지의 세계에는 인간이 갖고 있는 전략적 덕의 겸손이란 것은 존재하지 않는다. 위험하거나 불이익이 생길까봐 자세를 낮추는 본능적인 행동은 있다. 겸양의 덕 같은 복잡한 계산이 깔려있는 고등윤리는 존재하지 않는다. 전략적인 덕으로서의 겸손은 인간만이 갖고 있는 독특한 특성이다.[223]

지나친 겸손은 오히려 위험할 수 있다. 지나치게 약해보이거나 부족해 보이면, 집단 따돌림의 대상이 될 수 있다. 무능한 존재로 오인되어서 아예 무시의 대상이 될 수도 있다. 이러한 경우에는 차라리 겸손하지 않은 것만도 못한 것이 된다. 진정한 겸손은 세상에 대한 통찰력과 깊은 혜안 속에서 자신의 존재위치를 인지하고 수평적 관계를 실천하는 것이다. 겸손은 사회적 갈등의 악의 축소에 적지 않은 기여를 하는 것이 사실이지만, 본질적인 것은 아니다.

겸손과 양보는 헷갈릴 수 있는 면이 있지만, 자세히 보면 양보는 순서 개념이고, 겸손은 서열개념이라는 것을 알 수 있다. 양보는 기회의 개념 이고, 겸손은 서열 혹은 경쟁에서 생성된 개념이라는 사실이다. 양보는 자신의 기회 혹은 순서를 다음 사람에게 제공하는 것이고, 겸손은 자신 의 지위를 낮게 하여 경쟁하지 않거나 살짝 경쟁하겠다는 것이다.

양보와 겸손의 본질은 근본적으로 다른 개념임에도 불구하고 공통점 이 있다. 그것은 둘 다 기회나 지위를 자신이 먼저 차지하지 않으려는 것이다. 중요한 것은 이 둘의 효력인데, 전략적 꼼수로 작용하느냐 아니 면 진정한 미덕으로 작용하느냐가 그 효력의 정도를 결정한다.

양보를 하는 것은 차후에 더 유리한 여건을 잡기 위한 것이다. 양보는 그런 전략을 함축하고 있다. 그것은 일종의 하얀 사기성이 담겨 있는 것 이다. 더 유리한 것을 잡기 위한 전략적 양보는 이기적 유전자 기계의 역할에 포함되는 것이다. 물론 양보의 순수한 미덕의 차원이 있으며, 순 수한 이타적 양보가 있다. 그러나 인간을 이기적 유전자 기계로 보는 진 화론자들은 그런 순수 이타적 양보에 대해서는 부정적인 입장을 취할 것 이다.

진정한 겸손은 인간관계의 공적조화와 호혜를 모색하는 것이다. 겸손 과 양보는 수평적 세상을 향한 도덕적 도구이기 때문에 긍정적으로 평가 될 수 있다. 하지만 겸손과 양보의 고등 도덕률은 사회 속에서 일정량으 로 고정되어 있는 것으로 보인다. 오랜 시간이 흘렀음에도 불구하고 겸 손과 양보 행위는 사회적으로 크게 증가한 것으로 보이지 않는다. 겸손 과 양보가 경쟁과 서열의 완화를 위한 혁신적인 발전에 기여한 것으로 보이지는 않기 때문이다.

수평적 세상은 겸손이나 양보의 실천에 의해 오지 않을 것이다. 교육수준이 높아지거나 경제여력이 많이 생긴다고 도래할 것으로 보이지도 않는다. 수평적 세상은 서로 감시하고 견제하는 판옵티콘의 과학적 조절 시스템과 소통의 사이언스에 의해서 어쩔 수 없이 수동적으로 맞이하게 될 것이다.

수평적 세상은 훈련이나 법적 강제조정을 무시하는 사회로 가게 되지 않을 것이다. 푸코가 생각한 훈련사회의 긍정적인 면은 퇴색되지 않을 것이다. 어느 정도는 경찰이나 군대 혹은 학교와 같은 집단훈련과 관리 시스템이 필요하다. 기본질서 유지에 필요한 인력을 양성하고, 사회적 조화를 모색하는 훈련이 여전히 필요하게 될 것이다. 강제적 조절은 주로 범죄를 관리하는 차원에서 활용될 것이지만, 일반 서민에게도 안전함을 주는 도움이 있을 것이다.

수평적 세상에서는 자유가 발달할 것이며, 자유가 있으면 놀이문화가 발달한다. 실존주의 철학자 사르트르(Jean Paul Sartre)는 인간이 갖고 있는 자유의 시간은 놀이로 나타난다고 했다. 놀이와 일의 구분은 자유를 갖고 하느냐 아니냐에 의해서 결정된다. 취미생활과 놀이가 많아지는 것은 자유로운 수평적인 세상을 보여주는 것이다.

산업사회는 놀이의 범위를 강제로 줄이면서 인간을 일하는 기계로 만들었다. 자유와 놀이를 고갈시키면서 일을 당연하게 여기게 하고 사회적 부품으로서의 기계적 노예와 같이 일하게 했다. 일과 자유로운 놀이의 균형이 있어야 본질적인 삶이 되는 것이다. 동물행동학적으로 보면 놀이는 생존연습이고, 일은 생존활동이다. 동물들의 놀이는 생존을 위한 연습과 조직의 균형을 이루는 역할을 한다. 침팬지는 놀면서 서로 알고, 이해하고, 무리들과 균형관계를 이룬다. 산업사회는 인간의 놀이를 줄어들게 만들었기 때문에 사회적 관계와 삶의 이해가 축소되었다.

미셸 푸코는 인간의 권력지향성을 분석하고 비평하였다. 권력의 횡포를 해체하고 수평적 세상을 꿈꾸었지만, 아직 그런 시대는 도래 하지 않았다. 쟈크 라캉(J. Lacan)도 인간이란 권력 지향적이며, 힘을 쓰려고 애쓰면서 짧은 인생을 우연히 사는 것으로 보았다.[224] 인간은 우연히 잠깐 사는 존재임에도 불구하고, 짧은 인생동안 지나친 경쟁과 권력 지향적 삶에 매달리는 것을 지적했다. 놀이와 일의 균형을 망각하고 사는 것을 지적한 것이다.[225]

라캉이 언급한 인간존재의 우연론에 대해서 동의하는 사람들이 있다. 진화론자들은 원시 아미노산의 우연한 합성에 의해서 미생물이 만들어지고, 미생물이 진화해서 우연히 인간이 되었다고 보고 있다. 포스트모던 해체주의자들도 인간을 우발적 존재로 이해하고 있다.

사회생물학자들도 앞에서 언급한 것처럼 세상의 생물들은 우연히 존재하는 것으로 보고 있다. 부드러운 우연론을 생각한 린 마굴리스(Lynn Margulis)는 진화론을 넘어서 미생물들의 공생발달론(symbiogenesis)을 주장했다. 미생물들이 서로 먹고 먹히면서 융합되어 공생하면서 새로운 생명체를 만들었다는 것이다.[226] 다윈주의자(Darwinist)인 리차드 도킨스도 공생발달론에 동의하였으며, 이제 이 이론은 정설이 되었다. 마굴리스는 다윈주의자들보다 약한 우연론을 주장하고 있지만, 여전히 진화론적 우연론의 우산아래 있다.

우연에 기반을 둔 도덕게임은 인생의 진지한 가치를 찾기 어려우며, 인생은 의미가 없는 주사위 게임으로 흐를 가능성이 높다. 인간을 우발적 존재로 보면, 진로설계나 희망은 논리적으로 불가능한 것이 된다. 오묘한 우주질서의 세계를 우연이라고 단정하는 것은 무리라고 여겨진다.

인간생체의 유기체적 변화나 사회의 흐름을 보면 인과관계의 정교한 패턴이 있다. 진화과정에서 불규칙한 변이와 예측하지 못한 생물의 출현은 우연의 현상으로 해석할 수밖에 없는 부분도 있다. 그러나 정교한 분자생물학적 세계를 보면 우연의 정교함이라기보다는 우연과 필연의 중첩에서 정교한 패턴으로 전개되는 세상으로 보는 것이 옳아 보인다.

생명체는 생존을 위해 움직이고, 효율적 생존을 위한 패턴을 찾는 일을 한다. 패턴에 익숙해지면 먹이를 습득하는 시간과 노력이 절약되고, 생명보전에 유리한 고지를 갖게 된다. 목적의식과 교육이 가능한 것은 세상흐름의 패턴이 있기 때문이며, 설레는 진로설계도 가능한 것이다. 지속가능한 가치와 의미의 패턴 속에서 얻을 수 있는 생존의 최적화를 모색하는 것이 경이로운 인생의 과정이다.

푸코나 라캉은 명석한 포스트모던 해체주의 사상가들이다. 그들이 주장하는 세상의 우연성과 인간의 권력 지향성은 충분한 근거를 갖고 있다. 그러나 우발적인 인간 이해는 도덕적 상황에 현실적 적용에는 논란의 대상이 된다. 이미 이들은 규범적 도덕의 해체를 믿으면서, 도덕적 논의가 원천적인 차원에서 무의미하다는 입장이다. 도덕에 대한 논의는 고립된 작은 맥락에서 일시적이고 상대적인 도덕만 있을 뿐이다. 하지만 집단의식이나 순수의식의 흐름에는 도덕 해체론이 작동하지 않는다.

인간은 침팬지의 서열경쟁이나 포식자의 권력을 넘어서는 고상한 집단적 도덕의식을 갖고 있다. 사피엔스는 우연한 세상에서 욕망의 기계만으로 사는 것은 아니다. 이기적 유전자의 노리개에 국한된 존재도 아니다. 제한성의 축소와 질서와 조화의 패턴이 발현되는 것을 모색할 수 있는 순수자아의 영역을 갖고 있다. 우주질서를 향한 자아 튜닝을 통해서 삶의 최적화를 향해 갈 수 있는 순수자아의 고등의식이 있다.[227]

서열 오르기는 전혀 불필요한 것은 아니다. 서열 오르기는 우주질서를 유지하기 위한 일정부분의 기능적 차원이 있다. 문명의 진전을 촉진시키는 선의의 경쟁이란 것이 있다. 경쟁은 진화론적으로 실제현상인 것도 사실이다. 그러나 서열 오르기 중심으로 사는 것은 인생의 본질 실현이나 생존효율성일 수 없다. 지속가능한 행복의 길을 제공하는 것도 아니다. 유기체적인 공익 서비스를 향한 서열 오르기가 자신에게도 유리하고 공동체에게도 도움이 되는 공생의 원리이다.[228]

수평적 세상이 도래하지 않을 것으로 보는 견해도 있다. 유발 하라리는 인간을 개조할 수 있는 생명과학기술이 발달한 문명사회와 그렇지 못한 후진사회의 격차는 더욱 벌어질 것으로 보고 있다. 그러나 그것은 극히 일부 후진 지역사회에서 일어날 수 있는 것이며, 궁극적으로는 거의 모든 사회가 과학기술문명의 영향을 받게 될 것이다. 한국이나 일본, 미국과 독일, 프랑스 등의 선진 국가들이 한계비용의 제로 사회로 먼저 들어서면서 권력의 종말과 납작한 서열 사회를 맞이하게 될 것이다.

THE
FUTURE
OF
EVIL

제 5 장

경쟁의 와해

1
폭력의 **감소**

폭력의 악도 다른 악과 마찬가지로 문명의 발달 하였음에도 불구하고 이렇다할만하게 진전된 것이 없어 보인다. 세상에는 왜 폭력이 사라지지 않고 있는 것일까. 세상에는 여기저기에 갈등과 투쟁 혹은 전쟁과 살인이 끊이질 않고 있다. 일본의 아베 총리는 투쟁은 인간의 숙명이라고까지 했다. 왜 투쟁과 폭력은 계속 일어날까. 폭력의 미래에 대해서 사이언스는 어떤 기여를 할 수 있을까.

폭력은 서열경쟁과 영역다툼의 한계상황에서 온다. 역시 이기적인 탐욕의 극단적인 상황에서 오는 것이다. 경쟁 혹은 성 선택의 질투심에서 오기도 한다. 폭력의 핵심 원인은 경쟁과 부조화이며, 이들의 한계상황에서 폭력이 나타나는 것이다. 진화론자들은 생존을 위한 불가피한 경쟁에서 투쟁과 폭력이 있는 것이며, 경쟁과 투쟁은 인간의 숙명이라고 보는 견해가 우세하다.[229]

마르크스는 인류의 역사는 투쟁과 경쟁의 역사라고 보았다. 역사를 자세히 보면 바닥에는 자본가와 노동자의 계급투쟁이었다는 것이다. 자본주의는 경쟁을 확대하고, 노동자는 더욱 소외당하면서 투쟁적 상황이 심화되어 간다는 것이다. 한계상황에 이르게 된 노동자는 폭동을 일으켜서, 세상을 뒤집고, 수평적 세상을 만들 것이라고 주장했다. 그러나 계급투쟁과 경쟁은 여전히 있지만, 근본적으로 성공적인 노동자 혁명은 일어나지 않았다. 자본주의 종말도 오지 않았다. 여전히 계급투쟁과 경쟁에 의한 다양한 종류의 폭력은 지속되고 있다.

폭력에 대해서 연구한 사람들 가운데 폭력은 문명의 발달과 함께 감소했다는 주장이 있다. 투쟁의 숙명론을 주장한 진화론자들의 입장과 다소 다른 해석이다. 폭력의 악의 조절이 실제로 일어나고 있으며, 악의 종말을 향해 달리고 있다는 사실이다. 하버드대학교의 스티븐 핑커(Steven Pinker)는 인간은 악한 면보다 선한 천사적 본성이 더 강하기 때문에, 인류 역사 속에서 폭력이 감소했다고 주장하고 있다. 원래 심리학을 전공한 핑커는 인류 역사를 다루면서 폭력의 변천 과정을 역사심리학적으로 살핀 것이다.[230]

핑커에 따르면 공동체의 평화 프로세스는 정부의 출현에서 시작되었고, 중앙집권화가 폭력을 조절하는 문명의 흐름을 진전시킨 것으로 보고 있다. 통치자의 괴물론을 주장한 토마스 홉스의 생각과 다른 모습이다. 핑커는 인본주의 혁명이 정부나 기관의 조직적 폭력을 개선하였으며, 20세기에 세계대전 이후에 장기적인 평화가 정착되기 시작했다는 분석이다. 최근에 새로운 인권혁명이 나타나서 여성과 어린이와 소수민족의 약자배려 정책이 폭력을 줄이는 데에 기여한 것으로 해석하고 있다.

20세기 1~2차 세계 대전이 일어나서 엄청난 사람들이 죽었음에도 불구하고 통계적으로 보면 역사적으로 폭력은 여전히 감소하고 있다는 것이다. 광기의 통치자 히틀러가 600만 명의 유태인들을 살해했고, 미국이 히로시마에 핵폭탄을 투하해서 수많은 사람들이 죽었다. 미국이 이라크를 폭격할 때에 단 몇 일만에 10만 명 이상이 죽었다. 그럼에도 불구하고 핑커는 여전히 20세기에 인간의 폭력에 의해서 희생된 수는 그 이전의 희생자 수보다 비율로 볼 때에 적어졌다는 주장이다.

과학철학자인 마이클 셔머(Michael Shermmer)도 시대가 발전하면서 폭력이 감소했다는 입장을 취하고 있다. 셔머는 폭력이 줄어든 원인은 종교가 도덕적 기여를 한 것이 아니라, 인간의 지성 발달이 폭력을 예방하고 위험을 개선한 결과라고 주장하고 있다. 셔머는 종교는 오히려 폭력을 부추기고 사회의 갈등을 조장했으며, 도덕적 개선에 기여한 바가 없다는 입장이다.

종교가 폭력을 감소시키는 데에 정말로 기여를 하지 못했을까. 종교는 인간의 도덕성과 이타성을 확장시키면서 폭력을 감소시키는 면이 있다. 기독교, 불교, 유교, 이슬람교 모두가 사랑과 자비 그리고 적선과 봉사를 강조하면서 이타성을 향상시켰고 폭력의 가능성들을 저하시켰다. 실용적 차원에서 이타성은 공동체를 강하게 만들고 번영의 길로 안내하고 있다.

인류의 번영은 이타적인 희생의 농도가 높을수록 크고 강력하게 발전했다. 이기적인 탐욕으로 인해서 내란이 많은 공동체는 폐망하기 일 수였던 것을 역사를 통해서 어렵지 않게 볼 수 있다. 사회학의 선구자 에밀 뒤르캥(Emil Durkheim)은 종교의 이타성의 가르침은 사회의 유화적 기능을 하고, 공동체의 통일된 응집력 증진과 힘을 강화하면서 공동체의 평화적 질서와 지속성에 기여한 것으로 해석하고 있다.

사회생물학에 따르면 개미는 순수한 이타성을 갖고 있다고 에드워드 윌슨은 해석했다. 개미의 이타성은 여러 개미 집단들의 경쟁에서 생성된 것이다. 개미들은 영역과 공동체의 안녕을 지키기 위해서 기꺼이 희생을 하면서 순수한 이타성이 형성되었다. 순수한 이타성은 개미 공동체를 강화하고 후대의 생존과 번영에 기여했다. 인류의 역사보다 오래된 개미의 이타성은 종교적으로 해석하기는 어렵다. 하지만 개미 공동체의 생존가치에 의미를 두고, 기꺼이 이타적 행동을 한 것으로 해석할 수 있다. 인간세계에도 순수한 이타적 행위가 가능할 수 있는 것을 시사하고 있는 것이다.

셔머는 이타성을 강조하는 기독교의 자비의 신을 비판하였다. 기독교 신은 아담과 하와에게 자신의 말을 듣지 않았다고 견디기 어려운 산고와 피땀을 흘려야 생존할 수 있는 고통을 안겨준 기분장애의 신이라고 비판하였다. 무고한 사람들을 홍수로 몰살시키고, 처녀에게 잉태시켜서 예수를 낳게 한 비도덕적 신이라고 했다. 십계명에서 간음하지 말라는 계명을 주고 모두 계명을 지키라고 하면서, 신은 처녀에게 예수를 잉태하여 출산하게 한 것은 이율배반적이라고 혹평하고 있다.

정말 기독교 신은 그런 존재인가. 일반 기독교인이나 비기독교인들은 모두 신을 셔머가 이야기한 비도덕적 존재로 보지 않는다. 성서의 신에 관한 이야기는 수 천 년이 흘렀지만, 그런 비판은 거의 없었기 때문이다. 종교가 갖고 있는 상징이나 은유 혹은 미토스(mythos)는 터무니없는 스토리 같지만, 메타내러티브를 담고 있는 경전으로서 종교적 기능을 하고 있다. 셔머는 환원주의적인 과학적 사고로 종교적 미토스와 은유를 비판하는 것은 얕은 접근이다. 셔머의 주장은 자신의 파퓰리즘을 위한 노이지 마케팅으로 보인다.

셔머가 주장하고 있는 이성과 지성의 발달이 사회적 부조화와 갈등을 줄이고 질서와 균형의 진전을 위해서 기여한 것은 사실이다. 문제해결능력이 향상되면서 폭력을 줄이고, 평화와 조화를 향상시킨 것은 사실이기 때문이다. 그러나 기분장애의 신을 믿는 종교가 폭력을 부추기고 사회적 갈등을 조장했다는 것은 공정한 해석으로 보기 어렵다.

스텐포드 대학교(Stanford University)의 이안 모리스(Ian Morris)는 『가치관의 탄생』에서 폭력은 시대에 따라 변화 되었으며, 최근 문명 발달에 의해 폭력과 차별이 감소한 것을 주장하고 있다. 수렵시대에는 권력이나 부가 존재하지 않았다. 성차별이나 폭력도 거의 없었다. 폭력 있는 경우에는 사랑의 대상을 두고 결투를 벌이는 정도였다. 남의 사랑의 파트너를 넘볼 수 있는 난교에 가까운 야생사회였기 때문이다. 살인사건은 25년에 한 건이 생길 정도로 매우 드문 일이었다.

남성들이 여성을 두고 다투는 일이 많았으며, 그로 인해서 남성이 여성보다 더 폭력적으로 되었다고 진화심리학자 쥬디 해리스(Judith Harris)는 주장하고 있다. 남성은 지배하려는 성향과 근육이 발달한 몸매 그리고 남성호르몬이 여성보다 더 폭력적으로 만든다고 보았다. 인간이 항상 폭력적이지 않은 이유는 진화과정에서 뇌가 폭력을 필요에 따라 선별적으로 하도록 전두엽의 발달이 이루어졌기 때문이라는 것이다.

전두엽에서 일어나는 일이 본능적이기 보다는 계산적인 일을 더 많이 하기 때문에, 폭력은 필요에 따라 선별적으로 일어난다고 보았다. 인간의 선별적 폭력을 전두엽의 기능으로 보는 것은 의미 있는 것이다. 윤리교육과 종교적 절제 훈련은 전두엽의 계산적 조절기능을 향상시키는 면이 있기 때문이다. 지식인이나 종교인들 사이에서는 선택적 폭력의 빈도가 적게 나타나는 것은 일반적이다.

농경사회로 접어들면서 본격적인 권력과 부가 생겼으며, 이들의 횡포와 폭력 그리고 성차별이 증가했다. 하지만 이안 모리스는 산업사회에 접어들면서 권력의 횡포는 조절 양상을 보이면서 일관성을 유지하는 것으로 보고 있다. 성차별과 폭력의 조절은 계몽주의가 기여한 것으로 해석한 것이다. 계몽주의 정신에 의해서 부의 분배도 어느 정도 일어나기 시작했다는 것이다. 이안 모리스의 폭력에 대한 해석은 대체적으로 핑커나 셔머의 폭력 축소론과 유사한 점을 갖고 있다.

이안 모리스는 제국이 갈등과 몰락이 일어나는 경우에 대해서 언급할 때에 폭력이 제국을 멸망시키는 요소로 보지 않았다. 제국의 멸망의 원인은 인구조절의 실패나 전염병이 돌았을 때에 국가가 무너졌다. 통치자가 부패할 경우 제국이 쇄약해지고 몰락으로 이어졌다. 기근이나 기후변화가 제국의 쇠잔을 불러온 경우도 적지 않았다고 주장하고 있다.

이안 모리스는 폭동의 원인은 빈곤을 운명으로 받아들여야 하는 올드 딜(old deal)이나 불평등이 원인이 아니라, 주로 양심을 따르지 않는 위정자의 범죄가 원인이라고 하였다. 가뭄이나 홍수를 조절하면서 국가의 위기와 폭력이 상대적으로 줄어들고 국가의 수명도 늘어난 면도 있다.

기후변화의 긍정적인 면은 지구촌의 식량문제에 도움이 되는 면도 있다. 러시아의 북극지방에 있는 얼어붙은 동토가 녹아서 농토가 되면, 거대한 곡물 생산지로 바뀔 수 있다. 러시아는 곡물을 갖고 슈퍼파워 게임에 다시 임할 것으로 보는 시각도 있다. 그러나 일반적으로는 기후변화가 인류에게 치명적인 고통을 줄 것을 부인하기는 어렵다. 최근의 가뭄과 홍수 현상 그리고 지구의 온도 상승 등에 의한 기후변화가 다음 세기에 큰 악재가 될 수 있기 때문이다.

국가의 위기를 초래하는 요소들이 줄어들면서 폭력도 감소하는 추세로 보는 것은 가능하다. 아울러 핑커가 이해하고 있는 인간의 천사적 본성이 폭력을 감소시켰으며, 셔머가 생각하고 있는 이성과 지성이 폭력을 축소시켰으며, 모리스가 밝히고 있는 것처럼 문명의 발달이 폭력을 감소시키고 있는 것은 통계적인 사실로 보인다.

그러나 현대사회에서 겪는 마음의 상처와 냉혹한 경제현실과 차가운 문명에서 시달리는 고통은 줄어들었을까. 방글라데시의 후진문명에서 사는 사람들의 행복지수는 한국의 선진 문명사회의 행복지수보다 훨씬 높다. 한국이 잘 사는 것은 물리적 편리함과 생활의 효율성이지, 삶의 질과 내적 만족에서는 후진 상태에 있는 것을 부인하기 어렵다. 문명의 발달이 마음의 폭력을 감소시키는 것으로 볼 수 있는 근거는 분명하지 않다.

사회심리학자들은 시대에 따라 사용했던 언어들을 분석해서 마음의 상태를 파악하기도 한다. 시대의 상황과 맥락에 따라 욕의 언어를 사용한 빈도를 계량화해서 마음의 고통과 번민을 측정하는 경우가 있다. 빅-데이터를 통해서 그런 분석이 가능하며, 이미 그런 연구 결과가 적지 않게 나오고 있다. 최근의 데이터는 상대적으로 욕을 덜 하는 것으로 나타나고 있다. 하지만 욕을 덜 하는 것이 마음의 고통이 줄어들었다는 근거는 아닐 수 있다.

심리치료가 미래사회의 유망분야로 주목받는다는 것은 미래에도 마음의 고통을 느끼는 사람이 적지 않을 것이라는 사실을 시사하는 것이다. 마음의 폭력과 상처를 치료하기 위해서 심리치료와 가상현실(virtual reality) 치료 혹은 정신강화와 명상훈련 등이 활성화되고 있다. 마음의 폭력의 조절에 대한 전문적이고 전략적인 대응이 일어나고 있으며, 미래 산업의 중요한 부분으로 떠오르고 있다. 이를 위한 뇌신경과학과 몸의 인지과학이 각광을 받고 있다.

직장 상사의 싸늘한 눈초리와 찬바람의 공포감은 아픈 마음의 폭력이다. 승진과정이나 연봉책정 과정에서 겪는 옥죄는 마음의 시달림은 매우 고달프다. 폭력이 줄어들었다는 것은 외적인 몸의 학대와 상처의 감소를 의미하는 것이지, 내적인 마음의 폭력은 어느 정도 개선이 되었는지 분명하지 않다. 다카의 서민들의 행복지수가 서울사람들보다 매우 높은 것을 보면, 마음의 폭력은 문명세계에서 오히려 증가한 것으로 보인다.

스마트폰 세대인 『i세대』(iGen)는 앞으로 10년 이내에 마음의 병인 우울증이 최고의 질병으로 올라설 것이라고 샌디에고 대학교(San Diego University)의 숀 트웬지(Jean Twenge)가 주장했다. 노스이스턴 대학교(Northeastern University)의 리사 배럿(Lisa F. Barrett)은 의과학자들이나 심리학자들의 견해와 다르게 우울증은 정신질병이 아니라, 심신 악화질환으로 주장하는 것도 있다.[231] 보편적으로 생각하면 우울증은 비정상적인 심신의 상태로서 고통을 동반한 질병으로 보는 것이 타당하다.

마음의 아픔이나 감정의 폭력은 어떻게 나타나는 것일까. 시기와 질투 혹은 분노와 같은 것은 왜 생기는가. 리사 배럿의 『감정은 어떻게 만들어지는가?』에 의하면 인간의 감정은 기억과 예측 사이에서 미래 현상의 시뮬레이션을 하면서 생성되는 것으로 보고 있다. 자신이 갖고 있는 기억을 바탕으로 미래 일어날 일을 수시로 시뮬레이션하면서 감정이 좋아지고 나빠지는 현상이 일어난다는 것이다.

인간은 침팬지와 다르게 스스로 기분 나쁜 것을 상상으로 시뮬레이션하면서 분노하고 화를 내는 존재이다. 과거의 나쁜 원인에 의해서 미래에 나쁘게 일어날 일을 예측 하면서 감정이 격해지고 분노한다. 아직 일어나지도 않은 일이고, 실제로 일어날 가능성이 적은데도 불구하고 감정이 격해지는 경우가 적지 않다.

물론 침팬지도 자신에게 해를 끼친 나쁜 침팬지의 과거 행동을 기억하고, 그가 나타나면 보복을 하거나 피하는 경우가 있다. 생존에 위협이 되는 것은 오래된 것도 기억하는 습관이 있다. 그러나 침팬지는 나쁜 것을 시뮬레이션 해서 분노하고 마음을 아파하지는 않는 것으로 나타나고 있다.

경쟁자가 자신보다 잘 될 가능성을 미리 시뮬레이션하면서 시기하고 질투한다. 시기와 질투는 서열 경쟁에서 자기실현의 불확실한 심리적 현상에서 오는 것이다. 감정의 요동의 원인은 미래의 가상적 시뮬레이션에서 생성되는 경우가 대부분이다.

감정은 끊임없이 생성소멸 되는 시간 위에 흐름이라고 라사 배럿은 주장하고 있다. 서열경쟁과 영역다툼의 시뮬레이션에 의해 생성되는 감정의 흐름은 시기와 질투심을 만든다. 마음의 고통을 증가시키며, 폭력의 원인으로 작용하고 있다. 자신의 역량과 비슷한 경쟁자가 실제로 자신의 위치보다 조금 앞서면, 견디기 어려울 정도로 시기와 질투심이 작동한다. 그러나 일정 시간이 지나면 마음의 조절이 일어나면서 현실을 받아들인다. 마음의 조절이 일어나기 전까지는 시기와 질투심의 작동에 시달리면서 마음의 고통과 감정의 폭력을 경험한다.

마음의 고통과 감정의 폭력을 일으키는 시기 질투의 악은 조절이 가능할까. 에모리대학교의 프란스 드발은『동물의 감정에 관한 생각』에서 침팬지에게도 화해와 용서의 감정이 있다는 것이다. 침팬지들이 항상 서열경쟁을 하면서 투쟁하고 고통을 당하는 것이 아니다. 시기와 질투심을 조절하고 공동체의 유화적인 것을 향한 화해와 용서 그리고 배려의 감정 작용을 한다.

침팬지에게는 무엇이 화해와 용서를 불러올까. 침팬지에게 도덕주의라는 것이 있을까. 도덕주의라기보다는 공동체주의가 있는 것으로 보인다. 프란스 드발이 공동체주의라는 말을 많이 사용한 것은 아니지만, 그의 논리적 맥락에서 보면 침팬지의 공동체주의 가치세계가 작동하는 것을 알 수 있다. 침팬지의 이타적 행위나 집단의식 그리고 협동은 공동체주의의 핵심적인 내용들이며, 공동체주의에서 화해와 용서의 감정이 작동하는 것으로 볼 수 있다.

공동체주의는 하버드대학교의 마이클 센델이 주장한 것이다. 사람들은 마이클 센델을 공동체주의자라고 부르지만, 정작 자신은 공동체주의자가 아니라고 발뺌을 하고 있다. 사회주의자로 오인될 위험을 아예 잘라버리기 위한 것으로 보인다. 그러나 공동체주의는 사회주의와 다른 것이다. 사회주의는 경제적 분배 실현에 비중을 두고 있다면, 공동체주의는 협력공생의 효율성에 비중을 두고 있다. 차세대의 사회적 방향은 공의와 번영의 효율성을 높이는 사이언스에 의한 공동체주의로 가게 될 것이다.

공동체주의는 화해와 용서의 작동을 증진 하면서, 마음의 고통의 조절에 기여할 가능성이 높다. 공동체주의는 서열경쟁에서 오는 시기 질투에 의한 폭력을 조절하고 생존 효율성을 높이는 기능을 하기 때문이다.[232]

문명의 엔진은 악의 축소와 삶의 최적화가 목적이지만, 경제적 생산성에 밀려서 목표를 상실하고 헤매면서 오작동한 적이 너무 많다.[233] 하지만 휘어진 문명의 흐름은 본래의 패턴으로 회귀하게 되어 있다. 문명 탈선에 대한 집단적 위기의식이 공동체 안녕과 생명존중을 추구하는 본래적 패턴으로 회귀하게 만든다.

디지털 문명은 정의와 투명성을 실현하는 데에는 결정적인 기여를 할 것이다. 반면에 영혼이 없는 디지털문명은 사회의 유화적 기능과 결속을 저해하는 면이 있다. 가치관과 의미의 세계를 무시하고 폭력의 증가요인을 양산하는 면이 있다. 케빈 켈리가 언급한 것처럼 무통제적 자유에 의한 통제불능의 디지털 문명이 위험한 폭력을 증가시키고 있다.[234] 악의 종말을 향한 인류의 야무진 염원을 무색하게 만드는 디지털 폭력이 일어나고 있는 것이다.[235]

디지털마케팅 스토리에 중독된 현대인들은 자아를 잃어버리고 있다. 수많은 새로운 디지털기기와 프로그램에 의해 디지털비만에 걸려가고 있다. 디지털 비만과 삶의 장애가 심화되는 새로운 소외와 아픔이 일어나고 있다. 농경사회나 산업사회에서는 없었던 것이다.

농경사회의 흐름은 소수의 스마트한 지주들의 욕망을 중심으로 전개되었다. 잉여곡물은 주로 영주들이 독차지 했다.[236] 일반농민들은 별로 얻는 것이 없었으며, 삶의 질은 수렵시대보다 떨어졌다. 농민의 불만과 빈부격차의 증가 그리고 불평등의 심화는 폭력의 원인이 되었다. 빈부격차를 나타내는 지니계수가 일정치를 넘으면 폭동이 일어나는 것이 인류 역사의 흐름이었다.[237] 그리고 불평등의 심화는 폭동이 일어나기 전에 먼저 마음의 아픔을 일으켰던 것이다.

산업 사회와 디지털 사회에서도 비슷한 패턴으로 전개되었다. 생산성을 우선하는 산업사회와 경제이윤을 우선하는 디지털 사회는 생명윤리를 이차적인 것으로 밀어냈다. 노암 촘스키는『이윤위에 사람들』(Profit over People)에서 현대 경제사회의 모순을 아프게 지적하고 있다. 일반사람들은 자본가의 고등꼼수 전략에 따라 농락당하고 있으며, 솔깃한 가상의 스토리에 기만당하고 있다는 것이다.

인간의 영혼은 사기성이 섞여 있는 첨단 마케팅스토리에 대응할 수 있는 면역력이 약하다. 자신도 모르는 사이에 자아를 디지털 마케팅 전략에 빼앗기고 있다. 스마트 광고판에는 마이크로 센서 혹은 나노센서가 있다. 마이크로 센서는 고객이 광고판 앞에 서면 나이와 체형 그리고 삶의 스타일을 파악하고 거기에 맞는 개별 맞춤형 광고가 진행되는 시대로 가고 있다. 자신의 선택이 있기 전에, 먼저 고객이 필요한 것을 제공하는 것이다.

이런 디지털 마케팅은 자아의 상실로 이어질 수 있다. 자신도 모르는 사이에 자아를 상실하게 하는 디지털 기만의 폭력이 등장하고 있다. 디지털 프로그램에 중독되어 뇌신경회로의 변화가 일어나고 있다. 그럼에도 불구하고 디지털 문명은 편리함과 즐거움 그리고 경제성을 중심으로 계속해서 급격하게 진전되고 있다.

디지털 SNS 범죄는 이미 많이 알려진 것이다. 원하지 않는 대화를 요구하거나 희롱하는 스토킹이 있다. 불필요한 것이나, 보기 싫은 것, 혹은 두려운 것을 지속적으로 퍼 보내거나 만들어 보내는 것이다. 원치 않는 모니터링을 하거나, 사진을 찍거나, 녹음을 해서 퍼 나르는 일이다. 소통의 사이언스 희망의 이면에 있는 어두운 디지털 그림자이다.

디지털 시스템은 "왜"를 묻지 않고 "패턴"을 감지하는 작업을 한다. 디지털 숲속에 있는 인간은 "생의 의미"와 "인간가치"를 묻지 않고, 편리성과 즐거움의 패턴으로 행동하고 있다. 디지털문명의 위험을 알고 삶의 의미에 대한 질문을 할 것을 켈리와 같은 미래학자들이 요청하고 있다.[238] 디지털 세대들이 수용할 수 있는 메타인문학적 인생관의 지평이 제시 되어야 할 것이다.

디지털경제는 지구촌 시장흐름의 93%를 전 세계의 어느 곳에서든지 순간적으로 알 수 있게 만들었다. 나머지 7%는 물물경제 혹은 디지털컴퓨터를 사용하지 않는 국가의 경제정보이기 때문에 사실상 무의미한 것이다. 세계경제의 흐름을 한순간에 알 수 있다고 해서 모든 사람이 경제적으로 공평한 기회를 갖게 되는 것은 아니다.

고급정보를 생성하고 관리하고 공유하고 활용할 수 있는 소수의 특수계층이 유리한 고지에 있다. 일반 서민들은 산업사회에서보다 더 어이없이 당하는 디지털 아픔을 느낄 수 있다. 지구촌 재앙인 코로나 바이러스 사태 이후에 디지털 경제는 더욱 활성화 되면서 후진의 비디지털 권역에 있는 사람들의 소외는 더해갈 것이다.

농업과 같은 1차 산업도 디지털농업으로 변하고 있다. 파종시기와 병충해방지, 소독과 추수와 매매, 그리고 생산효율성 분석 등이 디지털화 되어가고 있다. 디지털농업은 인간과 곡식 사이에 거리를 증폭시키면서 생존에 필요한 생물이나 식물을 인식하고 채취할 수 있는 능력을 제로로 만들어 가고 있다. 디지털농업은 생태질서에서 인간의 위치를 망각하게 만들고 있으며, 인간다운 생존역량을 퇴화시키고 있다.

하루가 멀다고 신기한 기술과 디지털제품이 생겨나고 있다. 너도나도 새로운 기기와 프로그램들을 섭렵하고 그 속에서 노느라고 영혼을 잃어버리고 있다. 기술문명에서 효율성이나 경제성 우선주의를 선택한 결과는 치명적인 디지털 노예로 나타나고 있다.

미래의 과학기술문명과 인간사회는 낙관적이기는 커녕 비극적인 일이 심각하게 일어날 것을 걱정하는 사람들이 늘고 있다.[239] 가치관이 없는 디지털문명이 기하급수적으로 발전하면서 염려되는 일들은 일반적인 걱정의 수준을 훨씬 넘어선다. 새로운 종류로 등장하고 있는 기술문명의 악은 자아 상실을 불러오는 디지털 기만과 디지털 노예라고 할 수 있다.

디지털문명은 제한성의 축소를 통한 악의 조절에 상당한 기여하는 대신에 디지털 폭력으로 삶의 본질을 교란시키고 있는 면이 심각한 수준이다. 디지털환경의 변화는 인간의 뇌와 행동을 변화시키면서 비본래적인 삶을 만드는 것만이 아니라, 악에 가담할 수 있는 새로운 여건을 펼치고 있다. 이기적 유전자기계는 통제할 수 없는 은밀한 차원에서 교묘한 폭력과 해킹을 더욱 전개할 것이다.

인류는 디지털 문명에 의한 자아 상실과 기만 그리고 폭력에 대해서 무대책으로 일관하지는 않을 것이다. 디지털 프로그램의 콘텐츠가 생명 친화적인 내용으로 진화되면서 삶의 의미와 가치에 대한 정비를 하게 만들 것이다. 삶의 본질에 도움이 되는 목가적인 내용이 디지털 백성들이 수용적으로 접근할 수 있도록 진화할 것이다. 가상현실의 디지털 아이디어 기술은 생명 친화적이고 목가적인 콘텐츠를 현실화할 수 있는 단계에 이미 도달해 있다.

메마른 디지털 프로세스 자체는 추상적인 가치와 의미 그리고 생명의 소중함을 알지 못한다. 명석한 인류의 창의적인 능력이 기만과 상실의 아픔을 개선하기 위한 대안을 스스로 만들게 될 것이다. 인류는 우주의 원리를 섭렵하면서 인간이 마땅히 가야할 이(理)의 세계를 인지할 것이다. 이는 기를 타고, 기를 조절할 것이다.

디지털 문명에도 선과 악은 중첩되어 있다. 디지털 프로세스는 투명성과 공정성이 드러나는 긍정적인 면이 있다. 그러나 그 이면에서 디지털 기만과 디지털 노예의 부정적인 면이 있다. 디지털 문명의 역사는 디지털의 선악의 중첩 현상에서 선한 이와 악한 기가 호발하면서 전개될 것이다. 궁극적으로는 인간계의 악의 조절방향으로 진화하게 될 것이다.

이런 흐름은 인류만의 역량에 의해서 그렇게 전개되지는 않을 것이다. 우주의식과 패턴 그리고 인류의 집단이성과 디지털 프로세스의 질료적 성질이 유기체적으로 작용하면서 전개될 것이다. 적어도 인간계에서는 악의 조절방향으로 흐르게 된다는 사실이다. 이 이유는 유전자의 진화과정이 생존 중심으로 전개되었으며, 역사 속에서 인간계의 프로그램은 변증법적인 악의 조절 방향으로 전개되었기 때문이다.

하버드대학교의 의과학자인 데이비드 싱클레어(David Sinclair)는 『노화의 종말』에서 생존을 위한 진화는 노화의 유전자를 만들지 않았다는 것이다. 그렇기 때문에 노화유전자는 존재하지 않는다고 믿고 있다. 그러나 서투인(sirtuin)이라는 장수유전자는 있다는 것이다.

2000년도에 서투인은 MIT의 가렌티 실험실(Guarente laboratory)에서 신이찌로 이마이(Shin-ichiro Imai)에 의해서 발견되었다. 데이비드 싱클레어는 유전자의 정보기능 상실이 노화를 불러올 뿐이라는 것이다. 유전자는 생존에 유리한 악의 조절방향으로 진전하는 것이 후성유전규칙의 근본적인 프로세스이다.

이러한 악의 개선 진행은 호발의 변증법적 방법으로 전개된다. 호발의 변증법은 헤겔의 정반합의 변증법과 다른 것이다. 키르케고르의 이것이냐 저것이냐의 이중적 변증법도 아니다. 호발의 변증법은 선의 이와 악의 기가 호발하면서 조화와 만족(satisfaction)의 새로움을 향한 합생원리에 따라 전개되는 것이다. 만족의 새로움은 화이트헤드가 개별사건의 목적의 성취현상을 표현한 개념이다. 호발의 변증법적 전개는 절대정신(Geist)이나 합생원리 혹은 성리학의 천리에 의해서 일어나는 것으로 보는 것은 인간계의 입장에서는 무리가 아닐 것이다. 절대정신, 천리, 합생원리 등은 경륜적인 신적 요소들로 볼 수 있기 때문이다.

이제 생명과 삶의 의미에 친화적인 디지털 윤리 프로그램의 개발이 활성화되어야 한다. 디지털 윤리의 이가 일어나야 디지털 아픔의 기의 조절현상이 뒤를 따르게 된다.

볼륨과 다양성과 속도가 진화하고 있는 위키피디아, 구글, 네이버와 같은 빅-데이터 시스템은 모든 사람에게 열려 공유되고 있다. 공짜로 접근할 수 있기 때문에, 빅-데이터의 활용이 상상하기 어려울 정도로 자유스럽게 이루어지고 있다. 인간의 탐욕을 채울 천문학적인 정보들이 얼마든지 있고, 그것을 활용해서 무엇이든지 원하는 것을 할 수 있게 되어가고 있다.

모두가 공유하는 빅-데이터를 나쁜 마음으로 악하게 활용하면 얼마든지 세상을 어지럽히고 혼란스럽게 만들 수 있다. 원수 갚는 일을 매우 간단하면서도 치명적으로 할 수 있다. 과거에는 원수를 갚기 위해서 전략을 짜고 최소한으로 몇 사람이 공모해서 목숨을 걸고 면밀하게 시도해야 했지만, 디지털 빅-데이터 시대에 원수 갚는 일은 혼자서도 얼마든지 원수에게 치명적인 데미지를 입힐 수 있다.

유발 하라리는 차세대의 안정을 위한 협동의 스토리텔링을 요청하고 있다. 하라리는 『사피엔스』에서 미래사회에 필요한 것은 협동과 가치관의 정립 그리고 호혜적인 지구촌 공동체 형성을 위한 스토리텔링의 인문학적 작업이 필요하다고 역설하고 있다.[240] 지금부터라도 디지털 문명의 탈선에 대한 위기의 의식화와 윤리적 대비가 필요하다.[241]

개인의 것은 사라지고 모든 사람이 공유하는 디지털 공동체주의 시대에 돌입하고 있다. 일부 미래학자들은 서로 나누고 협동하고 협력공생하는 디지털사회주의가 도래하고 있다는 것이다.[242] 사실 디지털사회주의가 아니라, 디지털 공동체주의로 가야하며, 미래사회의 방향은 결국 그쪽으로 흐를 것이다.

핑커와 셔머가 주장하는 폭력의 감소와 도덕의 진화는 객관적인 데이터에 근거한 것이다. 전쟁과 살인의 구체적인 폭력 현상이 줄어든 것을 근거로 도덕의 진전을 주장하고 있다. 하지만 이들의 주장은 양적 공리

주의에 기반을 두고 접근하는 것이며, 질적 공리주의에 대해서는 소극적인 입장이다.[243]

양적 공리주의는 최대다수 최대행복의 원리로서 일명 돼지윤리라고 비판을 받기도 한다. 다수의 행복을 위한 결정은 소수의 옳은 의견을 무시하는 돼지윤리라는 비판이다. 100명 가운데 51명이 찬성하고 49명이 반대해서 가결된 정책에 의해서 49명의 의견이 묵살되는 것은 아픈 일이다. 도덕의 수준을 평가할 때에는 존 밀(John S. Mill)의 질적 공리주의 즉 개인 혹은 소수의 옳은 아이디어를 고려해야 왜곡된 횡포와 폭력의 감소에 적절한 기여를 할 수 있을 것이다.[244]

강력한 자본만이 살아남는 경제정글에서 발생하는 경제테러는 서민의 마음을 너무 아프게 한다. 거대한 경제맹수가 정글에서 숨어 있다가 갑자기 나타나서 작은 열매를 먹고 있는 약한 서민에게 치명적인 상처를 입히는 것이다. 경제만이 아니라, 디지털 숲 속에서 자아를 잃어버리고 있는 i세대는 기만당하고 자아를 상실해가고 있다.

다시 말하지만 핑커와 셔머는 물리적 폭력은 잘 다루었지만, 내면의 폭력과 디지털 폭력은 소극적으로 보았다. 경제테러에 의한 아픔은 신체적 폭력 이상이다. 조금만 실수하면 비참하게 내몰리는 냉혹한 사회에 대한 야속함과 분노가 생긴다. 은행문턱이 너무 높아서, 시린 가슴을 움켜지고 돌아서는 서민들이 너무 많다. 부부의 다툼과 이혼을 만드는 가정불화의 일차원인은 사실상 가정경제의 불안으로 나타나고 있다. 수많은 사람들이 자살을 생각하고 있으며, 마지못해서 사는 사람들의 수가 늘어가고 있다.

사회 낙오자의 외로움과 노인의 쓸쓸함 그리고 디지털 숲 속에서의 고독함은 점점 견디기 어렵다. 사회적인 뇌를 연구하는 매튜 리버만(Matthew

Liberman)이나 마이클 가자니가(Michael Gazzaniga)와 같은 사람들은 사회적인 소외와 사회적 족쇄에서 느끼는 내면의 고통은 몸이 물리적 폭력으로 느끼는 고통보다 더 아프다는 것이다.[245]

　인류의 역사를 빅 픽쳐로 보면 폭력의 감소가 진행되고 있는 것은 사실이다. 그러나 현재의 지구촌은 수많은 전쟁과 갈등 그리고 핵무기와 대량살상 화학무기가 경쟁적으로 개발되고 있는 위험한 시대이다. 위험한 사회에 대한 두려움과 공포는 좀처럼 사라지지 않고 있다. 디지털 소외와 디지털 기만의 횡포 그리고 점점 발달하고 있는 숨 막히는 디지털 판옵티콘(panopticon)의 부정적인 기능은 폭력의 아픔을 넘어서 삶과 자유를 말살시킬 가능성이 높아지고 있다. 인간다운 삶과 생명의 가치에 대한 생각조차 하지 못하고 디지털 노예로 살아가게 만들 수 있다.

2

경쟁의 **한계**

폭력의 주된 원인이 되는 경쟁은 언제까지 진행될까. 경쟁은 무한적으로 진행되지는 않을 것이며, 어느 임계점에서부터는 경쟁이 약화될 것이다. 그 임계점은 멀리 있지 않은 것으로 보인다. 인간은 다른 영장류에 비해서 너무 심한 경쟁을 하고 있다. 경쟁의 원인은 생존을 위한 것이라고 진화론자들을 주장하고 있다. 사회학자들은 경쟁의 원인은 자원의 부족으로 보고 있으며, 심리학자들은 경쟁의 원인은 이기적인 탐욕에서 오는 것이라고 해석하고 있다. 대체적으로 일리가 있는 주장들이다.

한국사회는 세계적으로 경쟁이 가장 심한 곳으로 평가되고 있다. 경쟁에 시달리다가 견디지 못하고 스스로 생을 접는 사람들이 너무 많으며, OECD국가 중에 상위권이다. 뒤르캥이 자살의 주범은 자본주의 경쟁이라고 한 것이 한국에 더욱 적중한 것 같다. 이것은 한국의 대부분의 국민이 심하게 경쟁하고, 서로 비교하면서 약한 사람을 비하하고 차별하는 차가운 세상에 있다는 이야기가 된다. 경쟁의 근본적인 원인은 인간의 제한성과 자의식에서 온다는 사실을 다시 언급해두고 싶다.

진화론자들은 인간을 냉혹한 생존경쟁에서 영광스럽게 승리한 영장류로 보고 있다. 인류의 생존은 자연의 진화과정에서 수많은 경쟁을 거치면서 이루어진 것이기 때문이다. 그런 면에서 경쟁이란 단어는 진화론적인 개념으로 보는 것이 타당하다. 유전자의 노리개인 인간은 수단과 방법을 가리지 않고 자신의 유전자를 보전하기 위해 무엇이든지 해내려고 한다. 당대의 유전자 보호 차원을 넘어서 대대에 이르도록 유전자를 보호하려고 과잉경쟁을 하고 있다.

경쟁은 제한된 자원을 두고 먼저 차지하는 데에서 시작되었다. 먹이와 영역을 먼저 차지하기 위해서 투쟁하면서 생존을 이어가는 경쟁을 했다. 식물의 경우는 동료들과 햇빛을 놓고 경쟁을 하면서 생존게임을 한다. 경쟁에서 밀리는 종은 죽음을 면치 못했다. 죽음을 면하기 위해 새로운 적응에 성공한 경우에는 생존을 이어갔다. 진화론적으로 보면 경쟁력이 자연선택 과정에서 생존에 중요한 역할을 한 것이다. 경쟁력이라는 단어가 회사와 단체 그리고 국가에 이르기까지 모든 분야에서 당연하고 보편적인 개념으로 사용되는 것은 희망적인 현상이 아니다.

경쟁은 인간의 본래적 성향이라기보다는 환경에 의해서 구성된 것이다. 스티븐 굴드(Stephen Jay Gould)는 경쟁은 내재적인 것이 아니라, 학습된 것이라고 주장하고 있다. 협동도 마찬가지로 학습된 것으로 믿고 있다. 생존을 위해서 환경에 따라 경쟁을 하거나 협동을 한다. 인간의 본성이 폭력성을 갖고 있다하더라도 환경에 따라 협동을 선택할 수도 있다.

스티븐 굴드는 경쟁은 계급을 만든다고 했다. 세상에는 인간의 생존을 위한 필요한 자원은 충분하게 있지만, 인간의 욕심을 채우기에는 턱없이 부족하다. 제한된 자원의 분배의 순서는 강자부터 이루어졌으며, 그로 인해서 계급이 생성된 것이다. 이기적 속성의 초과저장의 욕구가 항상 부족함을 느끼게 만들면서, 경쟁을 가속시키고 있다. 가속화된 경쟁은 계급을 심화시키면서 빈부의 격차를 크게 벌이고 있다.

서열과 계급의 경쟁이 만들어지는 원인은 경제적 환경인 자본주의가 주범이라고 마르크스는 주장했다. 자본주의 시스템은 초과소유욕구 게임을 필사적으로 하게 만들면서 서열이 만들어지기 때문이다. 막스 베버는 마르크스 입장을 넘어서 계급은 경제만이 아니라, 특권과 권력에 의해서 생성된다고 보았다. 특히 제한된 사회적 지위가 만드는 특권경쟁이 계급생성에 결정적인 역할을 한다는 것이다.

마르크스나 베버 그리고 굴드가 언급한 경제경쟁과 특권경쟁에 의한 계급 생성이 설득력이 있어 보인다. 경제경쟁은 계급생성으로 끝나는 것이 아니라, 계급간의 갈등과 폭력을 야기 시킨다. 마르크스는 계급간의 갈등은 노동자 혁명을 통해서 공산주의로 가야만 해결이 가능하다고 주장했다. 특권경쟁도 경제경쟁의 폐단과 별 차이가 없다. 근본적으로 제한성에 의한 경쟁이기 때문이다.

네오마르크스주의(Neo-Marxism)가 나타나서 유물론의 약점을 보완하고 인간성을 강조하는 분배정의로 가고 있다. 인간소외와 비인간화의 문제를 부각시켜서 마르크스주의를 수정보완 했다. 네오마르크스주의는 공산주의가 진화한 모습이다. 공산주의는 자유 시장경제 시스템에 의해서 패배한 것임을 기억할 필요가 있다. 자유와 소유가 제한된 경직된 공산주의는 악의 조절에는 이렇다 할 기여를 하지 못했다.

경쟁은 계급을 만든다고 주장한 스티븐 굴드는 진화론적인 차원에서 접근한 것이다. 먹이와 영역 그리고 권력과 특권을 놓고 경쟁을 하면서 성취의 정도에 따라 계급이 만들어지는 것이다. 한국의 경우에는 특히 교육 경쟁이 심하며, 교육기관은 계급과 서열을 만드는 공장이 되었다. 엘리트주의와 특권층 교육 혹은 가진 자들을 위한 교육이 노골적으로 드러나고 있다.

일반 서민들이 다니는 국공립학교가 있고, 특권층이나 엘리트들이 다니는 특별한 사립학교들이 있다. 학교에 대한 선택은 주로 경제적 역량과 학습역량에 따라 결정되고 있다. 돈도 있고 공부도 잘해야 특권층 학교에서 엘리트 교육을 받을 수 있다. 특별교육을 받은 사람들이 높은 계급장을 달고 사회생활을 폼 나게 할 수 있는 것이 현실이다.

높은 계급장은 메리토크라시(meritocracy) 즉 능력주의에 의한 훈장으로 변환되어 당연한 것으로 받아들이고 있다. 그러나 마이클 센델은 능력주의는 능력전쟁을 일으키고 불평등을 심화시키는 횡포라고 힐난하면서 모든 사람의 직업의 중요성을 서로 인식해야 한다고 역설하고 있다. 경쟁의 한계를 지적하면서 사회적 계급에 대한 공익적 해석을 주문하고 있다. 센델의 이러한 주장은 너무 당연한 것이기 때문에 파급력은 많지 않아 보인다.

알피 콘(Alfie Kohn)은『경쟁을 넘어서』에서 경쟁은 삶을 망치는 위험한 것이라고 외치고 있다.[246] 경쟁적 교육이 사회적으로 부정적인 영향을 준다면서, 현재의 전통적인 교육시스템을 뒤집어야 한다는 저돌적인 공격을 하고 있다. 경쟁적인 교육을 반대하고 경쟁을 야기 시키는 시험으로 평가하는 것에 대해서 비판적인 입장을 취하고 있다. 경쟁의 한계를 넘어서기 위한 알피 콘의 교육론은 강의실에서 토의와 상호작용을 통한 진보적 교육(progressive education)을 주장하고 있다.

먼 미래를 생각하는 인간은 초과 사재기를 할 수 있고, 미래 위기의 시뮬레이션을 하면서 대안을 지나칠 정도로 준비하는 능력이 있다. 침팬지는 미래설계를 할 수 없지만, 인간은 추상적인 대박의 꿈을 꿀 수 있는 독특한 뇌를 갖고 있다. 대박의 꿈을 꾸는 역량이 과잉경쟁을 일으키고 있다. 미래를 상상할 수 있는 능력은 인간과 침팬지의 뇌의 차이를 깊이 연구한 마이클 가자니가(Michael Gazzaniga)가『왜 인간인가?』에서 자세히 언급한 것이다.[247]

동물의 세계에는 원숭이의 간교함과 같은 것이 있으며, 침팬지의 서열경쟁과 대규모의 필사적인 영역다툼도 있다. 그리고 원시적 수준의 질서의식과 동물적 성향에서 오는 갈등이 존재한다. 그러나 동물의 세계에는 인간의 탐욕에서 일어나는 천문학적인 소유경쟁은 찾아보기 어렵다.[248] 그러나 경쟁은 종말을 직면하게 될 가능성이 높아지고 있다. 경쟁와해의 임계점에 이른 것으로 보인다. 그 징조들이 서서히 나타나고 있다. 환경에 의해서 만들어지는 경쟁은 무한 경쟁으로 진행되는 것이 아니라, 왜곡의 임계점에서는 언제나 정상 패턴으로 회귀하기 때문이다.

먹이 경쟁의 환경은 지나친 음식섭취와 과도한 소비주의를 만들면서 이전에 없었던 비만의 질병을 생성했다. 인간에게는 흔한 비만이 동물의 세계에는 그렇게 흔한 것이 아닌 것으로 알려져 있다. 못 먹어서 죽는 사람보다 많이 먹어서 죽는 사람이 많다고 유발 하라리가 조사하여 언급했다. 경쟁의 한계를 나타내는 부분이다. 원시사회와 문명사회의 비교연구에 전문가이며 UCLA의 지리학교수인 제레드 다이아몬드(Jared Diamond)는『어제까지의 세계』(The World Until Yesterday)에서 고혈압, 당뇨, 암과 같은 것은 비문명사회의 사람들에게는 존재하지 않는 병이라고 했다.[249]

경쟁의 한계를 넘어서려는 무소유라는 불교의 가르침이 있다. 무소유 개념은 문자적으로 해석하면 아무것도 소유하지 말자는 것이기 때문에, 현대경제 문명사회에서는 실천이 불가능한 일이다.[250] 무소유가 보편적으로 실천된다면 그것은 무경쟁으로 안내할 것이다.

현대 경제사회에서 수많은 사람들이 법정의 『무소유』라는 책을 읽고 감명을 받았다. 법정의 주장은 욕심을 절제하고 마음의 여유를 갖고 살라는 것이다. 필요한 것만 갖고 단순하게 사는 것이 삶의 본질이며 마음을 편안하게 한다는 불교 교훈을 담고 있다. 위험한 경쟁 시스템에서 나오라는 것으로 해석될 수 있다.

개미가 저축을 하고, 농업을 하고, 도시를 건설하고, 경이로운 협동과 놀라운 집단행동으로 문명생활을 한다. 개미에게는 터무니없는 저장이나 과잉경쟁이라는 것은 없는 것으로 나타나고 있다. 인간도 원래는 그랬다. 이안 모리스는 수렵사회에서는 인간도 소유와 부의 축적이란 것이 존재하지 않았다고 하였다. 최대한 단출한 공동체와 이동에 용이한 도구를 갖고 생존을 위해서 이동해야 했기 때문이다.

과잉경쟁은 생명의 존엄성을 가볍게 보게 하는 매우 위험한 게임이다. 피지 못한 꽃 같은 중학생들 수 백 명의 생명들을 희생시킨 세월호의 사건은 소유경쟁이 불러온 비극이다. 배가 정상적으로 운행할 수 없을 정도로 화물을 많이 싣고, 사람들을 태우는 탐욕이 어린 생명들을 앗아간 것이다.

경쟁적인 성과연봉제는 조만간 한계에 직면하게 될 것이다. 미국에서 2008년에 심각한 금융시장 사건이 있었다. 리만 브라더스 지주회사(Lehman Brothers Holdings Inc.)와 서브프라임 모기지 론(Subprime Mortgage Loan) 회사인 뉴 센트리 파이낸셜(New Century Financial)에 의해서 일어난 심각한 경제위기는 여러 가지 원인에 의해서 발생했다. 그 중에 핵심적인 원인은 경쟁에 의한 실적 중심의 연봉경쟁이었다.

연봉만 높게 받으면 그만이라는 이기적 생각으로 돈 쌓기 경쟁에 몰두했다. 대출 실적을 높여서 수당과 연봉을 더욱 챙기기 위하여 갚을 능력이 없는 사람들에게도 돈을 빌려 주었다. 다양한 금융파생상품들을 무리하게 팔아대면서 자신들의 실적만 챙겼다. 대출자들이 갚을 능력을 잃게 되자 많은 개인 파산자들이 나왔고, 그 파급은 세계적인 금융위기로 확산되었다. 리만 브라더스 금융위기 사건은 전쟁을 겪은 것보다 더 광범위하고 심각하게 인류사회에 치명타를 날렸다. 특히 서민들의 삶을 더욱 고달프게 만들었다.[251]

결국 은행들이 위기에 몰렸고, 은행들이 문을 닫는 엄청난 일이 일어났다. 은행과 금융회사가 문을 닫아도 가진 자들과 기득권자들은 그런대로 잘 살아가지만, 서민들은 고달프고 견디기 어렵다. 경쟁이 금융 시스템의 오작동을 불러오고, 서민들을 향해서 치명적인 경제폭력을 가한 것이다. 서로 힘을 합해서 아픈 곳을 수술하고 문제 해결의 기회가 있었음에도 불구하고, 살찐 고양이들과 괴물 관료들은 문제은폐와 위기 감추기를 하면서 갈등의 골은 더욱 깊어갔고, 결국에는 아주 크게 터졌다.

연봉을 단돈 1달러로 줄인 기업가들은 여전히 개인 소유 비행기를 타고 다녔다. 야만적인 금융전문가들은 유유히 여행을 다니면서 오히려 최고의 휴가를 즐겼다. 뉴욕시의 월가에서 일어난 금융사건이 한국에 사는 서민들에게까지 몸과 마음을 고단하게 하고 힘겨운 삶을 안겨주었다.

경쟁의 성과연봉제는 품위를 무너뜨리고 자존심을 피폐하게 만들고 있다. 연말에 차기년도 연봉이 정해지는 과정에서 겪는 피를 말리는 경험은 괴로움 그 자체이다. 자신보다 연봉이 몇 배가 많은 직원이 있는가 하면, 자신의 연봉은 오르지 않고 오히려 삭감을 경험할 때에는 죽고 싶은 심정이다.

호봉제도가 베스트는 아니지만, 적절한 인센티브제도와 특별 포상제를 곁들여서 실시하면 인간적인 면이 살아날 수 있다. 호봉제는 약자와 소외된 자를 배려한 공생의 가치를 가능하게 하는 제도이다. 성과연봉제도 역시 임계점에 이르고 있다. 산업사회에서 소외되고 밀려서 기회를 얻지 못한 서민들에게 환희의 세상은 반드시 올 것이다. 그 징조는 이미 시작되었으며, 중앙집권적 통치와 농경사회와 산업사회가 만든 서열과 소유의 과잉 경쟁시스템이 기울기 시작하고 있다.

어려운 사람을 돌보고 불공정한 분배를 조절하는 공생 시스템이 작동하기 시작했다. 이것은 사회주의가 아니라, 공동체주의 징조라는 사실을 강조하고 싶다. 그런 세상은 생각보다 빠르게 도래할 것으로 보인다. 스마트 기술문명 시대로 전환되면서 중앙집권에서 분산협업체제로 변하고 있다. 수평적 권력 구조와 분산형 협업체제는 그 동안 산업사회에서 소외되었던 사람들에게 기회를 안겨줄 것이다.

미국의 금융사건은 2007년에 시작해서 2008년에 불거진 사건이지만, 사건 기사의 잉크가 마르기도 전에, 다시 월가의 연봉이 하늘을 치솟는 다는 이야기가 돌고 있다. 이들의 생각이 바뀌지 않는 한, 미국의 미래는 없을 것이다. 미국은 초과저장 욕구게임으로 인해서 흔들리고 있다. 멀리 내다보는 미국의 젊은이들은 이미 다른 나라에서 미래 가능성을 모색하기 시작하고 있다. 멀지 않은 미래에 리먼 브라더스 사건 때보다 더 심각한 지구촌경제 침체가 기다리고 있다고 경제 전문가들은 경고하고 있다.

경쟁적 성과연봉제는 생산성을 높이는 일시적인 효과는 있다. 하지만 연봉의 격차가 지나치게 벌어지기 시작하면, 오히려 연봉이 낮은 쪽에서는 일에 대한 의욕 상실로 인해서 생산성을 떨어뜨리는 위험이 있다. 성과연봉제는 같이 일하는 동료와 친구를 경쟁 대상으로 몰고 가면서 차가운 세상을 만든다. 장애인들을 코너에 몰아넣고 옥죄는 매정한 시스템이다.

성과연봉제는 야만적인 자본가들이 인간의 초과저장욕구를 악용하여 서민들을 생산성의 노예로 만드는 경제노예 시스템이다. 경쟁적 저장욕구는 마음을 요동치게 만들고, 고도로 긴장하게 만든다. 이기적으로 더 가지려는 집착이 발현하면서 고상했던 품위를 망가뜨리며, 마지막 자존심까지 버리게 한다.

동물들이 먹잇감을 놓고 다른 무리들과 경쟁할 때 생성되는 신경 전달물질인 코르티솔 호르몬 분비는 몸을 긴장하게 하고 포악스럽게 만든다. 동물의 코르티솔에 의한 신경의 날카로움과 포악스러워지는 상태는 인간의 경쟁모습과 크게 다를 것이 없다. 다르다면 겉모습은 정장을 한 신사지만, 마음속에는 살벌한 경쟁의식으로 꽉 차 있다는 것이다.

성과연봉제는 일시적으로 있다가 사라질 시스템으로 보인다. 지나친 소유경쟁은 항상 부족함을 느끼는 가난한 마음을 만들고, 즐거움을 소멸시키는 작용을 한다. 이것은 우주의 경륜에서 이탈한 것이기 때문에, 결국 도태될 것이다. 성과연봉제의 오류에 대한 대안은 유연한 호봉제이며 협력공생의 배려와 겸양의 사회이다.

경쟁적 성과연봉제는 모든 사람에게 보편적으로 적용하는 것이 아니라, 특정그룹에서 필요에 따라 상황에 맞게 시행해야 효과가 있다. 교육자나 공무원에게 경쟁적 성과제도를 적용하는 것은 매우 위험한 일이다. 교육의 성과나 서비스직의 성과는 정성적인 부분이 많기 때문에 성과에 대한 계량화에 한계가 있다.

많은 아픈 경험을 하고서야 경쟁시스템의 한계를 인식하기 시작하고 있다. 과잉경쟁의 심각한 문제점들은 지속적으로 지적될 것이며, 개선

안들이 여기저기서 나오기 시작할 것이다. 과잉경쟁의 붕괴의 희망이 보이기 시작하고 있으며, 서민들에게 서광이 비치기 시작하고 있다. 다가오는 세대의 경쟁은 긍정적인 방향으로 조절될 것이며, 협동적 경쟁으로 재편될 가능성이 높다.

3

협력공생

과잉경쟁은 차세대에서는 완화될 것이라고 보는 구체적인 근거는 어디서 찾을 수 있을까. 유전자 기계의 이기적 본성이 변화되는 것은 아니지만, 필요한 것에 대한 부족이 첨단 과학기술에 의해서 완화되면서 경쟁구도가 약화될 것으로 보인다.

경쟁구도가 약화되면 상호 우호적이고 협력적 상태가 자연스럽게 전개될 가능성이 높다. 협력공생은 사회적인 제도나 인위적인 노력에 의해서 이루어지는 것은 제한적일 것이다. 문명의 변화 속에서 주로 사회적인 뇌, 상리공생(mutualism)의 원리, 진사회성(eusociality), 그리고 협동의 가치가 근본적으로 작동하면서 협력공생에 기여하게 될 것이다.

사회적 뇌를 갖고 있는 사피엔스는 주변에 비슷한 생각이나 유사한 취향을 가진 사람들과 공감유착관계를 원하고 있다. 소그룹 공감유착 관계는 호혜적인 관계를 형성한다. 디지털문명에 자아를 빼앗기고 실존적으로 외롭고 고독한 인생을 달래기 위해서 혈맹관계의 친구들을 사귀고 의미 깊은 놀이를 하게 될 것이다.

인간과 식물과 동물 그리고 공기와 땅과 물과 하늘은 모두가 서로 유기체적 상관관계로 연계되어 상생조건을 만들어 주고 있다. 우주질서의 원리는 유기체적인 상리공생의 시스템이 작동하도록 되어 있으며, 고립된 물리계가 독립적으로 존재할 수는 없다. 생명의 형성과정도 협동에 의해서 이루어진 것이다.

DNA에서 단백질이 형성되는 과정은 다양한 요소들의 부지런하고 정교한 협동에 의해서 일어난다. 물론 이 과정에서 미세한 오류와 변이가 일어날 수 있다. 그러나 큰 흐름의 패턴은 매우 정교한 것으로 보아야 할 것이다. DNA는 어떤 생체를 만들지에 대한 정보를 갖고 있다. DNA는 정보만 갖고 있을 뿐이지 생체를 만들 수 있는 기능은 없다. 그래서 주변의 요소들과 협동을 해서 자신의 정보를 복제하여(replication) 생체의 기반이 되는 아미노산을 만들어야 한다.

DNA는 메신저 RNA(mRNA)를 전사(transcription)해서 필요한 아미노산 생성을 지시하는 일을 한다. 정보를 받은 mRNA는 핵에서 나와 리보솜(ribosome)으로 가서 리보솜과 운반 RNA(tRNA)와 공조해서 지시받은 아미노산을 생성하는 일을 실행한다. 아미노산을 만들기 위한 리보솜과 mRNA 그리고 tRNA의 상호작용을 번역(translation)이라고 부르고 있다. 이렇게 생성된 아미노산들이 결합되어 단백질을 만드는 것이다.

지시된 정보에 따라 만들어진 단백질은 세포를 만든다. 살아있는 세포들은 협동하여 생체조직과 기관을 만든다. 유전자와 세포 그리고 생체조직의 경이로운 오케스트레이션에는 유전자의 소프트웨어인 후성규칙과 협동의 원리에 의해서 작동하고 있다. 생체가 존재하기 위해서는 원초적인 협동의 원리가 유기체적인 차원에서 작동해야 한다.

상리공생이란 서로 다르지만 생존하기 위해서 서로 협력하는 것이라고 보스턴대학교의 린 마굴리스(Lynn Margulis)가 주장한 것이다. MIT의 새뮤엘 보올스(Samuel Bowles)는 인간과 동물은 "협력하는 종"(cooperative species)이라는 주장을 제기하고 있으며, 이 주장은 상리공생의 한 흐름이다. 뉴질랜드의 영문학자인 브라이언 보이드(Brian Boyd)는 진화심리학이나 진화경제학에서 공생을 위한 관대함, 신뢰, 공정함이 중요하게 작용한다고 했다.[252)]

모더니티의 인간은 상리공생의 생태계의 질서를 무시하고 인간중심주의의 고립된 인간계를 고집하면서 생태계의 꼭대기에 군림하려고 했다. 그러나 그것은 모더니티의 착각이었다. 인간중심주의와 개인주의는 포스트모더니즘과 생태과학에 의해서 실패한 것으로 드러났다.

인간이 소위 인간세(anthropocene)를 만들면서 지구가 인간의 영향으로 변하고 있는 결과를 불러온 것은 사실이다. 그것은 인간중심주의를 넘어선 인류의 협동에 의한 것이다. 인간시대(The Human Age)라고도 불리는 인간세는 인간이 지구를 변하게 만들었다. 그렇다고 지구의 유기체적 생태시스템에서 단독적인 인간계의 승리로 볼 수는 없다.

다이엔 에커만(Diane Ackerman)은 인간세를 주제로 책을 쓰면서 영향을 주고 있다. 전기를 많이 사용하면서 밤의 불빛이 지구의 색깔을 이전보다 밝은 색으로 바꾸었다. 인간이 만든 도로, 항만, 다양한 건축물, 다리 등에 의해서 지구의 모습과 지형이 변한 것으로 해석하고 있다. 인간세는 지질학자들이 인정한 것이며, 어느 정도는 타당성이 있다. 그러나 문명의 발달 이면에 문명의 역기능적인 현상에 대해서 걱정을 하는 사람들이 적지 않다.

다행이도 포스트모던 시대로 접어들면서 인간에 대한 해석은 생태계의 유기체적 해석으로 변해 가면서 인간중심주의 오류가 개선되고 있다.

생태계의 중요성을 인식하고 있는 윌슨은 생태보존 캠페인을 하면서 "지구의 절반"을 보호하고 자연 상태로 두자는 지구 살리기 캠페인을 하고 있다. 인간계 중심에서 입체적인 생태계의 해석이 이루어지고 있는 것이다.

최근에는 협동의 중요성 강조와 실천노력이 사회적으로 나타나고 있으며, 상호 협력의 홍보 문구들이 소통의 사이언스 도구를 통해서 적지 않게 돌아다닌다.[253] 모더니티의 개인주의를 넘어서 앞으로 협동의 가치가 더욱 필요하다는 집단의식이 서서히 일어나고 있는 것이다.

협력공생 사이언스는 대세이며, 사회적 거리두기와 홀로생활하기가 협력공생의 흐름을 막지는 못할 것이다. SNS와 빅데이터 그리고 AI의 디지털 문명이 간접적인 사회적 관계에 실효적 영향을 미치기 때문이다.

앞에서 언급한 에드워드 윌슨은 인간이 지구를 정복한 결정적인 힘은 진사회성이라고 『지구의 정복자』에서 주장하고 있다.[254] 곤충들의 이타적인 행동에서 진사화성을 규명하면서 협력의 당위성을 제시한 것이다. 그러나 윌슨은 대중들의 진사회성의 희소성에 대한 딜레마를 고민하고 있는 면도 있다.[255] UCLA에 있는 매튜 리버만도 『사회적인 뇌』에서 인류가 성공한 결정적인 비밀은 사회적인 뇌의 협동에 있다고 역설했다.[256] 하지만 사회적 뇌의 아픔은 사라지지 않고 있음도 언급하고 있다.

한계비용의 제로 사회가 도래하면서 협력적 공유사회가 부상할 것으로 보인다. 정보를 비용 없이 공유하고 협력하는 사회가 오고 있다. 사물인터넷의 지능형 인프라에 의해서 서로 첨단 생존정보를 공유하는 시대가 임박했다.[257] 협력공생은 집단이성의 가치체계가 대세로 작동하고 있다.

이기적 본성에 대한 논의는 오랜 세월을 두고 계속하였다. 이기적 탐욕을 신랄하게 비판하고 멋진 도덕적 개선 프로그램이 수없이 제시 되었다. 하지만 실천의 성과는 미약했다. 협력적 공생이 당연히 생존에 유리하다는 사실을 알면서도, 눈앞에 보이는 유익을 위해서 이기적 행동을 먼저 하게 되는 경우가 많다.

맹자는 인간의 본성을 측은지심을 갖고 있는 선한 존재로 보았으며, 인성을 인의예지의 본연지성으로 해석했다. 순자(荀子)는 기쁨, 슬픔, 분노, 욕망, 애정과 같은 기질지성의 우위론을 주장하면서 성악설을 주장한 사람으로 인식되고 있다. 인간의 본성에 대한 이해는 다르지만, 사회조화를 위한 윤리 주장은 공통된 것이며, 동양의 문화를 공동체적으로 형성하는 데에 기여를 했다.

서양의 루소는 자연 상태의 인간은 선하다는 입장을 취했으며, 로크는 이성적인 존재로 이해했다. 그러나 토마스 홉스는 인간의 본성은 한계 상황에서 결국 악을 행하는 사악한 존재로 보았다. 하지만 루소는 자연 속에서 사는 사람들은 경쟁을 접어두고 자연과 더불어 살 수 있는 선한 존재로 해석했다. 로크와 홉스의 사회철학은 사회계약을 강조하고 인권과 자유 그리고 책임을 강조하면서 개인주의로 흐르게 만들었다.

스티븐 핑커는 인간이 천사적 성품이 조금 더 많기 때문에 역사적으로 보면 폭력이 감소했다는 것이다. 이타적 행동 혹은 협동적 성향이 진전된 것으로 보는 것이다. 리처드 도킨스(Richard Dawkins)는 유전자가 이기적이기 때문에 인간의 본성은 이기적인 것으로 해석하고 있다. 도킨스는 협동은 이기적 목적을 위한 것이며, 순수한 이타적 현상은 없는 것으로 보고 있다. 매튜 리버만은 인간은 이기적인 척하는 존재이지, 본성은 사회적이라는 입장을 취하고 있다.[258] 인류는 홀로 사는 존재가 아니라, 사회적인 뇌를 갖고 협동하는 존재라는 것이다.

기독교에서는 인간의 본성은 이기적이며 비협동적 이라고 보고 있다. 어거스틴은 인간은 선천적으로 원죄를 갖고 있는 부패한 존재라고 믿었다. 존 칼빈(John Calvin)과 감리교회의 창시자 존 웨슬리(John Wesley)도 인간은 전적으로 부패한 존재라고 믿었다. 인간은 이기적인 속성을 갖고 있으며, 자기 행위가 다른 사람에게 해가 되어도 자신의 이익을 먼저 생각하고 행동하는 존재라는 것이다. 인류는 신앙을 통한 변화 없이는 절망적인 존재로 보고 있다.

도덕은 부도덕에 의해서 발현된 것이다. 도덕적 개념형성 과정을 보면 부조화가 먼저이다. 도덕과 비도덕, 평화와 전쟁, 혐오와 사랑, 정의와 불의 등의 상대적인 커플에서 먼저 나타난 것은 악한 것이다. 선의 개념은 악에 대해서 상대적으로 발현한 것이다. 조화와 순조로움에서 부조화를 생각하기는 쉽지 않다. 대체적으로 부조화와 갈등이 먼저이고, 조화와 화해가 필요에 의해서 발현한 것이다.

협동의 저해요인인 이기적인 성향을 조절하기 위해 발현한 것이 상식적인 도덕이다. 어질고, 의롭고, 예를 지키고, 지혜로운 본연지성의 가치관이 공동체 조화를 위해서 발현된 것이다. 기질지성의 문제가 먼저 제기된 것이고, 문제해결 수단으로 수신을 통해 본연지성으로의 회귀하는 것이 유교와 성리학은 핵심이다.[259] 현대문명에서 인류는 이기성과 경쟁의 아픈 결과에 의해서 도덕적 협동의 불가피성을 경험하는 것이다.

이러한 상대적 현상은 리사 배럿이 감정이 없으면 이성작용도 없다고 주장한 것과 맥락을 같이한다. 데이빗 흄이 이성은 감성의 노예라고 한 것과도 비교될 수 있다. 리사 배럿은 소비자의 감정을 무시하고 이성적인 합리성을 강조한 경제인들이 경제를 망친다는 생각까지 하고 있다.[260]

물론 여기서 감정이 문제가 있다는 것은 아니다. 성리학에서 감정을 기질지성으로 보았고, 감성이 인성의 부조화의 원인으로 본 것이 문제이다. 성리학의 기질지성 개념은 최근에 감정을 새롭게 해석하고 있는 생물철학의 이해와는 상충되는 부분이 있다.

율곡의 기에 대한 개념보다 퇴계의 기에 대한 해석이 논란의 대상이 될 수 있다. 율곡은 기가 우주의 근본이며 모든 것이라고 했다. 선악은 기에 섞여 있는 것으로 보았다. 하지만 퇴계는 이와 기가 우주의 근본이며, 이는 천리이고, 기는 인욕과 같은 부조화의 요소를 함축하고 있는 것으로 믿었다. 기의 물리적 제한성을 그렇게 해석한 것이다. 기의 제한성에 의해서 이가 발현하지 못할 수 있다. 그래서 퇴계는 악에 대한 해석을 이가 기에 의해서 가려진 것으로 보았다.

퇴계는 기의 기질지성과 이의 본연지성의 호발설(互發設)을 주장했다. 호발설은 성리학의 최고의 꽃이며, 지금은 세계적으로 알려진 주옥같은 아이디어이다. 나는 퇴계의 호발설에 대해서 화이트헤드의 형이상학과 최근의 과학철학과 연계해서 융복합 연구논문을 하와이대학교의 논문집 (*Philosophy East and West*)에 게재하였다.[261] 과학기술문명 시대에서 호발의 변증법의 유효성을 세계에 알려서 윤리의 진전과 물리학 해석에 활용되기를 기대한 것이다.

과학철학적인 차원에서 호발설의 타당성을 논증한 것이다. 기질지성이 발하면 이가 말을 타는 것처럼 기질지성을 타고 조정하며, 본연지성이 발하면 기질지성이 따르는 것이다.[262] 이 역동적인 호발설의 유기체철학은 동양철학의 인간본성과 윤리에 대한 해석들 중에서 가장 설득력 있는 주장이라고 본다. 그런 면에서 퇴계는 화이트헤드와 함께 21세기에도 빛날 철학자로 여겨진다.

과학철학에서 논의하고 있는 물리 법칙이나 패턴을 호발설과 연계해서 해석하면 세상에 대한 진전된 해석을 할 수 있다. 우주조화 오케스트레이션의 이가 발현되면 부조화의 고립된 물리계는 조화의 패턴을 따르게 되어 있다. 문명의 탈선이 심해지면 문명은 우주의 경륜적 조정에 의해서 우주의 오케스트레이션 패턴으로 회귀하게 되어 있다. 이가 발현하면 기가 따르는 것이다. 협력공생의 원리는 이(理)이며, 기질지성의 이기적 유전자 기계들은 이를 따라야 하는 것은 우주의 경륜적인 패턴이다.

모더니티의 개인주의 영향을 받은 대부분의 사람들은 혼자 잘해서 성공하려고 노력하고, 혼자 무엇인가 이루려고 했다. 혼자 열심히 하는 것은 기본적으로 이상할 것이 없지만, 실제로 혼자 노력해서 성공한 경우는 거의 없다. 누군가의 도움과 협력관계 속에서 좋은 결과가 나타나는 것이다.

혈맹관계의 결속으로 만들어진 몇 명의 신뢰의 협동적 이너서클(inner circle)은 기적을 이룰 만큼 놀라운 힘을 발휘할 수 있다. 나라를 변화시킬 수 있는 힘이 나올 수도 있다. 이기적인 목적을 가진 기형적인 사조직이 아니라, 공익을 도모하는 협동적 혈맹관계라면 상상을 넘어서는 경이로운 일을 해낼 수 있다.[263]

국가는 협력공생의 원리를 따른 사회계약에 의해서 형성된 것이다. 국가라는 시스템의 역사는 3,400년 정도 되었다. 국민들은 서로 다른 능력과 다양한 성격의 사람들이지만, 서로 협력하여 효과적인 유기체적 공동체를 만들어서 개인과 사회의 안녕을 도모하는 국가를 이룩했다.

대부분의 국가들이 믿고 활용하고 있는 정부론은 존 로크와 토마스 홉스 그리고 루소의 사회계약설에 의한 것이다. 국민들의 공익과 안정을 위한 정부를 제안하였기 때문이다. 존 로크의 정부론은 미국의 독립선언문을 작성한 토마스 제퍼슨(Thomas Jefferson) 대통령에게 영향을 주었으며, 미국의 선진 정치시스템의 초석이 되었다.

과거 군주 시대에는 협력공생과 신뢰를 구축하기 위해서 정략결혼을 했다. 군주의 딸을 상대방 왕자에게 시집보내고, 둘 사이에서 낳은 자녀를 다시 데려오는 일도 했다. 서로 공격하지 않고 신뢰하면서 파트너십을 유지하기 위한 것이다. 이기적 본성을 가진 인간을 서로 믿을 수 없었기 때문이다. 인간의 진사회성과 공감유착은 생존과 성취에 있어서 매우 유용한 도구이기 때문에 지속적으로 진화하고 있다.

미래사회는 서열경쟁 시스템이 쇠잔하고 공감유착 관계가 승하게 될 것이다. 산업사회의 기계적 노동의 굴레와 모더니티의 개인주의에 의한 상호고립에서 벗어난 차세대 사람들은 공감을 느끼는 사람들끼리 모여서 유착관계를 갖게 될 것이다.[264]

유발 하라리는 『사피엔스』에서 인간의 역사적 승리는 인간의 상상 스토리와 협동에서 왔다고 믿고 있다. 침팬지와 다르게 돈, 국가, 종교와 같은 것은 추상적인 스토리를 중심으로 협동하는 인간의 능력이 승리자로 만들었다는 것이다.[265]

사피엔스는 침팬지와 다르게 주관적 스토리를 만들 수 있고, 그 스토리를 중심으로 협동하는 독특한 존재이다. 침팬지도 협동을 하지만, 침팬지는 객관적 실재를 중심으로 사고하고 행동을 한다. 생존을 위해서 필요한 최소한의 협동을 하며 소그룹으로 활동한다. 침팬지는 일반적으로 대여섯 마리가 모여서 다니며 협동한다. 영역다툼을 할 때에는 규모가 커지지만, 단순한 생존과 영역을 지키기 위해서 협동하는 정도이다.

지구에서 아주 미물이었던 인간이 어떻게 지구를 지배하는 존재가 되었을까. 하라리는 두 가지 핵심적인 이유를 주장하고 있다. 바로 스토리와 협동이다. 다른 종과 다르게 인간은 상상 속에 있는 것을 믿을 수 있는 독특한 존재이기 때문에, 터무니없는 생각의 스토리를 만들어 낼 수 있다. 그런 스토리에 협동을 하면서 놀라운 문명의 발달이 이루어진 것이다. 하라리는 국가, 인권, 종교, 신과 같은 상상 속에 존재하는 것을 믿을 수 있는 인류는 거대한 문명의 발전을 일으킬 수 있었다는 것이다.

현대인이 자연스럽게 사용하고 있는 돈은 가상적 스토리(fictional story)에서 시작된 것이다. 서로 가상적 가치를 약속하고 소통하면서 돈의 의미가 실제가 되고 가치작용을 하고 있다. 지폐 한 장과 바나나 하나는 인간사회와 침팬지 사회에서 서로 큰 차이가 있다. 바나나보다 돈은 인간사회에서 탁월한 유통의 효율성을 갖고 있으며, 가치의 소유기간을 아주 길게 연장 할 수 있다. 인간은 침팬지가 생각하지 못하는 사회적 신뢰와 가치를 만들고 활용한다.

오사마 빈라덴은 미국의 세계무역센터를 공격해서 미국정부에 치명적으로 데미지를 입힌 사람이다. 북한의 김정은은 미국을 패권적 제국주의자들이라고 맹비난을 하는 사람이다. 그러나 빈라덴이나 김정은은 미국을 극도로 싫어하면서도 미국의 달러는 어떻게 해서든 많이 모으려고 안간힘을 쓴다. 이들은 세계 모든 사람들이 협력하여 동의한 달러라는 가치를 믿는 것이다.

다시 말하지만 하라리의 협동적 사피엔스는 에드워드 윌슨의 진사회성 인간과 유사한 면이 있으며, 마이클 가자니가 혹은 메튜 리버만의 사회적인 뇌와 연속성이 있다. 성리학의 공동체 윤리와 공적가치 추구 그리고 크리스천의 사랑 공동체 사상과도 가까이 있다.

협동을 위한 중요한 인간의 요소는 자의식이다. 문명발달에 협동보다 우선적 역할을 한 것은 "자의식"이었다는 사실을 강조하고 싶다. "자의식"은 자신의 생각에 대해서 생각하고 자신의 행동에 대해서 생각할 수 있는 능력이다. 자의식은 생각과 행동의 개선에 결정적으로 필요한 것이며, 분석비평의 전제가 되는 인간의 놀라운 역량이다. 개선과 발전은 바로 자의식에서 비롯된 것이기 때문에, 자의식이 인류문명의 발달에 가장 중요한 역할을 한 것으로 보는 것이다.[266]

뉴욕시립대학교의 이론물리학자인 미치오 카쿠(Michio Kaku)는 의식을 세 단계로 나누어서 언급했다. 첫째 단계는 파충류가 갖고 있는 위치의식이다. 위치의식이란 적으로부터 자신을 보호하기 위해서 자신의 위치를 알고 위험한 상황이 되면 자신의 위치를 바꿀 수 있는 의식이다. 단순한 의식이지만, 파충류가 생존하는 데에 매우 유용한 것이다.

두 번째 단계는 침팬지가 갖고 있는 관계의식이다. 관계의식이란 상대에 대해서 적인지 아군인지 구별하는 의식이다. 침팬지에게 있어서 위치의식은 기본이고 특히 관계의식을 통해서 집단행동을 하고 자신을 보호하는 역할을 한다. 관계의식은 협동에 중요한 기능을 하며, 적대자에 대한 식별과 경계를 하고 영역을 지키기 위해서 때로는 투쟁을 하게 한다.

세 번째 단계는 인간이 갖고 있는 미래를 시뮬레이션 할 수 있는 자의식이다. 인간은 다른 동물들과 다르게 미래를 예측하고 일어날 상황을 시뮬레이션 해서 대비를 하는 독특한 능력을 갖고 있다. 과거를 기억하고 먼 미래를 생각하는 의식은 인간을 지구의 최고의 영장류가 되게 했다.

마이클 가자니가는 인간이 침팬지와 다른 것들 중에서 자의식을 가장 독특한 것으로 보고 있다. 자신을 생각하고 먼 미래를 시뮬레이션 하는 인간의 능력은 침팬지에게서는 찾아볼 수 없는 특징이라고 했다.

그러나 프란스 드발은 침팬지가 과거를 기억하고 후회하며, 미래를 예측하고 기대하는 능력이 있다고 주장하면서, 마이클 가자니가에 대해서 비판적인 입장을 취하고 있다. 하지만 침팬지의 자의식은 인간에 비해서 매우 제한적인 범위 안에서 작용하는 것이다.

침팬지와 어린아이를 똑 같은 조건에서 함께 키우면서 관찰한 행동연구가 있다. 아주 어린시기에는 둘의 행동이 비슷했지만, 2~3세가 되면서 현격하게 차이가 들어났다. 그 차이는 모방을 하고 시뮬레이션을 하며 개선하는 능력에서 차이가 벌어지기 시작한 것이다. 침팬지의 행동은 일정한 상태에 머물면서 행동의 패턴이 크게 발달하지 못하였지만, 어린아이는 모방을 구체적으로 시도하면서 기하급수적으로 행동의 변화가 일어났다. 침팬지보다 인간은 자의식의 시뮬레이션 기능의 역량에 큰 차이가 있다는 사실이다.

프란스 드발이 언급하는 침팬지의 미래생각 능력은 단순한 생존 메커니즘에서 오는 것이며, "시간적 감정"으로 볼 수 있다. "시간적 감정"은 프란스 드발이 사용하는 독특한 아이디어이며, 그가 침팬지를 연구하고 결론으로 주장한 것이다. 시간의 감정이란 후회, 화해, 그리고 대비의 감정이며, 이 감정은 과거 현재 미래의 시간 선상에서 일어나는 것이다. 침팬지의 시간적 감정은 사실이지만, 프란스 드발은 침팬지가 먼 미래를 예측하고 시뮬레이션 하는 능력이 있는 것을 주장한 것은 제한된 범위 내에서의 주장이다.

자의식을 갖고 있는 인간은 지구상에서 가장 큰 영향력을 발휘하는 존재가 되었다. 침팬지는 인류보다 더 오래 지구상에 살았음에도 불구하고, 여전히 정글에서 벗어나지 못하고 있으며, 문명을 만들지 못하고 있다. 3단계의 의식을 갖고 있는 인간은 지구에 인간세의 변화를 일으키고 있다.

미래 시뮬레이션이 효과를 낸 것은 우주 패턴을 섭렵하면서 미래예측의 확률을 높인 것이다. 과거의 실수를 개선하고 미래의 위기를 대비하는 능력은 우주의 패턴인식에서 일어난다. 인간의 3단계 의식은 제한성의 악의 축소에 괄목할만한 기여를 하면서 인간의 삶의 질의 개선과 문명의 발달에 상당부분 기여하였다.

이제 인류는 시간과 공간을 단축시키는 지평의 4단계 의식을 갖게 되었다. 4단계 의식이란 첨단 과학기술문명에 의해서 의식의 확대가 혁명적으로 일어나는 단계이다. GPS에 의해서 자신과 적의 위치를 공간의 제한을 넘어서 알 수 있다. 스마트폰을 통해서 관계의식의 확장이 일어나며, 빅-데이터에 의한 미래시뮬레이션은 미래 예측의 정확성을 매우 높이고 있다.

클라우드에 의해서 과거에 대한 기억의 확장이 일어나며, 위키피디아 정보망을 통해서 바다처럼 넓게 정보들을 섭렵할 수 있다. 디지털기기에 의한 의식의 확장은 생물학적인 3단계의 의식보다 천문학적으로 진전된 의식의 차원이다. 4단계 의식에서 공감유착의 범위는 거리와 시간의 제한성을 상당부분 넘어서게 되었다. 4단계 의식과 인지확장의 진화는 협동의 범위를 지구촌으로 확대하는 시대를 열어가고 있다.

산업사회의 소유와 서열의 과잉경쟁이 인간을 개인주의적으로 만들었다. 그러나 개인주의는 약화될 것이며, 거대한 공동체주의로 가게 될 것이다. 지구촌 공동체가 하나의 유기체처럼 작용할 것이다. 성리학의 문화가 작용하고 있는 한국 사회는 개인주의보다는 아직도 공동체 의식이 강하다.[267] 침팬지가 5~6마리가 유착되어 활동하는 것처럼, 소규모 집단 유착관계가 실효적인 삶에 유리하며 안정감을 준다. 소규모 그룹의 유착관계는 리프킨과 하라리 그리고 켈리가 예견하는 미래의 사회성이기도 하다.

한국이 세계적으로 발전한 국가가 된 것은 성리학에 의한 공동체의 유착관계의 힘과 교육열이다. 교육 수준이 세계에서 최고이기 때문에 세계 최고의 국가가 되어가고 있다. 교육만이 아니라, 친구와 선후배의 유착관계가 개인과 사회와 국가의 발전에 동력이 되고 있다. 알면 사랑하고, 가까우면 경계심이 줄어드는 공감유착 관계의 긍정적인 면이 역동적으로 성장을 이끈 것이다.

개인주의 사회에서 찾아볼 수 없는 끈끈한 관계가 서로 끌어주고 밀어주었다. 혈연, 학연, 지연의 유착관계의 힘으로 경이로운 일들을 해냈다. 물론 혈연, 학연, 지연을 중심으로 한 유착은 사회적 기회의 균등과 공정성을 저해하는 면이 있다. 하지만 긍정적인 면이 더 많다고 본다. 관계 중심적 문화는 경계심을 약화시키고 신뢰의 협동을 강화시킨다. 사회 시스템을 잘 유지하게 하고, 경제적인 생산성을 높이는 장점이 있다.

한국의 성장의 역동성은 "공감유착의 혈연과 지연의 결집력"과 성리학의 "의리의 문화" 그리고 유교의 "공동체 의식"에서 온 것이다. 앞으로 이것은 무너지지 않고 더 발전되어야 할 것이다. 공동체주의는 미래사회에서는 유용성이 높을 것이기 때문이다. 세계 여행을 해본 사람들은 한국이 얼마나 잘 사는 나라인지 실제로 느낄 수 있다. 선진국도 일부 지역의 국민들만 잘 사는 것이지, 대부분의 사람들은 허덕이면서 힘겹게 살고 있다.[268]

산업사회가 개인의 생산역량을 중요시 여기면서 동아리 문화를 상당부분 해체하였다. 하지만 유착의 공동체 문화는 생존의 기본원리이기 때문에 퇴색되지 않을 것이다. 협력공생의 문화가 견고해지면 그 만큼 기업과 국가도 더욱 견실해질 가능성이 높다. 선진국의 개인주의 사회에서는 생산성이 점점 떨어지고 있다. 외로운 인생들이 많다. 이들에게는 돈과 지위가 있어도 외롭고, 가깝게 지내고 싶은 사람이 그리운 인생들이 많다.

한국은 교육과 IT활용 수준이 높기 때문에, 기술문명시대에 필요한 정보를 신속하게 소화하고 생활화하면서 앞서가는 국민이 되고 있다. 교육수준과 디지털 정보접근성이 우수하며, 적극적인 민족적 특성이 첨단 기기활용에 선진작용을 하고 있다. 이미 IT의 개발과 활용정도는 세계 최고의 수준이며, 앞으로도 그럴 가능성이 높다.[269] 양자컴퓨터 개발과 바이오산업과 나노기술에 박차를 가하면 최고의 국가가 될 것이다.

하지만 한국의 정치 수준은 절망적이다. 대부분의 대통령들이 감방에 가거나 자살 혹은 총에 맞아 죽었다. 한국만이 아니라, 다른 선진국도 정치수준은 다른 분야에 비해서 항상 거의 바닥에 있다. 그 이유는 조절 시스템의 권력속성을 이해하지 못하고 정치에 뛰어들은 리더들 때문이다. 권력은 앞에서 언급한 것처럼 어차피 종말을 맞이하게 될 것이다. 미래사회에 대한 희망을 정치인들에게 기대할 필요가 없어진 것은 다행스러운 일이다.

미래학자들이 주장하는 공감유착관계는 이미 한국에는 형성되어 있으며, 공생윤리의 기반이 되고 있다.[270] 레이 커스웨일은 소그룹 사회를 예견하고 있다. 과거에 비해 변화의 속도는 기하급수적으로 변화하고 있고, 20년 후에는 우리가 상상하기 어려운 사회가 될 것이라고 내다보고 있으며, 결국 소그룹 사회로 갈 것을 예견하고 있다.[271]

매튜 리버만은 비협동적 갈등에 대해서 의미 있는 언급을 하고 있다.[272] 뇌는 휴식 중에도 사회적 작용을 하는데, 생존을 위해서 사회적 뇌가 발달하였기 때문이다. 리버만에 따르면 소외감에서 오는 불안과 괴로움은 뇌신경 회로의 불행경로를 자극해서 견디기 어려울 정도의 아픔과 갈등을 준다는 것이다.

호혜적인 사회적 관계를 가지면 뇌신경 회로의 행복경로가 활성화되면서 즐거움을 느낀다. 리버만은 사회적인 뇌가 긍정적으로 활동할 수 있는 길은 협동과 호혜성을 발달시키는 것이라고 주장하고 있다. 사회적인 뇌가 협동을 만들지만, 협동이 다시 사회적인 뇌의 활성화에 긍정적인 영향을 준다.

협력공생만이 아니라, 자기관리가 생존과 번영에 밀접하게 연계되어 있는 면도 있다. 사자는 협동으로 자신들을 보호하고 사냥하면서 생존하지만, 카멜레온은 자신의 색깔을 바꿔가면서 천적의 포식자들로부터 자신을 보호한다. 상당수의 동물들은 다양한 변신을 하면서 자신을 보호하고 종족을 보전해가고 있다. 털을 높이 세워서 자신의 실제 모습보다 크게 보여서 포식자에게 대처하고, 사랑의 파트너에게 우아하게 보이면서 구애의 목적을 달성한다. 구애를 할 때에 다양한 변신을 하여 자신의 우위성을 나타내면서 자웅선택을 한다.

생존을 위하거나 위험을 피하기 위해서 자신의 표면 색깔을 바꾸고 변신하는 것은 본능적인 유비무환의 행위이다. 동물의 DNA는 유비무환의 본능적 프로그램을 갖고 있다. 인간도 DNA의 유비무환의 프로그램을 갖고 있으며, 동물적 본능과 이기적 속성을 조절할 수 있는 고등의식 프로그램이 있다.

자랑이나 과시와 같은 허세를 부리는 역량을 갖고 있으며, 미래 시뮬레이션을 하면서 항구적으로 자신을 보호하기 위해서 과대포장하려는 성향이 있다. 동물들은 자랑이나 과시가 허세라는 사실로 드러나면 비참하게 당한다. 비본래적이고 인위적인 전략적 꼼수는 상호 인간관계에서는 불리하게 작용하는 위험성을 함축하고 있다.

카멜레온의 색깔놀이는 생존을 위해서 필요한 것이지만, 인생의 윤색과 과시는 들통 나면 바닥으로 추락하게 된다. 거짓말을 하면 얼굴이 붉거지는 투명한 사람을 좋아하는 이유는 예측 가능한 행동을 미리 알 수 있고, 안전한 관계가 보장되기 때문이다. 협동은 투명성과 신뢰로 작동하는 자기관리와 연계된 것이며, 투명한 자기관리는 생존 메커니즘의 중요한 요소이다. 열등의식에 의한 자기 방어적 윤색은 사회적 교란과 협동엔진에 오작동을 일으키는 위험한 것이다.

마이크로 소프트 회장인 빌 게이츠(Bill Gates)는 고아를 돌보는 일에 돈을 기부하고, 장애인들의 복지를 위해서 많은 돈을 기부했다. 초-시장가치 세계의 의미를 알고 협력공생의 가치를 실천하는 것이다. 세계적인 미녀 배우 안젤리나 졸리(Angelina Jolie)는 국제 자선사업에 적지 않은 시간과 기금을 제공하고 있다. 시리아와 이라크 난민 돕기 운동을 하였으며, 캄보디아 태생의 아이를 입양했다. 유명한 사람들만이 아니라, 친한 친구가 양로원에 가서 노인들과 대화를 나누고 몸을 닦아주고 청소를 도와주었다면, 그 친구에 대한 생각이 달라질 것이다. 초-시장적 가치와 협동의 가치가 경쟁보다 우월하다는 것을 반영하는 사회 심리적 현상이다.

영국의 황태자비였던 다이애나는 아프리카의 흑인 장애인들을 돌보았다. AIDS 퇴치를 위한 연구 프로젝트를 만들었고, 문둥병자들을 돕는 일을 하였으며, 대인지뢰사용금지 운동을 전개했다. 찰스 황태자는 로얄 타이틀을 갖고 있음에도 불구하고 영향력은 다이애나만큼 크지 못했다. 다이애나가 교통사고로 죽었을 때에 그녀가 결혼할 때 보다 두 배나 많은 지구촌 사람들이 그녀의 장례식을 TV로 보았다.

엔젤리나 졸리와 다이애나는 돈과 권력을 가진 지도자들 이상으로 세상에 감동과 영향을 주었다. 이들은 마이클 센델이 언급한 돈으로 살 수 없는 가치의 세계를 알고 실천한 것으로 보인다.

탐즈(TOMS)라는 회사는 신발을 감동적으로 만들어 팔아서 대박을 냈다. 신발을 재활용품, 식물성 재료, 유기물 재료 등을 사용해서 만들었다. 신발을 하나 팔 때마다 신발이 없는 아프리카의 어린이게 신발 하나를 나누어주는 일을 했다. 신발을 구매하는 사람들은 신발을 사는 순간에 이미 어려운 어린이에게 신발을 선물하게 되는 것이다. 탐즈가 신발로 성공을 한 것은 단순한 이윤추구를 넘어서, 감동적인 사회적 기여가 한 몫을 한 것이다. 사랑과 협동은 인류의 역사 속에서 사라지지 않고 있으며, 사회적 요청과 공감 속에서 지속적으로 높은 가치를 유지하고 있다.

감동적인 이타적 행동과 함께 공평함의 증가가 협동을 강화할 것이다. 소통의 사이언스로 표출되는 집단의식은 정의의 공평함(fairness)을 향해 효과적으로 전개될 것이다. 공평함의 증가는 경쟁을 완화시키면서 협동으로 안내할 것이다. 빅-데이터와 슈퍼 인공지능에 의한 한계비용의 제로 사회는 경제의 불균형을 조절할 것이다. 경제 불균형의 조절은 경쟁을 약화시키면서 공생의식을 증진시킬 것이다. 빅-데이터의 공정한 선별 작업은 권력의 횡포를 약화시킬 것이며, 권력의 조절은 수평적 협동을 가능하게 할 것이다.

인간을 고통스럽게 했던 권력의 악과 경제의 악은 종말을 행해 달리고 있다. 그런 시대는 멀지 않은 장래에 도래할 것이다. 소통의 사이언스와 빅-데이터와 AI의 진화속도가 기하급수적으로 진행되고 있기 때문이다.

하지만 다시 언급하지만 첨단 과학기술문명의 이면에 도사리고 있는 무통제적 자유에 의한 통제불능의 위험한 사회가 희망의 미래를 어둡게 만들 수 있다. 기하급수적으로 발전하는 과학기술문명은 정부가 통제할 수 없는 차원으로 전개될 것이다. 언제나 그렇듯이 모든 악의 조절과 협력공생은 자연스럽게 그냥 되지 않는다. 들쥐들과 살찐 고양이들 혹은 미꾸라지들과 괴물들이 희망을 흔들 것이며, 악의 조절을 방해할 것이기 때문이다.

이 시대의 사피엔스는 시급하게 노력해야할 윤리적 책무가 있다. 이제 윤리적 책무에 관한 내면세계의 구체적인 도덕실천 내용을 메타사이언스의 흐름을 타고 논의하고자 한다. 우주의식의 세계와 미세조정의 현상에서 윤리적 책무와 악의 조절에 대한 당위성을 생각해 보고자 한다.

제 6 장

오케스트레이션 윤리

1
슈퍼의식과 악

선과 악을 경험하고 판단하는 것은 의식에서 일어난다. 도덕에 대한 착각이나 오류도 의식에서 일어난다. 하이퍼 경제의 야만성에 시달리는 것도 의식에서 일어나는 것이며, 정치 몬스터에 대해서 두려움을 느끼고, 과잉경쟁에 시달리는 것도 의식에서 일어나는 것이다. 그렇기 때문에 도덕 프로세스의 기반인 의식에 관한 논의는 불가피한 것이다.

의식에 대한 논의는 심리학, 인지과학, 그리고 생물학과 물리학에 이르기까지 광범위하게 전개되고 있다. 악의 조절에 관한 방법과 윤리적 당위성을 탐구하는 도덕철학과 과학철학의 맥락에서 의식에 대한 논의를 하고자 한다.

먼저 의식의 의미와 내용에 대해서 살펴보고, 의식의 존재에 대해서 논의고자 한다. 과학철학에서 의식은 존재하지 않는다는 입장과 의식이 원초적으로 존재한다는 입장이 서로 대립되어 있기 때문이다. 그리고 의식이 있다면 의식의 기능이 무엇이며, 의식의 현상과 도덕적 원리의 상관관계를 해석하고자 한다.

의식이란 일반적으로 인지하고 반응하는 것으로 정의하고 있다. 인지는 정보를 감지하고 해석하는 것이며, 반응은 인지된 정보를 활용해서 최적화를 향한 효과행위(perlocutionary action)를 하는 것이다. 정보를 인지하는 과정은 컴퓨팅의 연산 작용이나 데이터 프로세싱과 같은 것이 포함된다. 정보의 감지와 최적화를 향한 효과행위를 튜닝(tuning)이라는 개념으로 표현할 수 있다. 도덕이란 우주적 조화와 패턴을 향한 자의식의 튜닝작용이다. 이 튜닝현상에는 생존작용과 도덕이 중첩되어 있다.

의식에는 개인의식과 집단의식이 있다. 개인의식은 개별 행위자의 의식이고, 집단의식은 공동체 의식이다. 개인의식보다는 집단의식이 근본적인 조화와 우주패턴의 도덕성에 근접해 있다. 민심이 천심이라는 말처럼, 집단의식이 천리로 여겨지는 이유는 집단의식이 우주패턴에 근접한 타당성과 일관성을 갖고 있기 때문이다.

집단의식은 요즈음 논의되고 있는 대중지혜론(crowd wisdom)을 통해서 생각해 볼 수 있다. 대중지혜론을 주장한 리오르 조레프(Lior Zoref)는 대중의 지혜의 상당한 정확성을 언급하고 있다. 조레프는 강연장에 소 한 마리를 데리고 와서 500명 정도의 청중에게 소의 무게를 어림잡아 스마트폰으로 투표하게 했다. 투표결과의 평균값은 소의 실제무게에서 1kg 정도의 오차 범위 내로 적중했다. 이 내용은 제임스 수로웨키(James Surowiecki)가 『대중의 지혜』(The Wisdom of Crowds)에서 이미 언급한 것을 재현한 것이다. 그 정도의 무게의 오차는 소가 물 한 모금 마시면 달라질 수 있는 수치이다. 대중지혜의 집단의식의 정확성은 우주적 패턴을 나타내는 것이다.

리오르 조레프는 『마음나누기』(Mindsharing)에서 한 사람과 수백 명 혹은 수천 명이 SNS를 통해서 소통하는 마음나누기가 가능하다는 것이다.

이 사실을 통해서 대중의 생각을 파악하는 대중소싱(crowd sourcing)의 기술이 발전하고 있다. 대중소싱이란 대중의 지혜 속에 있는 가치의 기준을 알아내서 상업과 행정에 활용하는 것이다. 대중소싱은 집단의 생각과 가치를 알아낼 수 있는 중요한 과학기술적 방법이며, 집단의식의 흐름을 알 수 있다.

집단의식의 타당성과 가치는 객관성과 보편성에 기반을 두고 있다. 하지만 예외적인 취약점도 있다. 일시적인 정치적 슬로건에 현혹된 집단의식이나, 한 시대적 이념에 의한 착시 혹은 편향적 해석에 의해 잘못된 집단의식이 있을 수 있다. 참새가 전깃줄에 일렬로 앉아 있다가, 한 마리가 이유 없이 날아가면, 나머지도 이유 없이 따라 날아가는 경우가 있다. 왜곡된 군중의식의 흐름이 이유 없이 무작위로 등장한 아이디어에 휩싸이는 경우도 있다.

주식시장에서 유명한 펀드 회사가 회사의 내부사정으로 비밀리에 특정주식을 많이 매도하면, 주변 군소 투자자들이 이유도 모르고 함께 매도에 가담하는 경우도 있다. 그러나 이러한 경우에는 곧 원래의 흐름으로 회귀하는 성향이 나타난다. 좌파의 촛불집회나 우파의 태극기집회는 정치적 이데올로기의 선이해가 깔려있기 때문에, 보편적인 집단의식으로 발전하기에는 한계가 있다.

의식은 정보프로세스 원리, 관계의 역동성원리, 개체적 독립성원리, 그리고 균형과 조화를 추구하려는 신실성의 원리를 갖고 있는 것이 특징이다. 의식은 정보를 프로세스 하는 작용을 하고, 그에 대한 반응을 한다. 의식은 고정된 프로그램이 아니라, 관계적이고 역동적인 특성을 갖고 있다. 특히 개별의식은 행위자가 독립적 자율 작용을 가능하게 한다.

의식은 조화와 패턴을 찾아가는 신실성의 성향이 있다. 의식은 질료와 함께 하면서도, 질료로부터 독립적으로 작용할 수 있는 독특한 비질료적 실재이다.[273] 우주의 패턴, 수학적 원리, 물리법칙 등은 의식을 통한 해석과 정보프로세스 작용에 의해서 섭렵된다.[274] 의식에 의한 다양한 인지현상과 튜닝 현상들의 종합적 결과는 거시적인 차원에서는 우주 오케스트레이션으로 나타나고 있다.

의식의 튜닝작용은 가다머(Hans G. Gadamer)가 『진리와 방법』(Truth and Method)에서 언급한 지평융합(fusion of horison)과 비슷하다. 가다머의 지평융합은 해석학적 차원에서 독자의 지평과 텍스트의 지평이 만나는 곳에서 진리경험을 하는 것이다. 지평융합은 우주패턴의 지평과 자의식의 지평 사이에서 일어나는 튜닝에서 윤리적 판단을 하는 것과 유사한 것이다. 가다머의 지평융합은 해석학적 차원이고, 자의식의 우주 패턴을 향한 튜닝은 윤리적인 차원이다.

의식의 실제 존재에 대한 논의는 뉴턴(Isaac Newton)으로부터 시작하고자 한다. 의식의 존재에 대한 과학적 관찰은 흥미 있는 일이다. 심리학자들의 논의는 이미 적지 않게 전개되었지만, 주로 의식의 현상이나 작용에 관한 해석이었다. 뉴턴을 먼저 선정한 이유는 현대과학의 선구자이며 물리세계에 대한 경이로운 과학적 해석을 시도했고, 물리세계의 힘에 대한 통찰과 수학적 원리를 활용해서 천재적인 해석을 시도했기 때문이다. 그리고 심리학자들보다 과학자들의 의식에 대한 해석이 새로운 관심의 대상이 되기 때문이다.

뉴턴의 과학이론은 지난 삼백년 간 현대과학의 발전에 초석이 되었으며, 세상에 대한 해석에 지대한 영향을 주었다. 사과와 지구 사이 인력이 존재한다는 사실을 밝혔고, 달과 지구 사이에 인력이 작용하며, 지구와 태양 사이에 인력이 작용한다는 사실을 밝혔다. 이 인력은 거리의 제곱에 반비례하는 힘으로 작용하고 있다는 사실을 알아냈다.

뉴턴은 가속도의 법칙, 관성의 법칙 등 다양한 물리법칙을 설명해 냈다. 자연의 흐름을 수학적 원리로 설명하면서 근대물리학을 확립한 천재 과학자였다. 최근의 로켓, 스텔스 폭격기, 인공위성, GPS, 대륙간 탄도 미사일 등의 움직임에 대한 계산은 아직도 뉴턴이 발견한 힘의 법칙과 아인슈타인의 상대성이론 그리고 수학적 원리에 의해서 이루어지고 있다. 우주의 정교한 흐름에 대한 뉴턴의 해석은 놀라운 업적이다.

뉴턴은 신이 우주를 디자인하고 창조하였다는 사실을 믿었다. 기독교 신학 서적들을 출간한 뉴턴은 주권적인 신은 영원하며 무한하고 절대적인 존재로 믿었다. 신은 우주의 흐름에 간섭하고 있으며, 비질료적인 힘 즉 중력으로 작용한다고 생각했다. 하지만 그리스도는 신이 아니라, 신과 유사한 존재라고 주장한 아리우스주의를 따르면서 삼위일체론에 대해서는 반대 입장을 취했다.

지성적인 존재(intelligent Being) 즉 신의 지배와 사역에 의해서 아름다운 우주의 세계가 전개된다고 생각했다. 뉴턴이 우주의 지적 설계이론의 시조라고 볼 수 있다. 그러나 우주를 큰 시계가 움직이는 것처럼 기계적으로 해석하는 것에 대해서는 경계했다. 하지만 미치오 카쿠는 뉴턴의 물리학을 기계적인 시스템이론으로 해석하고 있다.

뉴턴이 발견한 힘의 조화와 균형의 세계는 션 캐럴의 시적자연주의와 차이가 있다. 뉴턴의 힘의 균형의 미학은 정교한 기계적 현상이지만, 캐럴은 자연은 기계적인 것이 아니라, 시적인 차원이 강하다고 보았다. 미와 시는 다르지만, 그 내용을 깊이 들여다보면 서로 그렇게 멀리 있는 것으로 보이지는 않는다. 뉴턴은 의식의 존재를 구체적으로 설명하지는 않지만, 의식의 세계의 가능성을 지성적인 존재의 우주 지배론과 미학적 우주론에서 엿볼 수 있다.

아인슈타인은 질량을 중심으로 존재하는 시공간의 곡률에 의해서 빛이 휘어지는 것을 발견했다. 소위 일반상대성이론이라는 것인데, 이것은 뉴턴의 중력이론을 새롭게 해석한 것이다. 중력은 뉴턴이 생각했던 것처럼 질량이 끌어당기는 힘이 아니라, 질량을 감싸고 있는 시공간의 곡률에 의해서 움직이는 현상이 질량이 서로 당기는 것처럼 보인다는 것이다.

아인슈타인은 우주의 신비로운 현상을 경륜적으로 보면서 신적인 것이 세상에 작용한다고 생각했다. 경이로운 우주의 원리와 정교한 흐름에 대해서 감탄하면서 신의 존재를 믿었다. 신이 경륜적으로 간섭하지 않고는 우주의 정교한 시스템이 불가능 하다는 것이다. 아인슈타인이 믿는 신은 기독교의 히브리-유대적 신이 아니라, 스피노자의 범신론과 같은 것을 믿은 것이다. 우주의 섬세한 원리를 신의 경륜적 작용으로 해석한 아인슈타인의 입장은 종교적인 면을 담고 있다.

그래서 아인슈타인은 종교와 과학은 서로 보완관계에 있어야 한다고 했다. 종교 없는 과학은 지체장애이며, 과학 없는 종교는 시각장애라고 본 것이다. 아인슈타인은 우주의 정교한 흐름을 신적인 것으로 해석한 것은 우주의식이 있다는 것보다 더 깊은 종교성을 함축하고 있다.

의식에 대한 구체적인 과학적 논의는 양자세계를 연구한 맥스 플랑크(Max Planck)에 의해서 시작되었다. 양자란 아원자(subatomic particles)의 행동이 양자(quantum)라는 사실을 발견하면서, 아원자의 운동에 대한 연구를 양자역학이라고 하였다.[275] 즉 양자론은 원자에 대한 탐구에서 발전한 것이다.[276] 양자물리학은 뉴턴의 고전물리학과 다르며, 아인슈타인의 상대성이론과도 다른 것이다.

양자세계를 연구해서 1918년에 노벨물리학상을 받은 맥스 플랑크는 세상에 존재하는 모든 것들 중에서 가장 근본적인 것은 의식이라고 주장했다. 질료는 원래부터 존재하는 근본적인 것이 아니라, 의식에서 유래한(derivative) 것이라는 주장이다. 인간의 이야기의 주제가 되는 모든 것 혹은 세상에 존재하는 모든 것은 의식의 실제 존재를 말하는 것이라고 했다.

맥스 플랑크는 왜 의식이 세상의 근본이라고 생각했을까. 이론 물리학자로서 양자역학을 제창하면서 질료의 세계에 대한 이해가 달라졌기 때문이다. 양자의 세계는 일반적인 사물의 존재양식의 차원과 전혀 다르다. 수학의 정교함에 부합하는 양자의 세계와 기하학적 조화의 신비를 인식하면서 의식의 세계의 존재에 대해서 긍정적인 입장을 취하게 된 것이다.

이론 물리학자이며 수학자인 유진 위그너(Eugene P. Wigner)도 의식의 실제성에 대해서 긍정적인 입장을 취했다. 위그너는 원자핵 안에 있는 양성자와 중성자가 힘에 의해서 영향을 받는 다는 사실을 발견했다. 그리고 원자핵의 기초입자들의 관계가 서로 대칭의 원리에 따라 운동하는 것을 알아냈다. 이런 사실을 발견하고 적용하여 학문적 성과를 내면서 1963년에 노벨 물리학상을 받았다. 위그너는 플랑크와 비슷하게 양자세계의 경이로움과 수학적 원리의 실제성에 대한 타당성을 확인하면서 의식의 실제를 주장한 것이다. 위그너는 의식에 대한 해석을 멀리하고는 결코 양자역학의 법칙을 만드는 것은 불가능하다고 주장했다.

아인슈타인의 상대성이론은 원자 안의 양자의 미시세계에서는 적용되지 않는다. 원자 안에 있는 전자의 움직임과 양성자와 중성자의 움직임은 상대성이론으로 설명되지 않기 때문이다. 아인슈타인과 닐스 보어의 양자논의에서 닐스보어가 승리한 것은 전자흐름이 확률적으로 움직인다는 사실 때문이었다.

양자의 확률적 가능성들이 중첩되어 있는 상태에서는 관측할 수 없지만, 양자의 흐름에 대한 이중슬릿실험에서 볼 수 있는 간섭무늬에서 파동을 나타내는 현상을 볼 수 있다. 관찰된 소립자의 개별적 움직임에는 입자로 보이지만, 관찰되지 않은 개별전자는 파동으로 있는 것이며 양자집단의 중첩상태도 파동으로 움직인다는 사실이다.

이런 중첩현상은 상보성의 원리로 알려져 있으며, 닐스 보어(Niels Bohr)는 상보성의 원리는 동양의 주역에 나오는 음양의 원리와 유사한 것이라고 주장했다. 그 이유는 위치와 에너지 혹은 빛과 속도 그리고 입자와 파동의 요소들은 서로 상보적이기 때문이다. 비슷한 맥락에서 최근에 레어나드 서스킨드는 전자의 파동과 입자의 상보성 관계는 and가 아니라 or로 주장했다. 둘이 합쳐져 있는 것이 아니라, 관찰자에 의해서 결정되는 것으로 해석한 것이다.

전자의 움직임은 일정하지는 않지만 움직이는 궤적이나 패턴이 존재하며 양자들은 에너지의 상태에 따라서 궤도를 벗어나 다른 궤도로 움직이는 양자도약(quantum jumping)을 한다고 닐스 보어는 해석했다. 그렇기 때문에 패턴과 확률에 의해서 계산과 해석이 가능하다. 패턴과 확률은 수학적 원리와 의식의 영역이 함께 작용해야 해석이 가능하다. 보어의 전자궤도론은 논란의 대상이 되고 있지만, 양자도약이나 확률에 대한 해석은 유효한 것으로 보고 있다.

하이젠베르크(E. Heisenberg)는 양자의 움직임에 대해서 정확하게 알 수 없다는 불확정성의 원리(principle of uncertainty)를 주장하였다. 전자의 위치를 알기 위해 빛으로 전자를 쏘았을 때에 충돌과 함께 전자가 튕겨나가면서 전자의 위치를 알 수 없었기 때문이다. 그러나 양자의 불확정성에 대한 해석은 행렬역학(matrix mechanics)으로 가능하며, 슈뢰딩거(E. Schrodinger)에 의해서 시도된 파동방정식에 의해서 해석이 가능한 것으로 알려져 있다. 물질의 흐름을 묘사하는 파동함수가 규칙에 따라 공간에서 펼쳐지고 변화가 일어난다. 불확정성의 원리를 고려한다면 물리의 법칙보다 패턴이 더 좋은 표현으로 여겨진다.

물리학자들은 패턴을 미시세계 해석에 사용하고 있지만, 사실은 거시세계에도 법칙보다는 패턴이 더 맞을 것으로 보고 있다. 왜냐하면 수학방정식으로 모든 것을 오차가 전혀 없는 오차 0의 문제풀이는 없기 때문이다. 미세한 오차와 허수의 세계가 있기 때문에 모든 것을 법칙으로 보기보다는 패턴으로 보는 것이 타당성이 있다.

하이젠베르크는 양자의 세계를 이해하기 위해서는 고전물리학 즉 뉴턴의 물리학을 버려야 한다고 했다. 왜냐하면 뉴턴의 결정론적 물리의 법칙은 양자역학에는 적용되지 않기 때문이다.[277] 아인슈타인의 상대성 이론은 뉴턴의 고전물리학을 넘어서 우주해석에 정확성을 더했지만, 양자세계에 대한 해석은 아직은 많은 숙제가 있다.[278] 하이젠베르크의 불확정성 원리에는 패턴과 의식의 존재 여지를 함축하고 있다. 불확정성은 무작위가 아니라 패턴이며, 패턴의 초-결정론적인 흐름의 현상에는 의식이 작용해야 가능하다.

양자의 세계에서는 디지털 방법의 0과 1의 프로세스가 순차적으로 일어나는 것이 아니라, 중첩되어 일어난다. 양자의 특성에는 중첩(superposition), 얽힘(entanglement), 터널링(tunneling)과 같은 것이 있기 때문이다. 양자컴퓨터는 디지털 컴퓨터와 비교가 안 될 만큼 빠르며 정확할 것으로 보고 있다. 정보를 찾는 과정에서 디지털은 순차적인 방법으로 찾기 때문에 시간이 많이 걸리고 프로그램도 많이 활용해야 한다. 과학적 절대온도에서 전류가 양방향으로 흐르는 원자Nb(니오븀, niobium)를 활용하게 될 양자컴퓨터는 순차적인 것을 넘어서 중첩과 얽힘으로 접근하기 때문에 입체적 차원에서 순간적으로 정보를 찾거나 문제를 해결할 수 있다.[279]

양자정보를 탐구한 세스 로이드(Seth Lloyd)는 세상을 양자컴퓨터라고 주장하고 있다.[280] 세상은 정보들로 구성되어 있고, 양자 정보의 프로세스가 세상의 흐름이라고 보는 것이다. 세상을 우주양자컴퓨터로 보면서 우주의 소프트웨어는 변화현상을 해석하는 것이다.

세스 로이드에 의하면 세상은 정보와 변화가 근본적인 것이다.[281] 변화현상이 소프트웨어이고 변화현상 외에는 독립적인 소프트웨어는 없는 것으로 보고 있다. 소프트웨어는 세상은 양자정보의 흐름의 변화에서 해킹해서 활용하는 것이라고 보았다. 소프트웨어는 양자정보흐름의 변화현상이라는 것이다.[282]

그러나 세스 로이드는 변화에는 정교한 패턴과 시스템이 있는 것을 사실로 믿고 있다. 그는 변화를 수학적으로 계산하고 해석할 수 있는 정교한 정보의 흐름을 믿고 주장한 것이다. 변화에 대해서는 정교한 정보 프로세스를 연산할 수는 있지만, 변화 속에서 전개되는 미래에 일어날 일을 오차가 전혀 없이 정확하게 예측하는 일은 불가능하다는 입장이다.

변화의 세상은 기계적 시스템이 아니라, 패턴의 흐름으로 보는 것이다. 세스 로이드가 의식의 존재에 대해서 소극적인 입장을 취하고 있다 하더라도 그의 양자 정보론과 세계관에는 수학적 패턴과 변화현상인 소프트웨어가 작동하는 변화의 의식의 흐름을 사유할 수 있다.

양자물리학에서 양자생물학(quantum biology)이 전개되기 시작하고 있다.

의식에 대한 양자생물학의 탐구에 대해서 궁금해 하지 않을 수 없다. 최근의 양자생물학은 경이로운 사실들을 발견하고 있다.[283] 식물과 박테리아가 광합성작용을 할 때에 양자부합성에 의해서 햇빛을 처리하면서 탄수화물을 만든다. 효소의 화학반응의 촉매 현상이 분자와 분자 사이에서 양자 터널링에 의해서 일어난다. 우리는 빛이 만든 탄수화물을 먹고, 탄수화물을 먹은 동물들을 잡아먹는다. 우리는 빛의 작용의 결과물을 섭취하는 것이다.[284]

울새(robin)가 북유럽과 지중해를 이동할 때에 눈에 있는 광조절 단백질 나침반이 양자 얽힘의 현상을 활용해서 지구의 자기장의 각도를 감지하고 위치분석을 하면서 장거리 여행을 한다. 울새의 양자생물학적 활동의 경이로운 사실이 발견된 것이다.[285] 이러한 내용들은 짐 알칼릴리(Jim Ahlkalili)의 『생명, 경계에 서다: 양자생물학의 시대가 온다』라는 책에 잘 소개되어 있다.[286] 울새의 자기장 감지와 활동은 의식의 세계를 배제하고는 성립되기 어려운 점이 있다. 양자 얽힘은 우주의 유기체적인 면을 나타내는 것이지만, 울새의 고립계에서 일어나는 현상은 자기장에 대한 해석의 의식작용 즉 의식과 양자의 상호작용을 전제해야 가능하기 때문이다.

2020년에 노벨물리학상을 받은 옥스퍼드대학교의 로저 펜로즈(Roger Penrose)는 의식은 수학을 해석하는 도구라고 했다. 아울러 관찰이 소립자들의 움직임과 경험에 영향을 일으킨다고 보았다. 인간의 의식이 아원자의 움직임에 영향을 준다는 입장을 취하고 있다.[287] 코펜하겐 양자이론에서 주장한 관찰자 효과이론은 모든 개체들이 관찰자가 되어서 상호작용으로 입자들이 결정된다는 것이다. 펜로즈의 의식이론은 코펜하겐의 관찰자 효과에서 진화한 과학적 의식이론이다.

양자세계와 물리세계의 연계점에 의식이 있다고 아리조나주립대학교의 의과학자 스튜어트 헤머로프(Stuart Hemeroff)는 주장하고 있다. 물론 이 주장에 대해서는 논란이 있지만, 상당부분 설득력이 있는 것으로 여겨지고 있다. 의식은 질료와 함께 작용하지만, 본질적으로 독립적인 것으로 보는 것이다. 이것을 주장하는 근거는 양자생물학과 뇌 세포의 마이크로튜블(microtubules)에 대한 연구결과에 두고 있다.[288]

미세소관으로 알려진 마이크로튜블은 뇌신경회로 안에 있는 미세회로로서 의식작용을 알 수 있는 최소 생물학적 단위이다. 이것이 망가지면 정상적인 정신작용이 작동하지 않으며, 치매현상이 일어난다. 치매를 일으키는 마이크로튜블의 파손은 양자생물학적인 차원에서 보면 양자의 비부합성(quantum de-coherence)에서 온 것이다. 양자의 비부합성을 교정할 수 있다면 치매를 근본적으로 고칠 수 있다는 논리이다.

의식은 마이크로튜블 내의 양자생물학적 현상과 밀접한 관계가 있다. 하지만 양자의 움직임이 의식은 아니다. 의식은 양자역학으로 설명되지 않는 독립적인 것이다. 그래서 의식은 질료세계와 다른 실재(reality)로 보고 있다. 로저 펜로즈는 의식이 양자역학적 본질을 갖고 있다고 주장하지만, 의식작용과 양자현상이 일치한다는 주장은 아니다.[289] 의식은 알고리즘 작용(algorithm computation)을 하는 것이 아니라는 입장이다.

펜로즈에 따르면 물리현상에는 연산할 수 없는 영역이 있는데 이 영역에 의식현상이 있다. 뇌 신경회로의 마이크로튜블에서 일어나는 초-컴퓨테이션 현상은 물리세계에서도 같이 일어난다. 초-컴퓨테이션 영역이 의식이며, 이러한 의식은 우주의 패턴과 오케스트레이션을 이루는 것으로 볼 수 있다. 조금 다른 주장이기는 하지만 MIT의 테그마크는 의식이란 수학적 패턴이라고 주장하고 있다. 경험을 만드는 의식은 목적과 의미 그리고 가치를 결정하는 것이다.

펜로즈와 헤머로프에 따르면 마이크로튜블에서 작동하는 의식은 이미 존재하는 원초적 의식(proto-consciousness) 혹은 우주의식의 현상을 섭렵하고 상호작용을 하면서 필요한 정보를 개인적인 차원으로 다운로드하여 활용하는 것으로 해석하고 있다. 마이크로튜블이 의식을 만들고 운행하는 것이 아니라, 마이크로튜블이 우주의식을 섭렵하고 개체의 의식 활동이 일어나도록 하는 것이다. 뇌와 우주는 별개의 것이 아니라, 서로 연계되어 있는 것으로 보는 것이다.

페러메시움(paramecium)이라는 짚신벌레는 단세포로 되어 있는 생물이지만, 의식을 갖고 이동하며 짝짓기도 한다. 뇌가 없이 의식 활동을 하고 있다. 이 사실은 의식은 뇌에 의해서 구성되는 것이 아니라는 것을 나타내는 것이다. 의식은 우주의 흐름과 수학적 원리를 가능하게 하는 근본적인 것으로 보게 하는 것이다. 펜로즈는 의식은 생명이 존재하기 전에 이미 있었다는 주장을 하고 있으며, 헤머로프도 동조하는 입장이다.

사피엔스의 3단계 자의식은 과거를 분석비평하고 미래를 시뮬레이션하는 것이다. 선험적으로 존재하는 우주시스템을 전제해야 그런 자의식의 작용이 가능하다. 마이크로튜블이 일정부분의 의식작용을 생성하는 것으로 해석할 수 있는 면도 있다. 왜냐하면 개인에 따라 의식의 상태가 다르고 환경에 따라 의식의 수준이 다르게 작동하기 때문이다.

그러나 개인에 따라 나타나는 의식의 다양성은 개별적인 환경의 차이에서 오는 것이다. 근본적인 차원에서 마이크로튜블이 작동할 수 있는 우주의식의 선험적인 전제가 있어야 의식의 시뮬레이션 작용이 가능하다. 태어나자마자 엄마의 젖꼭지를 빠는 것이나, 사슴이 태어나자마자 걸으려고 하는 의식은 유전자의 후성규칙과 함께 선험적인 우주의식이 어린 아이나 사슴에 공유되어 있는 것이다.

펜로즈는 근본적인 차원에서 우주의 존재론적인 세 가지 요소를 언급하고 있다. 첫째로 수학적 세계이다. 플라톤의 이데아의 영역에 해당되는 것이다. 둘째로 질료의 세계이다. 세상에는 형체들을 갖고 있는 질료들이 존재한다. 셋째로 의식의 세계가 존재한다고 믿고 있다.[290] 펜로즈는 신의 존재는 근본적인 존재론적 존재로는 보지 않으려는 면이 있다. 그러나 종교의 세계는 플라톤적인 세계 혹은 수학적 세계와 같은 차원으로 보고 있다. 의식의 세계도 종교와 밀접한 관계가 있으며, 신앙의식의 추상적 대상은 수학적 세계로 보았다.[291] 신의 존재에 대해서는 소극적인 입장을 취한 것으로 보이는 부분이다.

션 캐럴의 입장은 펜로즈와 다르게 의식은 질료세계에서 창발 한 것으로 보고 있다. 의식은 "물리법칙을 따르는 원자들을 창발적으로 설명하는 화법"이라고 정의하고 있다.[292] 의식이 실재하는 것은 맞지만, 원초적인 것이 아니라, 창발되어 존재하는 것으로 보고 있다.[293] 의식은 질료가 아니라 생각작용이다. 현상을 일으키는 소프트웨어와 유사한 것이지만, 소프트웨어와 같은 것은 아니다. 왜냐하면 의식은 연산 작용에 활용될 수 있는 전자의 흐름이 아니기 때문이다.

일반적으로 의식에는 슈퍼의식 혹은 우주의식(cosmic)과 행위자의식(agent)이 있고 집단의식(collective)이 있다. 집단의식은 행위자 의식의 집합이지만, 개인의식과 다르게 전개되는 경우가 적지 않다. 우주의식은 모든 변화와 우주의 흐름의 주역으로 작용하는 것이다.

행위자의식은 사물 개체와 인간 개인에게 모두 존재한다. 양자세계에 존재하는 아원자들도 의식을 갖고 있는 것으로 해석할 수 있다. 이런 생각은 프리먼 다이슨이 아원자들도 의식하는(awareness) 현상이 있다는 것에 근거한 것이다. 양자세계에서 상호작용을 하는 것이 물리적 움직임만이 아니라, 관계 작용을 할 수 있는 의식의 요소가 있다.[294)]

페러메시움처럼 박테리아 세균도 생존과 번식을 위한 행위를 의식적으로 한다. 박테리아는 집단의식도 갖고 있으며, 집단적 협동으로 자신들을 보호한다. 경우에 따라서 자신들의 생존 효율성을 위해서 개체수를 스스로 늘리고 줄이는 조절작용을 한다. 이들의 움직임은 확률적인 패턴을 갖고 움직인다.

인간이 갖고 있는 먼 미래를 생각하는 자의식은 죽은 이후를 생각하면서 죽음을 걱정하게 한다.[295)] 인간의 자의식은 죽은 이후의 세계를 사유하면서 다음 세상과 다른 세상을 생각하는 독특한 것이다.[296)] 우주의 근원과 원리를 탐구할 수 있는 자의식은 종교적 차원을 섭렵할 수 있다. 자의식으로 터무니없는 생각을 하고, 그 생각을 현실화해서 문명을 발달시킨다. 인간은 대단위 협동을 하면서 불가사이 한 문명을 이루었다. 인간의 자의식은 추상적 가치를 만들고 대단위 결집을 하게 하는 고등의식은 다른 영장류에는 없는 독특한 것이다.

인간의 고등의식은 우주의식의 흐름을 섭렵할 수 있는 역량을 갖고 있다. 자의식과 우주의식 사이에서 삶의 최적화를 향한 튜닝을 할 수 있다. 생존을 위해 인지하고 반응하는 기초적인 작용에서부터 우주의식의 슈퍼패턴을 인지하고 반응하는 고등의식을 갖고 있다.

슈퍼패턴은 초월적 패턴이라고 불릴 수 있으며, 우주의 보편적인 원리라고 할 수 있다. 화이트헤드의 합생원리, 칸트의 도덕적 정언명령, 위르겐 하버마스의 초맥락적 규범, 칼 라너의 초월적 로고스, 유전자의 후성규칙, 물리법칙, 펜로즈의 수학적 원리, 그리고 도와 로고스 등은 우주 슈퍼의식에서 작용하는 것이다. 그렇기 때문에 이들은 보편적 원리로 불리는 것이다. 종교성은 슈퍼의식의 미학적 패턴과 행위자의 고등의식 사이에서 초월적 아름다움을 향한 갈망튜닝(desired tuning)에서 일어나는 현상이다.

우주의식에 대한 종교철학적 해석은 현대신학의 선구자로 알려진 슐라이에르마허(Friedrich Schleiermacher)의 종교론에서부터 찾아볼 수 있다. 슐라이에르마허는 의식을 자의식, 감각의식, 그리고 고등 자의식으로 분류하였다. 그리고 슐라이에르마허는 고등의식을 신적인 차원을 섭렵하는 영역으로 해석했다.[297)

고등의식은 인간의 본질이 신과 접촉하는 포인트라고 주장했다. 고등의식이 인간의 본질 속에 있으면, 그 사람은 신으로부터 소외된 존재가 아니다. 신에 대한 인식이 이루어지고 있기 때문이다. 슐라이에르마허는 고등의식으로 우주의 흐름과 연계되어 자아의 최적화(proprium)를 이루는 상태가 최고의 종교적 상태라고 해석했다.

슐라이에르마허는 고등의식을 인간이 자연적인 상태에서 영적인 상태로 변화될 수 있는 길을 열어주는 통로로 보았다. 고등의식은 육적인 행동을 고무시키는 하등의식과 다르게 영적인 승리를 하게 한다. 슐라이에르마허는 고등의식을 인간과 신의 접촉점으로 해석하고, 인간의 최적의 상태는 우주적 최적화로 해석했다. 이로 인해서 슐라이에르마허는 결국 자연종교를 추종하는 범신론자로 여겨지게 된 것이다.

초월에 대한 신비적인 경험에 대해서 연구한 실용주의 철학자 윌리엄 제임스(Williams James)는 종교경험의 다양성을 다루었다. 제임스는 우주의식과 질료의 관계를 종교적인 경험과 연계해서 설명하면서 고등의식에 대해서 언급했다. 제임스는 우주의식을 광의적인 차원에서 심리–물리적 세상으로 보았으며, 종교의 신비적인 경험은 개인이 넓은 심리–물리적 세상을 경험하는 것이라고 하였다.[298] 제임스는 우주의식과 집단의식를 같은 것으로 해석하였다. 제임스가 고등의식을 신적인 신비스러운 종교적 경험과 연계해서 해석한 것은 종교계에 적지 않은 영향을 주었다. 제임스의 신비스러운 종교적 경험에 대한 고등의식의 해석은 가치있는 것으로 평가되고 있다.

우주의식에 대한 구체적인 논의는 정신분석학자였던 리처드 뷰크(Richard Bucke)에 의해서 전개되었다. 뷰크는 우주의식이란 개인이 갖고 있는 의식보다 높은 형식의 의식이라고 정의했다.[299] 뷰크에 따르면 의식은 움직이는 모든 생명체가 갖고 있다. 인간의 의식은 자의식으로서 사유하고 이성적인 작용을 하는 것이며, 우주의식은 고등형태의 의식으로 보았다.

뷰크는 우주는 의식이 없는 질료들로만 구성되어 있는 것이 아니라, 영적이며 살아있는 것들이 있다고 믿었다. 세상에는 완전한 죽음이라는 것은 존재하지 않으며, 모든 것이 영원하다고 생각했다. 우주는 신이고 신은 우주라고 하면서 범신론적인 입장을 취했다.[300] 뷰크는 우주의식을 서술하면서 아인슈타인의 상대성 이론과 샤르뎅(Pierre Teilhard de Chardin)의 우주의 오메가 포인트 이론을 언급하면서 폭넓은 설명을 시도했다. 뷰크의 우주의식에 대한 인식론은 일반적인 지성작용이나 감각작용으로 인식하는 것이 아니라, 직관적으로 경험하는 것이다. 뷰크의 입장은 신비주의적인 차원으로 흐르는 성향을 보이고 있다.

헤겔은 우주의식과 비슷한 절대정신(Geist)을 주장했다. 헤겔은 변증법적으로 흘러가는 세상을 관장하는 것은 절대정신이라고 하였다. 그리고 절대정신을 신적인 것으로 해석했다. 그래서 헤겔은 범재신론(Panentheism)을 주장한 사람으로 알려지게 되었다. 절대정신은 우주의식과 같은 것은 아니지만, 우주를 관장한다는 차원에서 겹치는 부분이 있다.[301] 헤겔의 절대정신은 주리론을 따르는 성리학의 이 혹은 천리 개념과 유비적인 교차해석 연구가 적지 않게 진행되었다.

인도의 힌두교 철학의 배경을 갖고 있는 디펙 초프라(Deepak Chopra)와 메너스 카파토스(Menas Kafatos)는 우주의식에 대한 독특한 해석을 하고 있다.[302] 인도철학의 마야(Maya, appearance)와 힉스보존 그리고 양자역학의 원리를 활용해서 우주의식에 대한 논의를 하고 있다.[303]

초프라는 현대물리학의 최대 과제인 아인슈타인의 상대성이론과 양자역학을 통합할 수 있는 물리학적 과제를 우주의식에서 해결할 수 있다는 것이다. 펜로즈와 헤머로프도 의식이 상대성이론과 양자역학 사이에 가교역할을 한다고 믿고 있다. 물론 현대 물리학의 최고난제를 의식의 원리로 해결할 수 있다는 것에 대해서 소설이라고 믿는 과학자들도 적지 않다. 그러나 펜로즈의 입장과 초프라의 해석을 자세히 살펴보면, 소설로 단정할 수 있는 것은 아니다. 비슷한 맥락에서 이론물리학자인 프리먼 다이슨도 우주에는 근본적으로 의식이 있다고 주장하고 있다.

펜로즈는 의식은 뇌신경세포의 마이크로튜블에 있는 단백질 폴리머(protein polymers)에서 양자의 진동에 의해서 일어나는 것으로 보고 있다. 양자생물학적 실험을 통해서 이 사실을 주장하는 사람은 스튜어트 헤머로프이다. 헤머로프는 펜로즈의 의식론에 동의하면서 의식의 양자적 특성을 주장하고 있다.

이러한 의식에 대한 해석은 양자역학적인 것과 아인슈타인의 상대성이론 사이에 비연속성의 문제를 해결할 수 있는 실마리를 제공한다는 데에 까지 이르고 있다. 양자역학과 상대성이론 사이에 의식이 작용한다는 주장이다. 추상적인 주장을 하는 초프라보다 펜로즈의 주장이 설득력을 얻고 있다.

의식에 대한 양자적 해석은 여기서 끝나는 것이 아니고 우주에 대한 이해와 수학적 해석의 기반으로 활용되고 있다. 펜로즈와 헤머로프는 플라톤의 이데아론과 수학이론을 긍정적으로 생각하면서 우주의 구성은 이데아와 같은 근본적인 의식에 의해서 생성된 것으로 보고 있다. 진화가 진행되기 전에 의식의 세계가 있었으며, 우주의 생성 이전에 우주생성과 함께 의식의 활동이 전개되었다는 것이다. 수학이 만들어진 것이 아니라 발견되는 것처럼, 의식의 세계는 이미 있는 것이 발현했다는 것이다.

우주의식이 존재한다면, 우주의식의 근본적인 기원은 어디에서 찾을 수 있을까. 펜로즈는 우주의식의 선재설을 믿고 있다. 빅뱅이후에 의식이 생성된 것인지, 우주 이전부터 존재했던 것인지에 대해서는 아직까지 분명한 결론이 없다. 그 동안 과학자들은 빅뱅이전에는 아무것도 없고 가상시간과 가상의 빈 세계였던 것으로 믿어 왔었다. 그러나 최근에는 빅뱅이전에 이미 인플레이션과 암흑에너지가 있었으며, 힉스보존도 있었다는 주장이 있다.

알렌 구스(Alan Guth)는 초끈이론을 바탕으로 빅뱅이전에 영원한 인플레이션과 다중우주의 가능성(probability)을 주장하고 있다. 하지만 빅뱅이전과 이후의 사이에서 신비로운 우주의 내용을 결정적으로 언급하는 일은 쉽지 않다. 펜로즈는 빅뱅과 이후의 관계를 시리얼 우주로 해석하고 있다. 여러 개의 우주가 시리즈로 전개되었다는 것이다. 모두가 구스나 펜로즈의 입장에 동의하는 것은 아니다. 우주의식의 존재에 대한 근원을 논하는 것은 근거를 찾기가 쉽지 않기 때문이다. 여기서는 가장 최근에 노벨 물리학상을 받은 펜로즈의 입장을 따르는 것이 믿을만한 접근이라고 판단된다.

파스칼에 의하면 인간은 생각하는 갈대이다. 데카르트에 의하면 인간은 생각하기 때문에 존재한다고 했다. 생각하는 주체가 자아의 정체성을 규명하는 데에 중요한 역할을 하고 있다. 데카르트는 생각을 비질료적 실재로 이해하였다. 생각은 사물처럼 존재하는 것은 아니지만, 생각은 비질료적인 존재로 세상에 실재한다는 주장이다.

데카르트의 영향을 받은 계몽중의는 생각의 본질에 대한 이해를 깊이 하기 보다는 생각의 기능을 활용한 인간이해와 인간조건 개선에 많은 기여를 했다. 많은 지식을 알아야 하고, 이성적으로 생각해야하며, 논리적이고 합리적인 해석을 중요하게 여겼다.

그러나 이성주의와 지식주의 그리고 논리와 합리성은 세상을 해석하는 데에는 한계가 드러났다. 포스트모던 사상이 일어나서 데카르트의 이원론을 해체하고, 모더니티의 이성중심주의 방법을 약화시켰다. 그러나 모더니티와 포스트모던 사상가들의 연구에는 생각의 본질과 실재성에 대한 탐구는 약한 상태이다.

물론 폴 와이즈(Paul Weiss)와 화이트헤드를 비롯한 형이상학자들이 "생각의 양태"(modes of thought)에 대해서 심층 탐구하였다. 그러나 이들은 사유작용의 시스템을 탐구한 것이지 생각의 본질에 대한 탐구를 한 것으로 보기는 어렵다. 화이트헤드는 유기체 철학 차원에서 생각의 흐름을 해석했지만, 생각의 본질을 다룬 것은 아니다. 생각의 본질에 대한 탐구는 인문학에서보다 과학에서 찾아보는 것이 용이하다.

캘리포니아 공과대학의 뇌신경과학자 크리스토프 코흐(Christof Koch)와 센디에고 캘리포니아대학교(UC San Diego)의 뇌신경철학자 페트리시야 처치랜드(Patricia Churchland)는 생각은 질료에서 독립적으로 존재하는 것이 아니라, 뇌신경회로의 전자흐름이라고 했다. 이성은 뇌의 연산작용에서 나오는 것이라고 주장한 것이다.[304] 생각이란 것은 없는 것이고, 오직 뇌신경 회로의 전자흐름만 존재한다고 믿고 있다. 이들은 의식의 존재를 부정하는 대표적인 연구자들이다.

생각은 뇌의 연산 작용에서 나온 결과라고 해석한 것에 대해서 펜로즈는 반대하고 있다. 펜로즈는 생각하는 의식은 뇌의 연산 작용의 결과 현상이 아니며, 의식의 세계가 독립적으로 존재하는 것을 주장하고 있다. 펜로즈에 의하면 의식이 물리법칙은 벗어난다는 것은 연산 작용을 넘어서는 음악을 생성하는 것과 같은 것이다.

헤머로프와 펜로즈는 인간과 함께 존재했던 의식은 인간이 죽은 후에 몸을 이탈해서 다른 어느 곳에 존재하는 것으로 보고 있다. 다른 어느 곳이란 다른 우주를 의미하는 것이며, 이런 생각은 다중우주론에 근거한 것이다. 공상 같은 생각이지만 션 캐럴과 알랜 구스와 같은 이론물리학자들도 현실적으로 다중우주가 가능한 것으로 보고 있다.

우주의식은 세상에 편재해 있으면서 질료세계의 오케스트레이션을 관장한다. 우주의식은 신의 편재성(omnipresence)과 연속성이 있는 것으로 주장하는 초프라와 맥그라스 같은 종교철학자들도 있다. 호주국립대학교의 데이비드 쳄버스(David Chambers)는 의식은 우주의 근본이며 본질적인 것이라고 주장하고 있으며, 의식의 보편성을 "범심론"(pan-psychics)으로 간주하고 있다. 아인슈타인이 감탄한 우주의 정교한 질서를 우연으로 보는 것은 지나치다는 것이다.

펜로즈는 수학을 해석하기 위해서 의식이 필요하며, 의식이 없으면 수학은 무용지물이라고 했다. 의식은 수학을 통해서 세상의 변화와 사건의 상관관계작용을 해석할 수 있다. 의식은 수학적 계산을 활용해서 물리의 정교한 변화를 파악하고 활용한다. 이러한 의식은 범우주적 의식과 행위자의 의식으로 나누어지지만, 거시적인 차원에서는 우주의식에 내재되어 있는 것이다. 왜냐하면 개인은 독립적으로 존재하는 것이 아니라, 세상의 유기체적인 흐름 속에서 관계적 역동성을 갖고 있기 때문이다.

의식 자체를 수학적 패턴으로 보는 견해도 있다. 의식을 수학적으로 계산할 수 있는 현상으로 보기 때문이다. MIT의 맥스 테그마크는 의식은 원래 독립적으로 존재하는 것이 아니라, 수학적 패턴이라고 주장하고 있다. 그는 수학을 근본적이고 항존적인 것으로 보았고, 나아가서 수학적 패턴과 의식을 같은 것으로 이해했다.

당근과 인간의 기본적인 물리적 구성물은 쿼크로서 서로 차이가 없다. 차이가 있다면 쿼크의 구조적 배열(structural arrangement)의 차이가 있을 뿐이다. 죽은 사람과 살아있는 사람의 물리적 구성물인 쿼크들은 차이가 없다. 삶과 죽음의 차이는 쿼크의 구조적 배열의 차이가 있을 뿐이다. 그러면 무엇이 생명을 만들고 의식 작용을 하게 만드는 것인가. 역시 쿼크의 구조적 배열의 차이에 의한 것이다. 생물과 무생물이 나누어지고, 생물은 생명과 의식작용이 창발하는 현상이며, 이런 현상은 쿼크의 배열의 변화라는 것이 테그마크의 주장이다.

쿼크의 구조적 배열에 따라서 생명과 의식의 작용이 나타난다는 것은 펜실베이니아대학교의 스튜어트 카우프만(Stuart Kauffman)의 의식의 창발론과 겹치는 주장이다. 카우프만은 개체가 갖고 있지 않은 현상이 집단에 나타나는 것을 창발현상이라고 했다. 원자들이 모여서 일정 수를 넘어서면, 원자들이 갖고 있지 않은 속성이 창발한다는 것이 카우프만의 창발론의 핵심이다. 테그마크에 따르면 쿼크의 구조적 배열에 따라 당근이 되고, 인간이 되며, 죽은 고양이가 되고, 살아 있는 고양이가 되며, 의식이 있는 존재가 되고, 의식이 없는 존재가 된다.

테그마크는 의식은 총체적으로 보면 수학적 패턴이라는 것이다. 의식은 정보원리, 역동적 원리, 독립적 원리, 종합적 원리 등을 갖고 있다. 의식은 정보 원리를 따르는 작용을 하면서 저장하고 기억하는 기능을 한다. 의식은 틀에 박힌 기계적인 것이 아니라, 주관적이고 역동적으로 작용한다. 의식은 쿼크 질료에 귀속된 것이 아니라, 쿼크에서 독립적인 속성을 나타내는 것이다. 그리고 의식은 다양한 정보를 종합하고 판단하는 역동적인 작용을 하면서 가치와 의미를 생성한다.

테그마크에 따르면 연산(computronium)과 인식(perceptronium)의 작용을 하는 의식은 입자의 흐름이 아니라, 입자의 속성을 넘어선 패턴이다. 테그마크의 특이한 생각은 패턴 속에서 의미와 가치가 결정될 수 있다는 것이다. 수학적 패턴에서 윤리의식의 가능성에 대한 여지를 엿볼 수 있는 부분이다.[305]

테그마크의 의식론은 펜로즈의 입장과 차이가 있다. 펜로즈는 수학은 이데아처럼 근본적으로 있는 것이라고 생각하고 있다. 펜로즈는 수학을 계산하고 추리할 수 있는 의식이 독립적으로 존재한다는 사실을 주장하고 있다. 의식과 수학은 다른 것이다.

의식의 실재에 대한 논의에서 흥미 있는 것은 반자연주의 이론이다. 세상은 물질만 존재하는 것이 아니라, 비물질성이 있으며, 의식이나 생명의 요소들이 존재하는 것으로 믿는 것이다. 반자연주 혹은 생명중심주의(bio-centrism)는 질료주의에 상대적인 입장에서 세상을 해석하고 있다.[306] 생명중심주의는 로버트 란자(Robert Lanza)가 우주에 대한 해석에서 물리학적 접근과 화학적 접근 대신에 생물학을 먼저 고려해야 한다는 주장에서 온 것이다.

란자에 따르면 물리적 현상이 일어나기 위해서는 생명과 의식 작용이 선행되어야 한다. 우주를 구성하고 있는 입자들이 반응하고 작용하는 것을 관찰하면, 이들은 마치 의식을 가진 가족을 관찰하는 것처럼 활동한다. 란자는 우주의식(cosmos-consciousness)이 우주를 창조한다고 믿고 있다.

의식은 단순한 생물학적 현상만이 아니라, 물리학적 현상에서도 작용한다.[307] 란자가 생명중심주의를 주장하게 된 근거는 물리학적 현상과 생물학적 현상에서 의식의 작용이 근본적이라는 사실 때문이다. "우리가 실재를 인식하는 것은 우리의 의식이 포함된 과정"에서 일어나는 것이라고 란자는 주장하고 있다.[308]

이를테면 무지개는 햇빛과 물방울과 관찰자가 적절한 위치에 있을 때에 일어나는 현상이다. 무지개의 실재는 사물의 흐름 과정에 인간의 의식이 포함된 눈-뇌(eye-brain)가 경험하는 과정에서 존재하는 것이다.[309] 무지개의 물리학적 현상은 위치와 관계없이 일어나는 것이지만, 무지개의 오묘함은 눈-뇌의 위치와 의식에 의해 경험되어 해석된 것이다.

의식의 존재에 대해서 펜로즈는 물리학과 수학 그리고 양자역학적 차원에서 해석하였다. 그러나 란자는 생물학적인 차원에서 물리학과 연계된 의식을 해석한 것이다. 펜로즈와 란자가 의식의 세계에 대해서 해석한 것은 질료중심주의에 도전이 된다. 란자는 1세기 전만 해도 물리학 혹은 과학에서 새로운 것을 발견하면, 경이로운 우주를 창조한 신에게 찬사를 보냈지만, 이제는 그런 일을 하지 않는다고 언급하면서 신적인 언급은 자제하는 입장이다.[310]

의식의 실재에 대한 또 다른 논의는 신현실주의에서 찾아볼 수 있다.

독일 본대학교(University of Bonn)의 철학자인 마르쿠스 가브리엘(Markus Gabriel)은 "신현실주의란 포스트모더니티 이후의 시대를 지칭하는 것"이라고 주장하고 있다.[311] 가브리엘은 모더니티의 인간이 믿었던 세계관과 형이상학은 틀렸고, 인간을 괴롭히고 고통스럽게 만들었다는 것이다.

가브리엘은 그동안 있었던 형이상학을 부정하고 새로운 형이상학을 제시하고 있다. 그러나 그것도 여전히 철학적 범주 안에 있는 형이상학일 수밖에 없다.[312] 가브리엘은 또 다른 형이상학을 만드는 포스트모던 시도를 또 다른 구성주의(constructionism)로 해석하고 있다. 모더니티의 구성주의를 해체하고 탈구성주의를 만들었지만, 탈구성주의를 또 다른 구성주의로 본 것이다. 그런데 자신이 모더니티의 형이상학을 부정하고 새로운 형이상학을 주장했지만, 여전히 또 다른 형이상학이 되는 것이다.

가브리엘이 언급한 신현실주의는 초구성적인 실제의 세계를 다루는 것이다. 가브리엘은 물리학도 선입견을 가진 구성주의 산물로 보고 있다.[313] 가브리엘은 세상에는 여러 가지가 실제로 존재하지만, 우리가 생각하는 세상과 우주가 인간의 이해와 해석 자체대로 존재하는 것이 아니라는 것이다.[314] 신현실주의는 세상은 비물질주의적 성향을 갖고 있으며, 질료중심주의에 대한 저항이론이 되고 있다.[315] 신현실주의의 비물질론은 의식에 대한 이해에 도움이 되는 것으로 볼 수 있다. 그러나 가브리엘의 신현실주의 철학은 시작단계이기 때문에, 그 가치와 영향력은 예단하기는 쉽지 않다.

캘리포니아 대학교(UC Irvine)의 인지과학자 도날드 호프먼(Donald D. Hoffman)은 "의식의 리얼리즘"(conscious realism)를 주장하고 있다. 의식은 일차적으로 존재하는 것이며, 근본적인 것으로 보고 있다. 의식이 실제이며 현실이라는 주장이다. 의식이 필드와 에너지에 영향을 주어 개체들을 만들고, 의식이 개체의 질료생성과 개체의 속성을 만드는 것으로 보고 있다. 세상의 모든 질료는 의식에서 나온다는 것으로 보면서, 의식을 근본적인 것으로 믿고 있다.

그러나 호프먼은 인간이 인지하는 세상은 실제가 아니라, 아이콘을 경험하는 것과 같다는 것이다. 컴퓨터에서 아이콘을 통해서 프로그램을 실행하는 것처럼, 의식의 행위자는 세상의 현상을 은유적 아이콘으로 경험할 뿐이라는 것이다. 세상의 에너지와 필드는 초질료적이며, 의식만 실제로 존재한다는 의식의 리얼리즘이다. 그렇기 때문에 세상은 의식의 행위자의 세상이며, 의식에 의해서 세상이 전개되는 것이다. 인지하고 경험하는 의식의 행위자가 세상을 만들어간다는 것이다.[316)]

한 사람이 죽으면 살아 있을 때와 죽었을 때의 물리적인 요소들은 똑같다. 이 둘의 차이는 의식이 있느냐 없느냐의 차이 뿐이다. 의식은 질료와 별개의 실제라는 사실을 볼 수 있는 현상이다.

생사의 기준은 쿼크의 배열 이상이다. 쿼크의 배열은 무작위로 일어나는 것이 아니라, 우주의식과 연동되어 일어나는 패턴현상이다. 쿼크 배열 패턴에 따라 생성되는 개체 의식들은 독립적으로만 존재하다가 사라지는 것이 아니라, 이웃 의식들과 집합적 상호작용을 한다. 집합적 상호작용은 우주의식과 연계되어 있다. 의식은 쿼크 배열에 관여하기도 하고, 쿼크 배열의 결과에 의해서 새로운 의식이 창발하기도 한다. 쿼크 배열 패턴현상 자체가 우주의식과 연동되어 있는 것이다. 쿼크의 배열은 우주 오케스트레이션을 이루는 기초단위이다.

우주의식 자체에서는 악이 단편적으로 존재하고 선이 따로 존재한다는 해석은 불가능하다. 세상의 모든 관계적 현상은 복합적으로 중첩되어 있고 상대적이기 때문이다. 우주의식의 세계에서는 악에 대한 논의가 어려우며, 도덕을 넘어선 초월적 지평으로서 인간계 범주를 넘어선 세계이다.

우주의식은 우주의 법칙 즉 뉴턴이 발견한 힘의 법칙과 아인슈타인이 발견한 상대성 원리와 슈뢰딩거가 양자세계에서 발견한 확률적 패턴 등을 관장하고 있다. 힘의 법칙과 상대성 원리 그리고 확률적 패턴은 우주의 물리현상을 표현한 것이다. 이러한 법칙과 원리들은 물리현상이지 조화와 균형을 이루는 기능을 하는 것은 아니다. 조화와 균형을 이루고 변화의 흐름을 이어가는 것은 우주의식이다. 조화와 균형을 이루는 우주의식은 인간계에서 도덕적 해석의 기반이 되고 있다.[317]

화이트헤드는 우주의 흐름을 합생원리(principle of concretion)에 의해서 일어나는 것으로 보았다. 그리고 합생원리를 신적인 것으로 해석했다. 합생원리를 신적인 것으로 표현한 것은 합생원리가 법칙을 넘어서는 것으로 보았기 때문이다. 화이트헤드는 악은 합생과정에서 잃어버리는 것(loss) 혹은 선이 잘못 놓아진 것(misplacement of goodness)이라고 했다. 하지만 우주의식은 잃어버린 것이나 선이 잘못 놓아진 것을 인지하고 있으며, 또 다른 조화와 균형을 위한 관계로 연결시키고 있다.

사피엔스가 경험하는 악은 단편적인 것이다. 융합적인 우주의식은 앞에서 언급한 것처럼 세상의 오케스트레이션, 정보원리, 역동성의 원리, 독립성의 원리와 함께 조화성을 갖고 있다. 우주의식의 이러한 특징은 집단의식의 도덕적 기반이 되는 도와 천리 혹은 로고스와 같은 것을 발현하고 있다. 융합적 우주와 단편적 개인의 연속성은 우주가 조화를 이루면서 유기체적으로 흐르는 것이다.

협력공생의 도덕적 패턴은 우주 오케스트레이션을 이루는 우주의식의 한 단면적 발현이다. 협력공생은 우주의식의 오케스트레이션 혹은 조화 지향성으로 인한 당위성을 갖고 있다. 협력공생은 집단의식으로 발현되어서 당위적 도덕률로 개체의식에 영향을 준다. 뇌는 문화를 만들지만, 문화는 다시 뇌의 구조를 변화시키는 영향을 준다. 집단의식은 개체의식에 영향을 주고, 개체의식은 모여서 집단의식을 만든다. 이러한 상호작용의 근본은 우주의식의 공명에서 일어나는 것이다.[318]

의식과 윤리에 대한 융합적인 논의는 고전철학에서 찾아볼 수 있다. 노자는 우주의 흐름에는 우주원리의 도가 실제로 작용한다고 믿었다. 우주자연의 도에는 인간이 따라야하는 도덕적 원리가 담겨있다. 유교와 성리학 전통에서는 우주자연의 원리로서 천리를 믿었다. 천리를 따르는 것이 인간의 도리이며 의리(義理)라고 생각했다. 쭈시(朱熹)와 퇴계는 도와 천리는 결국은 같은 것이라고 생각했다. 그 이유는 도와 천리는 우주의 궁극적인 것으로서 같은 차원이기 때문이다. 그리고 도와 천리는 "도덕적 원리"를 함축하고 있다.

희랍 철학자 헤라클리투스는 자연 질서와 흐름의 원리를 로고스라고 했다. 그리고 합리적인 지성도 로고스라고 했다. 희랍의 로고스는 우주적인 질서의 흐름과 "이성의 원리"가 중첩되어 있다. 도와 로고스가 우주의 원리, 도덕의 원리, 그리고 이성의 원리가 중첩되어 있는 것이다. 도와 로고스는 의식과 같은 것은 아니지만, 서로 상호작용을 하고 있다.

로저 펜로즈가 언급하고 있는 우주의식 혹은 슈퍼의식은 우주의 오케스트레이션을 형성하는 것이다. 우주의식은 우주원리인 도와 로고스의 기능을 한다는 해석이 가능하다. 펜로즈는 수학의 원리를 활용할 수 있는 것이 의식이라고 했다. 수학과 의식은 별개이면서, 서로 필요불가결의 관계이다. 도 혹은 로고스와 우주의식은 별개이면서 서로 필요불가결한 관계에 있다.

성서의 요한은 로고스를 우주 창조의 근원이며 세상 흐름의 원리로 보았다. 로고스를 히브리−유대전통의 신과 그리스도를 지칭하는 데에 적용했다. 요한의 로고스는 우주생성의 원인작용을 하는 것이며, "진리의 원초적 실제"이다. 요한의 이러한 해석은 희랍을 비롯해서 유럽의 희랍어 문화권에 기독교가 용이하게 스며들어가게 하는 데에 결정적인 역할을 했다.

헤라클리투스의 로고스 개념은 서양의 자연법사상으로 발전했다. 로고스는 사회질서를 위한 사회계약과 사회시스템을 구성하는 사회윤리의 기반으로 활용되었다. 도와 로고스의 우주적 원리가 도덕적 기반으로 작용한 것은 의식의 기반 위에서 해석되는 것이다. 우주의 원리와 도덕의 연속성은 계산적으로 드러나는 것은 아니지만, 우주 패턴에서 도덕률과 그 당위성을 의식으로 인지해 낼 수 있다. 미세조정과 선의 관계에서 그 사실을 살필 수 있다.

2

미세조정과 선

악의 조절과 도덕에 관한 논의에서 미세조정을 다루는 것은 필연적이다. 미세조정은 도덕률과 자유의지의 정교한 상호작용에 대한 해석과 연계되어 있기 때문이다. 첫째로 우주는 무작위 현상이 아니라, 정교한 조정 작용으로 흐르고 있다는 사실이다. 둘째로 정교한 조정작용은 우주의 오케스트레이션의 경이로운 현상과 연속성이 있기 때문이다. 그리고 셋째로 인간계의 도덕의식과 우주의식의 상호작용에서 정교한 튜닝이 일어나기 때문이다. 즉 미세조정은 조화 지향성을 갖고 흐르는 도덕적 패턴과 연관성을 갖고 있다는 사실이다.

미세조정은 지적디자인에 의한 현상이 아니라, 유기체적인 현상이다. 미세조정을 유기체적으로 해석하는 이유는 우주는 결정론적이지 않기 때문이다. 미세조정은 패턴, 조화, 균형, 새로움, 만족 등의 현상들을 일으키기는 유기체적인 작용을 하는 것이다. 화이트헤드가 로멘틱 반격(romantic reaction)을 가한 대상은 뉴턴의 결정론적 메커니즘이다. 화이트헤드는 결정론적 메커니즘을 거부하고 세상을 유기체적인 것으로 믿었다.

도덕은 행위자가 주어진 인간조건에서 삶의 최적화 행동을 하는 것이다. 삶의 최적화는 마음의 정교한 조절과 유기체적 조화를 포함하고 있다. 마음과 몸의 정교한 조정을 미세조정으로 해석하는 것이다. 미세조정은 원래 화학적 반응을 설명하기 위해 사용되었던 것이며, 나중에 물리학적 개념으로 확대되어 사용된 것이다. 미세조정은 우주흐름 현상의 정교함을 설명하는 과학적 개념이지만, 도덕적인 마음과 행동의 정교한 면을 설명하는 데에 활용하고자 한다. 도덕에 대한 과학철학적 지평의 진전된 해석이 될 수 있기 때문이다.[319]

마음에서 일어나는 자유의지에 대해서 물리학에서는 어떤 해석을 할 수 있을까. 뉴턴은 세상은 물리법칙으로 되어 있으며, 기계적으로 작동하고 있다고 믿었다. 세상의 모든 물리현상은 수학적으로 계산이 가능하며, 모든 것이 정확하게 계산되기 때문이다. 모든 물리세계는 인과관계의 물리법칙에 의해서 결정론적으로 흐른다. 누가 어느 중국식당에서 탕수육을 먹었다면, 그것은 자유의지의 선택이 아니라, 결정론적으로 그렇게 될 수밖에 없는 현상이다.

뉴턴의 물리학에는 자유의지가 성립되지 않는다. 인생은 물리법칙에 의해서 살아가는 운명론적 기계현상이기 때문이다. 미치오 카쿠는 뉴턴의 세계관을 결정론적으로 해석하고 있다. 뉴턴이 살아 돌아온다면, 카쿠의 해석에 대해서 불편한 입장을 토로할 것이다. 뉴턴은 자신의 물리학적 세계를 거대한 시계로 해석하는 것을 거부하였기 때문이다. 그러나 카쿠의 뉴턴에 대한 해석이 잘못되었다고 결정적으로 지적할 수 있는 부분은 분명하게 드러나지 않고 있다.

뉴턴의 물리학을 상대성이론으로 수정한 아인슈타인도 여전히 세상을 결정론적으로 보았다. 시공간은 일률적으로 결정되어 있는 것이 아니라, 상대적이라는 주장을 하지만, 여전히 결정론적인 것으로 보았다. 많은 물리학자들이 아인슈탄인의 상대성이론이 맞은 것으로 믿고 있다. 아인슈탄인의 물리학에도 자유의지를 찾아보기 어렵다. 그러나 아인슈타인은 범죄를 하는 사람들은 여전히 감방에 가야 한다고 주장했다.

하이젠베르크는 양자의 불확정성원리를 주장하면서 아인슈타인의 물리이론과 충돌했다. 양자의 세계에서는 상대성원리로 작동하지 않으며, 양자의 움직임은 불확정한 상태에서 움직이기 때문이다. 아인슈타인은 신은 주사위 놀이를 하지 않는다고 하면서 불확정성 원리에 대해서 부정적인 입장을 취했다. 그러나 양자의 불확정성 원리에 따르면 신은 주사위 놀이를 하는 것으로 볼 수 있다.

양자의 불확정성 원리는 의식과 자유의지가 가능한 세상을 열어준다. 양자는 기계적인 물리법칙대로 움직이지 않기 때문이다. 양자의 불확정성 원리에는 선택작용이 있으며, 자유의지가 가능 할 수 있다. 우주의 흐름은 같은 것이 반복되지 않는 창조성에 의해서 전개되고 있다. 그리고 복잡성 증가의 엔트로피 원리에 의해서 전개되고 있다. 우주는 기계적인 물리법칙이라기보다는 새로움(novelty)을 향해 전개되는 패턴의 흐름이며, 의식적 선택과 자유의지의 여지가 있다.

동양 철학에서 11세기 주염계(周濂溪)의 천명도설(天命圖說)은 세상에 대한 해석을 운명론적으로 하였다. 주염계는 우주는 천명 즉 태극에 의해서 음양과 만물이 생성되어 전개되는 것으로 해석했다. 태극과 천명을 같은 것으로 본 것이고, 태극은 우주의 궁극적 근원이며 기반이다. 정이천(程伊川)이 주염계의 천명도설을 수정해서 태극을 무극으로 주장했으며, 여전히 운명론적인 해석을 벗어난 것은 아니다. 무극이란 슈퍼의식과 같은 초존재론적인 우주의 기반을 의미한다.

스텐포드대학교의 이론물리학자 레오나드 서스킨드(Leonard Susskind)는 우주의 존재론적 패턴은 빅뱅의 시작과 함께 시작되었다고 믿고 있다. 우주는 양자들의 무한한 가능성들의 집합체이지만, 개체가 존재론적인 형태(ontological form)를 갖게 되는 기반은 태극의 작용처럼 우주의 시작에서 원초적으로 주어졌다는 것이다.

서스킨드의 빅뱅에 의한 존재론적 패턴은 화이트헤드의 원초적 신론과 우주의 합생원리와 유사하다. 화이트헤드에게 있어서 세상의 근본적 요소인 사실적 실제들은 양자처럼 무한한 가능성들이다. 존재론적 개체들이 형성되는 것은 가능성들이 제한되어 개체의 형태를 이루는 것이다. 무한한 가능성들이 제한되어 이렇게 저렇게 다양한 개체의 존재론적 형태를 이루는 것은 신의 제한성의 원리에 의한 것이며, 그 원리는 원초적(primordial)인 것이다.

화이트헤드는 신이 원초적으로 무한한 가능성들을 열어놓고 제한성의 원리가 작동하도록 해서 실제세상의 개별적 사건들(actual occasions)이 존재하게 되는 것으로 보고 있다. 화이트헤드는 세상을 결정론적으로 보지 않았으며, 새로움을 향해 흐르는 유기체적 과정(process)으로 해석했다.

세상은 운명론적으로 정해져 있다는 것은 동양철학에서 더 강하게 나타나고 있다. 그러나 한국의 성리학자 퇴계는 이기호발설(理氣互發說)을 주장하면서 인간의 행위와 우주의 흐름의 역동적 관계를 설명하였다. 우주의 이기호발설로 성리학의 윤리적 기반을 새롭게 정비한 것이다. 퇴계의 호발설은 운명론적인 세상에서 자유의지의 선택작용이 있는 것으로 보았다고 해석할 수 있다. 거경궁리(居敬窮理)를 통해서 천인합일의 경지에 이르는 것은 천리를 따르려는 수신이 의지의 선택에 의해서 가능한 것이기 때문이다.

성리학의 소이연(所以然)과 소당연(所當然) 주제에 대한 논의에서 자유의지의 영역을 생각해 볼 수 있다. 퇴계는 소이연과 소당연은 같은 것으로 보았다. 마땅히 해야 할 일과 사실적 현실 그 자체는 결국 같은 것으로 본 것이다. 물리학적으로 보면 소이연과 소당연은 중첩되어 있는 것이다. 천명과 자유의지의 중첩도 그렇다. 그러나 퇴계의 호발설에서는 운명론적인 세계관을 넘어서, 유기체적 해석을 시도한 것이다. 퇴계의 호발설에서 이와 기의 역동적이고 유기체적인 호발관계는 자유의지의 여지를 볼 수 있는 부분이다.

양자 세계에는 컴퓨테이션이 어려운 중첩 해지 현상이 있으며, 거기에서 자유의지가 가능하다는 것이다. 로저 팬로즈에 따르면 양자의 중첩현상에는 10^{-13}초의 순간에 중첩의 결 어긋남 혹은 중첩이 해지(decoherency)되는 상황이 있다. 순간적인 중첩 해지 현상이 의식의 세계를 형성하는 것으로 보고 있다.

중첩 해지의 순간에 순간적 주관성(momentary subjectivity)들이 양자의 흐름을 유도하는 집합의식으로 작용하는 것이다. 해머로프도 뇌의 미세소관인 마이크로튜블에서 양자 중첩이 순간적으로 일어나는 중첩 해지를 언급하고 있다. 중첩 해지의 상태에서 의식이 작동한다고 보고 있다. 의식의 작용은 자유의지 기능이 함축되어 있다.

세상은 물리법칙으로 되어 있지만, 물리의 법칙이 작동하지 않는 중첩의 결 어긋남 세계가 있다. 이런 초-물리적 세계에서 의식과 자유의지가 작동하는 것으로 보인다. 물론 모든 과학자들이 펜로즈와 헤머로프의 입장에 동조하는 것은 아니지만, 의식에 대한 이해에서 설득력이 있는 것으로 받아들 수 있다.

양자의 중첩 해지 현상에서 의식작용이 있는 것이고, 이것은 우주의식과 연계되어 있다. 우주의식과 연계된 개별의식은 우주의 패턴과 오케스트레이션에 합류하려는 조화 성향을 갖고 있다. 이러한 해석은 자유의지와 윤리의 당위성 기반이론이 될 수 있다.

자유의지가 담겨있는 마음과 우주의식의 정교한 조화의 여정은 불교의 영성훈련이나 성리학의 거경궁리에서 심도 있게 다루었다.[320] 성리학의 거경궁리는 경건한 마음으로 만물의 이치를 탐구하는 것이다. 만물의 이치는 천리 혹은 의리를 의미하는 것이고, 거경은 천리를 탐구하는 마음가짐 즉 경건함이다. 거경궁리는 성리학에서 사물에 대한 탐구를 통해서 지식을 넓힌다는 격물치지(格物致知)이다. 격물치지는 학문적 방법과 태도의 의미를 담고 있지만, 거경궁리는 학문의 방법과 함께 인간의 존재양식과 도덕적 궁리를 함축하고 있다.[321]

거경궁리는 인욕을 버리고 천리를 따라야 하는 것을 터득하는 방법이다. 성인군자(聖人君子)의 길로 들어설 수 있는 방법이다. 거경궁리에서 의리(義理)를 추구하는 자아와 천리의 정교한 조화는 천인합일(天人合一)의 경지에 이르게 한다. 우주자연의 원리와 자아의 튜닝이 하나가 되는 경지에 이르는 것이다. 우주의식과 개인의식 동양에서 성리학의 거경궁리는 악의 조절에 많은 기여를 했으며, 자아의 수신은 윤리적 삶의 질 개선에 적지 않은 영향을 주었다.

의식과 자유의지는 인간계의 미세조정에서 중요한 기능을 한다. 미세조정이란 물리학에서 우주의 경이롭고 정교한 움직임과 변화를 표현하는 것이다. 물리의 법칙과 수학적 해석이 맞아 떨어지는 놀라운 현상을 지칭하기도 한다. 인간이 생명을 갖고 현재를 사는 것은 인간 생명을 위한 다양한 것들이 기적과 같은 섬세한 조화를 이루면서 생명이 가능한 것이다. 인간계의 삶의 미세조정에는 우주의식과 자아의 상호작용이 있는 것으로 믿을 수밖에 없다.

미세조정은 지적 설계론이 상세하게 논의되면서 널리 알려지고 있다. 유신론적 지적 설계론(intelligent design)에서 우주는 우연히 존재하는 것이 아니라, 지성적으로 정교하게 설계한 지적설계자에 의해서 만들어졌다고 보는 것이다. 지적 설계자가 바로 신이라는 주장이다.[322]

그러나 일부 종교적인 지적 설계론의 경직된 해석은 물리학의 미세조정 이론과 충돌하고 있다. 정통주의 신학과도 논리적 연속성의 괴리를 드러내고 있다. 양자의 불확정성의 원리와 양자 중첩의 결 어긋남에 대한 해석이 분명하지 않다. 순수 물리학에서는 미세조정을 다르게 보고 있다. 그렇기 때문에 지적설계론이 인간중심적인 개념이라고 비평을 받는 것은 가능할 수 있다.

션 캐럴은 도덕을 물리현상에서 파생된 지적설계의 현상이라고 보았다. 물리학이 물리현상에서 구성된 것처럼, 도덕도 물리현상에서 구성된 것으로 본 것이다. 션 캐럴은 물리현상에 대한 해석의 한계를 넘어서기 위해서 우주의 물리현상에 대한 해석을 시적 자연주의로 접근했다. 도덕에 대한 해석도 지적설계론을 넘어서, 추가적으로 시적 자연주의로 접근한 것은 심미적이고 윤리적인 깊이를 더할 수 있는 것으로 보았다.

션 캐럴은 세상을 창조적이고 예술적이며 주관적인 흐름으로 보면서 목적론적 도덕을 주장하고 있다. 양자세계와 거시세계는 비대칭적이고 서로 부합될 수 있는 것을 찾기는 어렵지만, 서로 연결되어 있다는 사실을 주장하고 있다. 세상은 기계적이고 운명적인 것이 아니며, 그렇다고 무작위 세상도 아니라는 입장이다. 션 캐럴은 세상의 목적론적 흐름에 긍정적인 입장에 있으며, 물리학적 발현의 도덕을 믿고 있다.

일반적인 우주의 지적설계론은 열린 우주론과 마찰을 일으키고 있다. 앞에서 언급한 것처럼 불확정성의 원리와 비연속성을 안고 있다. 유신론적인 지적설계론은 결정론적 우주와 자유의지의 책임 사이에서 충돌의 요소를 안고 있다. 우주의 결정론에서는 비도덕적 행위의 책임은 결국에는 신에게 있는 것으로 해석할 수 있다.

예정론을 믿는 칼빈과 그 후예들은 지적설계를 당연한 것으로 수용할 것이다. 그러나 인간의 자유의지와 책임을 믿는 웨슬리와 그 후예들은 거부할 것이다. 유신론적인 지적설계론은 결정론과 자유의지의 난제를 해결하지 못하고 있다. 이들의 난제는 퇴계의 호발적 유기체론이나 화이트헤드의 관계적 유기체론에서 대안을 찾을 수밖에 없다.

유신론적 지적설계론을 주장하는 사람은 남침례신학대학원(Southern Baptist Theological Seminary)의 종교철학자 윌리엄 뎀스키(William Dembski)이다. 뎀스키의 지적설계론은 과학이 한계에 접할 때마다 추측성 사유작용으로 신론을 등장시켜서 문제를 해결하려는 것으로 여겨지면서 설득력이 약화되고 있다.

맥그라스나 존 폴킹혼(John Polkinghorne)을 지적설계론자로 단정하기는 어렵지만, 이들은 우주를 관장하는 근본적인 원인자로서 신적인 존재를 믿고 있다. 이들은 신의 등장에 대한 논리적 타당성에 대해서 과학철학의 도전을 적지 않게 받고 있다. 그러나 우주는 운명적이거나 예정된 것이 아니라, 미래를 향한 열린 세상이며, 창의적인 미세조정의 경이로움이 일어나는 곳이다.

미세조정을 처음으로 소개한 하버드대학교의 생화학의 선구자 로렌스 헨더슨(Lawrence Henderson)은 물과 환경에서 생명을 이루는 과정을 탐구하였다. 생명의 생성과정에서 일어나는 물의 성질과 흙과 화학성분들의 작용을 관찰한 것이다. 생명형성 과정에서 일어나는 정교하고 섬세한 상호작용을 통해서 경이로운 미세조정의 내용들을 알게 되었다. 헨더슨은 주로 화학적인 미세조정 현상을 발견한 것이며, 생물학적 미세조정 현상을 세상에 처음으로 알렸다.

물리학에서 미세조정을 언급한 것은 프린스턴대학교에서 아인슈타인 석좌교수로 있었던 로버트 디키(Robert Dicke)이었다. 로버트 디키는 중력과 자기장이 완전하게 미세조정이 되어야 생명이 존재할 수 있다고 설명했다. 영국의 존 그리빈(John Gribbin)과 마틴 리스(Martin Rees)는 생명이 우주에 존재하기 위해서는 특별하게 적합한 조건이 갖추어져야 생명이 가능한 것을 설명하였다.[323]

존 그리빈이 미세조정을 믿게 된 결정적인 원인은 우주를 구성하고 있는 요소들 가운데 아주 작은 거의 무차원적 질료 요소의 미세한 변화가 대규모 우주의 변화를 가져올 수 있다는 사실에 근거한 것이다. 캠브리지대학교의 우주연구가인 마틴 리스(Martin Rees)는 우주의 구성에 대한 미세조정을 설명하면서, 중력에너지가 거대한 겔럭시를 잡아당기는 데에 필요한 힘은 매스(mass)의 10^{-5}의 비율로 되어 있다고 해석했다. 만약에 이 비율보다 작으면 별들이 형성될 수 없으며, 이 비율보다 커지면 별들이 우주의 교란으로 인해서 존재할 수 없다고 보았다.[324]

마틴 리스는 시공간에서 공간적 차원은 3차원이어야 생명이 존재할 수 있으며, 2차원이나 4차원이면 생명은 존재할 수 없다고 보았다. 마틴 리스는 우주론적 구성 요소에서 암흑에너지의 농도의 균형이 세상의 존재에 중요하다고 생각했다. 전자기장의 힘과 중역의 힘의 비율이 적정수준을 유지하고 있으며, 이 비율보다 작아지면, 우주는 아주 작은 우주로서 잠깐 있다가 사라진다고 했다.[325]

스티븐 호킹(Stephen Hawking)은 섬세한 과학의 법칙을 신비스럽고 경이로운 것으로 보았다. 생명이 생성되는 조건이 이루어지는 현상은 질료들의 정교한 수학적 조화에서 볼 수 있다고 하였다. 물론 독립적이면서 근본적인 질료 요소들이 얼마나 세상에 존재하는지 아직은 모른다고 하였다. 그러나 나타난 현상에 대한 물리학적 해석으로 볼 때에 정교한 조정 현상을 경이로운 것이라고 본 것이다.

톱다운 우주론(top down cosmology)을 주장하고 있는 스티븐 호킹은 우주의 생성단계의 조건은 하나가 아니라, 여러 조건들이 중첩되어 있는 것으로 보았다. 이 중에서 아주 작은 조각이 오늘날 우리가 사는 우주가 있게 한 것이다. 톱다운 우주론에서 다른 다중우주들의 간섭 없이 우리가 살 수 있는 것은 우주의 초기생성 과정에서 우리 우주가 선택되었기 때문이다. 스티븐 호킹이 우주의 경이로움과 정교함 그리고 신비로운 선택의 현상을 섭렵하고 해석한 것은 범신론자 같은 인상을 주고 있다. 물론 스티븐 호킹은 무신론자로 알려져 있다.

미세조정의 전제조건이 되는 우주의 생성에 대해서 철학, 자연주의, 종교, 신학에서 다양하게 설명하였다. 노틀담대학교의 종교철학자 알빈 플라팅거(Alvin Platinga)는 이 우주가 선택된 것은 신의 섭리에 의해서 선택되어 창조된 것이라고 주장하고 있다. 무한한 가능성 가운데에 이 우주의 존재가 선택된 것은 신의 개입이 아니고는 불가능하다고 보는 것이다. 단순한 우연으로 보는 것은 무리이며, 신적인 섭리(providence)와 창조에 의해서 이루어진 것으로 믿어야 한다는 것이다.

바이올라대학교(Biola University)의 종교철학자인 윌리엄 크레이그(William L. Craig)는 지성적인 존재가 세상을 관장한다고 보았다. 질료적 요소들을 지성적으로 관장하는 것은 바로 신이라는 입장이다. 플라팅거와 크레이그의 주장에 대해서 전통적 기독교인들은 수용하는 면이 있다. 이들이 시도한 미세조정에 의한 신 존재 증명은 전통적인 신론의 지평을 넓혔다는 차원에서 종교철학적 기여를 한 면도 있다. 하지만 이들의 주장은 사실과 섭리의 작용에 대한 해석의 연속성이 약하기 때문에 과학적 도전을 받고 있다.

플라팅거와 크레이그의 주장은 아퀴나스가 우주의 최초의 원인자로서 신을 주장한 것과 유사한 논의이다. 우주에 존재하는 사물은 각각의 존재가 목적을 갖고 있으며, 그 목적들이 모여서 큰 목적으로 만든다. 큰 목적은 신에 의해서 관장된 것으로 해석한 것이다. 아퀴나스는 아리스토텔레스의 인과론적이고 목적론적인 철학에 근거해서 최초의 원인자를 신으로 해석하였다.

아퀴나스의 신 존재의 우주론적 증명은 이제 최초의 원인자를 최초의 조건자로 바꾸어서 해석해야 한다. 최근의 물리학에서는 인과론을 신뢰하기 어렵다는 견해가 우세하다. 션 캐럴에 따르면 우주는 에너지의 인과론적 현상으로 되어있다고 단정할 수 없다는 것이다. 그 이유는 진공상태에서 물체의 움직임은 원인적 힘이 없이 스스로 움직이기 때문이다. 션 캐럴의 무원인적 움직임 이론이 사실이라면, 최초원인자 신론은 설득력이 약해질 수밖에 없다.

션 캐럴은 아리스토텔레스가 생각한 힘에 의한 인과론에 대해서 부정적인 입장을 취했다. 하지만 우주의 흐름에는 패턴이 있다는 입장에 서 있으며, 특히 양자세계에서의 패턴을 믿고 있다. 세상은 기계적으로 정교하게 되어 있지 않으며, 다양한 변수와 불확정성이 있다. 그러면서도 여전히 물리현상이 우주흐름의 패턴을 생성하고, 생성된 패턴에 의해서 우주가 흐르는 것으로 보았다. 션 캐롤은 기억, 예측, 조직화, 구획화, 미세조정 등과 같은 의식의 요소들은 질료의 사건들의 생성소멸의 패턴과 연계된 것으로 해석하고 있다.

무원인적 움직임 이론과 반대로 원초적 움직임의 불가피성을 주장하는 입장이 있다. 알리스터 맥그라스는 탄소의 미세조정에 대해서 설명하면서, 원초적 움직임이 있는 유신론적 진화론을 펼치고 있다. 맥그라스는 탄소의 독특한 화학성이 스스로 미세조정을 할 수 있는 궁극적인 것이라고 보았다.[326] 이러한 현상은 원초적인 작동자(primordial constituents)가 당초에 개시를 하지 않으면, 진화현상을 일으키는 미세조정이 일어날 수 없다는 것이다. 자연 자체가 미세조정을 하는 것은 원초적인 작동자에 의해서만 가능하다는 입장이다.

존 폴킹혼은 엔트로피의 미세조정을 단순한 우연의 사건으로 여기기에는 너무 경이롭다는 것이다.[327] 경륜적 미세조정은 신의 필연적 관여가 불가피하다고 믿었다. 과학적 탐구를 기반으로 맥그라스와 폴킹혼은 진전된 신론을 전개했지만, 여전히 미세조정에 대한 신적인 요소를 설명하는 데에는 추가적인 논의가 필요한 것으로 보인다. 과학적 해석의 한계에서 신을 끌어들이는 인상을 주고 있기 때문이다.

미세조정은 우주의식의 유도적(luring) 현상에 튜닝하는 것이다. 우주는 조화의 미세조정 사건들로만 구성되어 있는 것이 아니라, 교란을 일으키는 요소들도 공존한다. 부조화와 조화, 단순성과 복잡성 혹은 "단순성의 조화"와 "복잡성의 조화"가 공존한다. 미세조정은 이들 사이에서 우주의식이 제시하는 오케스트레이션의 조화 지향적 유도에 맞추는 것이다.

유도적 현상은 조화에서 또 다른 조화로 이어지게 하는 근본적인 흐름이다. 화이트헤드는 유도적 현상(감성의 유도, lure of feeling)을 신적인 요소로 해석했다. 그러나 이 흐름은 교란이 가능하며 조화의 상실도 일어날 수 있다. 교란은 개체의식과 우주의식의 튜닝에서 어떤 고립된 물리 사건이 순기능으로 흐르지 않을 때에 일어난다. 교란현상은 복잡성의 조화로 일어나면서 다른 조화에 영향을 줄 수 있다.

도덕적 조화를 향한 튜닝현상은 유도적인 우주의식과 자의식의 상호 작용에 의해서 이루어지는 것이다. 도덕적 튜닝이란 조정 작용을 통해서 자아와 공동체의 조화의 최적화를 이루는 현상이다. 조화의 상실에서 다시 조화를 향한 튜닝은 우주의식의 유도에 의해서 가능한 것이다. 자의식은 우주의식의 보편적 패턴과 유도를 인지하고 그것에 튜닝해야 하는 의무적인 요소를 함축하고 있다.

영국의 생물학자인 루퍼트 셸드레이크(Rupert Sheldrake)는 『과학의 망상』에서 시공간을 넘어서 작용하는 우주의 형태공명에 대해서 언급하고 있다. 호주의 쥐의 학습이 우주에 기록되어 미국의 쥐에게 영향을 준다는 것이다. 형태공명은 가설이라는 도전이 있지만, 우주의식의 원리로 보면 가능할 수 있다. 이런 현상은 거시적인 차원에서 만이 아니라, 각 사건에 따라 일어나기도 한다. 우주의식의 유도는 형태공명의 보편성을 갖고 있다고 본다.

튜닝의 핵심 목적은 우주패턴에 합류하는 것이다. 도덕적 튜닝에는 의미튜닝과 가치튜닝이 있다. 의미튜닝은 우주패턴과 조화의 과정에서 합생의 최적화에 연계된 의미를 갖는 것이다. 가치튜닝은 의미튜닝의 결과를 통해서 행동 가치를 갖는 것이다.[328] 자의식에서 일어나는 의미와 가치는 조건과 환경에 따라 행위 결행에 영향을 준다.

MIT의 이론물리학자 알렌 구스(Alan Guth)는 인간의 의식이 우주를 변화시킨다는 주장을 하고 있다. 어떤 지성적 실재가 우리의 우주를 발생시켰을 것이라는 생각이다. 알렌 구스는 시간 안에 있는 인간의 의지는 새로운 우주를 생성할 수도 있다는 것이다. 물론 알렌 구스의 주된 주장은 우주 확장이론으로서 빅뱅은 아주 미세한 순간에 고속의 인플레이션

(hyper rapid inflation)에 의해서 이루어졌다는 것이다.[329]

알렌 구스가 의식이 우주를 변화시킨다는 주장은 도덕의식의 실효성 이해에 도움을 준다.[330] 우주의식의 보편적 지향성이 세상의 변화와 조화를 이루며, 개별의식의 의미와 가치튜닝은 도덕적 행위 결행에 기여를 한다.[331]

세상을 구성하고 있는 원자의 조화와 변화에 의해서 세상의 변화가 일어나는 것이고, 그 가운데 생명과 의미가 나타나는 것이다. 션 캐럴은 『빅 픽쳐』에서 원자들의 조화와 변화 가운데 생명과 의미가 나타나는 것을 창발(emergent)현상이라고 하였다.[332] 스튜어트 카우프만이 생명과 의미의 창발론을 주장한 것과 연속성이 있다.[333] 생명과 의미가 창발이라면, 생명과 의미를 따르는 도덕적 튜닝도 창발현상일 수 있다.

스튜어트 카우프만은 생명과 가치 그리고 의미는 개체들이 모여서 일정부분 집단을 이룰 때에 집단성질로서 창발하는 것으로 해석했다. 이것은 원자와 생물의 관계만이 아니라, 개체와 집단의 관계에서도 같은 현상이 일어난다. 개미의 집단의식이나, 침팬지의 집단의식 그리고 인간의 집단의식도 마찬가지이다. 집단이성은 개체이성들이 모여서 가치와 의미의 패턴을 만들어 간다. 집단이성의 가치와 의미는 창발적인 면이 있다.

도덕적 튜닝은 원초적인 면과 창발적인 면이 중첩되어 있다. 우주의식의 원초적인 패턴과 새로움이 전개되는 과정에서 창발적인 도덕적 튜닝이 일어나기 때문이다.

션 캐럴의 창발론에 따르면 도덕적인 차원도 물리적인 창발 현상으로 보고 있다. 객관적 사실의 세계는 물리적 원자세계이며, 물리세계에서 창발한 것이 물리학, 생물학, 심리학이고, 거기에서 도덕과 미학 그리고 의미가 창발한 것으로 보고 있다. 도덕, 미학, 의미의 세계는 주관적으로 구성된 것이며, 지적설계에 의한 것으로 보는 것이다.

도덕과 미학은 물리현상에서 파생되어 구성되고 설계된 것이지만, 여전히 의미와 가치를 함축하고 있다. 이를테면 심청이야기나 흥부놀부 혹은 이마에 뿔 달린 백마의 유니콘(unicorn)은 상상의 세계이지만, 여전히 유효한 의미를 함축하고 있다.[334] 지폐나 언어 혹은 관습이나 도덕과 같은 주관적인 내용도 집단의식으로 구성되면 실효적 의미를 갖는다. 물리학이 물리현상에서 나왔지만 물리학은 기능과 의미와 가치를 함축하고 있다.

도덕적 튜닝의 원초적인 차원과 창발적인 차원에 대한 이해를 돕기 위해서 자전거 타기를 생각해보자. 자전거를 타는 사람은 자전거 타는 원리에 순응할 때에 자전거 타기가 전개된다. 우주의식의 패턴은 자전거 타는 원리 즉 중력과 가속의 원리를 제공하면서 자전거 타기를 유도한다. 인간의 의지는 유도적인 안내에 순응해서 자전거 타기의 원리에 튜닝 하는 것이 자전거 타기이다. 자전거 타기의 원리는 원초적인 것이고, 개인이 자전거를 타는 것은 이전에 없었던 독특한 개인의 새로운 창발적 현상이다.

바둑게임은 게임의 규칙을 따라 게임을 할 때에 게임의 의미와 목적이 작동한다. 중국의 요나라 임금이 생각한 바둑게임은 천 년 이상이 흘렀지만, 게임의 패턴은 변하지 않고 지금까지 작동하고 있다. 슈퍼 AI 알파고가 바둑의 원리를 딥러닝해서 게임을 할 수 있는 것은 시대가 많이 흐르고 문명이 발달했어도 게임의 원리는 여전히 있기 때문이다. 게임의 규칙은 우주적인 원리가 발현되어 작용하는 것이며, 그 원리에 순응하고 튜닝하는 것이 게임이다.

거짓말을 하거나 살인을 하는 것이 잘못된 것이라는 규범은 오랜 시간이 흘러도 변하지 않고 있다. 모든 사람이 도덕규범을 지키면서 그 도덕규범의 의미와 가치가 지속적으로 확인되고 있다. 도덕적 패턴은 변하지 않고 있는 것이다. 자전거 타기와 바둑게임 그리고 도덕게임의 규칙은 우주적 패턴의 발현이다.

션 캐럴이 물리학적 해석의 원리가 물리현상에서 파생된 것처럼, 도덕도 물리현상에서 파생되어 구성된 것으로 보는 것은 무리가 아니다. 도덕은 우주질서의 패턴의 발현으로 볼 수 있는 것들이 많이 있기 때문이다. 자전거 타기나 게임원리 그리고 수학적 원리는 만들어진 것이 아니라 발견된 것처럼, 도덕도 원초적인 우주패턴의 발견에서 온 것이다.

알렌 구스는 생명이 가능할 수 있는 미세조정의 현상을 외계의 지성적 요소의 영향으로 보고 있다. 알렌 구스의 주장은 지적설계론과 유사한 면을 보이지만, 구스의 이론은 메타사이언스 차원에서 전개한 것이기 때문에 지적설계론 옹호자라는 비판을 비켜가는 것으로 보인다. 사실 알렌 구스가 주장하고 있는 외계의 지적 요소와 지적설계론에서 주장하고 있는 신적인 지성적 디자이너는 서로 차이가 있다.

미세조정에 대한 부정적인 견해들도 있다. 아리조나 주립대학교의 천재 물리학자 폴 데이비스(Paul Davies)는 미세조정에 대해서 부정적인 입장을 취하고 있다. 우주는 특히 생명을 위한 미세조정은 온전하게 이루어진 것으로 보기는 어렵다는 것이다. 세상에는 적지 않은 요소들이 생명을 방해한다고 보고 있기 때문이다. 데이비스는 엔트로피 원리가 생명 우호적인 우주와 생명 적대적인 우주 사이의 차이점을 설명하지 못한다고 지적하고 있다.

생명 우호적인 우주는 생명이 존재하는 환경을 의미하는 것이고, 생명 적대적 우주는 생명의 존재가 하찮은 차원으로 밀리는 환경을 의미한다. 데이비스는 엔트로피 원리가 이 둘 사이에서 연결점을 설명하지 못하는 것으로 지적한 것이다. 하지만 데이비스는 우주의식에 대해서는 우호적인 입장을 취하고 있다. 우주는 질료적인 요소들만 존재하는 것이 아니라, 스스로를 이해하며 의식적인 작용을 하는 것이 질료에 함축되어 존재한다고 믿고 있다.

데이비스와 유사한 입장에 있는 텍사스대학교의 천문학자 윌리암 제프리스(William H. Jefferys)도 지적설계론의 미세조정에 대한 반론을 제기하고 있다. 엔트로피 원리와 선택효과론(select effect)이 미세조정 논의에 적합하지 않다는 것이다. 만약에 엔트로피 원리가 미세조정에 적용된다면, 미세조정 이론은 자충의 문제에 직면하게 될 것으로 보고 있다.[335] 그 문제는 조화 지향성과 복잡성의 증가의 충돌이다. 그러나 이들은 충돌이 아니라, 조화와 부조화의 중첩현상으로 보아야 할 것이다. 제프리스는 미세조정에 대한 부정적인 견해는 지적설계론의 유신론적 주장에 대한 반론으로서 제기한 것이다.

메릴랜드대학교의 로버트 팍(Robert L. Park)은 미세조정에 대한 유신론적 해석에 대해서 혹평을 하고 있다. 우주는 생명이 존재하기에는 매우 비효율적이며, 지구를 벗어난 우주는 생명이 존재하기 어려운 환경이라는 것이다. 중력이 너무 강하고 자외선이 높아서 생명을 이루는 복잡한 분자가 존재하기 어렵기 때문이다.

지구 외의 다른 곳에서는 생명이 존재하기 위한 온도와 화학적 반응이 일어날 수 있는 여건은 불가능한 것으로 보고 있다. 신이 생명을 위해서 우주를 미세조정으로 관장한다는 사실은 맞지 않는다는 입장이다.[336] 션 캐럴은 미세조정이 인간중심으로 우주를 해석하는 것은 위험이 있지만, 미세조정을 무시할 수 있는 것은 아니라고 하면서 유연한 입장을 취하고 있다.[337]

노벨상을 받은 텍사스대학교의 이론물리학자 스티븐 와인버그(Steven Weinberg)는 탄소 사이클의 미세조정론에 대해서 반론을 제기하면서 유신론을 거부하고 있다. 탄소 사이클은 자연에서 그렇게 정교하지 않으며, 아직 우주의 미세존재에 대한 탐구에서 충분한 답을 얻지 못한 상태라는 것이다. 그런데 세상에 미세조정의 근본적인 원리가 있는 것처럼 언급하는 것은 시기상조라고 비판하고 있다.[338]

존 폴킹혼이 주장한 엔트로피 미세조정과 폴 데이비스가 언급한 엔트로피 원리는 미세조성을 설명하는 데에 서로 상충되는 면이 있다. 폴킹혼은 엔트로피 원리가 미세조정에 경이로운 일을 하는 것으로 언급했지만, 데이비스는 엔트로피 원리는 미세조정과 부합되기 어려운 것으로 보았다. 폴킹혼이 언급한 엔트로피 미세조정은 복잡성의 조화 원리를 함축한 것이고, 데이비스의 엔트로피 원리는 미세조정이 불가능한 불가역적 복잡성의 진행으로 보았기 때문에 서로 차이가 있어 보인다.

우주의 미세조정은 단순성의 조화와 복잡성의 조화가 중첩되어 공존하는 맥락에서 우주 오케스트레이션을 이루는 것이다. 엔트로피 원리는 부분적으로 보면 부조화의 불가역적 진행이지만 거시적인 차원에서 보면 복잡성의 패턴으로 해석할 수 있다. 다양한 개체의 특성들이 엔트로피 원리에 의해서 조화와 생명이 있는 것이다. 아직 발견되지 않는 생명체와 다른 차원의 미세조정이 있을 수 있다.

미세조정에 대한 데이비스와 제프리스의 비평은 지금까지의 연구된 범위 내에서 간과하기는 쉽지 않다. 그러나 우주 오케스트레이션 맥락에서 미세조정과 생명생성 그리고 조화와 균형을 해석할 수 있다. 그리고 복잡성이나 부조화 혹은 갈등에 대해서도 해석과 논의할 수 있다고 본다.[339]

튜닝에 장애요인으로 오해될 수 있는 엔트로피의 복잡성 문제에 대해서 한 단계 더 깊이 들여다 볼 필요가 있다. 엔트로피는 생명이 존재하는 조건적 요소이며, 경이로운 현상과 아름다운 우주가 펼쳐지는 기반이다. 엔트로피가 가역적이거나 엔트로피가 없으면 생명도 없고, 윤리도 없게 되며, 경이로움과 아름다움도 없는 절대 무의미의 공허 세상이 될 것이다. 생명과 경이로움과 아름다움은 우주 흐름의 패턴에서 가능한 일이다.[340]

우주의식의 패턴과 엔트로피의 불가역적 흐름은 상호 충돌이 아니라, 중첩되어 있는 것이다. 선악의 주제들도 우주의식 안에서 중첩되어 해석되는 것이다. 우주의식의 패턴에서 유래한 공생감정에서 화해, 용서, 협동과 같은 도덕적 세계가 전개되는 것이다. 우주미학의 패턴은 집단의식과 대중지혜를 통해서 규범윤리(normative ethics)가 발현하게 되는 것이다.[341]

도덕적 원리는 수학적인 근본성과도 연계해서 생각해 볼 수 있다. MIT의 맥스 테그마크는 수학의 세계는 근본적으로 있는 것이라고 믿고 있다.[342] 펜로즈와 같은 맥락에서 수학의 근본성을 주장하고 있다. 테그마크가 수학은 만들어진 것이 아니라, 원초적으로 있는 것으로 믿는 근거는 수학은 파괴되거나 소멸되지 않으며, 시간과 공간에 존재하는 것이 아니기 때문이다. 수학의 항존성은 플라톤이 언급한 것과도 맥락을 같이 하고 있다.

테그마크에 따르면 수학은 시간과 공간에 존재하지 않으면서 세상에 내재해서 세상이 수학을 활용하고 있다는 것이다. 그런 의미에서 수학은 질료가 아니면서 세상에 영향을 준다. 앞에서 언급한 것처럼 울새(robin)가 겨울이 오기 전에 스웨덴에서 지중해로 이동하는 과정에서 눈에 있는 단백질 나침반을 활용해서 지구자기장의 흐름을 수학적으로 측정해서 따뜻한 남쪽을 향해 날아갈 수 있다.

울새는 지구자기장의 흐름의 각도와 자신의 위치를 계산하고 점진적으로 따뜻해지는 곳으로 이동한다. 수학이 세상을 움직인다고 할 수 는 없지만, 이 세상을 움직이게 하는 도구로서 활용된다. 수학적 원리가 도덕적 원리와 일치하는 것은 아니지만, 원초적인 패턴에 대한 논의로서는 공통부분이 있다.

구체적인 우주의 조화와 균형의 오케스트레이션을 일으키는 미세조정과 개인의 마음의 조정 작용에서 일어나는 튜닝은 윤리적 차원이 있다. 마음의 튜닝은 미학적이거나 가치의 판단이나 의미의 설정에서 일어나는 것이다. 슐라이에르마허는 이 단계를 고등의식의 종교적인 차원으로 해석 했다. 고등의식의 미세조정 튜닝은 궁극적인 조화와 균형의 패턴을 지향하는 것이다.[343]

과학의 발달은 인류가 우주미학의 패턴에 대한 인지를 확장하였고, 조화의 미세조정의 세계에 대한 눈을 열게 했다. 조화 지향적 미세조정의 흐름의 발견은 이제 도덕적 존재와 행위의 당위성에 대한 해석에 도움을 주고 있다. 인간의 존재양식이 우주미학의 패턴과 집단의식에 튜닝해야 한다는 당위적 기반을 제공하고 있다.

신윤리학(neo-ethics)의 발전을 위한 메타사이언스와 윤리학의 지속적인 약진이 요청되고 있다. 미래 사회는 경제시대와 과학문명시대를 넘어서 윤리시대로 전개될 가능성이 높다. 경제시대는 생존을 위한 먹이 문제해결을 위한 것이었다. 과학문명은 편리함을 위한 것이었다. 경제와 과학은 상당부분 진전을 이루었다. 그런데 경제와 과학은 원래의 목적을 상실하고 터무니없는 과잉단계로 급격하게 변해가고 있다.

하이퍼 경제와 디지털 숲의 과잉단계는 임계점에 이르고 있으며, 윤리적인 차원에서 상당부분 조절이 요청되고 있다. 이러한 시대적 요청은 간과하거나 피할 수 있는 것이 아니다. 뉴턴의 물리법칙을 따르지 않으면 비행기가 추락하는 것처럼, 인간을 향해 발현된 덕윤리에 튜닝하지 않으면, 인류사회와 문명의 선은 와해될 것이다. 인류는 협동과 호혜적 관계의 당위성을 심각하게 인지하고, 적극적으로 협력공생에 참여해야 할 것으로 본다.

3

악의 **종말**

인류의 제한성의 악은 종말을 향해 달리고 있다. AI로봇은 그동안 기계가 인류를 도운 것보다 훨씬 더 정교하고 구체적인 차원에서 도와줄 것이다. 데이터 저장 공간으로 사용되고 있는 클라우드는 기억의 제한성을 도와주면서 대용량으로 점점 더 확장해가고 있다. 빅-데이터는 거의 모든 탐구자료 제공을 손쉽게 할 수 있게 할 것이다.

스마트 자율자동차는 고도로 정교하고 신속한 장소이동을 가능하게 할 것이다. 3D프린터는 제조업의 제한성을 크게 넘어서게 할 것이다. 나노기술과 유전자 편집은 생명의 제한성을 해결할 가능성도 있다. 인류의 염원인 악의 종말에 혁신적인 기여를 하게 될 첨단 과학기술문명이 눈앞에서 전개될 가능성이 높아지고 있다.

인간세를 만들면서 간이 커진 인간은 신처럼 되어 죽음의 악을 정복할 수 있는 꿈을 꾸고 있다. 호모-데우스(*homo-deus*) 즉 인간-신에 대한 꿈을 꾸면서, 인간-신이 현실로 다가올 것이라는 희망에 부풀어 있다. 과연 슈퍼 AI와 빅-데이터 그리고 호모-데우스는 악의 종말로 안내할 수 있을까.

슈퍼 AI와 빅데이터는 창조성과 감정 그리고 아름다움과 의식의 문제를 소화하고 제한성을 근본적으로 해결할 수 있을까. 무한한 가능성으로 열려있는 미래를 어디까지 시뮬레이션을 하면서, 끊임없이 새롭게 전개되는 창조성의 세상을 어디까지 연산할 수 있을지 궁금하다. 후회와 용서 그리고 화해와 이타적 사랑의 주관적인 감정과 공감을 어디까지 해석할 수 있을지 궁금하지 않을 수 없다.

맥스 테그마크는 슈퍼 AI는 인간의 삶을 조정하는 신적인 위치로 등극하게 될 것이라고 내다보고 있다. 슈퍼 AI는 인간의 역량을 초월하기 시작하면서 인간 위에 굴림 하게 될 것이며, 인간을 조절하는 신적인 존재가 될 것으로 보고 있다. 그렇게 된다면 슈퍼 AI는 인간이 경험하지 못한 미래의 악도 해결할 수 있을지 모른다.

악의 종말을 향한 빅-데이터와 슈퍼 AI의 역할은 매우 클 것이며, 실효적으로 기여를 할 것으로 보인다. 디지털흔적의 증거주의로 인해서 범죄 사실을 숨기기가 어렵게 될 것이다. 모든 디지털흔적이 데이터화 되면서 영구적으로 남게 되기 때문이다.

데이터 해석의 투명성으로 인한 공정한 조절시스템이 작동할 것이며, 범죄를 피하기 위해서 증거를 조작하거나 왜곡된 해석을 유도하는 일은 쉽지 않을 것이다. 오류가 거의 없는 수사와 데이터 해석은 투명성과 공정성을 높여줄 수 있다.[344]

슈퍼 AI가 인류보다 탁월한 것은 일정분야에서 가능할 수 있다. 그러나 공감이나 감성을 비롯해서 해결하지 못할 문제들이 적지 않아 보인다. 슈퍼 AI가 인류의 운명을 완전히 바꾸고, 악의 종말을 안겨줄 가능성을 믿는 것은 시기상조라고 본다.

빅-데이터란 개념은 존 마세이(John Mashey)가 1990년대에 사용하면서 대중화되었다. 빅-데이터는 기존의 데이터 세트(data sets)를 넘어서 대규모 데이터 프로세스가 다양하게 진화한 것이다. 데이터를 모으는 작업부터 시작해서, 데이터 탐색, 데이터 저장, 데이터 나누기, 데이터 전달, 데이터 분석, 데이터 시각화, 데이터 컴퓨팅, 데이터 업데이팅, 데이터 탐문, 정보보호, 데이터 적용 등이 이루어지고 있다.

빅-데이터의 특징은 "왜"라는 질문을 하지 않고 단순하게 자료를 모으고, 모아진 자료에 입각한 "패턴"을 머신 러닝(machine learning)에게 데이터를 제공하고 있다. 빅-데이터는 이상적인 패턴을 제시함으로써 인간의 선택에 도움을 주는 매우 긍정적인 면을 갖고 있다.

빅-데이터는 긍정적인 면만 있는 것이 아니라, 문제점도 적지 않게 있다. 데이터 활용의 발달은 데이터를 추종하는 데이터 추종주의가 등장할 것이다. 하라리는 데이터이즘이 인간중심적 세계관을 밀어내고, 데이터중심의 세상으로 만들 것으로 내다보고 있다.[345] 거대한 데이터베이스와 전례 없는 연산력을 가진 슈퍼 알고리즘에 의존하여 세상을 해석하는 일이 머지않아 일어날 것을 장담하고 있다. 그리고 데이터이즘은 시간이 지날수록 인간이 헤아릴 수 없는 미스터리 차원으로 진화할 것으로 내다보고 있다.[346]

18세기 계몽주의 인본주의자들이 "신은 인간의 상상력의 산물"이라고 주장하면서 신중심적 세계관 대신에 인간중심의 세상을 제시했다.[347] 하라리는 이제 데이터이즘이 인간중심적 세계관을 밀어내고, 데이터이즘 중심의 세상이 열린다는 주장하고 있다. 첨단과학의 신기술이 인간의 마음까지 재설계하게 될 것이고, 그 때가 되면 지혜인간 호모-사피엔스는 사라질지도 모른다는 것이다. 인류역사는 끝나고 전적으로 새로운 역

사가 전개될 것으로 보고 있다.[348]

거대한 데이터베이스와 연산력을 가진 슈퍼알고리즘이 신과 인간을 밀어내고, 세상의 중심에서 세상을 해석하는 축이 될 수 있을지에 대한 분석비평이 필요하다. 먼저 의식이 없는 알고리즘이 인간과 소통하면서 가치와 의미를 결정하게 될 것인지 의문이 생긴다. 공감의식과 감정의식을 연산할 수 없는 알고리즘이 진정한 공생과 교류의 역할을 할 수 있을까.[349] 역동적이거나 경이로운 조정과 심미적이고 예술적인 오케스트레이션의 모든 것을 데이터이즘으로 충분히 해석할 수 있을까.

데이터이즘은 자유주의적이거나 휴머니스트가 아니다. 그렇다고 데이터이즘은 휴머니스트를 반대하는 입장에 있는 것도 아니다.[350] 데이터는 데이터 이상이 될 수 없다. 베토벤의 심포니에 대한 데이터주의자의 해석은 예술 전문가들이 감상하고 있는 미에 대한 해석과 다르게 해석할 것이다. 사막에 미세한 바람이 웅장한 모래 파장을 만드는 것과 같이 평형이 깨지면서 발생하는 미의 세계는 데이터이즘이 해석하기 어려울 것이다. 데이터이즘이 음악을 수학적으로서 이해한다면 음악을 이해한 것으로 볼 수 없다.

하라리는 데이터이즘이 착오가 있고 오류가 있다하더라도 영향력을 잃지 않을 것으로 보고 있다. 유기체가 알고리즘으로 되어 있지 않더라도, 여전히 데이터이즘이 세상을 해석한다는 것이다.[351] 하라리는 데이터이즘을 종교적인 차원으로까지 끌어올려 승화시켜서 해석하고 있다.

하라리는 종교에 대한 정의를 "초인적 질서에 대한 믿음을 기반으로 하는 인간의 규범과 가치체계"라고 『사피엔스』에서 규명하고 있다.[352] 그런데 데이터이즘을 초인적 질서에 대한 믿음이나 가치체계로 해석할 수 있는 것인지 분명하지 않다.[353] 그럼에도 불구하고 하라리는 데이터이즘을 추켜세우면서 심미적 가치체계의 종교 이상으로 인간이 의존할 것을 주장하고 있다. 전통종교가 아니라, 새로운 종교론으로 데이터교를 제시하고 있는 것이다.[354]

데이터는 데이터로만 남아 있으면 길거리의 모래와 다를 바가 없다. 데이터는 선택되어서 해석되고 적용되어 활용되어야 의미가 있는 것이다. 빅-데이터는 심미적인 체계와 초월적 가치 그리고 신비적인 해석에 한계가 있다.

데이터는 의미와 가치를 결정하는 것이 아니다. 의미와 가치는 특정 상황에서 주관적으로 결정되는 것이다. 빅-데이터는 변화무상하게 전개되는 상황에서 의미와 가치를 결정하는 데에는 한계가 있다. 지구촌의 수많은 개인의 다양한 상황에서 의미와 가치는 주관적인 것이고, 개인에 따라서 가치기준이 천차만별이기 때문이다.

빅-데이터는 의미와 가치의 기반이 되는 공감(empathy)을 가질 수 없는 것이 치명적인 제한성이다. 인류의 문명발달은 공감작용에 기반을 두고 협동과 상호주의 발전으로 일어난다. 다른 사람에 대한 공감능력은 데이터 분석에 의해서 일어나는 것이 아니다. 공감은 전인격적 인지의 상황에서 갖는 융복합적 감정이다.

어머니와 아이 사이의 관계는 호혜적 관계와 공생주의를 넘어선다. 조건과 이해관계 없이 이루어지는 인간의 혈연적인 초-도덕적 관계이다. 자식을 위해 무한희생을 하고, 죽을 수도 있는 것이 어머니이다. 이것은 상상이나 스토리에서 허공을 돌아다니는 픽션이나 내러티브가 아니라, 인간 존재양식의 본질적인 현상이다.

상호주의 의미망은 상상 속에만 존재하는 것이라고 하라리는 비하했다. 그러나 상호주의 의미망에서 발견되는 대중지혜나 집단의식은 공동체의 공감유착을 해석하는 데에 유용한 것들이다. 공감유착의 작용은 인류의 생존을 위해서 필요불가결한 것이며, 공감유착이 무너지면 협동이 약화되고, 지구의 인간세는 바로 추락하게 될 것이다.

빅-데이터는 주관적인 공감을 알 수 없으며, 진정한 의식의 세계를 가질 수 없다. 아직까지 의식컴퓨터가 나타나지 않고 있으며, 인공적으로 알고리즘의 지성작용을 하는 컴퓨터만 발달하고 있다. 의식이 없는 AI는 지성은 탁월하지만, 감성과 공감의식이 없기 때문에 위험한 존재가 될 수 있다.

인간처럼 인지(cognifying)하고 딥러닝(deep learning)을 하는 디지털기기가 몸에 안착될 수 있다. 이런 사이보그 포스트휴먼(post-human)에게는 가장 기본적인 생존가치가 우선적 프로그램이다. 그렇게 되면 생존에 불리한 요소들을 우선적으로 제거하게 될 것이다.[355] 비생물학적 AI 로봇도 생존 프로그램 중심으로 같은 일을 하게 될 것이다. AI 로봇은 생존을 위협하거나 협동에 도전하는 배신, 거짓, 사기 등을 시도한 존재에 대해서 무자비하게 제거하려고 할 것이다. 어떠한 위협이나 대적을 용납하지 않는 자기생존 프로그램 하나가 모든 것을 초토화 할 수도 있다.[356] 이것은 슈퍼 알고리즘의 긍정적인 면이다. 측은지심의 감성과 공감의식이 없는 슈퍼 AI는 여전히 위험한 것이다.

데이터의 관리자를 정하는 정치에는 적지 않은 도전이 있다. 데이터는 구글과 같은 빅-데이터 저장 시스템을 갖고 있는 주체가 소유하게 될 가능성이 높다. 미래의 부(wealth)는 구글 엔지니어들의 마음속에 있다고 해도 과언은 아니다. 데이터의 소유는 권력이 되고 자산이며 영향력을 갖게 될 것이다.

빅-데이터 소유경쟁은 정보회사들이 격렬하게 할 것이다. 그러나 디지털 권력이 한 사람에게 집중되기 보다는 빅-데이터가 선정한 소수의 특정인들의 균형 있는 집단지도체제로 갈 것으로 보인다. 경제 자본가들도 소수의 자본가들로 집중될 것이고, 그들이 세상을 이끌어갈 것으로 보인다. 정치도 한 사람에게 권력이 주어지지 않을 것이며, 과두정치체제로 갈 가능성이 높다. 빅-데이터의 소유경쟁 문제는 다른 문제들에 비해서 어렵지 않게 정리될 것으로 보인다.[357]

빅-데이터는 단 한 가지도 똑 같은 것이 반복되는 일이 없는 창조적인 세상을 어디까지 다룰 수 있을지 의문이다. 어제 건너던 강을 오늘 건너는 것은 다른 강을 건너는 것이며, 강물의 속도와 물의 내용과 질이 어제와 오늘이 다르기 때문이다. 세상의 흐름에는 그저 패턴이 있을 뿐이며, 세상의 흐름은 근본적인 차원에서는 화이트헤드가 언급한 것처럼 궁극적 범주인 창조성에 의해서 새롭게 흘러가고 있다.

빅-데이터는 창조성 앞에서는 무용지물이라는 사실을 과학자들은 알고 있다. 확률적 계산을 넘어서는 창조성의 문제는 과학적으로 다루기가 매우 어려운 것이다. 데이터와 창조성은 서로 섞일 수가 없는 것이다. 그래서 화이트헤드는 창조성을 궁극적 범주로 생각하면서 독립적인 것으로 다루었다.

정확하게 예측할 수 없게 만드는 창조성은 우주패턴을 초월하면서 우주패턴에 내재되어 새로움으로 이끄는 것이다. 창조성과 친구가 될 수 없는 디지털 빅-데이터를 인간계에서 전적으로 과신하는 것은 위험한 일로 보인다. 빅-데이터가 상황의 다양성에서 한 가지 답을 찾는 일과 패턴을 벗어난 예외적인 사건을 해결하는 일은 쉽지 않기 때문이다.

빅-데이터는 정돈이 잘되고 활용하기 편리하게 데이터가 쌓여 있는 것이 아니라, 아주 너저분하게 쌓여 있다.[358] 빅-데이터는 임시적인 것이나 사실적인 것을 구분하지 않고, 잡다하게 쌓여있는 것이다. 진실한 정보, 절반의 진실, 껍데기 혹은 가짜 정보들이 섞여있다. 조작 자료들이 수두룩하며, 과학자들이 꼭 알고 싶은 것이 사라진 경우에는 찾을 길이 막연하다.

빅-데이터는 일반적으로 사람들이 생각하는 과학적 방법과 많이 다르다.[359] 가설을 세우고 답에 대한 증명을 위해 실험하고, 그 결과를 논리적으로 정리하는 작업이 과학적 접근이다. 빅-데이터는 가설을 세우거나 증명하는 절차가 없이 그냥 결과를 제공한다. 이런 현상이 보편화되면 과학방법은 사라질 것이라는 주장도 있다.

빅-데이터는 설명과 의미를 제공하지 못하기 때문에, 의미와 설명을 하는 과학적 이론을 능가하기는 쉽지 않다.[360] 설명이나 의미가 없는 데이터는 가치를 함유하지 못한 것이고, 버려질 쓰레기와 다를 바가 없다. 빅-데이터는 유용한 탐구 자료를 제공하는 역할에 머무를 것으로 보인다.

데이터의 공유의 제한성에 대한 생각도 필요하다. 세금을 얼마 내는지, 법정에서 있었던 일이라든가, 이혼 경력, 국가 기밀이나 정책, 주식 거래내역 등 공개되지 않기를 원하는 내용이나 보안이 필요한 정보들은 개인 정보와 밀접한 관계가 있다. 개인정보 보호기능이 강화되면 빅-데이터 기능의 한계가 있을 수밖에 없다.[361] 공개된 데이터만을 중심으로 프로세스 하면 편협 된 접근이 될 것이며, 거기에서 제공된 데이터는 위험한 것이 될 수도 있다.[362]

엔그램 뷰어(Ngram Viewer)와 같은 프로그램을 통해서 오랜 기간 동안 특정한 아이디어나 특정한 단어가 얼마나 언급 되었는지 알 수 있다. 디지털 렌즈로 인류의 과거를 들여다보는 것은 흥미로운 일이며, 경이로운 데이터들을 얻을 수 있다.[363] 스마트폰과 디지털 렌즈 혹은 로봇이 주는 정보는 다양한 면에서 유익할 수 있다.

인간은 실수를 하고 실수를 반복하지 않기 위해서 분석비평하고 대안을 모색한다. 실수는 새로운 생각을 하게하고, 새로운 경로를 탐색하게 만든다. 헤닝 백(Henning Beck)은 인간의 실수는 창의적 생각을 하게하는 경이로운 것으로 해석하고 있다. 실수는 다양하면서도 창의적인 개선의 방법을 찾아가게 하는 조건이다.

AI는 실수라는 것이 없으며, 터무니없는 생각을 하지 못하기 때문에 스스로 창의적인 발전에는 한계가 있다. AI는 한 번 결행한 결과가 성과가 없으면, 상황을 다시 해석하고 대안적 결행을 할 수 있다. 이것은 실수 때문이 아니라, 상황의 변화 때문에 대안적 결행을 하는 것이다. AI가 프로세스 하는 속도보다 상황이 먼저 변하기 때문에 잘못된 성과가 일어날 수 있다. 물리적 요소로 구성된 AI의 연산과 결행 속도는 우주 흐름의 근본적인 절대변화의 속도를 상회하지는 못할 것이다.

AI는 데이터 입력과 프로세스의 과정을 중심으로 딥러닝(deep learning) 할 것이다. 주어진 정보 내에서 프로세스하고 해석할 것이다. 그 역량은 인간의 데이터 수집과 빅-데이터 분석능력을 월등이 능가할 것이다. 그렇기 때문에 스티븐 호킹을 비롯해서 AI의 통제 불능을 걱정하는 사람들이 적지 않다.

물리적 데이터로 탐색할 수 있는 감정지문이 없으면 감정을 갖고 있는 인간이나 침팬지와 같은 차원의 AI 활동은 불가능한 것이다. 리사 바렛은 뇌에서는 감정의 지문을 발견할 수 없다고 믿고 있다.[364] 뇌에 없는 감정은 AI가 갖기는 쉽지 않을 것이다. 인간의 실수는 자살을 하게 하는 위험도 있다. 그러나 AI가 자살을 한다 할지라도 그것은 데이터 기반으로 이루어질 것이다.

양자컴퓨터는 실수도 있을 수 있다고 생각할 수 있다. 왜냐하면 양자현상은 확률적 패턴에 의해서 진행되는 것으로서 예외적인 것이나 새로운 것이 발생할 수 있기 때문이다. 세상에 새로운 것이 존재하는 이유는 세상은 디지털 프로세스에 의한 것이 아니라, 양자의 불확정성 원리가 있기 때문이다. 빅-데이터의 제한성과 마찬가지로 불확정성 원리에 의한 양자 알고리즘의 제한성도 있다. 확률적 연산에 의해서 진행된 것이기 때문이다.

알고리즘은 효율성은 찾을 수 있지만, 아름다움을 이룰 수는 없다. 이타적인 사랑이나 비합리적인 가치의 세계를 파악할 수 없다. AI는 사랑하는 사람에게 비싼 다이아몬드 반지를 선물하는 것은 불가능하다. 공감기능이 어려운 AI는 진정으로 사랑하는 사람을 선정하는 일이 불가능하다. 애정관계에서 비싼 다이아몬드의 장소이동의 주관적 가치를 판단하지 못할 것이다. 사랑과 다이아몬드의 가치비교가 합리적이지 않기 때문이다. AI가 알고리즘으로 계산해서 결정하는 사랑과 선물은 인간 차원과 다르게 진행될 것이다.

삶에 긍정적인 성과가 나타나면, 의식은 춤을 추게 하고 노래하게 한다. 즐거운 춤과 노래는 생명의 긍정적인 활성작용이다. 즐거움은 희망의 임박한 성취에 대한 미학적 의식세계의 발현이다. 인생유희의 미학적 의식현상을 데이터 프로세스로 규명하는 것은 쉽지 않다.[365]

난관의 해결이나 성취 가능한 꿈을 갖는 순간부터 가슴이 설레고 즐거움이 솟구치게 하는 감정현상이 추가적인 동력으로 작동한다. 생명을 활성화 하는 희망과 성취의 유희는 긍정적인 마음과 적극적인 자세를 갖게 만든다.[366] 이러한 의식에서 작동하는 감정과 미학적 현상을 질료중심

적인 차원에서 컴퓨팅으로 해석하는 것은 간단해 보이지 않는다.[367]

AI는 수학적 원리 안에서 작용하는 것이지 수학적 원리를 새롭게 발견하고 활용하며 해석할 수 있는 것이 아니다. 물리의 법칙을 이탈하거나 알고리즘 프로세스에 비효율적인 가치의 세계를 해석하는 일은 어렵다. 빅-데이터와 슈퍼 AI는 창의성과 역동성 그리고 주관적 의미와 가치 그리고 공감에 대해서 인지하지 못하면, 악의 종말에 대한 기여는 인류의 희망의 수준에는 미치지 못할 것이다.

비생물학적 AI 개발은 한계가 있지만, 뇌 정보 스캔과 이식 그리고 해킹은 새로운 AI의 지평을 열어가고 있다. 알고리즘에 의한 AI의 데이터 프로세스 역량만으로도 이미 인간을 넘어섰으며, 추가적인 역량은 알 수가 없는 상태이다. 많은 과학자들이 AI 발달의 조절을 주문하고 있는 실정이다. 엘론 머스크는 뇌의 생각을 스캔하고 해킹하는 위험한 시대가 이미 시작된 것으로 보고 있다. 돼지 뇌의 뇌신경 전자회로에 대한 연구는 뇌 정보 스캔과 이식이 이미 성공단계에 있다. 인간에게 적용하는 것은 시간문제로 보고 있다.

악의 종말을 향한 인간의 영민한 탐구와 저돌적인 추구는 단순한 건강과 행복을 넘어서고 있다. 노화와 죽음을 극복하고 불멸의 세계를 추구하며 영생을 향해 가고 있다. 인류의 갈망은 호모 사피엔스에서 호모-데우스가 되어 신성의 세계에 들어가는 것을 꿈꾸면서 정진하고 있다.[368]

인간의 생명에 대한 조절은 신의 영역이었다. 이제 인간의 첨단과학 기술 능력이 생명을 조절할 수 있는 차원에 이르렀다. 인간이 신의 영역으로 들어가서 신적인 일을 하고 있다.[369] 유전자 편집과 디자인과 나노기술에 의한 생물학적 치료 그리고 양자생물학적 생명조절을 통해서 질병과 노화를 극복하고 생명을 연장할 수 있는 인간–신의 세상이 오고

있다.[370)

하라리는 인간의 미래를 예견하면서 인류는 세상을 지배하는 능력을 잃게 될 것이며, 인간들이 공유하고 있는 의미도 잃어버리게 될 것이라고 급진적인 주장을 하고 있다. 지혜의 인간은 종말을 고하게 될 것이며, 호모-데우스의 세상이 열리는 것을 기술하고 있다.[371)

하라리는 사피엔스를 데이터-프로세싱 기계나 알고리즘의 연산 작용을 하는 존재로 보고 있다. 데이터-프로세싱과 선택의지 즉 지성과 의식이 서로 갈라서기 시작할 것이고, 인간이 만든 것이 인간보다 더 많은 일을 할 수 있게 될 것이라고 보고 있다.

인공지능은 인간의 의지와 선택을 넘어서 더 정교하고 탁월하게 작동하는 것은 이제 인간이 막을 수 없는 상태에 놓여 있다.[372) 멀지 않은 미래에 엘리트들은 생명과학과 유전공학을 통해서 신과 같은(godlike) 존재가 될 수도 있다.[373) 일반 대중들은 뒷전에 밀리게 될 것이고, 인간-신과 슈퍼지성의 로봇은 나머지 인간들을 별것 아닌 것으로 전락하게 만들 것이다.

호모-데우스 상태에 이르기 위해서는 세 가지 단계를 거쳐야 가능한 일로 하라리는 믿고 있다. 생물학적 엔지니어링, 사이보그 엔지니어링, 그리고 비유기체 엔지니어링이다.[374) 사이보그 인간은 생물학적 인간의 손상된 몸의 일부에 과학기술 제품으로 대체한 존재이고, 비유기체 존재는 AI를 활용한 비생물학적 로봇과 같은 존재를 의미한다. 이런 과학은 공상소설 같지만, 이미 현실이 되고 있다.[375)

호모-데우스는 신적 기능을 하면서 스스로 사회문제의 조절 기능을 어느 정도 할 수 있을까. 호모-데우스의 사회적 기능은 정말로 신이 사회를 향해 작용하는 것이 아니라, 인간이 작용을 하는 것이다. 호모-데우스는 일반적인 신과 다르며, 진화된 인간론의 한 유형이다.[376]

인간의 문제해결 시도는 역사 속에서 반복되는 시행착오 속에서 진행되었다. 시행착오를 잘하는 인간이 호모-데오스가 된다면 실수 없는 완벽한 존재가 될 수 있을까. 당연히 실수할 것이고, 그 실수는 치명적이며 회복하기 어려운 인류의 재앙이 될 수도 있다.[377] 이를테면 호모-데우스 속에 있는 양성자나 중성자의 오작동으로 인한 실수는 일반적인 실수와는 차원이 다르기 때문이다.[378]

첨단 생명과학의 꽃으로 진화하고 있는 호모-데우스는 메타사이언스의 성향을 갖고 있다.[379] 인간-신의 개념 자체가 종교적 냄새를 풍기기 때문에, 종교형이상학적 논의가 관심의 대상이 될 수 있다. 그러나 하라리는 종교의식을 뇌의 특정작용에서 나타나는 쓸모없는 생물학적 부산물로 보았다. 신경망이 발화를 할 때에 일어나는 마음의 오염물질로 본 것이다.[380] 인간이 의식을 통해서 겪는 고통이나 쾌락 혹은 아픔을 마음의 오염물질로 추정하고 있다.[381]

이런 종교행위를 가능하게 하는 자의식은 인간만이 갖고 있는 독특한 것으로 해석하고 있다. 하라리가 언어는 과거와 미래를 연결하는 기능을 하며, 언어를 통해서 자의식이 효율적으로 작동하는 것으로 본 것은 긍정적인 해석이다. 다른 동물들은 영원한 현재에만 존재하지만, 인간은 과거 현재 미래와 사후세계까지 생각하는 것은 사실이다.[382]

인간이 신을 만들었다는 진화생물학적 주장도 관심을 끄는 내용이다. 신다윈주의(Neo-Darwinianism) 차원에서 리차드 도킨스(Richard Dawkins)가 주장하고 있는 "만들어진 신론"에 대해서 알리스터 맥그라스(Alister McGrath)가 비평하였다.[383] 도킨스는 "이기적 유전자 인간론"과 "만들어진 신"을 주장하면서 유세하는 무신론자가 되었다.

도킨스의 무신론적 영향은 데이빗 흄의 무신론 이후에 가장 강력한 것이 되고 있다. 맥그라스는 도킨스의 사상에 대해서 심도 있게 분석 비평하면서 기독교 신론에 대한 학술적 변증을 시도했다.[384] 유전자와 인간을 일치시키는 것은 논리적 비약이라고 지적하고 있다. 유전자의 행동과 인간의 행동은 일치하지 않는다는 것이다. 신은 만들어진 것이 아니라, 우주의 근원으로 보고 있다.

메타사이언스와 종교철학적 접근을 융복합적으로 하는 사람은 맥그라스 외에도 과학신학 혹은 종교와 과학을 논의하는 존 폴킹혼, 찰스 콜슨(Charles A. Coulson), 토마스 토렌스(Thomas F. Torrance) 등이 있다.[385] 이들은 과학적 도구를 통해서 신을 찾는 일을 했다. 이들은 이론 물리학의 원리를 활용해서 신 존재의 불가피성을 설명하고 있다.

하지만 하라리에 의하면 이제 인간은 신을 찾을 필요가 없으며, 인간이 신적인 존재가 되는 것을 모색하고 있기 때문이다. 전통적인 신은 인간이 고통스럽게 경험하는 악의 종말 프로젝트 실현에 실패하였기 때문에, 인간이 신이 되어 악에 대한 종지부를 찍으려는 것이다.[386]

호모-데우스는 영생하는 존재가 아니며, 근본적인 제한성을 극복할 수 있는 존재도 아니다. 호모-데우스는 여전히 인간이며, 시공간의 제한성을 갖고 실수와 오판을 하고, 경쟁을 하면서 사는 존재이다. 호모-데우스는 일정기간의 생명연장은 가능하겠지만, 영구적으로 생존할 수는 없을 것이다. 세포는 생물학적 시간과 엔트로피의 시스템 속에서 자유할 수 없기 때문이다.[387]

신은 악의 조절에 실패한 것일까에 대한 대답을 해야 할 것으로 보인다. 거룩하고 전능한 신은 왜 세상에 악을 그냥 두고 무고한 사람들이 고통을 당하게 하는가. 이 문제에 대한 논의는 중세 초기의 어거스틴의 신정론(theodicy) 이후에 크게 진전된 것이 드러나지 않고 있다. 거룩한 신이 만든 세상은 원천적으로 악이 존재할 수 없다는 것이다.

다만 악은 선의 부재 상황을 인간계에서 해석한 것 뿐이다. 어거스틴은 세상에 신이 선의 부재를 둔 이유는 신의 섭리 안에서 행복의 상대적인 요소로서 행복의 조건적 요소로 해석하고 있다.[388] 신의 섭리 속에 선의 부재인 악이 존재한다는 것을 넘어서는 이론은 화이트헤드의 종교철학에서 찾아볼 수 있다.[389]

20세기 최고의 과학적 형이상학자이며 종교철학자인 화이트헤드는 신은 원초적(primordial)인 차원에서 세상의 모든 것이 작동하도록 하였고, 구체적(consequential)으로 세상이 흘러가도록 유도(luring)한다는 것이다. 신은 세상이 흐르도록 유도하는 과정에서 잘못 놓아진 것들(misplacement)과 함께 고통을 느끼면서 새로운 세상의 합생(concretion)을 위해 관여하고 함께한다는 것이다.

고통을 함께 느끼는 화이트헤드의 신은 악의 종말을 이루었다고 볼수 있을까. 세상의 합생과정에서 개체를 잃어버린 상실과 선이 잘못 놓아진 것을 악이라고 보았다. 제한성을 악으로 해석 했다. 통찰력 있는 해석이다. 그러나 화이트헤드의 신은 우주의 원리의 신으로서 인간계의 악의 종말을 이루는 데에는 만족감을 주지 못하고 있다. 종교철학에서 가장 심오한 이론으로 각광을 받고 있는 것은 사실이다. 그만큼 설득력 있는 해석으로 평가받기 때문이다.

고등종교의 기능의 핵심은 악을 설득력 있게 해석하고, 해석된 악에 대한 내면적 조절역량을 강화하는 것이다. 종교가 악과 죄의 문제를 시대적 맥락과 상관없이 터무니없는 스토리텔링으로 해석하면, 사람들은 그 종교를 외면할 것이다. 종교는 더 이상 의미 있는 기능을 할 수 없을 것이다. 종교의 본질은 우주의식이나 슈퍼패턴에 근거한 우주론적이고 초월적인 것이지만, 종교의 모양은 시대에 따라 문화적인 옷을 갈아입었다.[390]

메타사이언스의 사상을 활용해서 미래신학을 정비해야 기독교에 대한 수용성이 높아질 것이다. 신학이 과학의 지대에 들어가지 않으면, 기독교는 과학지대에 있는 사람들을 영원히 잃어버릴 수 있다. 스마트폰을 손에 쥐고 자란 i세대의 언어와 사고는 디지털 비만 속에 있기 때문에, 히브리-유대 언어문화와 괴리가 벌어지고 있다. 디지털문명은 히브리-유대 상황으로 회귀하지 않고, 그 언어문화로부터 점점 더 급속도로 멀어질 것이다. 신적소통의 메타내러티브는 변하지 않는 것이지만, 문화적 패션은 변하는 것이기 때문에 문화의 옷을 바꿀 필요가 있다.[391]

신경회로의 조절과 편집을 통한 질병퇴치와 고통의 종말은 멀지 않아 보인다. 나노기술이 고통을 조절하고 생명을 연장하며, 양자 생물학에 의한 질병의 퇴치가 일반화되면 고통은 사라질 것이다. 고통의 종말이 온다면 악은 상당부분 정복된 것으로 생각할 수 있다.[392] 고통의 종말은 종교의 종말로 이어질 것으로 기대하는 것은 있을 수 있다.

그러나 고통과 두려움은 생명유지의 위기에 대비를 위한 경고작용을 하는 기능을 하고 있다. 아프면 치료하고 두려우면 대비하는 것은 생존을 위한 기본 시스템이다. 고통과 두려움이 전혀 없는 상태가 최상의 상태는 아니라는 사실이다. 생존을 위해서 두려움과 고통이 필요한 것처럼, 제한성과 엔트로피의 불가역성은 우주의 실제이며, 고통과 제한성은 신의 실패작이 아니라, 신이 만든 우주의 본질일 수 있다.

고통을 소멸시키고 인공희락을 극대화하면, 사람들은 실제희락보다 농도가 더 높은 인공희락을 추구할 것이다. 테크노피아는 과학기술문명에 의한 고통의 종말과 인공희락의 극단적 세계라고 할 있다.[393] 테크노피아가 현실화 되면 인생의 가치와 의미는 불필요할 수 있다. 고통과 두려움이 없으면 인생이 사라질 수도 있다.

미래 사회에 과학기술문명이 많이 발전해도 악에 대한 종지부를 찍지 못할 가능성이 높다. 인간계의 범주에서 엔트로피의 불가역성과 제한성 문제에 대한 해결이 쉽지 않다. 악의 종말은 여전히 신의 영역으로 남게 될 것으로 보인다. 악의 종말을 맞이하지 못한 인간은 다시 신을 찾게 될 것이며, 고등종교의 회귀 시대를 고대할 가능성도 있어 보인다. 그리고 협력공생의 사이언스에 의한 악의 조절은 신의 섭리의 영역으로 드러나게 될 가능성이 있다.

과학기술문명 속에 깊숙이 들어간 사피엔스는 영혼이 없는 디지털문명에 권태감을 느낄 것이며, 무의미성에 대한 허무감으로 지칠 것이다. 디지털 판옵티콘에 대해서 숨이 막히는 사람들이 많아질 것이다. 디지털 문명을 거부하는 운동이 확산될 것이며, 탈-디지털 사회와 디지털 문명사회의 이원화가 일어날 가능성이 적지 않다. 사실 이원화가 아니라, 다원화가 될 것이다. 디지털 문명사회, 탈-디지털 공동체, 하이브리드 공동체, 선별적 디지털 사회 등 다양한 형태의 사회에서 종교적 현상은 계속될 것이며, 인생의 근본적인 문제를 사유하면서 악의 조절에 대한 명상을 할 것이다.

탈-디지털 공동체의 종교는 초기 크리스천들이 로마의 박해를 피해서 지하 동굴무덤인 카타콤에서 영적생활을 한 것처럼 종교 활동을 할 것이다. 이들은 영혼이 살 수 있는 탈-디지털 카타콤에서 역동적인 신의 판옵티콘을 동경할 가능성이 있다. 신의 판옵티콘은 내면적 교정을 이루고 안정감을 주는 깊은 기능을 갖고 있다. 탈-디지털 공동체의 일부는 자연친화적인 삶으로 돌아가서 목가적 생활과 심미적 세계를 섭렵할 수 있다.

디지털문명 시대에 악의 조절에 대해서 다양한 고등종교가 나름대로 기여를 하겠지만, 포스트모던 영성의 종교가 매력을 줄 것으로 보인다. 포스트모던 영성의 종교는 디지털 문명사회에서는 메타사이언스를 활용한 사이언스 친화적인 신학과 가치체계로 문명의 영혼 찾기와 악의 조절에 기여할 것이다. 탈-디지털 공동체의 종교는 전통적인 영적 활동을 지속하면서 불확정성과 복잡성에 의한 불안한 인간의 마음에 평안과 생기 불어넣기를 할 것이다.

지금까지 이 책에서 협력공생 사이언스에 의한 악의 조절의 희망적인 미래를 언급했다. 희망적인 미래를 맞이하기 전에 당장 우리가 해야 할 일은 무엇일까. 우리가 시급하게 해야 할 일을 언급하면서 이 책을 마무리하고자 한다.

악의 조절을 향한 한 단계 진전된 도덕적 존재양식을 갖는 훈련이 필요하다. 우주의식과 미세조정에서 실존적인 도덕적 튜닝방법에 대한 구체적인 탐구가 필요해 보인다. 행위자의 윤리적 튜닝과 판단은 상황을 스캐닝하고 정보를 프로세스하면서 조화를 모색하는 것이다. 튜닝이 순수하고 공정하게 이루어지기 위해서는 의식의 세계에서 순수한 행위자 의식을 가져야 한다. 순수의식을 갖기 위해서는 먼저 선입견이나 이해관계를 접어두는 에포케(ἐποχή 판단보류)가 있어야 한다.

에포케의 개념은 에드몬드 후설(Edmund Husserl)의 인식의 현상학에서 인식의 대상의 진실을 알 수 있는 방법으로 제시된 것이다. 선이해

(preunderstanding)나 전제를 접어두고, 있는 그대로 인식의 대상(νόημα)을 접하면, 진실을 알 수 있고 공정한 튜닝이 일어날 수 있다.[394]

플라톤은 순수이성으로 이데아의 세계를 알 수 있다고 했다. 물론 칸트는 순수이성을 비판하면서, 순수이성으로는 이데아를 알 수 없다고 했다. 인간은 경험되어 해석된 것만을 알 수 있기 때문이다. 칸트는 이데아의 세계와 신에 대해서는 실제로 존재하는지 알 수 없다는 불가지론적인 입장이다. 그러나 후설의 현상학에서는 원초적인 순수이성은 오염되지 않은 원래의 사실을 볼 수 있다는 것이다.

디지털 알고리즘은 판단중지를 어렵지 않게 실행할 수 있다. 데이터의 인과관계나 뇌신경회로의 가용적 편향성 요소들을 접어두게 하는 것이 가능하기 때문이다. 객관적인 순수 가용성으로 디지털 프로그램이 전개된다면, 디지털 에포케는 경이로운 일을 할 수 있다. 디지털 에포케는 디지털 비만과 특정 편향성들을 탐지해서 조절할 수 있다. 디지털 프로그램의 순수 가용성 프로세스는 슈퍼 알고리즘으로 전개되어야 결과의 타당성이 높아진다.

행위자 의식의 튜닝은 성리학의 거경궁리와 유비적인 면이 있다. 성리학에서는 거경궁리 방법을 통해서 천리를 인지하면, 인욕을 버리고 천인합일의 경지에 이를 수 있다. 경건한 자세로 사물의 이치를 탐구하면 천리를 올바로 이해할 수 있다고 보았다. 퇴계는 이런 경지에 이르는 사람은 매우 드문 것으로 보았다. 경건이란 우주와 사물에 대해서 존경하는 마음으로 집중하는 것을 의미하며, 진지한 자세를 요구하는 것이다. 거경궁리는 조화의 본래성을 향한 행위자 튜닝기능을 하는 것이다.

거경궁리는 쭈시가 『근사록』(近思錄)에서 다룬 것이다. 주변의 사물에 대해서 면밀하게 심층 사유하면 의리(義理)를 발견하고, 그것을 따를 수 있게 한다는 것이다. 궁리와 사유의 대상은 사물만이 아니라, 당연히 인간을 포함하고 있다. 주변 사람을 존경의 마음으로 대하고 사유하는 것이다.

사람들과 상황을 면밀하게 사유하고 궁리할 때에, 배려와 협동의 가치의 당위성을 인식하고, 그것을 따르게 되는 것이다. 많이 관찰하고 깊이 사유할수록 우주의식의 패턴의 발현에 가까이 갈 수 있다. 신계몽주의 덕은 단순한 의지나 행위에 의해서 이루어지는 것이 아니다. 그것은 사려 깊은 거경궁리의 튜닝을 통해서 인지된 덕의 타당성과 당위성에 의해서 실천될 수 있다.

AI는 거경에 대한 연산을 어떻게 할 수 있을까. AI는 이성과 논리에 대한 연산은 가능하지만, 순수 주관성이나 감정(emotions) 혹은 공감(empathy) 을 이해하지 못한다. 거경의 상태는 감정은 없는 상태이며, 순수주관성의 상태이기 때문에, AI가 거경에 대한 연산에서 한계에 직면할 가능성이 있다.

감정이나 주관성에 논리나 패턴이 있으면 그런 연산은 가능할 것이다. 질 들뢰즈는 형태화되지 않은 감정의 논리와 추상기계를 언급했다. 이들은 융합적 관계에서 일어나는 입체적인 순수 주관성의 현상이다. 들뢰즈가 언급하고 있는 감정의 논리와 추상기계는 논리와 기계라는 어휘를 사용하고 있지만, 알고리즘 현상으로 해석할 수 있는 것은 아니다.

행위자 튜닝은 자아를 비우는 과정과도 연속성이 있다. 자아가 강하게 존재하면, 이기적 유전자의 농간에 휘둘리면서 사물과 세상을 온전하게 보지 못하게 된다. 자아를 비우지 못하면 자존심이 강해지고, 거품자아가 형성 되면서 경쟁에 시달리고 몸과 마음의 아픔을 겪게 된다. 자기비움은 포스트모던 자아의 정체성 해체가 아니라, 에포케에 의한 순수자아 혹은 겸양의 자아에 가까이 가는 것을 의미한다.

자아 비움의 원리에 대해서 디지털 알고리즘이나 인공지능이 어디까지 도움을 줄 수 있을지 막연한 느낌이 든다. 행위 주체가 없는 AI는 불가능하다. 주체를 갖고 있는 AI는 자기 비움의 개념화에는 한계가 있을 것이다. 계산된 자기 비움의 범위 내에서 제한된 자기 비움을 실행할 것이다. AI가 일정 단계에서 이타적인 조화 지향성이나 공생적 생태 유기체에 연계된 프로그램으로 세팅이 된다면, 이기적 생존의 자기 비움의 AI는 가능할 수 있다. 그런 자기 비움의 AI 수가 일정 비율을 넘어서면, 악의 비율은 인간계에서는 거의 조절될 가능성이 높다.

행위자 튜닝은 에포케, 순수자아, 순수이성, 거경, 자기비움에 후속으로 일어나는 순수경험을 통해서 우주의 패턴에 조화를 모색할 수 있다. 순수경험(純粹經驗)은 불교철학 배경을 가진 교토대학교의 니시다 기타로(Kitarō Nishida, 西田 幾多郎)가 주장한 것이다.[395] 니시다 기타로는『선의 연구』(善の研究)에서 순수경험은 실재와 선의 조화와 일치를 이해할 수 있는 차원으로 안내한다고 주장하고 있다. 인간경험의 가장 심오한 경험은 순수경험으로 알려져 있다. 직관적이고 순간적으로 경험할 수 있는 신비스러운 순수경험은 우주조화의 패턴을 인지하는 차원이다.[396]

행위자 튜닝을 유도하는 우주의식의 패턴의 구체적인 요소들은 어떤 것이 있을까.[397] 사회철학적인 차원에서 초-맥락적 규범이 있으며, 대중지혜에 의해서 형성된 메타내러티브가 있다. 형이상학적인 차원에서 합생원리와 로고스가 있으며, 협력공생의 패턴이 있다. 이러한 것들은 신의 경륜적 요소로 볼 수 있다. 악의 종말을 향한 파티는 이러한 우주패턴의 발현들을 향한 개인의식의 튜닝에서부터 시작된다는 것을 언급하고 싶다.

첨단 과학기술문명과 소통의 사이언스에 의해서 권력의 종말과 수평적 세상이 도래할 것이다. 4차 산업혁명에 의해서 빈부의 격차가 축소되고, 초-경제사회에 진입할 가능성이 높다. 첨단 과학기술문명과 소통의 사이언스의 현격한 진화에 의해서 신계몽주의 가치관이 현실화될 가능성이 높다.

그러나 악의 혁명적인 조절시대가 도래하기 전에, 일부 괴물들의 횡포와 들쥐들의 무통제적 훼방이 치명적인 도전이 될 수 있다. 들쥐들을 관리할 수 있는 공공윤리 의식의 확산과 실효적인 디지털 조절시스템의 개선이 시급하게 요구되고 있다.

제레미 리프킨은 디스토피아(dystopia) 즉 결함사회를 걱정하고 있다.[398] 기술문명의 성숙한 사회가 도래하기 전에 생길 대량해고를 걱정하는 것이다. 사실 리프킨은 미래사회에 대해서 낙관적이며, 그의 긍정적인 미래에 동의하는 사람들이 적지 않다. 그 와중에 디스토피아의 가능성을 염려하는 것에 대해서 귀를 기울일 필요가 있다.

디스토피아는 대량해고보다 누구에게나 열려있는 빅-데이터와 AI를 괴물들이 악용하는 결함사회가 더 심각하다. 이기적 유전자 기계들이 손쉽게 농간을 부릴 수 있기 때문이다.[399] 미래학자들과 첨단 과학자들은 무통제적 자유에 의한 첨단 기술문명의 통제불능을 심각하게 걱정하고 있다. 임박한 미래에는 들쥐들의 해킹이 사회조절 제도의 진화속도를 추월하게 될지도 모른다. 디지털문명 뒤에 숨어서 일으킬 수 있는 여우들의 위험한 사회가 먼저 다가올지도 모르는 상황이다.

엘론 머스크는 이미 늦었다고 주장하면서 AI 연구개발 속도를 조절할 필요가 있다고 주장하고 있다.[400] 인공지능 세계는 기하급수적으로 발전하면서 인간지성의 역량은 오히려 점점 줄어들고 있다. 앞으로는 인간의 지성은 AI에 비하면 아주 작은 부분에 지나지 않을 것으로 보고 있다. 그렇게 되면 세상은 인간이 조절할 수 없는 방향으로 전개되면서 위험한 상황이 벌어질 것이다. 스티븐 호킹이 자신이 죽기 전에 먼저 걱정한 것이며, 엘론 머스크와 유발 하라리를 비롯해서 의식 있는 사람들이 걱정하고 있는 것이다.

엘론 머스크는 이미 늦었지만, 그래도 할 수 있는 대안은 AI 개발의 속도 조절을 제안하고 있다. 그리고 비생물학적 AI와 인간 두뇌의 공생적(symbiosis)인 존재의 개발을 제안하고 있다. 서로 공생관계가 되면 어느 한쪽이 다른 한 쪽을 지배하거나 위기에 몰아넣지 못할 것이기 때문이다.

그러나 유발 하라리는 아직 시간적 여유가 조금은 있다고 주장하고 있다. 하라리는 협력의 스토리텔링을 통해서 위기의 미래사회를 대비하자는 것이다. 이 책에서 주장하는 것이 바로 협력공생 사이언스의 계몽과 사이버 윤리의 실천이다. 첨단 과학기술을 만들고 사용하는 사람들이 협력공생 사이언스 윤리와 AI윤리에 적극적인 가담해야 한다는 사실이다.[401]

인류는 시대적 강령으로 다가오는 협력공생의 사이언스 윤리를 시급하게 실천해야 할 것이다. 기하급수적으로 진화하는 과학기술문명의 속도는 인간에게 통제불능의 미래사회에 대비할 수 있는 시간을 많이 주지 않을 것이기 때문이다.

미주

1) 첨단과학기술문명이란 정보시대(Information Age)의 디지털 시스템, 바이오 사이언스 시대 (Biotechnology Age)의 유전자 연구 그리고 뉴런을 연구하는 뇌신경 과학의 흐름(Neuro-technology Age)을 통칭하는 것이다. 고대문명에서 근대에 이르기까지는 신중심적 문명이었으며, 근대이후에는 인간중심의 문명이었고, 첨단기술문명시대는 데이터중심의 문명이 되고 있다. 과학기술문명 시대는 결코 농경사회로 되돌아가지 않을 것이다. 포스트모던 시대와 과학기술문명 시대의 악에 대한 해석은 인간중심시대와 데이터시대의 융합지평에서 전개될 것이다.

2) 악에 대한 근본적인 정의를 논의하고, 이어서 윤리학과 과학철학의 상관 관계적 맥락에서 사피엔스가 경험하는 악에 대한 일보 진전된 해석을 시도할 것이다. 악의 근본적 원인으로서 제한성과 엔트로피 현상의 연계성을 해석하면서 시공간 문제와 악에 대한 해석을 시도할 것이다. 독자들이 갖고 있는 악에 대한 경직된 이해의 해체하고, 신축성 있는 이해와 윤리의 구체적 실천을 기대하기 위한 것이다.

3) 사실상 자연악과 인간악은 전혀 무관한 것이 아니다. 인간이 손수 관개수로를 만들고 산에 나무를 심고 자연친화적인 노력으로 홍수의 피해를 줄였다. 지구온난화도 탄소배출 조절로 일정부분 개선의 효과를 볼 수 있을 것이다. 인간의 행동과 자연의 현상은 우주 물리학적 법칙에 따라서로 중첩되어 있는 것이다. 그런데 자연악과 인간악을 인간중심적으로 해석하는 것은 곡해를 불러올 위험이 크다는 사실이다. 악의 퇴치를 위해 인간중심적으로 생각한 상상의 아이디어나 원시종교 행위는 오히려 적지 않은 희생을 불러왔다. 종교심리학적인 차원에서 부분적인 위안은 있었지만, 근본적인 해결은 아니었다. 모더니티에 들어서면서는 자연악의 두려움에 대한 종교심리학적 위안의 효력마저도 약화되었다. 이성주의의 도전에 의해서 종교의 효력이 약화되었고, 도덕성을 지키는 데에도 허약해진 것으로 보인다. 윤리의 당위성 문제를 보다 보편적인 차원에서 타당성을 가질 수 있는 새로운 지평을 모색해야 하는 시대가 되었다. 인간중심주의를 넘어서 우주존재론에 대한 과학철학의 해석이 필요한 것으로 보는 것이다.

4) Brian Innes, *The History of Torture* (Amber Books Ltd, 2012).

5) Michael Sandel, *The Tyranny of Merit: What's Become of Common Good?* (NY, NY: Farrar, Straus and Giroux, 2020), 참조.

6) Alasdair Macintyre, *After Virtue: A Study in Moral Theory* (University of Nortre Dame Press, 2007), Chap. 5.

7) 자크 데리다, 『그라마톨로지에 대하여』(*On Grammatology*) (동문서, 2004), 2부 1장.

8) Thomas Piketty, *Capital in the Twenty-First Century* (Harvard College, 2014).

9) 마르틴 하이데거, 『존재와 시간』, (동서문화사, 2016), 9장.

10) 리차드 도킨스, 『이기적 유전자』, (을류문화사, 2018), "유전자 기계," 4장

11) 다이앤 애커먼, 『휴먼 에이지』, (문학동네, 2017), 5장.

12) 이기적 유전자의 노리개라는 말은 리차드 도킨스(Richard Dawkins)가 『이기적 유전자』에서 이기적 유전자 기계에서 온 개념이다.

13) 초과저장 욕구는 항구적인 평화의 길을 막는 괴물이다. 역사 속에서 진정한 평화는 한 번도 있어본 적이 없다. 가정의 평안, 동료 간의 평안, 회사의 안정, 국가의 평화, 등 세상에는 항구적인

평화란 존재하지 않는다. 제한성 극복의 심리적 초과욕구 현상이 항상 긴장과 갈등을 일으키는 탈–도덕으로 작용하고 있기 때문이다.

14) 마크 뷰케넌, 『내일의 경제: 복잡계 과학이 다시 만드는 경제학의 미래』 (사이언스 북스, 2014), 102-103.

15) 아담 스미스, 『국부론』 상, (비봉출판사, 2007), 2-3장.

16) 에드워드 윌슨, 『지구의 정복자』 (사이언스 북스, 2013), 17.

17) 이기적 마음작용은 경제경쟁을 하면서 생산성을 높이기 위해서 서민들을 생산성기계로 몰아 부친다. 경제경쟁은 인간을 이윤발생 도구로 몰아세우고 있으며, 사람들은 뒤처지지 않으려고 안간힘을 쓴다. 그러다가 행여 뒤처지면 거기서 겪는 열등의식과 실패의 고통은 견디기 어렵다. 한 쪽에서 생산성이 높아지지만 다른 쪽에서는 고통과 아픔이 있다.

18) 기억력, 추리력, 판단력, 응용력, 정보력은 선천적으로 타고나는 것과 후천적으로 노력해서 발전한 것이 조화를 이루면서 진전된 지적능력을 갖게 된다. 정신적 역량은 환경에 의해서 필요에 따라 발달하고 퇴화되는 현상이 일어난다.

19) 목적의식이 신체적 부조화를 부분적으로 조화를 향한 경로 단순화할 수 있는 목적의식이론 있다. 목적의식이 몸의 변화를 일으키는 현상을 활용한 것이다.

20) 미래 과학은 사피엔스의 근본적인 악의 문제를 완화하고 악의 축소에 상당부분 기여할 것이다. 완전한 악의 종말로 안내할 가능성은 크지 않지만, 현격한 악의 축소는 일어날 것이다. 악의 미래는 창조성 때문에 완전한 악의 정복은 불가능할 것이지만, 개인적으로나 사회적으로 볼 때에 악의 미래는 제한성의 문제는 상당부분 줄어들 것은 자명해 보인다.

21) 한 쪽의 고립된 물리계에서는 엔트로피가 증가하지만, 다른 한 쪽에서는 감소하는 상대적인 현상이 있다. 엔트로피의 불가역성은 우주적인 맥락에서 엔트로피의 지속적인 증가를 의미하는 것이다. 다양한 고립된 물리계의 엔트로피는 증가하는 것이 보편적 현상이다. 엔트로피의 감소가 일어나기 위해서는 에너지가 필요하며, 필요한 에너지의 동원은 또 다른 엔트로피의 증가를 야기 시킨다.

22) 이런 현상의 바닥에는 협력공생을 향한 집단의식의 사이언스가 악의 조절기능에 적지 않은 성과를 거두고 있는 것으로 보인다. 집단의식의 소통 사이언스, 첨단 범죄 조절기기, 빅-데이터, 디지털 시스템, 한계비용 제로를 향한 사이언스, 슈퍼AI의 기기, 등이 예기치 않게 사회정화를 급속도로 앞당기고 있는 것이다. 이들은 과거에 악의 조절에 기여했던 사회계약의 정치 시스템이나 경제발전 그리고 계몽주의 슬로건이나 포스트모던 사상 등의 그 어느 것보다도 도덕의 진화에 더욱 결정적인 역할을 하게 될 것으로 보인다.

23) https://youtu.be/a35bKt1nuBo

24) 어려운 상황과 불확실성의 두려움은 항상 나쁜 것만은 아닐 수 있다. 비행기가 공기 마찰을 이용해서 하늘을 나는 것처럼 고통과 두려움은 문명의 발달에 기여하는 긍정적인 역할을 했다. 선악의 중첩에 대한 해석은 양면으로 해석할 수 있지만, 악의 현실적인 면을 중첩이론으로 희석시키는 일은 간단한 일이 아니다.

25) David Sinclair and Mathew LaPante, *Lifespan: Why We Age—and Why We Don't Have To* (Atria Books, 2019); 데이비드 싱클레어, 매슈 러플랜트, 『노화의 종말』 (부키, 2020).

26) 다이앤 애커먼, 『휴먼 에이지』, 4장.

27) "목적의식 테라피"라는 말은 심리학자 스나이더(C. R. Snyder)가 사용한 것이지만, 여기서 사용되는 목적의식의 경로 단순화는 스나이더가 사용한 것과 다르다. 스나이더는 적극적인 심리학을 중심으로 목적의식을 해석했다. C. R. Snyder, Shane J. Lopez, and Jennifer T. Pedrotti, *Positive Psychology: The Scientific and Practical Explorations of Human Strengths* (SAGE Publication, 2011), 165. Diane McDermott and C. R. Snyder, *Making Hope Happen: A Workbook for Turning Possibilities Into Reality* (New Harbinger Publications, 1999)에서 스나이더는 다이엔 멕더모트와 함께 실제적인 목적의식실현 방법을 시도하고 있다.

28) 개인적인 악과 자연악의 정체성을 구체적으로 살펴보면 선악의 양면성이 있는 것을 알 수 있다. 제한성이 갖고 있는 선악의 양면성에 대한 해석의 문제를 극복한다면 초–도덕사회가 가능할 수

있다. 개인적인 차원에서 제한성은 악으로 인지하지 못하는 것이지 악이 아닌 것은 아니다. 악을 제한성으로 보게 되면 악에 대한 생각이 달라진다. 악이 없는 것처럼 볼 수 있으며, 악의 종말과 도덕의 해체까지 생각할 수 있다.

29) 일상생활에서의 오해와 갈등은 생각의 제한성에서 오는 경우가 많다. 생각의 제한성으로 인한 실수를 하지 않는다면 오해와 갈등들이 많이 사라질 것이다. 생각은 다양한 가치와 계층구조적 시스템에서 가치판단의 기준의 설정에 따라 전개되는 것이며, 생각의 결과도 달라진다. 생각의 판단에도 선과 악의 중첩이 있는 것이다.

30) 신은 세상을 혼돈우주에서 질서 있고 선하게 만들었다고 창세기에서 언급하고 있으며, 인간이 경험하는 맥락적 악은 슈퍼 선의 한 부분적 요소라고 기독교 신학에서 설명하고 있다. 우주적 유기체는 구성요소들이 상호작용을 하면서 진행되고 있다. 우주적인 맥락에서 보면 어떤 것이 악이고 어떤 것이 선인지 명료하게 규명학가 쉽지 않다.

31) Roger Penrose, ed., *Consciousness and the Universe,* (Cambridge, MA: Cosmology Science Publisher, 2017), 1. Introduction: Consciousness, Brain and Evolution by Roger Penrose and Stuart Hameroff, 참조.

32) 션 캐럴, 『빅 픽쳐』 (사일런스북, 2019), 2장.

33) 화이트헤드는 "선이 잘못 놓아진 것"(misplacement of goodness)이 악이라고 했으며, 상실 (loss)을 악이라고 했다. 화이트헤드의 이론에 대한 해석가들은 상실을 악으로 본 것은 그의 아들이 군대에서 죽은 것을 상징적으로 묘사한 것으로 보고 있다.

34) 엎질러진 물은 다시 담을 수 없으며, 깨진 유리병을 되돌릴 수 없는 것이 엔트로피의 불가역성이다. 복잡성으로 흐르는 엔트로피의 불가역성이 인간이 경험하는 제한성의 운명적 현실이다. 노화를 되돌릴 수 없는 것처럼, 되돌릴 수 없는 일들로 인해서 수많은 어려움을 겪고 있는 것이 인간의 숙명적 아픔이다.

35) 제한성의 원인이 되는 시간과 공간에 대한 과학적 해석은 어디까지 진행되었는지 살피는 것은 악에 대한 이해에 도움이 될 것이다. 삶의 제한성 즉 죽음에 대한 공포의 악은 어쩌면 인류의 최대의 악이라고 할 수 있다. 죽음의 악을 극복하면, 모든 악을 극복한 것처럼 느낄 것이다. 천둥, 번개, 상상의 괴물, 질병, 등도 결국 생존의 욕망과 죽음의 공포에 사이에서 악으로 여겨졌던 것이다.

36) 카를로 로벨리(Carlo Rovelli), 『보이는 세상은 실제가 아니다』 (Reality is not what it seems) (서울: 쌤엔파커스, 2018), 193.

뉴턴	공간	시간		입자
페러데이, 멕스웰	공간	시간	장	입자
아인슈타인 1905	시공		장	입자
아인슈타인 1915	공변 장(covariant fields)			입자
양자역학	시공		양자장	
양자중력	공변 양자장(covariant quantum fields)			

37) Robert Lanza, *Biocentrism: How Life and Consciousness are the Keys to Understanding the True Nature of the Universe* (Dallas, TX: Benbella Books, 2010), 41.

38) Lee Smolin, *Time Reborn* (New York, NY: Mariner Books, 2014), 240.

39) Lee Smolin, *Time Reborn*, 참조.

40) Smolin, *Time Reborn,* 76. 양자역학과 시간의 종말논쟁을 하면서 시간의 재탄생을 역설적으로 주장하고 있다.

41) Robert Neville, *Nurture in Time and Eternity,* (Cascade Books, 2016), 참조.

42) Robert Neville, *Eternity and Time's Flow* (New York, NY: SUNY Press, 1993), 참조.

43) 리차드 뮬러, 『나우: 시간의 물리학』 (바다출판사 2019), 25장.

44) 바르트는 자연계시를 반대하였기 때문에 자연을 연구한 과학적 이론에 대해서 깊은 관심을 갖지 않았을 것이며 신학적 전개에 활용하지 않았을 것으로 사료된다.

45)https://postbarthian.com/2018/03/02/jurgen-moltmanns-criticism-karl-barths-eschatology/

46) 션 캐럴, 『빅 픽쳐』(글루온, 2019), 75.

47) Sean Carroll, From Eternity to Here: The Quest for the Ultimate Theory of Time (Oneworld Book, 2010), 16장에서 시간의 화살은 아직 해결되지 않은 문제라고 언급하고 있다. 7장에서는 미시세계의 흐름(microscopic processes)에서는 시간의 가역적 가능성을 언급하고 있다.

48) 엔트로피(entropy)는 물리학에서 질료세계의 변화를 표현한 개념으로서 물질이 한번 변형되면 원래의 상태로 환원될 수 없는 현상을 지칭하는 개념이다.

49) 아인슈타인은 시간과 공간은 붙어있는 것이고, 시공간에서 물리적 사건들이 상대적으로 변하는 것으로 해석했다. 물리적 사건들의 상대적 변화는 시공간의 상대적 변화를 의미하는 것이다. 시공간은 고정된 것이 아니라, 위치와 질량에 따라서 다르게 변한다는 것이 상대성 이론이다.

50) 션 캐럴, 『빅 픽쳐』, 145.

51) 시공간의 종말은 제한성의 종말을 의미하며 악의 종말을 의미하기도 한다. 정말로 시공간이 존재하지 않는다면, 제한성 자체가 없는 것이 된다. 엔트로피의 불가역성의 문제만 해결할 수 있다면 모든 질병의 치료는 물론 죽음까지 극복할 수 있다. 시간의 종말이나 시간의 재탄생은 아직 논의가 진행되고 있는 상태이기 때문에 한 쪽 편에 완전하게 서기는 쉽지 않다.

52) 그러나 네빌과 스몰린의 시간론을 생각하면 시간의 부재론에 얼른 손을 들어주기는 쉽지 않은 면도 있다.

53) 짐 알칼릴리(Jim Ahlkalili)는 『생명, 경계에 서다』(글항아리 사이언스, 2017), 6장.

54) 그러나 쓰나미, 대형지진, 기후변화, 행성충돌 위험, 엔트로피 현상, 등과 같은 자연적 악에 대해서 슈퍼AI와 호모−데우스가 어디까지 극복할 수 있을지 궁금하다.

55) 악의 정량불변의 법칙은 인간 중심의 고립된 물리계에서는 존재하지 않으며, 악의 량은 인간의 노력에 의해 줄어들고 있다. 부조화의 개선 원리 혹은 제한성 축소의 원리에서 진화한 도덕은 궁극적으로 악의 종말을 향해 가고 있다. 도덕은 악의 축소에 실질적인 기여를 하고 있는 것이 사실이다. 그러나 도덕의 선악의 양면성이 사라지는 것은 아니며, 도덕이 삶의 발목을 잡는 역기능적인 현상이 있다.

56) 전 세계에 지금도 30여 곳에서 전쟁을 하고 수많은 살인과 범죄들이 일어난다. 사기와 갈취 갑질과 폭력이 끊이질 않고 있다. 모두가 도덕적 갈등에서 야기된 것은 아니지만, 인류의 보편적인 아픔이다. 폭력을 일삼는 사람들을 보면 인간은 진정으로 도덕적인가 아니면 도덕이 필요한 존재인가에 대한 의문이 든다. 바울은 로마서에서 인간이 자연 상태에서는 도덕적이지 않은 악한 존재라고 했다. 시기와 질투 투쟁과 갈등을 일삼는 존재로서 도덕과는 거리가 아주 먼 존재로 보았다. 순자도 인간은 기질지성이 우선 작용하는 거칠고 투박한 악한 존재로 해석 했다. 근대 사상가인 토마스 홉스도 인간은 본래 선하지 않은 악한 존재라고 생각했다.

57) 이언 스튜어트, 『생명의 수학』, 125.

58) 본 회퍼, 『존재와 행위』(대한기독교서회, 2010), 참조.

59) 프란스 드발, 『동물의 감정에 관한 생각: 동물에게서 인간 사회를 읽다』(세종서적, 2019), 참조.

60) https://youtu.be/yNUI_sUY0Vk

61) 미래의 기술문명사회에서는 서열시스템이 약화될 것이며 꼭대기에 있는 사람들을 쉽게 흔들려 넘어질 것이다. 그렇다고 마르크스가 생각한 평등의 세상이 올 것은 아니지만 계급이 약화되는 세상이 오고 있다는 것이다. 현재의 상황에서 아직은 이기적 인간이 이룰 수 없는 온전한 도덕주의와 평등사상은 너무 이상적이며, 그렇기 때문에 기만적인 면이 있다.

62) 리사 배럿, 『감정은 어떻게 만들어지는가?』(생각연구소, 2017), 6장.

63) 프란스 드발, 『동물의 감정에 관한 생각』, 89.

64) 모순을 개선하고 왜곡을 바로잡는 진실게임은 양심의 나침판에 입각한 공생의식의 증진에 있으며, 특히 현대문명에서는 협력공생의 사이언스 실천에 있다는 사실이다.

65) 프란스 드발, 『착한 인류: 도덕은 진화의 산물인가』 (미지북스, 2014), 329.

66) 프란스 드발, 『착한 인류: 도덕은 진화의 산물인가』, 171.

67) 프란스 드발, 『동물의 감정에 관한 생각』, 172.

68) 퇴계는 쭈시(朱熹)의 체용일원(體用一源)에 대해서 동의한 것이다.

69) 모더니티의 개인윤리는 탈-개인윤리론에 의해 도전을 받고 있으며, 목적론적 윤리는 사회생물학의 무목적론적 진화 윤리론의 도전을 받고 있다. 규범윤리는 포스트-칸트 윤리론에 의해서 도전을 받고 있다. 객관적인 규범윤리는 포스트모던 사상가들에 의해서 해체의 대상이 되고 있다.

70) 해체주의의 도덕해체의 본래 목적은 구성된 규범이 획일적으로 적용되고 경직된 도덕주의로 흐르는 것을 해체하는 것이다. 도덕의 사회적 역기능 현상을 일으키는 것을 조절하기 위한 것이다. 해체주의가 도덕의 족쇄, 도덕의 착각, 경직된 도덕주의를 해체하는 데에 일조를 한 것은 사실이다. 그러나 도덕의 난제를 해결한 것은 아니며, 도덕의 발전에 혁신을 제시한 것으로 보기도 어렵다.

71) 하지만 아쉽게도 해체된 탈-규범주의 도덕과 유기체적 해석을 발판 삼아서 포스트모던 디지털 문명은 가치관과 영혼이 없는 문명을 향해 급속도로 전개되고 있다.

72) 사회생물학을 포스트모던 사상 맥락에서 다루는 이유는 사회생물학이 유기체적 성향을 갖고 있기 때문이다. 유전자와 자연선택의 생태적 진화 그리고 유전자의 생명체가 만들어지는 후성규칙 등은 유기체적인 차원을 함축하고 있다.

73) 주어진 맥락에 따라서 선택적 기준이 변하기 때문에, 변하는 기준에 의해서 결정되는 윤리는 매우 모호한 것이 될 수밖에 없다.

74) 프란시스코 아얄라, 『내가 원숭이라구?』 (아니마, 2011), 1장.

75) 해체주의 도전에 대한 대안적 아이디어에는 어떤 것들이 있을까. 도덕과 메타사이언스의 융합적 해석을 생각할 수 있다. 우주미학의 발현에 의한 메타윤리에 관한 논의도 가능하다. 센델이나 롤스처럼 여전히 포스트-칸티안(post-Kantian) 윤리학적 논의도 의미 있다. 도덕의 족쇄를 풀고, 도덕의 경직성을 해체하며, 도덕의 착각을 깨우치고 전개될 윤리의 새로운 지평이다.

76) 션 캐럴, 『빅 픽쳐』 (글루온, 2019), 540.

77) 션 캐럴, 『빅 픽쳐』, 547-548.

78) 션 캐럴, 『빅 픽쳐』, 548.

79) 매튜 리버먼, 『사회적 뇌: 인류 목적디자인 실현의 비밀』 최호영 옮김. (시공사 2015) 참조.

80) 물리학에서도 션 캐럴은 그의 시적 자연주의에 대한 논의에서 인생은 목적론적이라고 보고 있다.

81) 인위적으로 긍정적인 목적의식의 사유를 할 때에 몸을 즐겁게 만드는 화학물질이 분비되는데, 생명강화와 연계된 인위적 목적 디자인은 생존 효율성을 높인다. 목적의식의 희망디자인은 뇌 신경활동에서 인위적으로 조절하고 만드는 차원은 예술이고, 몸을 즐겁고 건강하게 하는 차원은 생명강화작용이다.

82) Robert K. Merton, *Sociology of Science* (The University of Chicago Press, 1973.) 참조.

83) 목적 지향성은 "몸과 마음과 관계성"에서 자기조정 작용에 의해서 생성된다. 목적지향성에 대한 인지과학 해석을 보면, 목적의식의 뇌-작용은 몸과 마음의 도덕적 갈등을 완화하는 화학물질을 촉진시키며 생명작용을 활성화 시킨다. 최근에 발전하고 있는 후성유전학에서 이런 것들이 증명되고 있다.

84) Daniel Dennett, *Consciousness Explained* (Boston, MA: Black Bay Books, 1991), 참조.

85) Daniel J. Siegel, *The Developing Mind: How Relationships and the Brain Interact to Shape Who We Are* (Mind Your Brain, 2012), 1-45.

86) 언어나 윤리스토리를 통한 행동은 몸으로 관계적 체화를 하면서 뇌신경세포의 전자회로의 전자파 흐름의 변화를 일으키면서 경로 단순화작용과 생명강화 작용이 일어난다. 목적의식의 경로

단순화라는 말은 도덕적 갈등과 불확실성의 두려움이 조정된 미래의 목적이 단순화 되는 것을 의미한다.

87) 목적의식의 경로 단순화는 최근에 전개되고 있는 마음이론, 인지과학, 사회생물학, 등에서 사용되고 있는 체화된 "마음"의 이론을 활용한 체화된 "목적의식"의 경로 단순화이다. 이 책은 일반적인 목적의식내용을 실제 목적의식의 경로 단순화작용에 연계하여 기술했다. 독자들이 목적의식 내용들을 편하게 접하면서 실제적인 경로 단순화 작용을 체험하도록 했다.

88) 라너의 초월적 신학에서 초월적인 로고스는 세상에 이미 편재해 있으며, 인간이 의지적으로 순수자아를 통해서 알 수 있다고 했다. 라너가 주장하는 초월적 로고스는 창발적인 것이 아니라, 원래 있는 본래적인 것이다.

89) 윤리의식은 내면의 프로그램에 의한 기계적인 행위가 아니라, 주어진 맥락에서 의미와 가치를 고려해서 선택한 창발적 현상이다. 창발적 결행은 두 가지 유형으로 해석될 수 있다. 칸트의 초월적 정언명령의 유형과 존 롤스(John Rawls)의 공평함(fairness)를 향한 직관적 정의의 유형이다. 정언명령과 직관적 정의는 기존에 존재하는 규범도 아니고, 행위자의 유전자에 내재되어 있는 것도 아니다.

90) 정언명령과 직관적 정의는 맥락에 따라서 창발적으로 나타나는 것이다. 그러나 이 창발현상은 우주의 조화를 향한 확률적 패턴을 따르는 것이다.

91) 신뢰도가 세계 1위인 네덜란드는 세계최고의 무역 국가이다.

92) 제한성의 극복과 부조화의 개선의 원리에서 진화한 도덕은 생존전략을 위한 협동윤리와 맞물려있다. 제한성의 축소와 부조화 극복을 위해 전략으로서 협동과 배려의 도덕성이 진화한 것이기 때문이다. 윤리가 있게 된 원인은 생존을 위해서 상리공생(mutualism)과 호혜적인 행위에서 생성된 것이라는 입장과 연속성이 있다. 이런 주장은 포스트모던 해체주의에서는 어떤 권위적인 도덕적 강령과 같은 것은 존재하지 않는 다는 주장과 유사하며, 탈윤리를 향한 다원주의 가치관과 연속성이 있는 해석이다.

93) 마이클 센델, 『정의란 무엇인가』 (와이즈베리, 2014), 10장.

94) 알래스데어 매킨타이어, 『덕의 상실』 (문예출판사, 1997), 17장.

95) 도덕의 해체론에 대안으로 거론 될 수 있는 것이 션 캐럴의 유연한 도덕주의, 이안 모리스의 협동적 관습론, 마이클 센델의 포스트-칸티안 공동체주의, 그리고 매킨타이어의 공동체주의라고 할 수 있다.

96) 존 롤스, 『정의론』 (이학사, 2003), 1장 7절.

97) 존 롤스, 『정의론』, 3장 27절.

98) 마이클 센델, 『돈으로 살 수 없는 것들』 (와이즈베리, 2012), 5장.

99) 도덕의 해체의 도전에 대응방안 중에 하나는 우주의식의 슈퍼패턴의 힌트에 있다. 제한성의 축소과정에서 시행착오들이 수없이 있었지만, 상대적으로 슈퍼패턴을 발견하게 된 면이 있다. 슈퍼패턴은 우주의식의 초월적인 확률적 패턴이며, 우주의 물리적 현상에 대한 철학적 탐구, 종교적 묵상, 과학적 해석, 등에서 발견되는 것이다. 영혼이 없는 디지털 문명의 시행착오는 머지않은 장래에 슈퍼패턴 적용의 확대가 일어나면서 개선될 가능성이 있다. 선 윤리나 의무윤리 혹은 공리주의나 해방윤리는 우주패턴에 가까운 내용들이기 때문에 어느 정도 가용성이 있는 것이다. 고립된 물리계에서 실효적 기능을 하고 있기 때문에, 현실적인 타당성이 있는 것으로 여겨지고 있다.

100) 도덕이란 것은 존재하지 않는다고 주장하는 진화생물학이나 도덕적 규범은 존재하지 않는다고 주장하는 해체주의의 "도덕 해체론"은 우주의 슈퍼패턴 해석에 의해서 쇠잔할 것이다. 슈퍼규범윤리와 유기체의 관계윤리 그리고 진사회적 협동윤리에 관한 것에서 그 면모를 보게 될 것이다.

101) 프란스 드발, 『동물의 감정에 관한 생각』, 324.

102) 프란스 드발, 『동물의 감정에 관한 생각』, 288.

103) 료타르의 근본적 진리의 부재론은 해체될 가능성이 높다. 패턴이 없는 무규범론 자체는 스스로 모순이며 불가능한 생각이라고 보기 때문이다.

104) 제리미 리프킨, 『노동의 종말』, (민음사, 2014), 1장.

105) 세상에는 폭력이 조금씩 줄어들고 있는데, 그 이유는 인간의 마음속에는 천사와 같은 속성이 있기 때문이라는 주장이다. Steven Pinker, The Better Angels of Our Nature: Why Violence Has Declined (New York: Penguin Books, 2012), 9장.

106) 프란스 드발, 『동물의 감정에 관한 생각』 (세종서적, 2019), 214.

107) 프란스 드발, 『동물의 감정에 관한 생각』, 213.

108) 생계유지를 위해서 하루에 일정한 시간의 노동을 제공하고 임금을 받는 것과, 일정시간의 로맨스를 위해 몸을 빌려주고 돈을 받는다는 차원에서는 서로 공통점이 있다. 선택권은 본인이 갖고 있는 것이고, 행동과 결정도 본인이 하는 것이며, 책임도 본인의 몫이다.

109) 기축 규범이 존재하지 않고 모든 규범이 맥락에 따라 구성되는 것이라면, 해체주의가 주장하는 다원적 규범의 기능은 어디까지 가능할까. 상황이 달라지면 규범이 달라질 수 있는데, 구태여 그런 규범을 지킬 필요성에 대한 의문이 들 수 있다. 도덕적 강령의 힘은 약화될 것이다. 맥락규범은 근본적 규범에 비해서 그 기능과 효력이 약한 것이다.

110) 물론 예외적인 것들이 있다. 침팬지나 보노보에게도 동성애가 있으며, 여타 동물들에게 동성애가 일정부분 있는 것이 사실이다. 그 비율은 앞에서 언급한 것처럼 보노보는 5%에서 10%정도로 추산되고 있으며, 곤충의 세계에서는 1%정도로 나타나고 있다. 인간의 동성애도 정도에 따라 편차가 있겠지만, 유인원의 비율과 비슷한 것으로 나타나고 있다. 그러나 5% 정도는 주류가 될 수 없으며, 질적 공리주의에 해당될 수 있는 것도 아니다.

111) 디지털 문명 속에서 개인의 역량이 강화되면서 통제불능의 현상이 나타나게 될 것이며, 이것이 탈-도덕이라고 할 수 있다. 제리미 리프킨은 디스토피아의 결함사회의 가능성도 예측하고 준비할 것을 주문하고 있다. 무-도덕은 두 가지 차원에서 논의할 수 있다. 도덕 자체가 존재하지 않는다는 것과 앞으로 사이언스가 극도로 발달해서 도덕이 필요 없을 것이라는 무-도덕이다. 앞에서 언급한 에드워드 윌슨(Edward Wilson)이나 마이클 루스(Michael Ruse)와 같은 사회생물학자들은 도덕은 원래 없는 것이며, 현존하는 도덕은 생존에 유리하기 때문에 사피엔스가 생존을 위해서 만든 것이라고 주장하고 있다. 무-도덕론은 사회생물학과 신다원주의(neo-Dawinism)에서 주장한다는 사실이다.

112) 목적의식의 영장류인 인간은 다른 생물들에게서 찾아볼 수 없는 장기적인 계획을 생각하고 희망엔진을 가동시킨다. 인생의 과정을 목적의식의 경로 단순화작용라고 한 것은 목적의식의 목표를 정하고 최적의 경우의 수를 선택하는 생명의 아트이기 때문이다. 안정된 원자아의 회복 목표를 향한 전략적 설계과정에서 경로 단순화의 효과가 나타기 때문이다.

113) 브라이언 보이드(Brian Boyd), 『이야기의 기원』(On the Origin of Stories), 남경태 옮김, (휴머니스트, 2013), 45.

114) 자연의 흐름에 자신을 그대로 맡기는 사람은 없다. 목적 있는 미래가 현재를 결정하는 것이다. 목적의식과 의지가 실존적 개선을 향해 작용한다. 실존적 개선 작용은 주어진 인생의 시간과 활동 영역 안에서 다양성 가운데서 선택을 한다. 그 과정에서 목적의식에 의해 불완전한 현실의 개선이 일어난다.

115) 목적의식은 마음의 작동을 상향적으로 관리하는 것이다. 마음의 작동은 시간 사이에서, 공간 사이에서, 그리고 대상 사이에서 일어난다. 사이들을 연결시켜주는 것이 내러티브라고 보는 견해가 인지과학자들 사이에서 논의되고 있다. 하지만 실제로 사이들을 연결시켜주는 것은 마음의 주체인 선택작용이라고 보아야 할 것이다. 예측하기 어려운 불확실한 시간과 대상사이에서 최상의 경우의 수를 찾아서 선택하고 결정하는 것이다. 내러티브가 시간과 공간과 대상 사이의 연결 작업을 하는 것은 부인하기 어렵지만, 내러티브는 결국 사건에 관한 이야기이다.

116) 규칙의 존재는 규칙 준수의 결과의 목적을 전제한 것이다. 게임은 규칙이 있고, 규칙을 잘 지키는 것이 게임성립의 기본이다. 질서 있는 사회가 효율적이고 안전하기 때문에 개인은 질서를 지키는 것이 유리하다. 개인이 게임의 규칙을 따르지 않고 조화와 질서에 부합되지 않으면, 도태 되거나 척결의 대상이 된다. 그 이유는 집단의식의 공적가치의 훼손을 부추기는 반칙자로 드러나기 때문이다.

117) Edward O. Wilson, The Social Conquest of Earth (New York, NY: Liveright Publishing Co., 2013), 183.

118) Edward O. Wilson, *Consilience: The Unity of Knowledge* (New York: NY: Vintage, 1999), 12-13.

119) Wilson, *The Social Conquest of Earth*, 183-186

120) 모더니티의 윤리가 포스트모던 해체주의와 다원주의에 의해서 윤리적 근간이 흔들리고 있는 맥락에서 포스트모던 윤리의 새로운 지평은 차세대의 윤리적 해석의 기반이론을 형성하는 데에 일조를 할 것이다.

121) 에드워드 윌슨은 후성규칙이 존재하는 것을 믿고 있다. 유전자가 완전히 무작위로 움직이는 것이 아니라, 후성규칙에 의해서 생명체로 발전된다는 주장이다. 후성규칙은 그가 주장하고 있는 지식의 대통합(unity of knowledge)을 가능하게 하는 통섭적(consilience)인 것이다. 진사회성의 협동윤리의 기반이 되는 것도 후성규칙이다. 지식의 대통합은 윤리와 정치 사회현상에 대한 해석을 유전자와 후성유전규칙의 원리로 환원해서 탐구하는 것이 가능하다는 주장이다. 악에 대한 해석도 유전자의 이기적 성향을 탐구하면서 인간의 본성과 도덕적 행동을 해석할 수 있다고 보는 것이다. 이 책에서도 부분적으로 윌슨의 인간해석을 활용하고 있다.

122) 메타인문학이란 메타사이언스 인지과학의 발달로 인해서 새롭게 전개되고 있는 새로운 인문학적 지평이다. 메타인문학은 불확실성의 위험한 디지털 사회와 돈의 횡포 그리고 디지털 폭력과 바이오 테러와 같은 위험을 향해 진전된 윤리의 기반이론 탐구에 실적을 낼 것으로 보인다.

123) 윤리의 사이언스의 발달이 영혼이 없는 디지털문명의 "통제 불능"의 위험에 대처하고, "사람위에 이윤"이라는 기형적 경제시스템에 일보 진전된 도덕적 발판을 형성할 것이다. "비인간적인 의사소통"의 사회를 분석비평하고 진정한 소통의 가치를 계몽하는 "위험한 사회"의 안정화를 위해 협동과 신뢰의 기반적 틀을 제공할 것이다. 궁극적으로는 무―도덕 사회로 안내할 수 있는 추론이 가능하다. 그런 추론은 협력공생의 집단의식이 사이언스에 작용할 때에 가능한 것이다.

124) 디지털 문명의 역기능적 기형경제 회오리 속에서 빚을 갚지 못해 한 숨을 짓는 사람들이 많다. 견디다 못해 생을 포기하고 자살하는 사람들이 적지 않으며, 앞으로도 계속해서 그런 사람들이 나올 것이며 조만간 세계적으로 한숨짓는 사람들이 즐비할 것으로 보인다. 2030년이 되면 식량개선을 위한 생명과학의 발달로 인해서 빈곤의 문제는 해결되겠지만, 서민들이 다가설 수 없는 디지털경제의 횡포에서 한숨짓고 삶을 포기하는 숫자는 늘어날 것이다. 왜곡된 디지털경제는 주식시장의 매수 매도, 프로그램, 공매도, 옵션, 등 다양한 것이 디지털시스템으로 운영되고 있다. 은행의 다양한 금융상품과 회계처리가 디지털시스템으로 되어있다. 극장, 백화점, 교통, 소통, 등 모든 분야에 디지털시스템이 작용하고 있으며, 인간적인 면이 최소화되어가고 있다. 디지털경제는 인간과 거리가 점점 멀어지는 방향으로 전개되고 있다. 경제는 성실하게 일하는 사람들의 의지와는 상관없이 예측하기 어려운 복잡한 성장과 실패를 야기하고 있다. 금융시스템은 인문적 성향과 거리가 먼 걷잡을 수 없는 괴물이지만, 그 괴물은 영생하는 괴물이 아니다. 영생할 수 없는 괴물은 결국 조정을 맞이하게 될 것이다. 돈은 본래 목적인 교환시스템의 원리로 조정되어 돌아가게 될 것이다. 광기의 기형 디지털경제 시스템의 쇠잔은 탄소에너지의 축소와 함께 도래할 가능성이 높다. 에너지 효율이 높은 탄소에너지의 활용으로 산업사회의 대량생산이 이루어졌고, 그로 인해서 과다한 부가 형성되었다. 탄소에너지가 고갈되고 에너지 효율이 높은 대체 에너지가 나타나면 경제의 변화가 올 것이다. 대체 에너지가 태양에너지와 풍력에너지와 같은 것이 초저가로 공급되기 시작하면 현재의 부의 편중현상은 물가의 조정을 통해서 조정곡선을 그릴 가능성이 높다.

125) Kenneth Rogoff, *The Curse of Cash* (Princeton University Press, 2016).

126) 임금을 쥐꼬리만큼 주고 많은 일을 시키는 신종노예 시스템이 신자유주의 경제사회의 바닥에 너무 넓게 깔려있다. 스포츠도 경제성이 없으면 발전하기 어려운 세상이 되었다. 세계적인 금융회사 골드만삭스가 월드컵과 올림픽의 경제성을 논하고 있다. 체육 선수들은 돈 되는 운동에 마음을 두는 사람들이 많아지고 있다. 건강과 스포츠 정신을 갖고 전문적으로 운동하는 경우는 점점 줄어들고 있다. 미술 작품도 경매에서 돈으로 평가 받고 있다. 고상한 음악회 혹은 대중음악회 관람석의 입장료도 만만치 않다. 아름다움을 추구하는 예술의 세계도 이제는 돈으로 평가받고 돈으로 감상하는 세상이 되었다. 돈의 교환가치 시스템에 의해서 스포츠 예술의 윤활유적 진전에 실효적인 기능이 있지만, 현재의 상태는 스포츠와 예술의 진가가 돈에 휘둘리는 시대가 되었다.

127) 그러나 디지털 경제 시스템은 그런 세상을 뒤집고 정의로운 세상을 열어줄 것이다. 이기적 인간들이 운영하는 세상보다 훨씬 투명하고 정직한 세상으로 안내할 것이다. 무의미한 민주주의

에서 권력을 가진 이기적 횡포 자들보다 디지털 경제의 조절시스템이 실효적인 힘의 세상이 될 것이다.

128) 위험한 마르크스주의 철학자 슬로보아 지젝(Slavoj Zizek)은 민주주의와 자본주의의 결별 현상을 예리하게 파헤치고 있으며, 자본이 민주주의를 훼방하고 있는 것을 신랄하게 드러내고 있다. 마르크스의 자본론에 영향을 받은 지젝은 자본주의가 인간의 자유와 존엄성을 위협하고 있는 위험을 심각하게 지적하고 있다. 피케티는 현재의 경제시스템으로 간다면 앞으로 세습자본주의가 더욱 기승을 부릴 것이고, 빈부의 격차는 더욱 심화될 것이며, 소수의 자본가들이 권력을 쥐고 세상을 이끌어갈 것이라고 경고하고 있다. 민주주의 훼손을 걱정하고 있는 것이며, 돈의 횡포를 지적하고 있는 것이다. 세습자본주의 폐단에 대안으로 부자증세와 분배정의 실천을 주장하면서 참여적 사회주의를 권장하고 있다. 피케티의 부자증세와 참여 사회주의가 답일까. 한국의 기업가들은 기업을 하면서 법인세 25%를 내고 있다. 기업을 상속하기 원하면 기본 상속세 50%를 내야 한다. 거기에다가 상속재산에 따라 할증과세 15%를 추가로 내야 한다. 상속세가 55%인 일본 다음이며, 할증과세를 포함하면 세계에서 일등이다. 기업을 운영하면서 매년 25%의 법인세를 내고, 상속할 때에 다시 65%를 낸다면, 누가 기업을 해서 부를 이루려고 할까. 세계적인 동향은 어떨까.

129) 그렇다고 돈 중심의 세상을 거슬러 살아가기는 만만치 않다. 현재의 디지털경제 중심 세상을 그대로 받아들이기도 쉽지 않다. 냉엄한 현실을 직시하고 자신의 삶을 지키면서 자본을 활용해야하는 것이 인생의 중요한 과제이다. 돈과 결별할 수 없는 현대인은 디지털경제의 횡포와 참신한 삶의 경계에서 곡예를 해야 하는 운명에 처해있다. 사람들은 겉으로 내색은 안하지만 내면에는 부자에게 관심이 끌리는 성향이 있다. 조금이라도 유익함이 생기지 않을까 하는 얇은 마음이 깔려있다는 사실은 심리학자들이 주장하고 있다. 은연중에 심리적으로 가용적 편향성이 작용하고 있다. 사람들은 가진 자의 우월감에 대해서 마음속으로는 조소를 보내지만, 겉으로는 친화적이며 우호적인 소통을 한다. 경제적 이익을 위해서 진실하지 않은 외교적 소통을 하는 것은 왜곡된 돈과 권력의 횡포로 인해 나타나는 가련한 모습이다. 생명존중의 선수는 단순히 부에 관심을 갖는 것이 아니라, 목적의식 작용에 진정한 도움이 되는 사람에게 관심을 갖는다. 마음 깊은 곳에서 지속가능한 호혜적인 관계를 가질 수 있는 대상을 찾고, 예측 가능한 결과를 기대할 수 있는 일관성 있는 사람에게 관심을 갖는다. 이런 현상들은 생명의 안정과 직결되어 있기 때문이다.

130) 형태공명은 아직은 가설이지만 여기서는 경륜적 섭리의 부분적 현상을 과학철학적 용어로 표현한 것이다.

131) 이번에 지구촌경제 연결시스템이 붕괴되면 금융시장이 생긴 이래 최대의 폭발이 될 것으로 내다보고 있다. 워렌 버핏(Warren Buffet)과 같은 자산가는 명석한 현금(smart money)을 많이 확보하고 경제위기를 기다리고 있다. 위기가 오면 저평가된 우량주를 매입하려는 것이다.

132) Jeremy Rifkin, *The End of Work: The Decline of the Global Labor Force and the Dawn of the Post-Market Era* (New York: Putnam Book, 1995), 3-5.

133) 돈의 횡포는 종교에서도 예외는 아니다. 수전노들은 교회 가기도 어렵고, 절에 가기도 쉽지 않다. 교회에는 다양한 종류의 헌금이 있다. 헌금을 하지 못하면, 스스로 소외감을 느끼고 불편한 생각이 들면서 교회에 출석하는 것이 싫어질 수 있다. 절에도 다양한 봉헌의 종류가 있으며, 헌금의 본질과 종교적 보상을 이해하지 못하고 돈에 집착이 강한 사람은 절에 가는 것이 어려워질 수밖에 없다. 거세게 출렁이는 돈의 횡포의 물결 위에서 파도타기를 잘 해야 인간다움의 품위를 유지할 수 있는 것이 현대인의 시대적 운명이다.

134) 에디슨이 발명한 전기불의 역기능은 밤을 빼앗고, 근로시간을 확장했으며, 초과노동을 하게 만들어서 인생을 더욱 고단하게 만들었다는 사실이다.

135) 실러(Robert Shiller)는 실물경제보다 내러티브 경제(narrative economy)에 관심을 갖고 스토리에 의한 시장변화에 대해서 심도 있게 탐구하고 있다. Rober Shiller, *Narrative Economics: How Stories Go Viral and Drive Market Economic Event* (Princeton University Press, 2019).

136) 산업사회의 산물인 경제의 횡포는 오래가지 못할 것이다. 미래사회에서는 금융자본보다 사회적 자본이 더 중요해지는 시대가 오고 있다. 페이스북(facebook)으로 수 십 조원을 벌어들인 주커버그(Mark E. Zuckerberg)는 글로벌 네트워크를 활용해서 성공했다. 주커버그의 성공은 금융자본이 아니라, 사회적 자본이라는 사실이다. 주커버그가 세운 회사도 상업빌딩에서 창업한 것이 아니라, 학생기숙사에서 시작했다. 구글(Google)회사도 작은 창고에서 두세 명이 시작했

다. 금융자본이 없어도 재벌이 될 수 있는 기회가 도래한 것이다. 그동안 산업사회의 부를 이용한 금융자본의 횡포는 이제 다른 유형으로 변하고 있다. 물론 제조업이 다 사라질 것이라는 주장은 아니다. 전환기에 수많은 새로운 생명윤리의 기회들이 등장하는 시기라는 것이다.

137) 케빈 켈리, 『인에비터블』(서울: 청림출판, 2017), 5장.

138) 프랑스의 경제학자 토마스 피케티(Thomas Piketty)는 『21세기 자본론』에서 미래경제사회는 세습자본주의에 의해서 소수에게 집중된 대규모 자본이 세상을 지배할 것이라고 주장하고 있다. 세습자본주의 힘과 경제 불평등은 민주주의 시스템을 심하게 망가트릴 것이라고 주장하고 있다. 슬로보에 지젝이 자본주의가 민주주의를 버리고 결별하고 있다는 주장과 유사한 것이다.

139) 제레미 리프킨, 『한계비용 제로 사회』(민음사, 2014), 2부.

140) 제레미 리프킨, 『한계비용 제로 사회』, 6장.

141) 제레미 리프킨, 『한계비용 제로 사회』, 9장.

142) 최근에 일부 과학자들은 석유의 매장량에 대한 해석이 다르게 나오고 있다. 석유가 만들어진 것은 동식물의 매몰로 인한 것이 아니라, 지질학적 압력에 의해서 석유가 생성된다는 주장이 있다. 그렇다면 에너지 효율이 좋은 석유는 어쩌면 영원한 연료가 될 가능성도 있다.

143) 케빈 켈리, 『통제 불능』(김영사, 2015), 참조.

144) 기술문명의 오작동은 통제하기 어려운 면도 있다. 앞에서 언급한 케빈 켈리(Kevin Kelly)는 미래 기술문명은 『통제 불능』이 될 것이라고 걱정하면서 미래를 윤리로 준비할 것을 제시하고 있다. 이기적 유전자 기계들이 미래사회의 휴먼가치를 바로 세우는 일은 미래학자들이 걱정하는 것처럼 신뢰할 수 있는 일이 아니다.

145) 제리미 리프킨이 자본주의는 문화를 고갈키는 것으로서 비평적으로 해석하고 있는 것도 자본주의의 역기능을 지적한 것으로서 자본주의 퇴화의 한 부분을 보여주고 있는 것이다.

146) 제레미 리프킨, 『소유의 종말』(민음사, 2009).

147) 초-경제사회는 통합경제에서 분산경제로 변하게 될 것으로 보이며, 생산의 개별화에 의한 변화이다. 거시경제는 생산과 유통 그리고 소비가 거대 유기체 집단으로 구성되어 있지만, 생산, 유통, 소비를 개인이 혼자 할 수 있는 여건으로 변하게 되면, 개별화되고 분산된 경제시스템은 빈부의 차이를 납작한 세상으로 안내할 것이다. 이기적인 대부분의 자본가들의 횡포가 소멸되는 초-경제사회가 도래하는 것이다.

148) 이 내용은 칼 프레이(Carl B. Frey)와 마이클 오스본(Michael A. Osborne)이 옥스퍼드대학교에서 발표한 "The Future of Employment: How Susceptible are Jobs to computerisation?"라는 논문에 있는 내용이다.

149) 리프키인 언급한 노동의 종말현상이 도래할 것으로 보인다. 과학기술의 발달로 인해서 생산 시스템이 자동화되고 로봇이 일을 대신하면서 일반적인 일자리는 현격하게 줄어들 것이며, 일하지 않고 사는 사람들이 많아질 것이다.

150) 제리미 리프킨, 『노동의 종말』, (민음사, 2014), 1장.

151) 호혜놀이는 일을 잘하게 만들 것이고 일을 재미있게 유도할 것이다. 지금 자신이 하고 있는 일에 대한 애착은 호혜놀이를 통해서 인위적으로 만들 수 있다.

152) 제한된 시간 안에서 많은 일을 해내야 하는 생산성의 굴레가 인간을 더욱 옥조이고 있는 것이다. 침팬지가 먹잇감을 구하는 노동보다 현대인의 노동의 량과 난이도는 몇 십 배 많고 어렵다.

153) 제리미 리프킨, 『노동의 종말』, 28.

154) 제리미 리프킨, 『노동의 종말』, 13장.

155) Michael Sandel, *The Tyranny of Merit: What's Become of Common Good?* (NY, NY: Farrar, Straus and Giroux, 2020), 참조.

156) 마이클 센델, 『돈으로 살 수 없는 것들』(와이즈베리, 2012), 1장.

157) 일의 양을 조절하면서 자신의 건강과 올바른 정신문화를 가지려는 사람들이 늘어나고 있으며,

자기실현을 위해서 일하는 사람들이 늘어나고 있다. 노동은 돈의 노예로 생각하는 악의 요소와 적당한 노동이 몸을 건강하게 한다는 노동의 선악중첩이 있다. 그 동안 돈 중심의 노동에서 정신을 건강하게 하는 노동으로 선회하기 시작하고 있다.

158) 물론 3D 프린터가 할 수 없는 특별한 물건이나 산업시설 혹은 특별하게 제조해야 되는 특제품들이 있고 그런 목적을 위해서 일정부분 공장들은 존재할 것이다.

159) 유발 하라리, 『호모-데우스』, 참조.

160) 제리미 리프킨, 『노동의 종말』, 10장.

161) 수렵사회 인간들이 투기와 사재기의 현대경제 시스템을 보면 해괴한 일로 볼 것이며, 말도 안되는 터무니없는 불공정한 사회라고 생각할 것이다. 우리는 터무니없는 불공정한 사회를 당연한 것으로 여기고 있다. 잘못 진화된 경제시스템에서 만들어진 왜곡된 돈의 쏠림현상은 이전에 없었던 괴물이 되어 인간을 모질게 흔들었지만, 어쩔 수 없이 살아가고 있다. 이제 터무니없는 불공정한 사회는 막을 내릴 것으로 보인다.

162) 자크 아탈리, 『미래 대 예측』, (세종연구원, 2018), 115.

163) 제레미 리프킨, 『노동의 종말』, 14장.

164) 자본주의적 민주주의 사회에서 사유재산은 자신이 살아있는 동안 일시적인 청지기로 관리하는 것이지, 영원한 소유는 아니다.

165) 현대사회는 경제중심이지만 생명과 의미중심의 혁명적 변화가 전개 될 것이다. 국가정책, 사회시스템, 외교관계, 등은 대부분 탐욕기계들이 춤을 추게 하는 경제중심으로 이루어졌다. 그러나 그것은 오래가지 못할 것이다. 이기적 유전자 기계들의 탐욕 경쟁에 의해서 자유민주주의 사회가 왜곡되었다. 선량한 국민들의 인권과 자유 그리고 삶의 질이 구겨졌지만, 이제 서광의 혁명적 변화가 전개되기 시작하고 있는 것이다.

166) 제리미 리프킨, 『소유의 종말』 참조.

167) Jeremy Rifkin, *The End of Work: The Decline of the Global Labor Force and the Dawn of the Post-Market Era* (Tarcher/Putnam Book, 1996), 3-6.

168) 제리미 리프킨, 『노동의 종말』, 45.

169) 비트겐스타인(Ludwig Wittgenstein)은 소통의 언어는 삶의 형식에 따라서 다양하게 사용되는 것으로 보면서 언어게임을 언급 했다. 언어는 연장 그릇에 있는 도구와 같아서 주어진 맥락과 상황에 따라서 용도와 기능이 달라진다. 망치는 못을 박는 도구의 역할이 일차적 기능이다. 하지만, 망치는 종이보다 무겁기 때문에 중요한 종이문서가 바람에 날아가지 않게 종이문서 위에 올려놓는 기능도 할 수 있다. 상황에 따라서 본래의 기능보다 더 중요한 일도 할 수 있다.

170) 미래사회는 초월적인 깊은 놀이를 좋아하게 될 것이라고 제레미 리프킨은 언급했다. 초월적인 깊은 놀이는 여러 가지가 있겠지만, 전인격적인 자아와 초월적인 우주의식의 관계를 깊이 섭렵하는 종교적 지평이 넓어질 것이다.

171) 인간은 행위자(agent)로서 목적을 갖고 행동을 하는 존재이다. 포스트모던 유기체적 세계관에서는 인간이란 세상을 구성하고 있는 유기체의 한 부분으로 보고 있다. 그럼에도 불구하고 인간은 행위의 주체로서 목적을 갖고 행동을 하는 존재이다. 행위자는 세상의 흐름 과정에서 사물들을 비교하고 분석하면서 가치와 의미를 해석한다. 과학의 발달이 인간의 의미와 가치를 생각하고 판단하는 과정을 앞지르면, 가치관과 의미의 문제는 막연해질 수밖에 없다.

172) 후성규칙은 도와 유사한 것으로 생각할 수 있지만, 도는 추상적인 철학적 개념이고, 후성규칙은 구체적인 사회생물학적 개념이다. 서로 다르지만, 공통기반이 있는 것은 사실이다. 윌슨은 인간의 존재형태와 행동을 후성규칙으로 해석할 수 있다는 것이고, 인간이 보편적으로 따라야 할 규범적 패턴이 존재한다고 믿는다. 물론 도덕적 규범을 믿는 것이 아니라, 유전자의 행동패턴을 믿는 것이다. 이 패턴이 삶의 과정에서 유리한 선택에 결정적인 도움이 된다. 위르겐 하버마스는 진실한 소통의 원리와 사회질서를 위한 윤리로서 지켜야할 초월적 규범(transcendental norm)이 있다고 보았다. 칸트는 모든 사람들이 지켜야 할 보편적인 도덕적 규범 혹은 모두가 지켜야할 도덕적 정언명령(categorical imperative)이 있다고 주장했다. 윌슨의 후성규칙은 규범이나 원리의 한 유형으로서 사회와 인간행동을 해석하고 유리한 선택에도 도움이 되는 도구가 될 수 있다. 후성규칙은 자연선택이라는 진화론적 원리를 담고 있기 때문에,

때로는 불필요하거나 나쁜 것을 버려야 되는 부정적 선택도 있다. 윌슨의 후성규칙에는 적자생존의 냉혹한 진화론적 원리가 바닥에 깔려있다. 거시적인 차원에서 후성규칙이 활용될 수 있다면 더 실용적일 수 있다. 그러나 근본적인 차원에서 우주의 원리는 긍정과 부정의 이원론적 원리를 갖고 있는 것이 아니다. 좋고 나쁜 것을 선택하는 이원론적 기준이 세상에는 존재하지 않는다. 우주의 원리는 선과 악을 포함한 것이고, 우산장사와 아이스크림 장사를 모두 포함하고 있다. 그럼에도 불구하고 인간은 주어진 맥락에서 생존과 안녕을 위하여 끊임없이 분석하고 평가하고 선택해야 한다. 세상에서 발견된 패턴에는 역동적이고 목적의식적인 요소들을 함축되어 있다. 후성규칙과 도는 생존과 목적의식의 원리를 함축하고 있으며, 목적의식의 생존 효율화 작용의 견실한 기반이 될 수 있다. 목적의식과 긍정을 함축하고 있는 후성규칙과 도는 흔들리는 마음을 안정시키고 진로설계를 할 수 있는 기반을 제공한다. 지속적으로 평가하고 선택해야 하는 도덕게임에서 실패를 줄이는 스마트한 선택을 하는 것은 초월적 규범에 달려있다. 비평적 존재인 인간은 다양한 선택을 하는 과정에서 실수 없이 언제나 완벽한 선택을 하기는 쉽지 않다. 그래서 인간은 실수할 수 있는 것이고, 한 두 번의 실수는 대체적으로 용인되고 있다. 인간은 침팬지의 서열경쟁보다 복잡하고 다면적인 차원에서 경쟁하는 존재이다. 복잡한 변수 속에서 언제나 실수 없이 선택하고 빈틈없이 일을 완벽하게 처리하는 치밀한 사람은 없다. 실수 없는 사람은 칭찬은 받지만 인간적이지 않고 주변 사람들의 눈초리가 가볍지 않을 수 있다. 좀처럼 실수하거나 틀리지 않기 때문에 탁월해 보이기도 하고, 부러움의 대상이 되기도 한다. 때로는 주변 사람들로 하여금 질투심을 불러오는 경우도 있다. 그러나 어리석으면서도 용의주도하게 패턴을 지키는 사람이 목적의식의 생존 효율성을 잘 한다는 사실이다.

173) 기독교 공동체와 교도소의 초-경제의 차이점은 강제적이냐 자의적이냐의 차이지 초-경제적 삶의 내용은 공통점이 있다. 미셸 푸코는 감방에 대해서 깊이 연구하였으며, 훈련사회의 상징으로 묘사하고 있다. 교도소와 군대와 학교는 사회적응을 위한 훈련소들이며, 잘 훈련된 사람들이 사회에서 성공할 가능성이 높다. 강제적이기는 하지만 초-경제적으로 운영되는 교도소도 초-경제 공동체이다. 자유가 제한되고 경제가 없는 상황이지만 감방에는 교정프로그램이 있으며, 출소해서 사회에 적응 할 수 있도록 다양한 기술 습득과 언어훈련 혹은 각종시험을 준비할 수 있는 여건이 준비되어 있다. 물론 교도소 안에서의 여건은 열악한 것은 사실이지만, 마음만 먹으면 얼마든지 자기계발이 가능하다.

174) Daniel Dennett, *Freedom Evolves* (Penguin Books, 2004), 170-192.

175) 목적의식 작용을 일으키는 자의식과 선택의 자유는 감방이나 추운 북극에서도 진화하면서 희망의 꽃을 피우게 만든다. 좁은 감방이 오히려 초월적 공간이 될 수 있으며, 초-경제 사회의 진가를 느낄 수 있다.

176) 감방에서 자신을 객관적으로 보고, 국민의 삶의 질과 권리를 향상시킬 수 있는 길을 생각하면서 역량을 김대중은 키웠다. 인간존엄성에 대한 타당성이 확고해지면서 나라의 민주화와 민중들의 인권을 위한 안목을 키웠다. 온전한 민주주의 국가를 세우기 위해서 공익의 민주투사로 헌신의 결심을 하였으며, 결국에는 민주 대통령이 되었다. 적지 않은 옥중세월 속에서 희망의 꽃을 피울 수 있는 기반을 다졌다. 초월적 놀이를 한 것은 아니지만, 감옥의 명암의 중첩을 활용한 경우라고 할 수 있다.

177) 초-시장가치는 경제가 작동하지 않는 감방이나 군대에서 혹은 견디기 어려운 시련 속에서 더 깊은 가치를 인지할 수 있다. 피나는 경쟁사회에 있었을 때보다 차라리 감방에서 있었을 때가 오히려 더 마음이 편했다는 이야기도 있다. 감방에서도 시장가치를 넘어선 초월적인 가치와 의미의 세계를 더 현실적으로 인지할 수 있다는 사실이다.

178) 물건을 생산할 때에 추가로 드는 비용이 들지 않는 한계비용의 제로 시대가 도래 하게 되면 경제적 불균형이 해소되는 초-경제사회가 오게 될 가능성이 높다. 물론 물리적 재료와 서비스의 실물거래 경제와 사이버 경제의 벽을 넘어서지 못할 것이라는 주장도 있다.

179) https://www.youtube.com/embed/NdD9uSrNFT4: Noam Chomsky, "The Crimes of U.S. Presidents."

180) 미국은 자국의 이익을 위해서 무엇이든 누구이든 가리지 않고 행동을 한다는 사실이다. 한국 사람들 가운데 미국을 믿고 우방이라고 생각하면서 언제든지 도와줄 것이라고 생각하는 우매한 우파사람들이 적지 않다. 꿈에도 깨야 할 일이다. 한국이 힘이 있고 경제력이 있어도 미국의 이익에 반하는 일이 있으면, 언제든지 고개를 돌릴 것이라는 것이다. 탐욕기계들의 보편적이고 기본적인 성향이기 때문이다. 반미운동을 전개하자는 것이 아니라, 한국은 주변의 국가들과 외교적으로 정교하게 잘 지내야 하며, 무엇보다도 스스로 한국 사람들이 협동의 원리로 한국을 강하게 지켜야 한다는 사실이다. 핵무기를 사용하지 않고 강대국을 향한 견제용으로 쓴다면, 오히려 핵무기를 갖는 것이 안보와 평화에 유익할 수도 있다. 미국은 여러 나라들을

침략한 침략 국가이며, 자국이익 우선주의 국가라는 것을 결코 잊어서는 안 된다. 미국은 전쟁을 계속해온 나라이며, 지금도 세계 여러 곳에서 전쟁을 하고 있다. 이미 미국은 수차례 북한을 공격하려고 했지만, 남한의 반대로 참고 있다는 설이 있다. 지금은 미국이 북한을 공격해서 얻을 것이 별로 없기 때문에 가만히 있지만, 북한의 경제적 가치와 지정학적 가치가 올라가면 미국은 가만있지 않을 것이다. 남북관계에서 미국은 여전히 자신의 이익을 중심으로 움직이고 있는 것이다.

181) 모더니티의 고상한 계몽주의는 인간의 존엄성과 인권을 강조하고 평등과 자유를 외쳤다. 그러나 계몽주의의 뜻이 관철된 곳은 서구의 일부 국가에 국한 되었으며, 대부분의 국가에서는 인간의 존엄성이 지켜지지 않고 있다.

182) Alasdair Macintyre, *After Virtue*, Chap. 5.

183) Alasdair Macintyre, *Dependent Rational Animals: Why Human Beings Need the Virtues* (Open Court, 2001), 참조.

184) 정치란 소수의 현명하고 정직한 능력자에게 권력을 주어서 서열경쟁과 영역다툼에서 나타나는 갈등을 조절하는 것이다. 질서 유지와 공의 실현으로 사회적 제한성의 악을 축소하는 것이다. 그러나 역사 속에서 정치적 현실은 그렇지 않았다. 정치는 권력을 향한 이전투구 싸움의 연속이었으며, 무고한 백성들의 피를 흘리게 만들었다. 침팬지가 힘겨루기로 서열 경쟁하는 것과는 차원이 다르다.

185) 스테파노 만쿠소, 알렉산드리아 비올라, 『매혹하는 식물의 뇌』(서울: 행성비, 2016), 144-145.

186) 하버마스의 왜곡된 소통사회에 대한 사회철학적 분석에서 윤리적 개선과 함께 필요한 것은 경쟁완화이다. 경쟁완화가 소외와 단절을 완화시키고 소통을 온전하게 할 수 있는 사회로 회귀시킬 수 있다. 온전한 소통은 통치의 범죄를 줄이고, 왜곡된 정치의 아픔을 조절할 수 있다.

187) 우주 복잡계는 조화와 부조화가 공존하며, 맥락과 상황에 따라서 조화와 부조화가 기능을 달리 한다. 부조화라고 해서 영원한 부조화가 되는 것이 아니며, 상황과 조건이 바뀌면 부조화가 조화의 요소가 된다. 그러나 인간중심 물리계에서 조화와 부조화를 해석한다면, 윤리를 향한 윤곽이 드러난다. 조화와 부조화에 대한 해석에서 횡포와 왜곡과 소외 현상은 불가피하게 드러날 수밖에 없다. 정치의 선악의 중첩성도 간과하기 어려운 면이 있다는 것을 언급해 두고 싶다.

188) 잘생기고, 돈도 잘 벌고, 권력도 갖고, 명예도 갖고, 건강하고, 행복하고, 모든 면에서 만사형통으로 잘되는 희망성취는 존재하지 않는다. 세 가지 혹은 네 가지가 한 번에 성공에 이르는 경우는 거의 없다. 포도나무 한 줄기에 두 송이를 키우는 것이 최상의 성취이다. 선택과 집중을 통해서 간결하고 단순해야 희망성취가 용이해지고 삶의 내용이 알차진다는 사실은 두말할 것도 없다. 우주 조화의 오케스트레이션에서는 모든 것이 천편일률적으로 완벽하게 맞아떨어지는 현상은 없다. 모두가 잘 생기면, 미모의 가치는 사라진다. 모두가 부자면 부자라는 것이 없어진다. 모두가 권력을 가지면 권력은 존재하지 않는다. 모두 건강하면 건강이란 것이 의미 없다. 모두가 행복하면 행복의 의미가 없다. 아무도 그런 것들을 추구하지 않을 것이다. 다양한 복잡계의 현상이 우리의 현실이며, 다양한 복잡계에서 정교한 조정이 일어나기 때문에 경류적 오케스트레이션이 되는 것이다. 복잡계는 단순성의 조화(harmony of simplicity)와 복잡성의 조화(harmony of complexity)가 공존한다.

189) 서열경쟁을 원초적인 생명윤리 시스템(system of primordial bio-ethics) 차원에서 보면 자기실현의 서열에 들어가는 문은 소박함으로 열면 부드럽게 열린다. 꼭대기 대박을 꿈꾸는 문은 찾기 어렵고, 찾았다 하더라도 실제로 들어가기가 어렵다. 올라갈 수 있다고 생각하는 꼭대기는 자신이 갖고 있는 능력에 대한 착각의 제한성에서 오는 것이 대부분이다. 꼭대기 대박이 눈앞에 아른 거리는 것은 생명윤리를 향한 자아의 최적화의 실패에서 다시 시도하고 싶은 마음 때문이다. 꼭대기의 대박은 신기루인 경우가 대부분이다. 우주 생명시스템의 서열에 맞는 길은 정교한 조정의 원리를 따르는 보편적인 일상성과 소박함으로 통한다.

190) 다른 사람의 성공을 크게 보는 착시 현상뿐만 아니라, 자신의 실패감에 대해서도 지나치게 비하적으로 느끼는 왜곡된 현상이 있다. 경륜적인 정교한 조정의 간섭을 기대하면서 이기적 탐욕의 농도가 줄어들고 사회의 과잉 경쟁적 요소들을 심도 있게 인지하면, 상대적으로 견딜 수 있는 조절된 자아가 가능할 것이다.

191) 부족국가시대 이후에 서열꼭대기에 있는 자들은 수시로 반칙하고 권좌를 위해서 국민을 기만하고 입에 돌을 물리고 괴롭혔으며, 강제로 거두어들인 세금으로 자신들의 권좌를 유지하고

배만 불리는 괴물 권력자들이 수두룩했다. 지금도 지구상에는 수많은 백성들이 반칙 권력자들에 의해서 고통을 당하고 농락당하고 있다. 권좌를 지키기 위해 괴물로 변한 권력자들은 정의와 평화를 외치는 무고한 사람들의 피를 흘리며 생명을 앗아가고 있다. 백성들의 다양한 의견과 행동을 관리하기 위해서 때로는 합법적 폭력을 불가피하게 사용해야 하는 경우도 있지만, 대부분의 통치자 경우는 권력과 탐욕이 섞인 괴물속성으로 군림한 것이다.

192) Alvin Toffler, *The Third Wave* (New York: Bantam Books, 1984). 이 책은 35년 전에 저술한 것이지만 미래를 이해하는 데에 매우 중요한 내용을 담고 있다.

193) 프랑스와 스페인은 강력한 국가로 성장했는데, 이탈리아는 여러 작은 국가들로 되어 있기 때문에 외세에 위험을 느끼고 있는 상황에서 마키벨리는 군주에게 현실적인 통치론을 제시한 것이다. 수단과 방법을 가리지 말고 일단 이탈리아를 통일해서 프랑스와 스페인의 위협에서 이탈리아를 지키기 위한 것이다. 국가의 이익을 위해서 리더는 때로는 배신하고 모험도 해야 한다고 했다. 군주가 되는 목적이 좋은 것이든 나쁜 것이든 간에, 일단 군주가 되기 위해서는 맹렬한 투지와 간교한 술수도 가능하다는 주장이다. 구시대적 정치론이지만, 오늘날 이전투구의 지저분한 권력투쟁을 보면 여전히 유효한 것 같아 보인다. 인간의 정치적 본성의 실제로 나타나는 것으로 여겨진다.

194) Rifkin, *The Third Industrial Revolution*, Part III.

195) 노동조합은 가진 자의 횡포에 대항해서 노동자들을 보호하기 위한 매우 중요한 수단이다. 노동조합은 한국의 부의 분배에 많은 기여를 한 것이 사실이다. 하지만 북한은 민주노총과 같은 노동조합을 경계의 대상으로 삼을 것이다. 그 이유는 첫째로 이미 노동당이 존재하기 때문이며, 둘째로 정치적 파퓰리즘에 악용될 가능성이 크고, 셋째로, 노동조합이 집단이기주의로 흐를 위험이 있기 때문이다. 북한은 노동당 존재의 명분을 내세워 민주노총과 같은 노동조합은 설 곳이 없게 만들 것이다.

196) 서로 실용적인 교류를 하면서 이산가족문제에 접근하고 경제협력을 통해서 협력공생의 번영의 길로 가는 것이 현실적인 선택을 보인다.

197) SNS의 기능은 국제사회에서도 효력을 발휘할 것이고, 국제기구들도 국제서비스 시스템으로 변하게 될 것이다. 포스트모던 지구촌 시대가 되면서 인류공영 서비스의 슬로건이 더욱 강하게 나오고 있다. 국가의 수평적 흐름과 마찬가지로 대부분의 기업들도 인류공영 서비스의 보편적 가치를 도입해서 수평적 경영철학으로 가고 있다. 수평적 경영은 내부만이 아니라, 외부 관계에서도 이루어지고 있다. 생산자 중심에서 소비자와 시장 중심으로 변하고 있다. 생산자는 이윤 추구하는 차원을 넘어서 사회적 기여에 노력하고 있다. 사회에 기여하는 협동기업 정신이 없으면, 생존이 만만치 않은 상황이 되기 때문이다. 이제 소시민들이 웃을 수 있는 수평적 세상이 도래하고 있으며, 계층구조 시스템에서 겪은 아픔의 완화작용이 이루어지는 미래사회가 도래하고 있다. 중심축에서 지나치게 이탈한 경로가 중심으로 다시 회귀하는 현상이다. 경이로운 우주 오케스트레이션의 우주적 조화와 경륜적인 정교한 조정 작용으로 보인다. 꼭대기에서 억압하고 착취하고 폼 잡는 괴물들은 수평적 세상의 도래와 함께 무너지기 시작하고 있다. 주홍글씨의 아픔이 줄어들고 있으며, 바람피운 여자가 안도의 미소 짓는 세상이 열리고 있다. 도덕 이전에 생명과 인간의 가치를 근본적으로 다루는 초월적 지평의 세계가 열리는 것이다. 디지털 기술문명이 제공하는 유리알 세상은 서열시스템을 약화시키고 괴물들의 횡포를 저지시키는 통쾌한 초-도덕적 현상을 향해 움직이고 있다. 그러나 디지털기술문명이 궁극적인 유토피아로 안내하는 것은 아니다. 진정한 공감유착과 사랑의 협동 그리고 생명의 가치를 위한 궁극적 기반이 되는 데에는 한계가 있기 때문이다. 미래인간은 악의 종말로 인한 유토피아를 경험하는 것이 아니다. 그들은 삶의 최적화의 기반인 생명가치의 궁극적 지평을 섭렵하려는 시도에서 초월적 지평을 시뮬레이션하면서 신의 깊은 지평에 대한 관심을 갖게 될 것이다.

198) 인간이 경험하는 악은 우주적 현상이다. 해석학적 견해와 의미에 따라서 다르게 이해할 수 있다. 악은 괴물이 아니라, 좋은 것으로 안내하는 가치 있는 것으로 해석될 수 있다. 악은 맥락과 견해에 따라 다르며, 특히 신적이 피조세계에서 악은 조화의 한 요소라는 사실이다. 우산장사와 아이스크림 장사가 공존하는 것과 유한 것이다. 무고한 사람의 고난은 우주적인 긍정적 목적이 여전히 있다고 보는 것이 기독교적 신정론(Theodicy))이며, 신정론이란 신적요소들의 작용에는 궁극적으로는 옳은 것으로 귀결된다는 사실이다.

199) 아이세대(iGen)는 샌디에고대학교(San Diego University)의 숀 트웬지(Jean Twenge)가 스마트폰을 들고 자란 세대를 지칭한 것이다.

200) 협동의 가장 성공적인 경우가 종교라고 유발 하리리는 주장하고 있다. 종교적 협동은 이타성이 강하면서 공감유착의 농도가 높은 특이한 공동체를 이룬다. 개인의 생명을 내놓는 일도 불사하는 경우가 있다.

201) 사회활동에 굶주린 여성들이 이웃사랑의 훈련을 받으면서 사회 봉사실천과 전도 사회활동을 했다. 신의 영광을 위해서 일하고, 이웃을 사랑하고 돕는 일에 헌신적인 실천을 했다. 70년대 혹은 80년대 한국 교회는 폭발적인 성장을 하였고, 천만이 넘는 교인 수를 갖게 되었다. 기독교 정신이 경제성장 동력의 역할을 일정부분 한 것이다. 구역활동이나 스몰그룹의 신앙 활동은 매우 강력한 공감유착 관계를 만들었고, 교회 성장과 사회변화에 적지 않은 동력이 되었다.

202) 막스 베버는 종교를 탐구한 사람이 아니라, 종교와 경제사회의 관계를 탐구한 사회철학적 해석을 시도한 사람이다.

203) 기독교인들의 과오는 소수일지라도, 이것이 여론을 타면, 휘발성이 있는 불길로 번지기 쉽다. 높은 도덕성이 기대되는 신앙인들이 잘못한 것은 일반 대중들에게는 여론의 폭발성 있기 때문에 기독교인들의 잘못을 더 크게 느껴지고 있다. 특히 기독교 지도층의 모습의 세속의 권력형으로 인식되면서 문제가 되고 있다. 교회의 총회장이나 감독은 교회들을 관찰하며 어려운 교회를 돕는 차원에서 살피고 돕고 인도하는 기능을 하는 것이다. 바울이 아시아와 유럽 그리고 북아프리카의 교회들을 살피고 어려운 교회들의 필요한 것을 공급하면서 교회의 발전에 기여하는 서비스 리더의 역할을 했다. 그런데 현재 교회의 높은 자리는 세상의 권력과 유사한 권좌의 모습으로 비취기 때문에 실망의 눈초리가 있는 것이다. 기독교 리더의 서비스의 리더십은 교회 안에서는 껍데기만 있기 때문이다.

204) 최근에 이머징 처치는 쇠잔의 일로를 걷고 있다. 가장 큰 이유는 조직구성에서 완전 평면주의를 모색하면서 조직의 결속력을 잃어버리고, 고도로 훈련된 리더 즉 차세대 목회자를 세우는 데에 소극적이었기 때문으로 풀이되고 있다.

205) 소그룹 형성에 유용한 공감유착 관계는 이기적인 유전자의 농간에서 벗어나 서로 사랑하는 호혜적 관계이다. 이기적인 것보다 호혜적인 것이 유리하기 때문이다. 서로 유익한 진로설계를 하고, 생명윤리가 유사한 사람들을 찾아 관계를 맺는 것이다. 원초적인 인간 이미지를 갖고 사랑의 근본원리를 이해하고 실천하면서 공감유착 관계를 만들어가는 것이다. 소그룹의 기능을 높이는 팀워크와 파트너십은 신뢰가 핵심이며, 신뢰생성은 신앙 안에서 이루어진다. 신앙으로 결속된 소그룹 교회는 르네상스를 이룰 가능성이 있다.

206) 마르크스가 꿈꾸던 유물론적 유토피아의 수평적 세상은 영원히 물 건너간 것으로 보인다. 새로 등장한 네오마르크스주의(neo-marxism)는 마르크스의 꿈을 실현시킬까. 평등하고 공평한 세상을 꿈꾸고 실현을 위해서 수고한 사람들이 무수히 많지만, 그런 세상은 정치와 경제가 발달하였음에도 불구하고 오지 않았다. 수평적 세상은 정치 경제적인 차원에서는 실현이 지금까지는 불가능한 것으로 보인다. 인간의 탐욕이 스며들어 교란시키기 쉬운 정치와 경제는 공의와 평등을 실현시키기 어려운 면이 있다. 이기적 유전자 기계들의 악의 실적은 지당한 현실로 보인다.

207) 계몽주의가 외쳤던 평등세상은 사실상 실현되지 않았다. 루소는 평등과 인권사상을 수립하는 데에는 어느 정도 기여를 한 것으로 보이지만, 실제결과는 사회적으로나 경제적으로 서열의 격차는 더욱 벌어졌다. 위르겐 하버마스는 계몽주의의 인간가치 세우기가 성공하지 못했지만, 수정 보완해서 그 가치관을 이루어야 한다고 주장했다. 매킨타이어도 계몽주의의 실패를 언급하면서 아리스토텔레스의 덕의 윤리를 다시 추구할 것을 제안하고 있다. 신계몽주의 덕의 실천이 요청되고 있는 것이다. 침팬지가 불공정함을 보고 아우성치는 것처럼, 산업사회의 원시적인 집회결사 혹은 데모의 제한성을 넘어서, 정보의 소통이 디지털기기를 통해 동시다발적으로 일어나면서 민중의 힘이 공생의식으로 나타나기 때문이다. 통치자에 대해서 누구나 의견을 낼 수 있고, 소통할 수 있으며, 비판할 수 있는 세상이 되었다. 모두가 초단위로 정보를 만들어 퍼뜨리고 있으며, 숨어서 하거나 목숨을 걸고 해야 할 정도로 어려운 일들이 아니다. 언제 어디서나 손쉽게 할 수 있으며, 그렇게 해도 개인의 안전에는 치명적인 위험이 따르지 않기 때문이다. 통제 불능의 시대가 임박해 있다는 사실에 공감하지 않을 수 없다. SNS의 발달이 소통과 정보의 혁명을 일으키면서 유리알 같은 투명세상을 만드는 긍정적인 면이 상당부분 있다. 정보소통 혁명을 통해서 누구나 나름대로 의견을 낼 수 있고, 모두가 비판할 수 있는 사회가 되었기 때문에, 소통의 책임이 더욱 중요해지고 있다. 분산적 힘이 왜곡된 권력을 조절해 가기 위해서는 공생의 집단의식이 필연적으로 작동해야 한다. 그래야 잘못 권력이나 왜곡된 부를 원위치로 회귀시키고, 개미들처럼 수평에 가까운 계급사회로 갈 수 있을 것이다.

208) 다시 언급하지만 첨단 소통의 사이언스가 수평적 세상을 만드는 일에 일등공신이라는 사실이다. 긴 역사 속에서 권력시스템이 사회균형과 조화에 실패한 것을 소통의 사이언스가 이루어낼 것이다. 소통의 사이언스는 수평적 세상을 만들어갈 뿐만 아니라, 인간관계의 유화적 작용과 평화의 모드 증진에 기여할 것이다. 첨단 소통의 사이언스는 정보공유의 제한성 개선에 지대한 공헌을 하고 있으며, 악의 축소에 획기적인 기능을 하고 있다.

209) 권좌에 오르기 위해 경쟁자들의 약점정보를 막무가내로 뿌리고, 터무니없는 가짜뉴스를 만들어서 상대방에게 치명적인 데미지를 입히고 있다. 허위 여론조사나 사건의 곡해로 백성들을 기만하는 일들이 적지 않게 나타나고 있다. 홉스가 생각한 인간의 간악함이 숨어 있다가 표출되는 것으로 보인다. 루소의 고상한 자유와 책임론은 작동하지 않고 있는 것처럼 보인다.

210) 소통의 원리에서 경청의 법칙이 중요하다는 것은 누구나 알고 있다. 진지하게 듣는 자세로 상대의 정황에 공감하는 마음으로 소통하는 것이다. 그런 경청이 가능할 수 있는 것은 정보공유의 자신감에서 온다. 상대방에게서 듣는 것 외에 더 많고 정확한 정보를 어디서나 얻을 수 있는 자신감이 진지한 경청이 이루어질 수 있게 한다. 자신이 갖고 있는 정보가 유일한 독보적인 정보라고 생각하는 순간 갑을관계로 발전하면서 횡포의 미끼가 되거나 거래의 대가가 되면서 왜곡된 관계로 접어든다.

211) 오히려 푼수의 친화력이 있을 수 있다. 어리석어 보이는 것은 주책을 부리거나 푼수가 되는 것을 의미하는 것이 아니다. 물론 푼수나 주책을 부리는 사람도 때로는 사회적인 양념 역할이나 윤활유 작용을 한다. 푼수나 주책 부리는 사람이 아이스 브레킹(ice breaking) 즉 얼음분위기를 깨는 긍정적인 역할을 하기도 한다. 무겁고 어려운 분위기를 환기시키는 수단이 될 수도 있다. 푼수나 주책을 부리는 사람은 쉬워 보이고 접근하기 쉽다. 그렇다고 푼수가 되고 주책을 부리고 어리석은 것을 권장하는 것은 아니다. 사람들은 일반적으로 현명한 선택을 잘하는 똑똑한 사람으로 인정받기를 원한다. 다른 사람들이 알지 못하는 것을 먼저 알고 선택한 것을 자랑하고 싶어 한다. 다른 사람이 하지 못하는 것을 할 수 있다는 사실을 천하에 알리고 싶어 한다. 이러한 현상은 침팬지의 서열 경쟁이나 영역다툼에서 우위를 차지하려는 원시적 시스템에서 발견할 수 있다. 침팬지의 서열경쟁과 영역다툼은 간단하고 얕은 패턴이다. 그런데, 인간이 침팬지의 수준을 벗어나지 못하는 경우가 많다. 이런 모습은 복잡한 현대 인간사회의 과잉경쟁 사회의 포스트모던 정글문명에서 더욱 현격하게 드러나고 있다. 선택을 잘하는 사람을 선호하기 때문에, 많은 것을 알고 선택을 잘하는 존재로 보이기 위해서 경쟁적으로 노력하는 것이다. 침팬지가 털을 세우고 과시하며 힘자랑하는 것과 별 차이가 없는 모습이다. 그러나 그렇게 얕은 이미지 관리는 머지않아 드러나게 되어 있다. 어리석으면서도 용이 주도하고 치밀적 옳은 패턴을 선택하는 스마트한 바보가 멀리 갈 수 있을 것이다.

212) 이미지와 표정 때로는 침묵이 부족한 언어의 한계를 넘어서게 할 수 있으며, 신뢰를 불러오고, 소통의 진정성을 높일 수 있다. 선별된 정확한 언어와 세련된 표현은 우호적인 소통과 함께 품위를 더해주는 도구이지만, 언어의 한계와 횡포를 고려한 신중한 소통이 필요하다. 언어 혹은 침묵의 폭력으로 간접적인 폭력과 고통을 더 깊이 안겨주는 도구로 왜곡될 수 있기 때문이다.

213) 케빈 켈리, 『인에비터블: 미래의 정체』, 제4장 참조.

214) 케빈 켈리, 『인에비터블』, 제5장 참조.

215) 정보소통은 쌍방향에서만이 아니라, 다면적인 차원에서 이루어져야 경영의 실효성을 증가하는 시대가 되고 있다. 경영진과 현장실무자의 진솔한 소통은 이전에 볼 수 없었던 놀라운 변화이며, 실효적인 중요한 정보의 공유가 일어나고 있는 밝은 현상이다.

216) 마이클 센델, 『돈으로 살 수 없는 것들』, 3장.

217) 자신에게 불리한 정보를 나누는 것은 결코 쉽지 않다. 하지만 유리알 세상은 도래하고 있고, 불리한 정보나 잘못의 내용들은 드러나게 되어 있다. 빅-데이터에 의해서 잘못이 알려지는 것보다는 스스로 잘못을 사과하는 소통이 유리할 것이다. 공감소통은 서로의 허물에 공감하는 것이며, 소통을 통해서 실수와 잘못을 보완하고 개선하는 협력공생 관계로 발전하는 것이다. 협력공생에는 도덕이나 교육보다는 소통의 사이언스가 더 영향력을 발휘하고 있다.

218) 인간이 공부하고 경청하면서 지식을 갖는 것은 힘을 확장하기 위한 것이라고 미셀 푸코 (Michael Foucault)는 언급했다. 푸코가 언급한 것처럼 공부와 경청은 권력을 얻는 수단이기도 하다. 학습과 경청에 의한 진정한 소통은 영향력으로 확장될 수 있으며, 리더십의 역량강화에 기여를 하는 것이다.

219) 자리를 활용한 진정한 실적과 공감관계를 나타내지 못하면 리더의 자리를 오래 지키기 어려울

것이다. 자리가 리더를 만드는 것이 아니라, 리더가 자리를 만드는 것이다. 앞에 서 있다고 리더가 되는 것은 아니다. 위에 있다고 언제나 성공을 의미하는 것이 아니다. 남들이 앉지 못하는 의자에 앉았다고 부장이 되고 리더가 되는 것이 아니다. 높은 자리를 지키는 것은 깊은 인간관계를 이루는 고등수행능력과 인간을 사랑하는 신실성의 덕목에 달려 있다. 일단은 자리에 먼저 앉기 위해서 고시 공부를 하며 실력을 쌓고, 안되면 줄타기하고, 부탁하고, 수단과 방법을 가리지 않고 자리에 앉기 위해서 노력을 한다. 하지만 진정한 깊은 인간관계가 없으면 올라간 자리에서 다시 주저앉게 될 것이다.

220) 역사적으로 볼 때에 실존주의 철학의 시대는 지나갔지만, 인간의 실존적인 모습은 여전히 있다. 미래에도 있을 것이며, 꼭대기에 앉아도 외로운 것이다. 인생을 진솔하게 들여다보면 외롭고 고독하다. 키르케고르(Søren Kierkegaard)와 같은 실존주의 철학자들은 인생은 홀로 외롭게 살아가는 여정이라고 했다. 여럿이 어울려서 인생을 사는 것 같지만, 사실은 홀로라는 것이며, 고독을 아프게 느끼고, 불안과 두려움을 느끼면서 사는 것이 인간실존이라고 본 것이다.

221) 전략적 고등꼼수의 겸손은 기만이며 기존의 인간관계마저 깰 수 있다. 진정한 겸손은 성공적인 팀워크와 긍정적인 대인관계에 매우 탁월한 효력을 발휘한다.

222) 팀워크는 개인의 권익보다 공동체의 유익이 더욱 중요하게 여기며, 때로는 자신을 비우고 낮추는 것이 효과적일 수 있다. 자신을 내려놓는 겸손은 상대방에게 긴장감을 완화시키면서 부드러운 관계를 만든다. 인위적인 겸손은 계산된 전략적 고등꼼수로 해석될 위험이 있다. 그렇기 때문에 만들어진 겸손보다는 진정한 겸손을 갖는 훈련이 필요하다. 자신을 객관적으로 보이게 하는 훈련이 진정한 겸손을 갖게 하는 일차 방법이다. 진정한 겸손이 성숙하고 신실한 팀워크를 만들며, 생명윤리의 생명예술을 아름답게 만든다.

223) 겸손은 경쟁 시스템에서 자신을 보호하는 기능을 한다. 약해보이거나 부족해 보이는 자들은 상대방이 경쟁대상에서 제외시키고 공격의 대상으로 삼지 않기 때문이다. 그래서 의도적으로 부족해보이고 낮은 자세를 취하는 겸양의 태도는 자신의 보호와 목적 달성에 유리한 작용을 한다. 이것은 겸손이라기보다는 약자의 비굴함이나 처세로 오해를 불러오기도 한다.

224) Sean Homer, *Jacques Lacan* (Routledge, 2005), Key Ideas 5.

225) 호혜적인 수평적 관계는 생존에 유리하다. 공동체는 자율적인 놀이를 하면서도 공감유착의 관계를 도모하려는 것이 우세하다. 사회의 조화와 질서는 권력에 의해서 이루어지는 것이 아니라, 집단의식의 호혜적 지향성에 의해서 이루어지는 것으로 보인다. 호혜적 지향성과 소통의 사이언스가 만나서 힘을 발휘하면 사회적 갈등의 수정보완은 급속도록 진전될 것이다.

226) 도리언 세이건, 『린 마굴리스』 (책 읽는 수요일, 2015), 33-34.

227) 이기적 탐욕과 결탁해서 괴물과 같은 속성으로 변한 권력가들이 경쟁 대상자들을 무자비하게 다루는 횡포가 난무하다. 세계 곳곳에서 일어나고 있는 권력투쟁은 수없는 비극을 불러오고 있다. 일반 서민들의 서열 오르기도 주변 사람들에게 경쟁의식과 긴장감을 유발시키는 것은 마찬가지다.

228) 서열 시스템의 종말이 다가오고 있으며 빈부의 소멸을 접하게 될 것이고 경쟁의 한계를 경험하면서 협력공생의 길로 접어들 것이다. 수평적 세상은 마르크스의 정치적 공산주의와 같은 이데올로기에 의해서 이루어지는 것이 아니라, 공생의식이 담겨있는 첨단 기술사이언스에 의해서 다가오고 있는 것이다.

229) 폭력의 악을 해결하기 위해서 모더니티 계몽주의에서 권리장전을 만들고 인권선언을 하면서 학대, 억압, 횡포를 못하게 모든 사람이 법 앞에 동등한 권리가 있고 평등하다고 했다. 그러나 교육과 사회 캠페인을 통해서 인권과 평등사회를 계몽하였지만, 실제로 평등사회는 도래하지 않았다.

230) 스티븐 핑커, 『우리 본성의 선한 천사』 (사이언스북스, 2014).

231) 리사 배럿, 『감정은 어떻게 만들어지는가?』, 384-385.

232) 그럼에도 불구하고 무임승차 하는 미꾸라지들과 살찐 탐욕스러운 고양이들과 여우들 그리고 힘자랑하는 괴물들이 정신문명을 왜곡시키고 협력공생 시스템에 훼방을 놓고 있다.

233) 진정한 가치의 세계를 잃고 비본래적인 돈 쌓기 경쟁과 합세하면서 백성들의 몸과 마음을 함께 고단하게 만들고 있다.

234) 디지털문명에서 느끼는 삶의 갈증의 위기는 생명윤리와 협력공생의 호혜적 가치관을 시급하게 요청하고 있다. 켈리와 함께 유발 하라리, 프리먼 다이슨, 에드워드 윌슨과 같은 사람들도 협력공생의 협동윤리를 요청하고 있다.

235) 고대 중동의 수메르 농경문화는 식량을 편리하게 많이 생산할 수 있었기 때문에 급속도로 번져나갔다. 그러나 농업혁명은 인류에게 즐거움을 향상시키고 폭력을 저하시키는 차원으로 전개되지 않았다. 농업혁명을 통해서 잉여곡물을 만들면서 모두가 경제적 여유를 갖고 풍요 속에 살 것을 기대했지만, 결과는 그렇지 못했다.

236) 가진 자의 폭력과 노동자의 폭동은 역사 속에서 지속적으로 있어왔다.

237) 농경시대의 백성들은 수렵채취시대에서보다 일을 더 많이 하였고, 고단하게 살았으며, 수렵사회들 보다 행복하지 않았다. 무고한 백성들은 영주의 영토 확장을 위한 영주의 탐욕의 도구가 되어 목숨을 건 투쟁과 전쟁에 가담해야만 했다. 수렵사회들은 다양한 먹이를 파악하고, 선택하고, 채취하는 역량이 탁월했으며, 그런 일을 위해서 현대인들보다 큰 두뇌를 갖고 있었다. 농민들은 곡물만 먹으면서 다양한 음식을 먹었던 수렵사회들 보다 면역력이 약화되었고, 일찍 죽게 되었다. 농업혁명이 모든 사람을 부자로 만들고 먹을 것을 걱정하지 않아도 된다는 가상 스토리에 일반농민들이 사기당한 것이라고 유발 하라리는 『사피엔스』에서 주장하고 있다.

238) 케빈 켈리, 『인에비터블』 제11장 참조.

239) 디지털 엔터테인먼트에는 의미 있는 자기실현에 최적화된 디지털 프로그램 같은 것은 찾아보기 어렵다.

240) 미래 위기사회를 향한 생명윤리와 협력공생에 대한 계몽은 매우 시급하다. 우주-존재론적 오케스트레이션에 의한 필연적인 생명윤리의 해석에 기반을 둔 협력공생의 사이언스 실천 계몽이 필요한 것이다.

241) 울리히 백은 핵무기와 환경오염물질과 대량살상무기와 기술문명의 뒷면이 가져다주는 어두운 세상을 『위험한 사회』라고 경종을 울리고 있다. 위르겐 하버마스(Jurgen Habermas)는 왜곡된 의사소통의 사회를 보면서 의사소통의 윤리를 주장하고 있다. 진정성 있는 소통사회로 가야 인간성이 회복되고 폭력조절이 개선될 것으로 보고 있다. 노암 촘스키(Noam Chomsky)는 사람 위에 이윤을 추구하는 기형적 경제사회의 경제폭력에 대해서 매우 염려하면서 인간성 회복을 위해 고군분투하고 있다. 이 외에도 수많은 세계적인 지성들이 인간윤리와 멀어져가는 사회를 염려하면서 유기체적 조화의 협동적 오케스트레이션을 고대하고 있다.

242) 케빈 켈리, 『인에비터블』, 제6장 참조.

243) 핑커와 셔머의 도덕적 평가 기준은 제레미 벤담(Jeremy Bentham)이 주장한 공동체의 양적 공리주의 입장에서 평가한 것도 아쉬운 부분이다.

244) 물리학의 상대성원리로 인류의 삶에 엄청난 편리함과 안전에 기여한 과학자 아인슈타인 한 사람과 시장바닥에서 상인들을 괴롭히는 여러 명의 건달들을 비교하면, 질적 공리주의의 의미를 쉽게 파악할 수 있다.

245) Matthew Liberman, *Social Brain: Why Our Brains Are Wired to Connect* (New York: Crown Publishing Co., 2013); Michael Gazzaniga, *The Social Brain: Discovering the Networks of the Mind* (New York, Basic Books, 1985).

246) 경쟁에는 구조적 경쟁과 의도적 경쟁이 있는데, 구조적 경쟁은 사회적 환경에 의해서 하는 것이고, 의도적 경쟁은 내면에서 의지로 경쟁에 참여하는 것이다.

247) 경쟁에는 소유경쟁과 서열경쟁이 있으며, 소유 확대하기와 서열 오르기를 위한 개별경쟁과 집단경쟁이 있다. 농경사회와 산업사회에서는 서열경쟁이 중요했지만, 기술문명 사회에서는 서열이 덜 중요해 지면서 서열경쟁보다 소유경쟁이 심화되고 있다. 자연 속에서 사는 동물들은 생존에 필요한 것만 취하고 그 이상에 대해서는 욕심을 부리는 않는 경우가 대부분이다. 이것이 우주 질서의 원리요 균류적인 정교한 조정의 원리이다. 욕심은 적정소유가 과도하게 증폭된 것이며, 욕심은 원초적인 존재양식이 아닌 것으로 보인다.

248) 욕심이 잉태되면 편법과 술수를 쓰게 되어 있으며, 편법이 많아지면, 들통 나게 되어 있고, 결국 패망에 이르는 것이다. 이것은 성서에 나오는 것으로서 보편적 진리로 받아들여지고 있다. 침팬지에게는 없는 독특한 인간의 심리적 본성이다.

249) 제레드 다이아몬드는 파퓨아 뉴기니의 오지에 있는 비문명 공동체를 연구하였는데, 이들 가운데에는 그러한 현대병이 존재하지 않는 것을 언급하고 있다. Jared Diamond, The World Until Yesterday: What Can We Learn from Traditional Societies? (New York: Penguin Books, 2012), Chap. 11.

250) 부모는 자녀에게 학교에서 적당히 거짓말하면서 약삭빠르게 먹을 것을 챙기고 소유하며 살라고 가르치지 않는다. 역사 속에서 부정직한 경쟁이 불리하다는 것이 실용적으로 증명되었기 때문이다.

251) 뉴욕시 월가(Wall Street)의 영악한 살찐 고양이들은 금융 시스템이 무너져도 자신의 연봉만 챙기면 된다는 야무진 이기적인 생각을 했다. 국가가 위험에 처하게 되고, 세계 경제가 위기에 처할지도 모르는 상황에서도 자신의 실적과 연봉을 생각하면서 무리하게 대출 실적을 높이려고 했던 것이다.

252) 브라이언 보이드(Brian Boyd),『이야기의 기원』(On the Origin of Stories), 남경태 옮김, (휴머니스트, 2013), 47.

253) 특별한 경우 아닌 다음에는 가능한 한 상대를 배려하고 양보하는 자세를 갖는 것이 유리하다.

254) 에드워드 윌슨, 『지구의 정복자』, 12장.

255) 에드워드 윌슨, 『지구의 정복자』, 14장.

256) 매튜 리버만, 『사회적인 뇌』, 12장.

257) 제레미 리프킨, 『한계비용 제로 사회』, 3부.

258) 매튜 리버만, 『사회적인 뇌』, (생각연구소, 2017), 4장.

259) 기질지성의 감정이 먼저이고 문제해결의 이성적 수신이 나온 것이다.

260) 리사 배럿, 『감정은 어떻게 만들어지는가』, 4장.

261) Sung Won Kim, "A Reconsideration of Mutual Issuance Theory in Yi T'oegye's Neo-Confucianism, *Philosophy East and West*, Vol. 65, No. 2. University of Hawai'i Press, 2015.

262) 전쟁이 터지고 아픔을 겪는 과정에서 평화의 이가 말을 타는 것처럼 전쟁의 아픔을 타고 조정하여 나타나는 것이 평화이다. 평화 개념의 언어적 생성과정은 전쟁 현상이 먼저이고 전쟁의 아픔을 개선하기 위한 아이디어가 개념화된 것이 평화. 비도덕적인 현상을 보고 도덕적 관습이 생성된 것이다. 반대의 경우도 생각할 수도 있다. 수학이나 뉴턴의 물리법칙은 만들어진 것이 아니라, 우주에 있는 것이 있는 것이 발견된 것이며, 세상의 질료는 그 법칙과 함께 움직이는 것이다.

263) 국가든 회사든 팀워크를 슬기롭게 하는 핵심 멤버들에 의해서 운영된다. 팀워크의 핵심은 두말할 것 없이 상호신뢰이다. 혼자 하는 것보다 둘이 혹은 셋이 하면 효과는 기하급수적이며, 다섯 사람이 진정한 신뢰 속에 뭉칠 수 있다면 상상할 수 없을 만큼 엄청난 일을 해낼 수 있다.

264) 공감유착관계는 서로 호혜적 삶이 유리하고 자신에게도 유익하다는 사실에 근거한 것이다. 제레미 리프킨(Jeremy Rifkin)은 공감문명론을 주장하면서, 미래사회는 공감유착관계가 성행할 것으로 언급했다.

265) 유발 하라리, 『사피엔스』(김영사, 2015), 234-347.

266) 일반적으로 도마뱀이 갖고 있는 인지능력보다 침팬지와 인간이 갖고 있는 인지능력이 높다. 특히 인간 중심의 물리계에서 보면 그렇게 볼 수 있다. 다양한 가능성을 예측하고 시뮬레이션을 하면서 미래를 대비하면 제한성의 일정부분이 극복 될 수 있을 것이다. 의식은 동물에 따라 다른 차원을 갖고 있다. 복잡한 의식이 있는 동물일수록 제한성을 줄이는 악의 축소를 통해서 생존의 효율성이 높아지고, 다른 동물과 사물을 관리하는 역량을 갖고 있다.

267) 유교의 공동체 의식은 미래사회에서 유효할 것이지만, 미래사회는 유교 사회의 관계보다 더 깊고 가까운 유착관계를 선호할 것이다.

268) 한국이 국민소득이 삼만 달러지만, 실제 구매력은 삼만 달러를 넘는 것으로 계산되고 있다. 투명하지 않은 거래의 구매력을 감안하면 그 이상일 것이다. 한국이 잘 사는 원인은 여러 가지가 있지만, 교육과 선후배관계 혹은 동료 간의 공감유착관계가 중요한 역할을 한 것이라고 본다.

269) 포스트—석유시대가 임박해지면서 에너지 혁명과 함께 새로운 교육 패러다임이 형성될 것이다. 누구나 정보를 주고받을 수 있는 ICT(정보소통기술)의 발달로 수평적이고 분산적인 사회가 되어가고 있다. 미래교육의 커리큘럼은 새로운 문명의 패러다임을 준비하면서 변하게 될 것이다.

270) 희사를 위해서 함께 일하는 정신은 매우 중요하다. 공동목적을 위한 공감 유착관계가 생산성을 높이고 회사 발전을 위해서 희생적일 수 있다.

271) 한국이 잘 살게 된 배경은 교육이 일익을 담당한 것이다. 다른 나라에서 찾아보기 어려운 교육열이 전체 국민의 수준을 높였고, 국민의 지적 수준을 필요로 하는 기술문명과 맞아 떨어진 것이다. 그 바탕에는 공감유착의 관계가 적지 않은 기여를 했다. 유교문화의 공동체 의식이 공감유착 관계를 만들고 회사와 나라를 위해서 함께 일하는 정신을 세웠다.

272) 매튜 리버먼, 『사회적 뇌: 인류 목적디자인 실현의 비밀』 최호영 옮김. (시공사 2015) 참조.

273) 정보를 의식을 요소로 보는 것은 논란의 여지가 있으며, 그 이유는 정보는 데이터 성향을 갖고 있기 때문이다.

274) 데카르트의 몸과 마음에 대한 논의는 포스트모더니즘의 이성중심주의 해체의 도전을 넘어서 다시 가능한 부분이다. 데카르트의 이원론적 방법으로 회귀하려는 것이 아니라, 우주의 유기체적 본질의 콘텐츠에 대한 논의에서 마음 혹은 의식의 요소가 다시 거론되고 있기 때문이다.

275) Niels Bohr, *Atomic Theory and the Description of Nature: Four Essays with an Introductory Survey* (Cambridge University Press, 2011), 4.

276) Bohr, *Atomic Theory and the Description of Nature*, 3-4.

277) 이런 맥락에서 양자역학을 포스트—뉴턴 물리학 이론으로 부르는 것이 자연스럽다고 본다.

278) 양자컴퓨터가 천문학적인 데이터와 정보를 순식간에 소화하는 것은 가능할 수 있다. 그러나 모든 상황과 맥락에 따라 의미 있는 것을 해석하는 일은 제한적일 것이다. 데이터와 정보는 상황과 맥락에 따라서 적용과 해석이 달라진다. 물론 의미는 인간계의 개념이지만, 인간계도 역시 양자로 되어 있다. 그렇기 때문에 정보에 대한 양자물리학적 해석에도 제한성이 있을 것으로 볼 수 있는 부분이다. 그리고 양자를 구성하고 있는 쿼크와 글루온의 배열과 상호작용에 관한 사항도 패턴과 근본적인 변화에 대한 의식의 해석이 필요한 것이다.

279) 양자컴퓨터로 인해서 암호화폐인 비트코인의 종말이 올지도 모른다는 주장이 있다. 양자컴퓨터는 개인의 암호를 어렵지 않게 해독하게 될 것이기 때문이다. 국가 기밀과 은행 보안이 어떻게 될지 새로운 과제가 되고 있다. 물론 양가 컴퓨터가 모든 정보를 데이터를 언제나 정확하게 파악하고 최적의 대안을 제시할 것이라고 기대하는 것은 착각일 것이다.

280) https://youtu.be/a35bKt1nuBo

281) https://youtu.be/a35bKt1nuBo

282) https://youtu.be/a35bKt1nuBo

283) https://youtu.be/_qgSz1UmcBM

284) 양자역학이 발전한다고 해서 머지않은 미래에 뉴턴의 과학이 모두 쓰레기가 될 것이라는 주장은 아니다. 이들의 공헌은 의미 있는 것이며, 포스트모던 시대에도 여전히 가치가 있다. 특히 인간계의 범주에서 작동하는 물리학적 원리들은 과학이 발달한 미래에도 가용적일 것이다. 간략히 요약하면 아인슈타인의 상대성이론은 뉴턴의 고전물리학을 넘어서 시공간의 상대성을 주장한 것이다. 양자역학은 미시세계에 대한 해석이고, 뉴턴의 물리학과 아인슈타인의 상대성이론은 거시세계에 대한 해석이다. 뉴턴물리학은 결정론적으로 세상을 해석하는 것이고, 양자역학은 비결정론적으로 혹은 확률론적으로 세상을 해석한다. 그리고 양자의 세계와 아인슈타인의 물리학적 세계의 연계를 알아내는 일은 물리학적 숙제이다.

285) https://youtu.be/_qgSz1UmcBM

286) 짐 알칼릴리, 『생명, 경계에 서다』, 6장.

287) 로저 펜로즈는 수리물리학자로 알려져 있지만, 정작 자신은 기하학자라도 주장하고 있다. 로저 펜로즈는 금세기에 스티븐 호킹(Stephen Hawking)과 물리학적 해석을 함께 하면서 큰 기여를 한 사람으로 알려져 있다.

288) https://youtu.be/R5DqX9vDcOM

289) 마이크로튜블의 의식론에 대해서 반대하는 맥스 테그마크(Max Tegmark)는 펜로즈와 헤머로프의 의식이론에 대해서 반대 입장을 취하고 있다.

290) 펜로즈, 『유행, 신조, 그리고 공상』, 461. 펜로즈가 여기서 그림 4-7으로 나타내고 있는 삼각형은 세 가지 세계관을 염두에 두고 그려낸 것이다. 서로 연결되어 있으면서, 실제의 가시적인 세계에서는 존재하기 어려운 독특한 모양의 존재양식이다. 수학, 의식, 질료의 세 요소가 신비롭게 조화를 이루는 것을 펜로즈의 삼각형으로 묘사한 것이다.

291) 션 캐럴의 창발론은 개체의식의 집단화에서 나오는 새로운 현상을 창발로 보기보다는, 패턴이 있는 미시세계에서 시간의 화살이나 인과관계가 있는 거시세계에서 창발 하는 것으로 주장하고 있다.

292) 션 캐럴, 『빅 픽쳐』, 144-145.

293) 션 캐럴, 『빅 픽쳐』, 145.

294) 지구가 하나의 생명체처럼 움직이는 현상에서 의식의 세계를 유비적으로 사유할 수 있다. 지구를 하나의 거대한 생태로 보는 것도 같은 맥락에서 해석될 수 있는 것이다.

295) 미치오 카쿠(Michio Kaku)에 따르면, 파충류의 의식은 생존을 위해서 자신의 위치를 아는 자의식이 있으며, 원숭이는 적과 아군을 구별할 수 있는 관계적 자의식이 있다. 인간의 자의식은 미래를 시뮬레이션하고 준비할 수 있는 독특한 능력이다. 인간의 자의식은 자신이 생각하는 것을 분석하고, 자신의 행동을 평가하고, 미래를 준비하는 자의식을 갖고 있다.

296) 자의식은 자신의 생각에 대해서 생각하고, 먼 미래에 전개될 다양한 변수 속에서 가장 유익하고 적합한 것을 생각하고 준비할 수 있는 역량이다. 먼 미래를 생각하는 뇌의 능력은 침팬지가 갖지 못한 인간의 독특한 능력이다. 인간은 죽은 이후에 대해서 상상하고 유비적으로 사유하는 존재이며, 초월적인 존재에 대해서 생각하고 궁금해 하는 독특한 존재이다. 인류 문명의 발달은 협동과 자의식에 의해서 일어난 것이며, 특히 인간이 신을 찾는 것은 인간의 내면에 있는 자의식에 의해서 일어난 것이다.

297) 그러나 슐라이에르마허의 자의식과 고등의식의 구분은 논란이 여지가 있어 보인다. 자의식 자체가 이미 고등의식을 포함하고 있는 것이기 때문이다.

298) Williams James, "The Confidences of a Psychical Researcher", 1987, P. 1264.

299) Richard M. Bucke, ed., *Cosmic Consciousness: A Study in the Evolution of the Human Mind*. (Cosimo Classics, 2007), 1.

300) Richard Bucke, *Cosmic Consciousness*:17-18.

301) Paul Marshall, *Mystical Encounters with the Natural World: Experiences and Explanations* (Oxford: Oxford University Press, 2005), 126.

302) https://chopra.com/articles/what-is-cosmic-consciousness.

303) 양자역학과 힉스보존 이론은 우주를 해석할 수 있는 보편적인 원리에 도달하고 있으며, 실생활에 적용도 멀지 않을 것으로 보인다. 초끈이론이나 고리양자장이론이 등장하고 있지만 아직은 모두가 공감할 수 있는 보편적인 것으로 받아들여지고 있지는 않은 것으로 여겨지고 있다. 초프라는 우주의식은 전적으로 필연적인 것으로 해석하고 있으며, 우주의식은 물리학과 자연과학의 한계상황에서 탈출할 수 있는 유일한 것으로 주장하고 있다.

304) Christof Koch, *Consciousness: Confessions of a Romantic Reductionist* (MIT Press, 2017); Patricia Churchland, *Conscience: The Origins of Moral Intuition*, (W. W. Norton & Company, 2019).

305) https://youtu.be/GzCvlFRISIM. Consciousness is a mathematical pattern: Max Tegmark.

306) Robert Lanza, Biocentrism: *How Life and Consciousness are the Keys to Understanding the True Nature of the Universe* (Dallas, TX: Benbella Books, 2010), 3-5. 우리가 시각으로 보고 감각으로서 경험하는 세계는 실제의 세계와 다르다는 주장을 하고 있다.

307) Lanza, *Biocentrism*, 4-5.

308) Lanza, *Biocentrism*, 23.

309) Lanza, *Biocentrism*, 23.

310) Lanza, *Biocentrism*, 8.

311) Markus Gabriel, *Why the World Does Not Exist* (Malden, MA: Polity Press, 2015), 2.

312) Gabriel, *Why the World Does Not Exist*, 3.

313) Gabriel, *Why the World Does Not Exist*, 3.

314) Gabriel, *Why the World Does Not Exist*, 8-9.

315) 반자연주의 성향을 갖고 있는 신현실주의는 질료중심주의 무신론을 흔드는 역할을 하고 있으며, 비물질성 요소에 종교성이 있는 것으로 주장하고 있다. 가브리엘의 주장이 타당한 것으로 결정하기에는 아직 이르다. 정교한 정보의 흐름과 역동적이면서 균형을 이루는 현상은 수학적 해석과 과학의 발달을 가능하게 하는 차원이 있다. 수학적으로 정교함은 신실성의 원리와 연계되는 것이며, 문명과 도덕의 기반이 되는 것이다.

316) 의식론과 윤리론을 연계해서 해석할 수 있는 프레임은 펜로즈나 호프먼보다 테그마크의 주장이 도움이 된다. 왜냐하면 테그마크는 의미와 가치가 패턴 속에서 결정된다는 주장을 하였기 때문이다. 쿼크의 구조적 배열 패턴에 의해서 선과 악이 달라질 수 있는 것이 사실이다. 그러나 쿼크 배열 패턴에 대한 선과 악의 해석은 맥락과 견해에 따라 달라질 수 있다.

317) 엔트로피의 원리는 복잡성의 정도에 따라 계층 구조적이고 상대적인 시스템으로 흐른다. 우주 의식의 계층 구조적이고 상대적인 현상에서 가치와 의미의 프레임들이 존재한다고 볼 수밖에 없다. 특히 인간계의 의식에서 이런 도덕적 해석이 일어나는 것이다. 인간계의 의식은 우주의 의식의 균형과 조화의 신실성과 연계되어 도덕적 해석을 한다.

318) 원자의 세계와 생명의 세계는 서로 대칭을 이루는 것은 아니지만, 서로 영향을 주고 영향을 받는 관계이다. 태양의 햇빛 광자를 받아서 식물은 광합성 작용을 일으킨다. 동물은 식물을 먹고 엔트로피 작용을 하면서 다시 우주에 영향을 준다. 광자의 작용이 생명을 만들고, 생명은 다시 전자가 담겨있는 질료를 움직이면서 우주의 변화를 일으킨다.

319) 도덕은 자유의지와 책임을 전제한 유기체적 시스템이다. 윤리가 근본적인 것이라면 자유의지도 근본적인 것이어야 한다. 자유의지가 근본적이라는 사실을 탐구하기 위해서 데카르트의 몸과 마음의 이원론적 생각에서부터 생각해 볼 수 있다. 데카르트는 생각은 몸과 별도로 작동하고 있다고 믿었다. 생각은 몸과 별개로서 비질료적 실제로서 존재한다는 것이다. 질료는 물리 법칙에 의해서 전개되지만, 마음은 질료의 법칙과 따로 놀 수 있는 영역이다.

320) 불교의 영성훈련의 팔정도는 바른 견해(正見, Right Understanding, Samma ditthi), 바른 사유(正思, Right Thought, Samma sankappa), 바른 말(正語, Right Speech, Samma vaca), 바른 행동(正業, Right Action, Samma kammanta), 바른 생활(正命, Right Livelihood, Samma ajiva), 바른 노력(正精進, Right Effort, Samma vayama), 바른 새김(正念, Right Mindfulness, Samma sati), 바른 정신통일(正定, Right Concentration, Samma samadhi)이다.

321) 마이클 센델이 『정의란 무엇인가』에서 바른 행동이 무언인가라는 주제로 논의를 전개했지만, 명료하게 답을 제시했다고 보기는 어렵다. 상황과 맥락에 따라서 결정적인 도덕적 기준이 없이 모호한 경우가 많기 때문이다.

322) 지적 설계론은 신의 목적론적 증명과 닮은 것으로서 과학기술문명 시대의 유신론적 입장을 대변하는 것이 되고 있다. 그러나 지적 설계론은 엔트로피 원리의 도전에 대응하지 못하고 있으며, 기계적 우주론으로서 제한된 면을 함축하고 있다. 메타사이언스에서 미세조정이 모든 과학자들이 수용할 수 있는 보편적인 진로 받아들여지는 것도 아니다.

323) John Gribbing and Martine Rees, *Cosmic Coincidences: Dark Matter, Mankind, and Anthropic Cosmology* (Bentamm Books, 1989), 269.

324) Martine Lees, *Just Six Numbers: The Deep Forces that Shape the Universe* (New York: Basic Books, 2001), 4.

325) Martine Lees, *Just Six Numbers*, 4.

326) Alister McGrath, *A Fine-Tunned Universe: The Quest for God in Science and Theology* (Louisvulle, KY: Westminster John Knox Press, 2009), 176.

327) John Polkinghorne, *Science and Theology: An Introduction* (Fortress Press, 1998), 75.

328) 행위자의 튜닝은 의식의 세계에서만이 아니라, 질료의 세계에서도 일어난다. 질료의 세계에서 일어나는 튜닝은 에너지 튜닝이다. 에너지튜닝은 사물의 관계에서 조건적 요소와 본질적 요소의 조화(de facto harmony)에서 일어나는 것이며, 우주의 질료적 오케스트레이션의 미세조정의 핵심적인 현상이다. 존재론적 개체의 정체성은 조건과 본질의 조화현상에 의해서 형성된다. Robert Neville, The Tao and the Daimon: Segments of a Religious Inquiry (Albany: State University of New York Press, 1982), 참조. 이것은 아리스토텔레스의 인과관계가 아니라, 화이트헤드의 유기체 철학의 효율적 원인(casual efficacy)과 즉각성(presentational immediacy)의 감지(prehension) 현상에 가까운 것이다. 세상을 구성하고 있는 사실적 실재(actual entity)의 감지현상은 화이트헤드가 언급한 것처럼 유도적인 우주흐름에 의해 일어나는 것이다. 행위자의 도덕의식이 우주의식의 유도에 튜닝 하는 것은 보편적 조화의 지향성이라고 할 수 있다.

329) Alan Guth, *The Inflationary Universe* (Basic Books, 1998).

330) 알렌 구스가 주장한 인간의 의지가 새로운 우주를 만든다는 것은 우주의식의 유도적 현상과 유비적으로 대조해 볼 수 있다. 인간의 의지가 세계를 변화시키는 것은 우주의식의 유도적인 요소에 의해서 의지의 작용이 변화되고 다양한 현상이 일어날 수 있다. 미세조정이 일어나는 과정에서 우주의식의 유도적 작용이 조화에 또 다른 조화를 이루는 방향으로 전개되는 현상에서 인간의 의지가 우주의식의 유도에 튜닝 하는 것이다.

331) 자의식이 우주의식의 속성인 합생과정에 튜닝 하는 것은 변화와 조화에 가담해서 안정 패턴으로 가는 것이다. 그러나 합생과 조화에 반하는 자의식은 부조화와 갈등으로 흐르게 된다. 하지만 부조화는 항존적 갈등이 아니라, 다른 조화를 위해서 조건적인 요소로 작용한다.

332) 션 캐럴, 『빅 픽쳐』, 119.

333) Stuart A. Kauffman, *Reinventing the Sacred* (Basic Books, 2010).

334) 션 캐럴, 『빅 픽쳐』, 144-145.

335) Michael Ikeda and William H. Jefferys, *Improbability of God* (Amhurst, NY: Prometheus Press, 2005), 150-166.

336) Robert Park, *Superposition: Belief in the Age of Science* (Princeton University Press, 2009), 11.

337) 션 캐럴, 『빅 픽쳐』, 401.

338) 미세조정에 대해서 입자물리학자였던 빅터 스텐거(Victor Stenger)도 의문을 제기하고 있으며, 미세조정론을 바탕으로 유신론적 입장을 취하는 것에 대해서 난색을 표하고 있다. 미세조정에 의한 유신론적 주장은 근거 없는 추론이라고 반박하면서 미세조정에 의한 유신론 주장은 충분한 사유가 부족한 주장이라는 것이다.

339) 경륜적인 정교한 조정으로 인간의 마음의 균형의 기반은 우주 미학적 흐름이다. 균형과 반대되는 위험이나 두려움 혹은 비양심적 사유를 할 때에 요동치는 가슴을 만든다. 고도로 긴장하게 만들고 성격을 예민하게 되는 것은 화학물질 코르티솔 호르몬이 과다하게 분비되는 부조화의 현상이다. 포악하고 못된 괴물과 같은 존재로 만드는 개체의식 현상은, 우주질서의 화학반응 현상과 연계되어 있다. 물리학적 신경에너지가 과부하 되면서 품위 같은 것은 아랑곳하지 않게 만드는 경우가 있다. 화학적 미세조정현상과 거시세계의 흐름은 상관관계가 있다는 사실이다.

340) 복잡성의 전개가 무작위로 흐르면 생명과 경이로움은 존재할 수가 없으며, 악에 대한 규명과 윤리적 해석이 불가능한 것이 된다.

341) 우주의 패턴과 미세조정에서 궁극적으로는 선과 악이 중첩되어 있는 것으로 본다면, 악은 일시적이며 상대적인 것에 지나지 않는다는 사실이다. 악의 역사는 인류의 역사와 비슷하게 7만 년을 넘지 않고 있으며, 우주 역사에 비하면 악의 역사는 점에 불과한 기간 동안 있었던 것이다.

342) 맥스 테그마크(Max Tegmark), 『맥스 테그마크의 라이프 3.0』 (동아시아, 2017), 참조.

343) 복잡성을 향해서 흐르는 우주의 엔트로피 현상은 불가역적이다. 엔트로피의 복잡성의 원리를 윤리와 연계해서 해석하는 것은 수수께끼로서 남아있으며, 윤리에 대한 논의는 엔트로피에 대한 이해가 많이 진전된 상태에서만 가능할 것이다.

344) 데이터 접근의 보편성이 권력의 횡포를 막을 것이다. 빅-데이터에 대한 접근이 모두에게 가능하기 때문에 공직자의 권한이 약화될 것이며, 그로 인한 횡포도 사라질 것이다. 테그마크는 슈퍼AI의 역량에 대해서 긍정적인 입장을 취하면서 인류보다 우월한 존재가 될 것으로 내다보고 있다.

345) 하라리, 『호모-데우스』, 533-534.

346) 하라리, 『호모-데우스』, 538.

347) 하라리, 『호모-데우스』, 221.

348) 하라리, 『호모-데우스』, 73.

349) 물론 데이터 분석을 통해서 의식의 흐름과 감정의 상태를 파악할 수 있다. 이것은 전적으로 데이터이지 감정 자체를 나타내는 것은 아니다.

350) 하라리, 『호모-데우스』, 531.

351) 하라리, 『호모-데우스』, 540.

352) 하라리, 『사피엔스』, 298.

353) 하라리의 종교에 대한 해석에서 종교는 인간의 변덕이나 계약의 산물이 아니라, 초인적인 질서가 있다고 믿는 것에 기인한 것으로 보고 있다. 종교는 스스로 구속력이 있는 규범과 가치를 함축하고 있다. 이런 것은 일반적인 게임이나 놀이와 다르다. 하라리, 『사피엔스』, 299.

354) 그러나 자의식을 갖고 있는 인간은 종교적이기 때문에 초월적 질서와 가치체계를 함축하고 있는 종교는 지속될 것이다. 제한성을 갖고 있는 인간은 제한성을 초월하려는 욕망은 사라지지 않을 것이고, 초월적 존재의 간섭과 도움을 구할 수밖에 없다.

355) 케빈 켈리는 인공지능의 인지화(cognifying)를 기정사실화 하고 있다. 케빈 켈리, 『인에비터블』, 제2장 참조.

356) 신적인 요소가 생존가치에 유리한 것이 된다면, 포스트휴먼은 신적 요소들에 대해서 섭렵하고 우호적으로 나올 수 있다. 신적요소의 섭렵은 주관적인 종교현상이 아니라, 딥러닝에서 최척화를 모색하는 미학적 결과로 나타날 수 있다. 이런 현상은 원초적인 종교성의 실행으로 보기는 어렵다.

357) 빅-데이터가 헬스케어에 활용되면 통계적으로 아픈 것을 분석해낼 것이고, 경제적인 문제도 통계적으로 해결할 것이며, 대부분의 문제는 유익한 패턴을 탐지해서 해결 안을 제시할 것이다. 알고리즘의 디지털 시스템에서는 확률적으로 문제풀이를 해서 악의 조절을 높일 수 있다. 그러나 세상은 알고리즘만 아니라, 양자물리의 세상이 함께 존재하고 있다. 알고리즘에 의한 빅-데이터는 확률적 대안 즉 패턴을 제시할 뿐이지, 모든 문제의 근본적인 해결 안을 제시하는 것은 아닐 것이다.

358) 에레즈 에이든 외 1인, 『빅-데이터 인문학: 진격의 서막』 (서울: 사계절, 2015), 30.

359) 에레즈 에이든, 『빅-데이터 인문학: 진격의 서막』, 30-31.

360) 에레즈 에이든, 『빅-데이터 인문학: 진격의 서막』, 31.

361) 에레즈 에이든, 『빅-데이터 인문학: 진격의 서막』, 32.

362) 하라리가 『호모-데우스』에서 언급하고 있는 데이터교는 영어로 데이터이즘(Dataism)을 한국어로 번역한 것이다. 궁금하면 찾아보고 답을 알 수 있는 빅-데이터는 기억과 판단과 문제해결에 상당부분 기여할 것은 분명하다. 그러나 슈퍼AI는 형이상학적인 사유나 초월적인 영역을 연산할 수 없으며, 신비적인 것을 프로세스 할 수 없다.

363) 에레즈 에이든, 『빅-데이터 인문학: 진격의 서막』, 34.

364) AI는 공감능력과 감성능력의 한계는 있겠지만, 물리적 역량과 지성기능의 진전은 기하급수적으로 전개될 것이다. 그러나 창조성과 새로움 전개에는 한계가 있을 것으로 보인다.

365) 종교는 내러티브의 픽션을 믿는 것이 아니라, 내러티브 속에 담겨있는 메타내러티브를 믿는 것이다. 종교적 스토리와 내러티브는 우주의 패턴 흐름에서 유래한 메타내러티브에 근거해서 파생된 실존적 삶의 내용의 조각들이다. 종교는 신적인 경륜의 미세조정과 우주조화의 오케스트레이션을 만드는 초월적이고 신비스러운 현상에서 전개되는 인간의식의 지평이다. 그렇기 때문에 인공지능이 딥러닝 하는 데에는 제한성이 있다.

366) 생명윤리유희는 꿈을 성취하는 과정의 즐거움을 의미하며, 성취 가능한 꿈을 갖는 방법은 적정저장 목표를 향한 생명윤리의 생명예술을 시도한다.

367) 인공지능은 데이터와 정보를 구분하는 능력이 매우 제한되어 있다. 정보란 데이터들이 모여서 갖는 의미와 가치 혹은 규칙성의 해석을 넘어서는 아름다움과 같은 것들도 포함되어 있는 것이다. 인공지능은 불규칙한 일을 잘 처리한다고 장담할 수 없으며, 불규칙한 일을 처리하는 것은 매우 제한적인 것으로 알려져 있다. 인공지능은 기본적으로 규칙적인 원리와 확률적인 패턴에 따라서 데이터를 프로세스하기 때문이다.

368) 유발 하라리, 『호모-데우스』(서울: 김영사, 2017) 39.

369) 인간세는 원래 지질학적인 차원에서 인간이 지구의 변화를 일으킨다는 차원에서 사용하는 개념이다. 그러나 인간세는 다양한 분야에서 발전하고 있으며, 종교영역에서는 초월적 신의 존재를 뒷전으로 하고 인간이 신의 영역에서 활동하는 단계에 들어가고 있는 것으로 전개하고 있다. 인간세의 종교는 기독교와 유대교 같은 전통 고등종교를 무시하면서 인간-신(homo-deus) 이론을 내세우면서 세상에 새로운 화두로 전개하고 있다. 가장 대표적으로 드러나는 것이 유발 하라리가 주장하고 있는 "호모-데우스"라는 것이다.

370) 하라리는 알고리즘 중심으로 논의하면서 양자생물학에 대한 언급을 자제하였지만, 기술문명의 흐름으로 볼 때에 양자생물학이 생명연장에 더 큰 영향을 줄 것으로 보인다.

371) 국가는 추상적이고 주관적인 것이기 때문에 볼 수 있거나 객관적으로 만질 수 있는 것이 아니다. 국가는 가상적 스토리이고 추상적인 것이지만 사회적 협동에 의해서 실재한다. 국가를 만드는 대규모 사회적 협동이 일어날 수 있는 원인은 국가가 국민의 생존을 효율적으로 증진시키기 때문이다. 그렇기 때문에 국가라는 추상적인 스토리에 대규모 인간들이 협동해서 생존과 안녕을 도모한다. 돈은 가상스토리가 가장 잘 작동하는 경우이며 세계적으로 가장 많이 분포되어 있다. 인류문명의 발달은 가상스토리와 협동에서 온 것으로 주장하는 것은 설득력이 있기 때문에 여러 사람들의 주목을 받고 있다. 그러나 사실 인간의 문명발달에는 협동과 가상스토리보다 인간이 갖고 있는 자의식이 더 중요한 역할을 한다. 자의식이란 자신에 대해서 생각하고, 자신의 행동에 대해서 분석 비평하는 심리적 영역이다.

372) 에드워드 윌슨(Edward Wilson)은 과학의 발전은 이제 되돌릴 수 없는 것이고, 지속적인 발전만 있을 것이라고 보고 있다. 그러나 윌슨은 인간을 지배하는 인공지능을 가진 로봇이 존재하게 될 것이라는 주장에 대해서는 회의적인 입장을 취하고 있다.

373) 18세기에는 19세기가 어떤 모습을 갖게 될 것인지에 대해서 예측이 가능했지만, 21세기에서 22세기를 예측하는 것은 불가능하다. 어쩌면 인간이 살 수 없는 세상으로 변할지도 모른다는 생각이다. 가치관의 변화는 행복과 건강과 환경조절에 대한 관심에서 인간의 불멸성과 신성 (immortality and divinity)에 관한 것으로 변할 것으로 보인다.

374) 하라리, 『호모-데우스』, 69.

375) 하라리, 『호모-데우스』, 69.

376) 호모-데우스란 인간이 그동안 신의 영역으로 여겨왔던 곳에 손을 대고 인위적으로 변화를 일으키는 것을 지칭한다.

377) 첨단과학 기술문명의 발달은 소위 4차 산업혁명을 일으키면서 사회경제적인 측면뿐만 아니라, 다양한 학문분야에 진전된 영향을 주고 있으며, 종교와 신학에까지 적지 않은 영향을 주고 있다. 과학적 역량이 확장되면서 인간은 지구를 정복하고 인간의 생명을 연장하는 단계에까지 이르는 인간세(anthropocene)를 만들어가고 있으며 호모-데우스의 단계에 이를 것으로 내다보고 있다.

378) Klaus Schwab, *The Fourth Industrial Revolution* (New York: Crown Business, 2017), 14-24. 클라우스 슈밥은 4차 산업혁명의 발달과 함께 이제 인간의 가치와 공익에 관심을 갖고 책임적으로 기여할 것을 주문하고 있다. Klaus Schwab, *Shaping the Fourth Industrial Revolution* (World Economic Forum, 2018), 1. 이 책도 기독교의 가치와 공익을 위한 접근을 함축하고 있다. 인간의 역량이 증진되면서 이제 지구는 인간이 지배하는 세상이 된 것으로 생각하는 사람들이 늘어나고 있다. 인간이 지구의 변화를 일으키고 지구를 지배하는 것을 인간세 혹은 휴먼에이지(human age)라고 부른다. 지구를 하나의 별로 보고 관찰하면 지구별이 과거에 비해서 많이 변한 것을 볼 수 있다. 밤하늘의 지구는 밝게 빛나는 별이 되어가고 있다. 인간이 전기를 사용하면서 밤의 불빛은 지구의 표면을 변화시킨 것이다. 지질학자들도 이런 지구의 변화가 인간에 의해서 일어난 것을 인정하고 인간세 혹은 휴먼에이지를 받아들이고 있다. 지구를 정복한 인간은 이제 신의 영역으로 간주되었던 생명의 조절영역에까지 접근하고 있다. 인간세라는 단어는 유진 스토머(Eugene F. Stoermer)가 1980년대에 만들어낸 개념이며, 폴 크뤼천(Paul Crutzen)에 의해 널리 알려진 개념으로서 인간시대를 의미한다. 에드워드 윌슨, 『지구의 절반』 (서울: 사이언스북스, 2017), 23. 윌슨은 생태계의 회복을 위해서 일깨우기를 주장하고 있으며 지구 구원을 위해서 고군분투하고 있다. Edward Wilson, *Half Earth: Our Planet's Fight for Life* (New York: W. W. Norton & Company, 2016), 169-188. 인간세에 대해서 조직적으로 잘 정리된 것은 제레미 데이비스의 인간세의 탄생을 들 수 있다. Jeremy Davies, *The Birth of the Anthropocene* (Oakland, CA: University of California Press, 2016), 41.

379) 지질학적인 차원에서 인간이 지구를 변하시키는 단계에 이른 것을 의미하는 것이지, 인간세가 과학의 절정을 의미하는 것은 아니다. 에드워드 윌슨(Edward Wilson)과 프리먼 다이슨(Freeman Dyson)같은 첨단과학자들은 현재의 과학기술의 단계는 원시적인 시작의 단계로 보고 있다. 원숭이가 나무에서 내려와서 세상을 이제 구경하기 시작한 단계로 해석하고 있다. 윌슨은 과학이 발달했음에도 불구하고 지구는 인간에게 불리한 방향으로 가고 있기 때문에, 최소한 지구의 절반의 보전이 인류의 삶 개선에 결정적이라고 주장하고 있다. Edward Wilson, *Half-Earth: Our Planet's Fight for Life*, 101-132.

380) 인간의 뇌와 침팬지의 뇌를 비교하면서 자의식의 특성을 자세히 설명한 마이클 가자니가의 인간론에 대해서 살펴보는 것은 기독교 신학적 인간론 이해에 도움이 될 것이다. Michael Gazzaniga, Human: The Science Behind What Makes Us Unique (New York: Brockman Inc., 2008).

381) 하라리, 『호모-데우스』, 167-168.

382) 하라리, 『호모-데우스』, 178.

383) 리차드 도킨스(Rechard Dawkins)의 이기적 유전자론(selfish gene)에 대해서 생각을 같이 했던 에드워드 윌슨은 최근에 이기적 유전자론을 버렸다고 주장하면서 인간의 공익과 책임을 강조하고 있다. 최근에 지구에 있는 다양한 생물들을 보호하기 위해서 지구의 절반을 생태학적으로 잘 관리할 것을 주장하고 있다. 진화생물학적인 차원에서 오직 생존가치만을 인정하고, 도덕을 부정하며 무목적론적이고 무의미한 삶을 언급하면서 적지 않은 파장을 일으켰지만, 이제 공익과 책임을 강조하는 차원으로 돌아선 것으로 보인다.

384) Alister McGrath, *Dawkins' God: From The Selfish Gene to The God Delusion* (UK: John Wiley & Sons, 2015), 162-169.

385) 맥그라스는 최근에 과학과 종교 혹은 과학신학을 의미 있게 시도하는 대표적인 사람을 제시한 것이다. Alister McGrath, *Enriching our Vision of Reality* (West Conshohocken, PA: Templeton Press, 2017), 25-76.

386) 유발 하라리(Yuval Harari)는 영국 옥스퍼드대학교에서 역사학을 전공하고 이스라엘 히브리대학교에서 역사학교수로 재직 중이다. 하라리는 『사피엔스』(Sapiens)라는 책을 빅-히스토리 입장에서 인간론을 새롭게 조명한 책으로서 세계적인 주목을 받고 있다. Yuval Harari, *Sapiens: A Brief History of Mankind* (New York: Harper, 2015).이 책은 40여개 언어 이상으로 번역되면서 세계적인 명성을 더해가고 있다. 『호모-데우스』(Homo Deus)라는 책은 최근에 한국어로 번역된 것이며, 하라리는 한국에도 이미 많이 알려져 있다. Yuval Harari, *Homo Deus: A Brief History of Tomorrow* (New York, NY: Harper, 2017). 하라리가 역사학자 임에도 불구하고 이론과학 혹은 과학철학적 내용을 많이 다루고 있다. "호모-데우스"란 개념은 하라리의 독창적인 주장으로서,

과학기술문명이 발달하면서 인간이 신의 영역을 차지했다는 의미로 사용하고 있다.

387) 악의 조절은 인간이 세상의 이치를 조금씩 알아가면서 일어난 것이며, 세상에 대한 정교한 해석 시스템인 과학의 발달이 공생의식과 시너지를 이루면서 악의 실제적인 축소현상이 일으킨 것이다. 인간의 지성과 자의식이 문명의 발달을 일으켰고, 제한성에서 오는 불편함을 지성과 자의식으로 줄여가면서 악의 축소현상을 가져왔다.

388) 행복이란 개념은 농경사회에서 빈부와 계급이 형성되면서 개념화 되었다. 노자는 농경사회에서 도덕경을 통해서 자연의 이치에 맞게 사는 것이 도를 따라 사는 것이라고 가르쳤다. 농경사회가 만든 빈부와 계급에서 오는 부조화를 악으로 생각하고, 악에서 탈출하는 방법은 자신의 인위적인 것을 버리고 자연의 흐름을 따르는 것이 도라고 가르친 것이다. 행복은 악의 시달림에서 벗어나려는 갈망에서 도덕의 중심 가치로 등장했다. 악 뗌을 하고, 서낭당에서 빌고, 천지신명에게 악의 괴롭힘에서 해방을 간구하면서 행복이란 개념이 최고의 가치로 진화한 것이다. 원시종교의 효능은 마음의 위로를 통해서 안정을 찾게 한 것이지만, 실제적인 생활개선을 위한 악의 조절은 일어나지는 않았다. 행복에 대해서 동서고금을 막론하고 명석한 사람들이 다양하게 깊이 설명했지만, 행복의 만족할 만한 성취는 일어나지 않았으며, 아직도 갈 길이 먼 것처럼 보인다. 행복의 본질은 무엇일까. 계급의 꼭대기 일까. 무병장수일까. 미모의 얼굴일까. 불교에서는 욕심이 없는 자아 즉 무아경지가 행복의 경지라고 했다. 자아를 잃어버리고 자연과 동화되는 것이 행복의 길로 해석한 것이다. 자의식은 신경중추에 없으며, 어디에도 "나"는 없다. 중추신경에 없는 나는 뇌가 만든 환상일 수 있다. 그러나 그 자아는 실존적인 현실이라는 사실이다.

389) 행복 극대화와 악의 종말은 서로 같은 선상에 있는 것이다. 행복과 생존효율성을 추구하는 교육과 경제 그리고 종교는 악의 축소에 일정부분 기여한 것이 사실이다. 그러나 실제적인 악의 종말을 위해서는 많은 개선을 이루어야 한다고 보기는 어렵다. 핑커가 언급한 것처럼 폭력은 감소했지만, 감소의 비율은 악의 종말을 기대하기에는 너무 미약한 수준이며, 마음의 폭력의 아픔은 오히려 증가했다. 행복을 온전히 성취하지 못한 것은 악의 조절에 실패한 것을 의미한다.

390) 종교는 시대적 사조에 따라 악과 죄에 대한 타당한 해석을 해야 하며, 과학기술문명 사회에서는 악에 대해서 메타사이언스 스토리로 해석이 불가피해 보인다. 우주존재론의 원천적인 것에 대한 해석을 시대에 따라 타당하게 해석해야 하기 때문이다. 고대 히브리-유대문명에서는 당시의 언어와 문화를 배경으로 우주의 원리와 세상을 해석했다. 고대 철학적 신학자 오리겐 (Origen)은 당시의 플라톤 철학을 활용해서 신의 초월적인 면을 해석했으며, 터툴리안은 당시의 법철학 원리로 신의 도덕성을 해석했다. 어거스틴은 플로티누스(Plotinus)의 신플라톤주의 (Neo-Platonism)를 활용해서 신의 초월성과 내재성을 해석하면서 은총론을 정비했다. 아퀴나스는 희랍의 아리스토텔레스 우주론과 스콜라주의 사상을 활용해서 방대한 가톨릭 신학을 심화했다. 칼빈은 당시의 법적인 논리적 언어를 활용해서 조직신학의 체계를 정비하였다. 20세기 바르트는 헤겔의 변증법을 활용해서 조직신학을 변증법적 사고의 시대에 맞게 정비했으며, 현대 개신교 발전에 지대한 기여를 했다.

391) 양자의 중첩과 다중우주론은 악과 죄에 대한 해석의 새로운 전기를 제공할 가능성도 있다. 전자의 관찰 실험에서 발견한 간섭무늬 현상을 통해서 추론할 있는 입자와 다양한 파동이 중첩되어 있다. 마찬가지로 악한 세상과 선한 세상의 중첩에 대한 해석이 가능할 수도 있다. 한 세상에서 악이면 다른 세상에서는 악이 아닌 것으로 전개될 수 있는 다중우주론에 입각한 흥미로운 해석의 가능성도 있다. 물론 이런 해석은 형이상학적 사유보다도 더 추상적일 수도 있지만, 다중우주론을 볼 때에 그런 해석의 가능성이 전혀 없다고 할 수는 없다. 그러나 이런 해석은 인간계의 악을 해석하는 범주를 벗어난 것은 사실이다.

392) 악에 대한 이해에서 양자의 불확정성 문제도 포함되어야 한다고 본다. 전자의 궤도가 일정한 것이 아니라, 불확정하다는 사실은 20세기 초에 하이젠베르크에 의해서 발견되었다. 불확정성은 미래를 예측할 수 없는 가장 큰 요인 중에 하나이며, 불확정성의 문제를 극복하지 못하면 악의 문제에 대한 해결은 간단하지 않다. 물리학의 확률론은 사실상 악의 문제를 해결하는 단계로 논의하기에는 초보단계이다. 선의 확률과 조화의 패턴 정도를 다루는 것이기 때문이다.

393) 과학의 미래는 고통의 종말뿐만 아니라, 생명의 한계도 극복될 것으로 내다보고 있다. 질병과 노화를 극복하고 고통의 종말을 맞이하게 되는 날을 호모-데우스가 맞이할 것으로 보고 있다. 유발 하라리는 초인간적-인간의 시대가 도래 할 것이고, 고통과 질병을 극복하고 생명이 항존에 가까운 시대가 도래 할 것이라고 주장하고 있다. 사피엔스는 지구에서 긴 세월을 살면서 다양한 악을 경험했다. 폭풍의 진노를 두려워했고, 낙뢰를 신의 형벌로 생각했으며, 상상 속의 괴물을 실제로 믿었고 두려워했다. 사피엔스는 연약하고 보잘 것 없는 존재이었기 때문에 두

려움이 많았다. 미래를 시뮬레이션 할 수 있는 3단계의 자의식을 갖고 있는 사피엔스는 과학기술문명을 이루었고, 이제 호모–데우스를 향해 정진하고 있으며, 슈퍼AI를 구상하고 있다. 유발 하라리는 과거의 고통과 두려움은 사라졌고, 이제 차원이 전혀 다른 삶의 지평을 기대하고 있다. 악의 종말은 호모–데우스와 슈퍼AI에 의해서 도래할 것을 기대하고 있다.

394) 후설의 인식의 대상을 *noema*로 표기한 것에 대해서는 논란의 여지가 있다. *Noema* 개념은 "무엇에 대한 생각"의 의미를 갖고 있지만, *noema*는 대상의 의미도 포함되어 있기 때문이다.

395) 원초적 자아를 통해서 우주의 패턴을 보는 것이며, 자아를 부인하고 무아의 상태에 있는 것이 아니라, 원초적 자아의 상태를 알아야 하는 것이다. 원초적 자아는 분석심리학자 칼 융(Carl Jung)이 강조한 것이며, 원초적 자아에서 진리를 경험하고 윤리적 판단기준이 올바르게 설 수 있는 것이다. 존 롤스는 직관적 정의를 주장하였으며, 직관적 정의 인식은 원초적 자아의 상태에서 가능한 것이다. 원초적 자아와 직관적 정의는 디지털 알고리즘으로 연산하기에는 한계가 있을 것으로 보이며, 양자의 확률론에 의한 해석에서 희망을 가질 수 있을 것으로 보인다. 양자컴퓨터가 상용화되면 원초적 자아와 직관적 정의가 실용적인 윤리 실천에 어느 정도는 도움이 될 것으로 보인다.

396) 순수경험은 미세조정에서 감지(prehension)현상으로 해석되어야 하고, 새로움(novelty)을 향한 창발현상으로 흐르게 한다는 사실을 언급해 두고 싶다.

397) 튜닝의 대상이 되는 우주의식은 집단의식으로 발현되며, 집단의식은 개인의식이 따라야 하는 당위적인 것이다. 집단의식은 개인의식의 집합에서 나온 것이지만, 개인이 따라야 하는 것이며, 서로 대중지혜를 소싱하는 과정에서 상관관계적인 면을 함축하고 있다.

398) 제리미 리프킨, 『노동의 종말』, 122.

399) 공생의식은 "민심이 천심"인 것처럼 우주패턴에서 가까운 집단의식으로서 조화와 공정을 향해서 표출하는 패턴의식과 연속성이 있는 것이다.

400) https://youtu.be/z3EQqjn-ELs

401) 사이버와 현실세계에서 공히 진실과 팩트를 드러내고, 대중지혜의 소싱과 공동튜닝의 훈련이 요청되고 있다. 공동튜닝만이 아니라, 개인도 우주 패턴에 튜닝 된 양심의 나침반을 따르는 윤리훈련과 실천이 시급하다.

참고문헌

Alexander, Richard D. *Darwinism and Human Affairs*. Seattle University of Washington Press, 1979.

_____ . *The Biology of Moral System*. New York: Aldine de Gruyter, 1987.

Barbour, Ian. *When Science meet Religion*. New York: Harper Collins Books, 2000.

_____ . *Religion and Science: Historical and Contemporary Issues*. Harper Collins Publishers, 1997.

Barnett, S. A.. *Biology and Freedom: An Essay on the Implication of Human Ethology*. Cambridge: Cambridge University Press, 1988.

Barrow, John D., and Frank J. Ripler. *The Anthropic Cosmological Principle*. New York: Oxford University Press, 1986.

Barrow, John and Simon Conway Morris. *Fitness of the Cosmos for Life: Biochemistry and Fine-Tuning*. Cambridge University Press, 2008.

Beck, Ulrich. *World at Risk*. Polity, 2008.

Blackmore, Susan J. *The Meme Machine*. Oxford University Press, 1999.

Bock, Kenneth. *Human Nature and History: A Response to Sociobiology*. New York: Columbia University Press, 1980.

Bohr, Niels. *Atomic Theory and the Description of Nature: Four Essays with an Introductory Survey*. Cambridge University Press, 2011.

Bonner, John Tyler. *The Evolution of Complexity by Means of Natural Selection*. Princeton, NJ: Princeton University Press, 1988.

Boyd, Robert, and Peter J. Richerson. *Culture and Evolutionary Process*. Chicago: University of Chicago Press, 1985.

Buber, Martin. *I and Thou*. trans. R. Gregor Smith. New York: Charles Scribners's Sons, 1958

Bucke, Richard M. ed., *Cosmic Consciousness: A Study in the Evolution of the Human Mind*. Cosimo Classics, 2007.

Byrne, Richard. *The Thinking Ape: Evolutionary Origins of Intelligence*. Oxford: Oxford

University Press, 1995.

Calvin, John. *The Institutes of Christian Religion*. ed. John McNeill, trans. Ford Lewis Battles. 2 vols. Philadelphia: The Westminster Press, 1967.

Carnell, Edward J. *The Case for Orthodox Theology*. Philadelphia: Westminster Press, 1959.

Cobb, John Jr. *Grace and Responsibility*. Nashville: Abingdon Press, 1995.

Churchland, Patricia. *Conscience: The Origins of Moral Intuition*. W. W. Norton & Company, 2019.

Crean, Thomas. *God is No Delusion: A Refutation of Richard Dawkins*. San Francisco: Ignatius Press, 2007

Darwin, Charles. *The Origin of Species*. New York: Collier Macmillan (Sixth Edition), 1872.

_____ . *The Descent of Man*. New York: D. Appleton, 1874.

Davies, Jeremy. *The Birth of the Anthropocene*. Oakland, CA: University of California Press, 2016.

Davis, John J. *The Frontiers of Science & Faith: Examining Questions from the Big Bang to the End of the Universe*. Downers Grove, IL: Inter-Varsity Press, 2002.

Dawkins, Richard. *The Selfish Gene*. New York: Oxford University Press (New Edition), 1989.

_____ . *The Extended Phenotype*. New York: Oxford University Press, 1983.

_____ . *River out of Eden: A Darwinian View of Life*. New York: Basic Books, HarperCollins, 1995.

_____ . *The God Delusion*. Boston: Houghton Mifflin Co., 2006.

Dennett, Daniel C. *The Intentional Stance*. Cambridge, MA: MIT Press, 1987.

Dennett, Daniel C. *Consciousness Explained*. Boston, MA: Back Bay Books, 1991.

Dose, Klaus. "The Origin of Life: More Questions than Answers," *Interdisciplinary Science Reviews*, 1988, vol. 13.

Durham, William H. *Coevolution: Genes, Culture, and Human Diversity*. Stanford, CA: Stanford University Press, 1991.

Eigen, Manfred. *Steps Toward Life: A Perspective on Evolution*. Oxford University Press, 1992.

Eliade, Mircea. *The Sacred and the Profane*. trans. William R. trans. New York: Brace and World, 1959.

Ellis, John. *Against Deconstruction*. Princeton: Princeton University Press, 1989.

Evans, Jeff. "Gene Mutations Affect Cognition and Emotions." in *Clinical Psychiatry News*. International Medical News Group. Feb. 1, 2003.

Ferre, Frederick. "The Definition of Religion," *Journal of the American Academy of Religion* 38:3-16, 1970.

Ford, Lewis. *The Lure of God*. Philadelphia: Fortress Press, 1978.

_____ . *The Emergence of Whitehead's Metaphysics 1925-29*. Albany: State University of New York Press, 1984.

Foucault, Michel, and Alan Sheridan. *Discipline & Punish: The Birth of the Prison*. Vintage Books, 1995.

Gabriel, Markus. *Why the World Does Not Exist*, Malden, MA: Polity Press, 2015.

Gardner, Eldon J., and D. Peter Snustad. *Principles of Genetics*, 6th ed. New York: John Wiley & Sons, 1981.

Gallagher, Shaun. *How the Body Shapes the Mind*. Oxford University Press, 2006.

Gigerenzer, Gerd. *Adaptive Thinking: Rationality in the Real World*. Oxford University Press, 2002.

Gould, Stephen Jay. *Wonderful Life: The Burgess Shale and the Nature of History*, New York: W. W. Norton, 1989.

_____. *Full House: The Spread of Excellence from Plato to Darwin*. New York: Harmony Books, 1996.

Grenz, Stanley J. *A Primer on Postmodernism*. Wm. B. Eerdman Publishing Co. 1996.

Gribbing, John, and Martine Rees, *Cosmic Coincidences: Dark Matter, Mankind, and Anthropic Cosmology*. Bentamm Books, 1989

Griffin, David Ray. *Two Great Truths: A New Systhesis of scientific naturalism and Christian Faith*. Westminster John Knox Press, 2004.

Guth, Alan. *The Inflationary Universe*. Basic Books, 1998.

Hartshorne, Charles. *The Divine Relativity*. New Haven: Yale University Press, 1948.

Hauser, Marc D. *Moral Minds: How Nature Designed Our Universal Sense of Right and Wrong*. New York: Ecco/Harper Collins, 2006.

Hefner, Phillip. *The Human Factor: Evolution, Culture, and Religion*. Minneapolis: Fortress Press, 1993.

Hick, John. *An Interpretation of Religion: Human Responses to the Transcendent*. New Haven: Yale University Press, 2004.

Hick, John. *The New Frontier of Religion and Science: Religious Experience, Neuroscience and the Transcendent*. New York: Palgrave Macmillan, 2006.

Husserl, Edmond. *Ideas: General Introduction to Pure Phenomenology*. trans. W. R. Boyce Gibson. New York: Macmillan Publishing Co., 1962.

Ikeda, Michael, and William H. Jefferys, *Improbability of God*. Amhurst, NY: Prometheus

Press, 2005.

Innes, Brian. *The History of Torture*. Amber Books Ltd, 2012.

Jeeves, Malcolm and Warren S. Brown, *Neuroscience, Psychology, and Religion: Illusions, Delusions, and Realities about Human Nature*. Templeton Foundation Press, 2009.

Kaufman, Gordon. *God-Mystery-Diversity: Christian Theology in a Pluralistic World*. Minneapolis, MN: Fortress Press, 1996.

Kauffman, Stuart A. *Reinventing the Sacred: A New View of Science, Reason, and Religion*. New York: Basic Books, 2008.

_____ . *The Origins of Order: Self-Organization and Selection in Evolution*. Oxford University Press, 1993.

_____ . *At Home in the Universe: Search for the Laws of Self-Organization and Complexity*. Oxford University Press, 1995.

_____ . *Investigations*. Oxford University Press, 2000.

_____ and Ulanowicz, Robert E. *A Third Window: Naturel Life beyond Newton and Darwin*. Templeon Press, 2009.

_____ and Perelson, Alan S. *Molecular Evolution on Rugged Landscape: Protein, RNA, and the Immune System*. Westview Press, 1991.

Kaufman, Gordon D. God-Mystery-Diversity: Christian Theology in a Pluralistic World. Minneapolis, MN: Fortress Press, 1993.

_____ . *In the Beginning ... Creativity*. Minneapolis, MN: Augsburg Fortress Publishers, 2004.

_____ . *Jesus and Creativity*. Minneapolis, MN: Augsburg Fortress Publishers, 2006.

Koch, Christof. *Consciousness: Confessions of a Romantic Reductionist*. MIT Press, 2012.

Lacan, Jacques. *The Triumph of Religion*. Cambridge, UK: Polity Press, 2013.

Lanza, Robert, *Biocentrism: How Life and Consciousness are the Keys to Understanding the True Nature of the Universe*, Dallas, TX: Benbella Books, 2010.

Lees, Martine. *Just Six Numbers: The Deep Forces that Shape the Universe*. New York: Basic Books, 2001.

Lewontin, R. C. *Biology as Ideology: The Doctrine of DNA*. New York: HarperCollins, 1991.

Lobel, Thalma. *Sensation: The Science of Physical Intelligence*. New York: Atria Books, 2014.

Lumsden, Charles, and Edward O. Wilson. *Genes, Mind, and Culture*. Cambridge, MA: Harvard University Press, 1981.

Lumsden, Charles, and Edward O. Wilson. *Promethean Fire: Reflections on the Origins of Mind*. Cambridge, MA: Harvard University Press, 1983.

Lyotard, Jean-Francois ed. Robert Harvey and Mark S. Roberts. *Toward the Postmodern: Philosophy and Literary Theory*. Humanity Books, 1999.

MacIntyre, Alisdair. *After Virtue: A Study in Moral Theory*, 2nd ed. Notre Dame, IN: Notre Dame University Press, 1984.

_____ . *Dependent Rational Animals: Why Human Beings Need the Virtues*. Open Court, 2001

_____ . *A Fine-Tunned Universe: The Quest for God in Science and Theology*. Louisville, KY: Westminster John Knox Press, 2009.

_____ . *Enriching our Vision of Reality*. West Conshohocken, PA: Templeton Press, 2017.

Maddox, Randy L. *The Responsible Grace: John Wesley's Practical Theology*. Kingswood Books, 1994.

Mayer, Ernst. *Toward a New Philosophy of Biology*. Cambridge, MA: Harvard University Press, 1988.

McGrath, Alister. *Dawkins' God: Genes, Memes, and the Meaning of Life*. Malden, MA: Blackwell Publishing, [2005] 2007.

_____ and Joanna Collicutt McGrath. *The Dawkins Delusion? Atheist Foundationalism and the Denial of the Divine*. Downers Grove, IL: InterVarsity Press, 2007.

Mckinney, Laurence O. *Neuro-Theology: Virtual Religion in the 21st Century*. The American Institute for Mindfulness, 1994.

Moltmann, Jurgen. *God in Creation*. New York: Harper & Row, 1987.

Merton, Robert K. *Sociology of Science*, The University of Chicago Press, 1973.

Neville, Robert C. *God the Creator: On the Transcendence and Presence of God*. Chicago: University of Chicago Press, 1968.

_____ . *Creativity and God: A Challenge to Process Theology*. New York: Seabury Press, 1980.

_____ . *Reconstruction of Thinking*. Albany: State University of New York Press, 1981.

_____ . *The Tao and the Daimon: Segments of a Religious Inquiry.* Albany: State University of New York Press, 1982.

_____ . ed. *Operating on the Mind: The Psychosurgery Conflict*. New York: Basic Books, 1975.

_____ . ed. *New Essays in Metaphysics*. Albany: State University of New York Press, 1987.

_____. "The Impossibility of Whitehead's God for Theology." *Proceedings of the American Catholic Philosophical Association*, 1970, 130-40.

_____. "Genetic Succession, Time, and Becoming." *Process Studies* 1.3 (Fall 1971): 94-198.

_____. *Nurture in Time and Eternity*. Cascade Books, 2016.

_____. *Eternity and Time's Flow*. SUNY Press, 1993.

Nobo, Jorg Luis. *Whitehead's Metaphysics of Extension and Solidarity*. Albany: State University of New York Press, 1986.

Otto, Rudolf. *The Idea of Holy: An Inquiry into the Non-rational Factor in the Idea of the Divine and Its Relation to the Rational*, trans. John W. Harvey. Oxford University Press, [1923] 1969.

Pannerberg, Wolfhart. *Systematic Theology*, Vol. 2. Grand Rapid, MI: Eerdmans, 1994.

Park, Robert Park. *Superposition: Belief in the Age of Science*. Princeton University Press, 2009.

Penrose, Roger. *The Road to Reality: A Complete Guide to the Laws of the Universe*. Vantage, 2007.

_____. ed., *Consciousness and the Universe*, (Cambridge, MA: Cosmology Science Publisher, 2017.

_____. *Fashion, Faith, and Fantasy in the New Physics of the Universe*. Princeton University Press, 2017.

_____. *The Emperor's New Mind*. Oxford University Press, 2016.

_____ and Stuart Hameroff. *Consciousness and the Universe: Quantum Physics, Evolution, Brain and Mind*. Science Publisher, 2017.

_____ and Deepak Chopra. *How Consciousness Became the Universe*. Science Publisher, 2017.

Peters, Ted. *Playing God: Genetic Determinism and Human Freedom*. New York: Routledge, 1997.

Peterson, Gregory R. *Minding God: Theology and the Cognitive Sciences*. Minneapolis, MN: Fortress Press, 2003.

Phipps, William E. "Darwin and Intelligent Design" in *Theology Today*, 2006, vol. 63.

_____. *Darwin's Religious Odyssey*. Harrisburg, PA: Trinity Press International, 2002.

Piketty, Thomas. *Capital in the Twenty-First Century*. Harvard University Press, (2014) 2017.

_____. *Capital and Ideology*. Harvard University Press, 2020.

Pinker, Steven. *The Better Angels of Our Nature: Why Violence Has Declined*. Penguin

Books, 2012.

Polkinghorne, John. *Science and Theology: An Introduction*. Fortress Press, 1998.

Popper, Karl. *A World of Propensities*. Bristol, England: Thoemmes, 1990.

_____ . *Objective Knowledge: An Evolutionary Approach*. Oxford: Clarendon Press, 1972.

Powell, Samuel M. & Michael E. Lodahl, ed., *Embodied Holiness: Toward A Corperate Theology of Spiritual Growth*. InterVarsity Press, 1999.

Rahner, Karl. *The Foundations of Christian Faith*. The Crossroad Publishing Company, 1982.

Raup, David. *Extinction: Bad Genes or Bad Luck?* New York: W. W. Norton, 1991.

Rawls, John. *A Theory of Justice*. Belknap Press, 2005.

Reynolds, Vernon. "Socioecology of Religion." Pages 205-222 in Mary Maxwell, ed., *The Sociobiological Imagination*. Albany: State University of New York Press, 1991.

Ridley, Matt. *The Origin of Virtues*. London: Penguin Books, 1997.

Rogoff, Kenneth. *The Curse of Cash*. Princeton University Press, 2016.

Rolston III, Holmes. *Genes, Genesis, and God*. Cambridge: Cambridge University Press. 1999.

Rommen, Heinrich A. *The Natural Law: A Study in Legal and Social History and Philosophy*. Liberty Fund, 1998.

Rowlands, Mark. *The New Science of the Mind: From Extended Mind to Embodied Phenomenology*. Cambridge, MA: MIT Press, 2010.

Ruse, Michael. *Taking Darwin Seriously*. Oxford: Basil Blackwell, 1986.

_____ . *Monad to Man: The Concept of Progress in Evolutionary Biology*. Cambridge MA: Harvard University Press, 1996.

_____ and Edward O. Wilson, "Moral Philosophy as Applied Science," *Philosophy: Journal of the Royal Institute of Philosophy*, 1986.

Sandel, Michael J. *Justice: What's the Right Thing to Do?* D & M Publishers, 2010.

_____ . *What Money Can't Buy: The Moral Limits of Markets*. NY, NY: Farrar, Straus and Giroux, 2013.

_____ . *The Tyranny of Merit: What's Become of Common Good?* NY, NY: Farrar, Straus and Giroux, 2020.

Schwab, Klaus, *The Fourth Industrial Revolution*. Crown Business, 2017.

_____ . *Shaping the Fourth Industrial Revolution*. World Economic Forum, 2018.

Shapiro, Lawrence. *Embodied Cognition: New Problem of Philosophy* (New York:

Routledge, 2011.

Shettleworth, Sara. *Cognition, Evolution, and Behavior*. Oxford University Press, 1998.

Siegel, Daniel. *The Developing Mind: How Relationships and the Brain Interact to Shape Who We Are*. The Guilford   Press, 2012.

Sinclair, David and Mathew LaPante, *Lifespan: Why We Age—and Why We Don't Have To* (Atria Books, 2019)

Smolin, Lee, *Time Reborn*. New York, NY: Mariner Books, 2014

Stanley, Steven M. *Macroevolution: Pattern and Process*. San Francisco: W. H. Freeman, 1979.

Steinberg, Robert and Pretz Jean E. *Cognition and Intelligence: Identifying the Mechanisms of the Mind*. Cambridge University Press, 2005.

Stenger, Victor. *The Fallcay of Fine-Tuning*. Prometheus Books, 2011.

Stent, Gunther, ed. *Morality as a Biological Phenomenon*. Berkeley: University of California Press, 1980.

Taylor, Mark C. *Erring: A Postmodern A/theology*. University of Chicago Press, 1984.

Tillich, Paul. *Theology of Culture*. New York: OUP, 1964.

Toffler, Alvin, *The Third Wave*. New York: Bantam Books, 1984.

Tracy, David. *Analogical Imagination: Christian Theology and Culture of Pluralism*. New York: Crossroad, 1986.

Varela, Francisco J., Evan T. Thompson, and Eleanor Rosch. *The Embodied Mind*. MIT Press, 1992.

von Ward, Paul. Gods, *Genes, and Consciousness: Nonhuman Intervention in Human History*. Hamption Roads Publishing Company, 2004.

Wallace, Anthony. *Religion: An Anthropological View*. New York: Random House, 1966.

Wang, Yang-ming. *Instructions for Practical Living and Other Neo-Confucian Writings*. New York: Columbia University Press, 1962.

Watson, James D. and Gratzer, Walter. *A Passion for DNA: Genes, Genomes, and Society*. Cold Spring Harbor Laboratory Press, 2000.

White, Elliott. *Genes, Brains, and Politics: Self-Selection and Social Life*. Praeger Publisher, 1993.

Whitehead, Alfred North. *Process and Reality*. corrected ed. New York: Free Press, [1929] 1978.

_____ . *The Concept of Nature*. Cambridge: Cambridge University Press, 1920.

_____ . *The Principle of Relativity*. Cambridge: Cambridge University Press, 1922.

_____ . *The Principles of Natural Knowledge*. Cambridge: Cambridge University Press, 1926.

_____ . *Modes of Thought*. New York: Macmillan Company, 1938.

_____ . *The Function of Reason*. Boston: Beacon Press, 1958.

_____ . *Science and Modern World*. New York Macmillan, 1925.

_____ . *Religion in the Making*. Mew York: Macmillan, 1926.

_____ . *Adventures of Ideas*. New York: Macmillan, 1933.

Wills, Christopher. *The Wisdom of the Genes*. New York: Basic Books, 1989.

Wing-tsit Chan. trans. *A Source Book of Chinese Philosophy*. New Jersey: Princeton University Press, 1973.

Yi, T'oegye. *To Become a Sage*. trans. Michael C. Kalton. New York: Columbia University Press, 1988.

가자니가, 마이클. 『왜 인간인가?』. 박인균 옮김. 추수밭. [2008] 2009.

권오대. 『아인슈타인 하우스』. 동연, 2014.

김성구. 『아인슈타인의 우주적 종교와 불교』. 불광출판사, 2018.

김성원. 『포스트모던 인간론』. 한들출판사, 2017.

글릭, 제임스. 『인포메이션: 인간과 우주에 담긴 빅-히스토리』. 동아시아, [2011] 2017.

데닛, 다니엘. 『의식의 수수께끼를 풀다』. 유자화 옮김. 옥당, [1991] 2013.

드발, 프란스. 『착한 인류: 도덕은 진화의 산물인가』. 미지북스, 2014.

드발, 프랑스.. 『동물의 감정에 관한 생각: 동물에게서 인간 사회를 읽다』. 세종서적, 2019.

드 보통, 알랭, 외 3인. 『사피엔스의 미래』. 전병근 역. 모던아카이브, 2016.

드위트, 리처드. 『당신 지식의 한계 세계관』. 세종서적, 2020.

리프킨, 제레미. 『한계비용 제로 사회』. 민음사, 2014.

마시미니 마르첼로, 외 1인. 『의식은 언제 탄생하는가?』. 박인용 역. 한언, [2013] 2016.

만쿠소, 스테파노. 『매혹하는 식물의 뇌』. 양병찬 역. 행성B이오스, [2013] 2016.

모리스, 이안. 『가치관의 탄생』. 이재경 역. 반니, [2015] 2016.

바렐라, 프란시스코, 외 2인. 『몸의 인지과학』. 김영사, [1991] 2013.

보울스, 새뮤얼. 『협력하는 종』. 최정규 역. 한국경제신문, [2011] 2016.

보이드, 브라이언. 『이야기의 기원』. 남경태 역. 휴머니스트, [2009] 2013.

배럿, 리사. 『감정은 어떻게 만들어지는가?』. 생각연구소, 2017.

베넷, 맥스웰과 피터 M. S. 해커. 『신경과학의 철학』. 이을상 외 5인 역. 사이언스 북스, [2003] 2013.

베이어, 한스 크리스천 폰. 『과학의 새로운 언어: 정보』. 전대호 역. 승산, [2003] 2007.

뷰캐넌, 마크. 『내일의 경제: 복잡계 과학이 다시 만드는 경제학의 미래』. 사이언스 북스, 2014.

브라이도티, 로지. 『포스트휴먼』. 이경란 역. 아카넷. [2013] 2015.

사피나, 칼. 『소리와 몸짓』. 김병화 역. [2015] 2017.

셸드레이크, 루퍼트. 『과학의 망상』. 하창수 역. [2012] 2016.

셔머, 마이클. 『믿음의 탄생: 왜 우리는 종교에 의지 하는가』. 김소희 역. 지식갤러리. [2011] 2012.

손 킵. 『블랙홀과 시간여행』 반니, 2016.

슈포르크, 페터. 『인간은 유전자를 어떻게 조정할 수 있을까』. 유영미 역. 갈매나무, [2009] 2013.

스미스, 아담. 『국부론』 상. 비봉풀핀사, 2007

스튜어트, 이언. 『생명의 수학: 21세기 수학과 생물학의 혁명』. 안지민 역 사이언스 북스, [2011] 2015.

신재식. 『예수와 다윈의 동행』. 사이언스 북스, 2013.

싱클레어, 데이비드. 『노화의 종말』 부티, 2020.

아얄라, 프란시스코. 『내가 원숭이라구?』 아니마, 2011.

알칼릴리, 짐과 존조 맥패든. 『생명, 경계에 서다: 양자생물학의 시대가 온다』. 김정은 역. 사이언스, [2014] 2017.

애커먼, 다이앤. 『휴먼에이지』. 김명남 역. 문학동네, [2014] 2017.

윌슨, 에드워드. 『지구의 정복자』. 이한음 옮김. 사이언스북스, [2012] 2013.

지거리스트, 헨리. 『문명과 질병』. 한길사, 2008.

카쿠, 미치오. 『마음의 미래』. 박병철 역. 김영사 [2014] 2015.

캐럴, 션. 『빅 픽쳐』 글루온, 2019.

켈리, 케빈, 『통제 불능』 김영사, 2015.

켈리, 케빈. 『인에비터블』 서울: 청림출판, 2017.

콰먼, 데이비드. 『인수공통: 모든 질병의 열쇠』 강병철 역. 꿈꿀자유, [2013] 2017.

푸스테르, 호아킨 M. 『신경과학으로 보는 마음의 지도』. 김미선 역. 휴머니스트 출판그룹, [2003] 2014.

플라토니, 카라. 『감각의 미래: 최신 인지과학으로 보는 몸의 감각과 뇌의 인식』. 박지선 역. [2015] 2017.

트웬지, 진 『iGen, I세대』 매일경제신문사 2018.

핑커, 스티븐, 『우리 본성의 선한 천사』 사이언스북스, 2014.

하라리, 유발. 『사피엔스』. 조현욱 역. 김영사, [2011] 2016.

하라리, 유발. 『호모-데우스』. 김명주 역. 김영사 [2015] 2017.

하이데거, 마르틴, 『존재와 시간』 동서문화사, 2016.

현우식. 『무한과 하나님: 칸토르의 수학과 신학』 연세대학교 대학출판문화원, 2019.